पंचनाद

संतों की वाणी में क्रान्ति चेतना

'सन्तों की वाणी में क्रान्ति चेतना'

पर आयोजित राष्ट्रीय संगोष्ठी
में आमंत्रित आलेखों का संकलन

हिन्दू गर्ल्ज़ कॉलेज

सोनीपत (हरियाणा)

फोन: 0130-2247248, 2241546

वाणी प्रकाशन

नयी दिल्ली-110002

फोन : 23273167, 23275710, फैक्स : 23275710

e-mail : vani_prakashan@yahoo.com
vani_prakashan@mantraonline.com

पंचनाद

संतों की वाणी में क्रान्ति चेतना

सम्पादन
शमीम शर्मा

वाणी प्रकाशन का 'लोगो'
विख्यात चित्रकार मक़बूल फ़िदा हुसेन की
कूची से

ISBN : 978-81-8143-729-7

वाणी प्रकाशन
21-ए, दरियागंज, नयी दिल्ली-110002
द्वारा प्रकाशित
संस्करण : 2008

मूल्य : 395.00
आवरण : वाणी चित्रांकन
जयभारत प्रिंटिंग प्रेस, शाहदरा, दिल्ली-110032
द्वारा मुद्रित

PUNCHNAAD :
edited by Shamim Sharma

समर्पण

पंचनाद को आत्मसात् करने वाले कर्मयोगियों को...

तुझे कहा था ना
कबीर कबीर
ना किया कर

तो अब
शहर से बाहर
अकेला खड़ा रह

अपने
फुँके घर का
तमाशा देख

हक-सच की
आवाज़ें लगा

हरभजन सिंह 'रेणु'

अनुक्रम

प्रयास का इतिहास

शमीम शर्मा

एक दिन अचानक चण्डीगढ़ से श्री धनपत सिंह जी (आयुक्त, उच्चतर शिक्षा, हरियाणा) हमारे कॉलेज में आए। सारे कॉलेज का दौरा किया। स्टाफ के सदस्यों को संबोधित करते हुए बोले- शमीम! मैं चाहता हूँ कि आप अपने कॉलेज में एक नैशनल सैमीनार करो। आर्थिक सहयोग हमारा विभाग देगा। उनका आदेश कहो या सलाह, शिरोधार्य की और जुट गए विषय के चयन में। पहले तो यह ही तय नहीं हो सका कि किस सब्जैक्ट में सैमीनार किया जाए क्योंकि कॉमर्स के प्रवक्ता चाहते थे कि वाणिज्य से जुड़े किसी विषय पर सैमीनार हो और विज्ञान के लोग विज्ञान के क्षेत्र में सैमीनार चाहते थे। मेरा अपना दिल भीतर से हिन्दी-हिन्दी पुकार रहा था। और दिल के आगे किसकी चलती है। स्टाफ से भी राय की और हिन्दी पर सब की हां हो गई। सो हिन्दी से जुड़े विषय पर सैमीनार का आयोजन सुनिश्चित हो गया। तभी डॉ. बलदेव वंशी जी के साथ सिरसा तक सफर करने का संयोग हो गया। रास्ते में उनकी अनेक कविताएं सुनीं, पुरस्कार-नीतियों की चर्चा की, समकालीनों पर बहस की और अन्त में सलाह मशवरा किया कि हिन्दी से जुड़े किस विषय पर संगोष्ठी की जाए। कई विषयों पर राय बनी। अंतिम फैसला सन्त साहित्य पर हुआ क्योंकि हम दोनों ही इस बात के पक्षधर थे कि टीवी ने सन्तों के स्वरूप को बदल कर रख दिया है और लोग भूलते ही जा रहे हैं कि संत किसे कहते हैं और संत क्या कर सकते हैं। मुझे हमेशा से ही इस बात का अफसोस रहा है कि पढ़-लिखने के बाद भी महिलाएं रूढ़ियों में ज्यादा आस्था रखती हैं और उनके भीतर सामाजिक-धार्मिक बदलाव लाना जरूरी है। कबीर व दादू को पढ़ने-पढ़ाने वाली महिलाएं भी अपने धार्मिक संस्कारों में एक इंच भी बदलाव लाना आवश्यक नहीं समझतीं। धार्मिक कुरीतियां उन्हें कचोटती ही नहीं। इसलिए फैसला किया कि 'सन्तों की वाणी में क्रान्ति चेतना' पर एक राष्ट्रीय संगोष्ठी की जाए ताकि कॉलेज की छात्राओं को सोचने के लिए कुछ नए छोर मिल सकें और उन्हें एक सीमा तक कुरीतियों के खिलाफ झकझोरा जा सके। देश भर से शिखर साहित्यकारों को बुलाने का भी निर्णय लिया गया और यह भी निर्धारित

हुआ कि इस संगोष्ठी में शामिल होने वाले सभी प्रतिभागियों, साहित्यकारों व समीक्षकों के आलेखों का ग्रंथाकार रूप में प्रकाशन भी हो।

राष्ट्रीय संगोष्ठी की योजना धरी की धरी रह जाती, यदि प्रबंध समिति के अध्यक्ष श्री श्रीभगवान गुप्ता जी की स्वीकृति-मोहर न लगती। उन्होंने अंतर्मन से हमें पूर्ण सहयोग देने का आश्वासन दिया तो हमारे मनोबल के पंख लग गए और स्टाफ का एक-एक सदस्य पूरे उत्साह से योजना को साकार करने में जुट गया। अपनी कक्षाएँ पढ़ाने के बाद जब देर सांझ तक प्राध्यापक साथी, दफ्तर के कर्मचारी और माली अपने-अपने काम में तल्लीन दिखाई देते तो मन उनके प्रति श्रद्धा और कृतज्ञता से भर जाता। डॉ. एस.एल. गुलाटी और डॉ. मधुबाला ने जो भाग-दौड़ की, उससे घंटों का काम मिनटों में हो गया। डॉ. नीरा गर्ग अपने घुटनों के भयंकर दर्द को भुलाकर जिस समर्पण से नाट्य प्रस्तुति की तैयारियों में जुटीं, वह मिसाल है। श्रीमती लज्जा गोयल ने संगठन-सचिव का जिम्मा बखूबी निभाया। विविध समितियों से जुड़े सभी प्राध्यापक साथियों के जी-तोड़ सहयोग से इस संगोष्ठी को साकार किया जा सका है। गैर शिक्षक वर्ग के सभी सहयोगियों के अपार सहकार भाव के समक्ष आत्मा से नतमस्तक हूँ। छात्राओं का तीव्र उत्साह एवं प्रेम-भाव देखकर मेरे साहस में अत्यधिक अभिवृद्धि होती रही है। उन्हें मेरी ओर से आत्मिक शाबाशी। अब यह पुस्तक आपके हाथों में है। यही हमारा सपना था। उन सबका हार्दिक आभार जिन्होंने इसके प्रकाशन में सहयोग दिया। सबसे अधिक कृतज्ञ हूँ वाणी प्रकाशन के स्वामी श्री अरुण माहेश्वरी के प्रति जिनकी कार्य-गति और द्रुत निर्णयों के कारण पुस्तक समय पर संभव हो सकी।

इस राष्ट्रीय संगोष्ठी का सर्वाधिक श्रेय श्री धनपत सिंह जी को है जिनकी प्रेरणा से ही आयोजन की परिकल्पना का जन्म हुआ।

अब मुझे सुधी पाठकों की इस ग्रंथ पर प्रतिक्रिया की प्रतीक्षा है।

प्राचार्या

हिन्दू गर्ल्ज़ कॉलेज, सोनीपत

निर्गुण और सगुण के संयुक्त सफर में मीरा

विद्या निवास मिश्र

मीरा को समझना बहुत ही मुश्किल है। एक ओर वे संत रैदास की शिष्या हैं और उनके आध्यात्मिक अनुभव में निराकार रूप व्याप्त है, दूसरी ओर वह सगुण कृष्ण-भक्ति की साकार प्रतिमा हैं। तमिल साधिका आंडाल से मीरा की तुलना की गई है, परंतु आंडाल सगुण रूप में ही उलझी रहती है, जब कि मीरा के गिरिधर नागर सूली ऊपर सुन्न गगन में मीरा के लिए सेज बिछाते हैं। मीरा के काव्य में बिछोह की तड़पन ही ज्यादा है, मिलन के सुख का वर्णन अपेक्षाकृत बहुत कम है, आंडाल के दिव्य विवाह को पारिवारिक स्वीकृति प्राप्त है। पर मीरा का दिव्यप्रेम परिवार से निरंतर तिरस्कार पाता है। शायद इसीलिए आंडाल के बिछोह में उतनी तीव्रता नहीं है जितनी तीव्रता मीरा के बिछोह में है। मीरा गुजरात के नरसी मेहता और ब्रज के सूरदास की काव्य-परंपराओं की अंतवर्ती भी हैं, समवर्ती भी हैं, क्योंकि एक ओर उनके काव्य में बाह्य आचार और बाह्य सामाजिक स्तर भेदों के विरुद्ध विद्रोह है, जो गुजरात के वैष्णव भक्ति आंदोलन की अपनी विशेषता है, दूसरी ओर उनका काव्य अलौकिक सौंदर्य से आलोकित है, एक विश्वमोहन सौंदर्य से वह आविद्ध है और यहीं वह सूरदास के सन्निकट है। प्रायः सगुण भक्ति कविता के साथ रहस्यानुभूति का संबंध लोग नहीं जोड़ते हैं, परंतु मीरा के काव्य में रहस्यानुभूति का संबंध लोग जोड़ते हैं और मीरा के काव्य में रहस्यानुभूति का रंग गहरा है, कहीं-कहीं तो गिरिधर या सांवलिया के स्थान पर 'राम' ला देने से ही लगेगा कि यह कबीर का अनुभव है। मीरा के काव्य में मोरमुकुट पीतांबर आदि के चित्रमय वर्णन उतना महत्त्व नहीं रखते, जितना कि मोर-मुकुट वाले की लगन महत्त्व रखती है। इन सतही विसंगतियों के कारण मीरा के काव्य की थाह पाना कुछ मुश्किल लगता है।

आचार्य रानाडे ने 'पाथवेज टू रियलाइजेशन ऑफ गॉड' नामक पुस्तक में मीरा की रहस्यानुभूति पर अच्छा प्रकाश डाला है और उन्होंने माना है कि सांवले रूप के साथ यह तादात्म्य आत्मा की 'काली रात' (डार्क नाइट ऑफ दि सोल) के साथ तादात्म्य है, रहस्यानुभूति के निविड़तम क्षण में कहीं कोई रूप नहीं रह जाता, कहीं

कोई रंध्र नहीं रह जाता, सब एक सघन आकांक्षा के साथ एकाकार हो जाता है, ऐसा होना ही 'मरजीवा' की स्थिति प्राप्त करना है, मीरा जब यह बयान करती हैं कि–

या हिरदां बस्यां सांवरो म्हारे णींद न आवां।
चौमास्यां रीं बावड़ी ज्याकूं नीरणा पावां।।
हरि निर्झर अमरित झर्या म्हारी प्यास बुझावां।
रूप सुरंगा सांवरी मुख निरखण जावां।।
मीरा व्याकुल विरहिणी अपनी कर ल्यावां।

तो वह जिस अनुभव की स्थिति में है, वह एक ओर निरंतर प्यास की बेचैनी है, हृदय में श्याम रस सिंधु लहरा रहा है, पर उससे तृप्ति नहीं है, उससे सम्मिलन नहीं है। प्यास बुझाने वाला अमृतक्षण जब आता है तो हर समुद्र समुद्र न रहकर अमृतरस बिंदु बन जाते हैं और तब मीरा अपनी कर पाती हैं, उन्हें अपने में आत्मसात् कर पाती हैं, यह रहस्यानुभूति विराट के सूक्ष्म में प्रविष्ट होने की रसानुभूति है, इसीलिए लौकिक सामाजिक संदर्भ में भी यह सार्थक है। मीरा ऊपर से देखने में समाज से बाहर दिखती हैं, पर वे समाज को एक करने वाली रसधारा में डूबी हुई हैं कि उनके भीतर समाज की वास्तविक प्राणसत्ता समा जाती है।

एक विश्लेषण विद्रोहपरक भी किया जा सकता है कि मीरा सामंतवादी रूढ़ियों को तोड़ने के लिए गिरिधर भक्ति का संकल्प लेकर रनिवास के बाहर निकल आई हैं, एक प्रकार से एक विशाल जनांदोलन में बहुत बड़ा जोखिम उठाकर कूद पड़ी हैं। यह जोखिम है सामाजिक प्रतिष्ठा खोने का। स्त्रीत्व की मान्य धारणा के अनुसार सीमित दायरे वाली नैतिकता को हटने का परिणाम भोगने का। पर यह विश्लेषण अधूरा है, जब तक संकल्प के प्रयोजन को रेखांकित न किया जाए। मीरा का विद्रोह कबीर के व्रिदोह की तरह ही साधन है, साध्य नहीं है। इन दोनों का साध्य ऐसे भाव की प्राप्ति जो समस्त दुविधाओं, द्वैतों और भेदों से ऊपर उठा दे, सर्वात्मभाव में प्रतिष्ठित कर दे। दोनों को साध्य प्राप्ति की गहरी बेचैनी है, इसीलिए जितने भी अवरोधक कारण हो सकते हैं, उन्हें तोड़कर उनके आगे निकल जाने का उत्साह भी इतना अधिक है। मीरा और कबीर में केवल एक अंतर है। कबीर की दीक्षा क्रियायोग (हठयोग) में हुई है, इसलिए उनकी काव्यभाषा के ऊपर शरीर के आभ्यंतर अनुशासन का बड़ा दबाव है, उनका बाह्य संसार भीतर के हीरे की ज्योति में आलोकित है, भीतर के कमल से आमोदित है जब कि मीरा की दीक्षा प्रेमयोग में सीधे हुई है। कबीर क्रियायोग के द्वार से प्रेमयोग में प्रविष्ट हुए, इसलिए उनका बाह्य संसार और उनका आभ्यंतर संसार दोनों एक-दूसरे को हुलसाते रहते हैं, पता ही नहीं चलता कि कब सांवलिया भीतर के दर्द की श्यामलता बन जाते हैं, कब भीतर के दर्द की

श्यामलता या आत्मा की काली रात ही सांवली सूरत बनकर थिरकने लगती है।

मीरा को गुजरात के वैष्णव कवियों की तरह एकांत रूप से न निर्गुणभक्ति की कवयित्री कहा जा सकता है, न सगुणभक्ति धारा की। वे दोनों हैं, पर चूंकि उनका झुकाव एक मूर्त लीलावितान में अपने को स्थापित करने की ओर अधिक है, इसीलिए उन्हें सगुण भक्ति धारा में ही सम्मिलित किया जाता है, वस्तुतः हिंदी भक्ति काव्यधारा के इतिहास में मीरा और कुछ हद तक (अपने थोड़े से पदों में) सूर सेतु का काम करते हैं। ये दोनों साकार-निराकार के मिलन की क्षितिज रेखा बनाते हैं।

मीरा के 'जोगी' पदों में किसी आकार के लिए नहीं बल्कि किसी ऐसी उपस्थिति के लिए (जो साथ रहकर चली गई है, आश्वासन देकर कि फिर साथ हो लूँगी) बेचैनी है और तब ऐसी प्रतीति होती है कि वह उपस्थिति इस लोक के अनुभव के परे है :

कै तो जोगी जग में नाहीं कैर बिसारी मोई।
कांइ करूँ कित जाऊँरी सजनी नैण गुमायो रोई।।

अथवा उसने भुला दिया है, मैं जाऊँ तो कहाँ जाऊँ, रोते-रोते मैंने नैना गँवा दिए हैं, नैन तो खोजने के लिए अनेक दिशाओं में ले जाते हैं, बाह्य दृष्टि लाचार हो गई है, गोचर रूपों में उसका साक्षात्कार नहीं होता। इसलिए चित्त की विक्षुब्धता और बढ़ती जाती है, अनुभव की यह परिणति ही 'तुम बिन तलफत प्राण' के द्वारा विराट तन्मयता की स्थिति ला देती है, कभी-कभी लोग मीरा के इन पदों में किसी लौकिक संदर्भ की छाया देखते हैं या नाथपंथ की छाप देखते हैं। हो सकता है लौकिक पति और अलौकिक पति श्रीकृष्ण इस अनुभव में एक हो गए हों, पर मीरा के पदों की शब्द योजना में भौतिक संसार और उसका सौंदर्य तो छलकता मिलता है, कहीं भी इस संसार और इसके सौंदर्य के प्रति विषयासक्ति की अभिव्यक्ति नहीं होती। कोई भी पद इसका प्रमाण नहीं देता कि लौकिक विषयसुख का कोई आकर्षण या उसकी कोई स्मृति चाहे उन्नीत रूप में ही क्यों न हो, मीरा को बेधती हो। इसके ठीक विपरीत मीरा का प्रेम शुद्ध आत्मदान है, रूपासक्ति से सीधे प्रेमासक्ति में प्रवेश होता है, कामासक्ति की गंध भी मीरा में नहीं मिलती।

कब री ठाढ़ी पथ बिहारां, अपने भवन खड़ी,
अटक्यां प्राण सांवरों प्यारो, जीवनमूर जड़ी।
मीरा गिरिधर हाथ बिकाणी लोक कह्यां बिकड़ी...

देखते-देखते तो मीरा बिक जाती है और लोक-बाह्य होकर विराट लोक की अधीश्वरी बन जाती है। इसलिए मीरा की पदावली में मान नहीं है, मन में प्रिय

को केवल रिझाने की चाह है :

मैं गिरिधर के घर जाऊँ।
गिरिधिर म्हारों सांचों प्रीतम देखत रूप लुभाऊँ।
रैण पड़े तब ही उठि जाऊँ, भोर भये उठि आऊं।
रैण दिना वाके संग खेलूं, ज्यूं त्यूं वाहि लुभाऊँ।
जो पहिरावै सोई पहिरूं, जो दै सोई खाऊँ।
जहाँ बैठावें तितहीं बैठूँ बेचें तो बिक जाऊं,
मेरी उणकी प्रीत पुरानी, उण विण पल न रहाऊँ।
मीरा के प्रभु गिरिधर नागर बार बार बलि जाऊँ।।

इस आत्मदान में पतिव्रत का आदर्श प्रतिबिंबित माना जा सकता है, पर क्या लौकिक प्रेम की पवित्रता स्वयं ही इस परमानुभूति की प्रतिबिंबित छाया नहीं है, क्या मीरा की पदावली का स्पष्ट अभिप्राय यही नहीं है कि वास्तविक अनन्यता बस एक से होती है, दूसरी अनन्यताएँ उससे छोटी हैं। अनेक पदों में जहर के प्याले की चर्चा है। इसकी पुनरावृत्ति एक ही बात की ओर इशारा करती है, दुनिया का जहर मीरा को बड़ा मीठा लगा है। लौकिक ऐश्वर्य का तिरस्कार मीरा की माधुर्यानुभूति में बहुत उपकारक है। साँप का शालिग्राम में परिविर्तित होना, मृत्युशय्या का फूल सेज में परिवर्तित होना जैसे अभिप्राय विधान इसी रूपांतर पर बल देते हैं। कब और कैसे यह छोटा रागद्वेष का कड़वा संसार बहुत ही मधुर हो जाता है, यही बतलाना मीरा के काव्य का मुख्य प्रतिपाद्य है।

इसी प्रकार जोगी या रावल में नाथपंथ की छाया देखने वाली बात भी बहुत कुछ सतह पर ही समीचीन लगती है। पदावली के सूक्ष्म विश्लेषण में कहीं भी योग की शब्दावली पर आधृत सादृश्य विधान नहीं मिलता। इसलिए जोगी का सीधा अर्थ उसका व्युत्पत्तिजन्य अर्थ अधिक सटीक लगता है, जोगी अर्थात् जो प्रेमजोग में जुड़ गया और इसे साधने का मंत्र लेकर चला गया या दूसरे शब्दों में कहें समस्त अनुभव पर (प्रत्यक्ष या अपरोक्ष स्मृतिरूप) छा गया। जोगी की प्रतीक्षा, जोगी का ध्यान, जोगी के लिए आकुलता यह सही द्योतित करते हैं कि यदि कोई अस्तित्व है तो वह जोगी है, यदि कोई जीवन की सार्थकता है तो जोगी है। जोगी निस्संग विश्वात्मा ही है। इसीलिए :

जोगिया से प्रीत कियां दुख होई।
प्रीत कियो सुख ना मोरी सजनी जोगी मीत न कोई।
रात दिवस कल नाहिं परत है, तुम मिलियो बिनि मोई।
ऐसी सूरत या जग मांही फेरि न देखीं सोई।
मीरा के प्रभु कबरे मिलोगे मिलिया आणंद होई।

ऐसे जोगी से प्रीति जोड़ना, दुःख के लिए ही है, क्योंकि वह किसी का मित्र नहीं है, वह समस्त मित्रताओं का, समस्त छोटे संबंधों का दुश्मन है। उस जैसा कहीं रूप नहीं देखा। आदि से अंत तक मीरा के 'सूधे' प्रेम की ही अभिव्यक्ति मिलती है, आराध्य जरूर बांके हैं, त्रिभंगी हैं। ऐसा लगता है जैसे कड़ी आंच में कठोर और टेढ़ा चित्र सीधा हो गया है। मीरा के काव्य की भाषा इसीलिए बड़ी तरल है, उसमें निष्प्रयास गेयता है।

मीरा की रहस्यानुभूति को दूर रखकर भी काव्यसौंदर्य का मूल्यांकन किया जा सकता है, पर तब उस काव्य में मोरमुकुट पीतांबर जैसे विशेषणों की पुनरावृत्ति की साभिप्रायता कुछ धूमिल हो जाएगी। इन विशेषणों के पर्यायों के चक्कर में न पड़कर इन्हें ही यदि मीरा ने दुहराया है तो सिर्फ इसलिए जो तिल-तिल नया अनुभव उन्हें हो रहा है उसमें एकधारावाहिता जिन विशिष्ट रूप गुणों के कारण है, उसे बनाए रखने के लिए। उनके वाचक विशेषणों को बनाए रखना काव्य के लिए साभिप्राय होता है। मीरा का प्रत्येक अनुभव अलग होते हुए भी एकोन्मुख है और उसे एक की प्रतीति इन बाह्य रूपसंभारों से होती है, यद्यपि वह स्वयं श्यामल है, समस्त रंगों को आत्मसात् करने वाला।

मीरा की यह अनन्यता ही मीरा की नैतिक मूल्यता की कसौटी है। इस ऊँची नैतिकता से प्रेरित होकर ही सीधी-सच्ची भावना पर मीरा बल देती हैं। इस नैतिकता की भूमि पर रहने वाला व्यक्ति सबसे पहले झूठ, आडंबर, ढोंग, अभिमान और द्वेष का परित्याग करता है। इसीलिए मीरा के लिए :

धरां सांवरों ध्यान चित्त उजलो करां।
सील घूँघरा बाँध तोस निरताँ कराँ।।

साँवले का ध्यान चित्त को उजला करता है और शील का घुँघरू बाँधकर तोष का नृत्य करने को विवश करता है। वे बाह्य आडंबर से अधिक आभ्यंतर संकल्प में विश्वास करती हैं, कराती हैं। परंतु जिस तरह कबीर, तीर्थ और काषाय वस्त्र की खिल्ली उड़ाते हैं, वैसा मीरा नहीं करतीं। वह वृन्दावन की रज में अपने मोहन के लीलारस का स्पर्श पाती हैं, इसलिए वृन्दावन छोड़कर जाना नहीं चाहतीं :

या ब्रज में कुछ देख्यौ री टोना।

मीरा की लोक मर्यादा बस इतनी दूर तक है। जहाँ तक लोग श्याममय होने के कारण अपने व्यवहार में सीधे-सच्चे हैं, प्रेमभाव वाले हैं, वहाँ तक वे सभी ग्राह्य ही नहीं पूज्य भी हैं। मीरा के लिए अहीरणी, भीलणी (शबरी) और सुदामा इसीलिए इतने समीप हैं कि उनमें सिधाई और सच्चाई है, विराट सत्ता के आगे अपनी अकिंचनता का बोध है।

मीरा का भक्तिकाव्य इन दृष्टियों से यद्यपि अलग-अलग विशेषताओं में भले ही अपूर्व न लगे, पर उनके अपूर्व संयोग के रूप में हिंदी साहित्य में अद्वितीय स्थान रखता है और इसका नया मूल्यांकन भक्तिकाव्य को नए मानवीय चौखटे में स्थापित करके इसको अधिक रसास्वाद्य बनाएगा, इसका मुझे पूर्ण विश्वास है।

सम्पर्क : बी-87/ए-12
रवीन्द्रपुरी एक्सटेंशन,
वाराणसी-5 (उ.प्र.)

भारत के 'दक्षिणापथ' में भक्ति-आंदोलन का समाजशास्त्रीय परिप्रेक्ष्य

डॉ. रमेश कुंतल मेघ

'दकन' (विंध्य से गोदावरी तक) तथा 'दक्षिण' (गोदावरी से कन्याकुमारी तक) भारत–जिसे दक्षिणापथ कहा गया–में सामंतवाद का स्वरूप उत्तर भारतीय सामंतवाद से काफी भिन्न था, विशेषतया आरंभिक मध्य (मिडिल) काल में तथा परवर्ती मध्यवर्ती (मेडिवियल) काल में। समूचे समुद्री तट पर समुद्र पत्तन (सीपोर्ट) वाले नगर थे। कुछ राज्यों के पास समुद्री बेड़ों तथा नौसेनाओं का पूरा संगठन था। दक्षिण पठार व पहाड़ी चट्टानों से भरा संपूर्ण क्षेत्र था। परिवहन की बीहड़ता के कारण राज्यतंत्र कबीलाई संरचनाओं तथा कुटुंबीयता से संयुक्त थे। अतएव वहाँ बड़े साम्राज्य कायम नहीं हो सके। ज़्यादातर संघर्ष उपजाऊ क्षेत्रों के लिये होते रहे। कृष्णा–कावेरी का दोआबा तथा ताप्ती–महानदी का वक्षदेश पल्लवों, सातवाहनों राष्ट्रकूटों, चोलों के बीच रुक-रुक कर निरंतर युद्धों की शृंखला तैयार करता रहा–शताब्दियों तक कांची के पल्लवों तथा मदुरै के पांडयों, एवं पल्लवों तथा राष्ट्रकूटों के बीच संग्राम छिड़े रहे। इसी के साथ-साथ चोलों के पास जो प्रबल शक्ति तथा उपकरण-सज्जित नौसैनिक बेड़ा था उसके वर्चस्व के चलते सुमात्रा एवं जावा के इंदोनीशियाई श्रीविजय साम्राज्य के साथ प्रगाढ़ व्यापारिक-संबंध थे। वर्चस्व कायम करने में श्री विजय साम्राज्य को चोलों ने परास्त भी किया था। चोल, पाड्य व पल्लव राज्यों के दक्षिणपूर्व एशिया के साथ-साथ अरब सागर के सीमावर्ती देशों से भी व्यापारिक संबंध थे। इस तरह उन राज्यों में कृषि के बजाय व्यापार की प्रधानता थी।

यह ध्यातव्य है कि दक्षिण एशिया से व्यापार और सांस्कृतिक-प्रसार के दो महाकारणों से ही पहले उत्तर भारत में गुप्त–साम्राज्य का स्वर्णयुग, और बाद में दक्षिण में चोलों का तमिल–संस्कृति के पल्लवन–'प्रसुमन के स्वर्णयुग (ई.प. 10-13 शताब्दी) का 'पुनर्जागरण' हुआ। अपार समृद्धि ने महानगरों तथा लघु संस्कृति (लिटिल कल्चर्स) के उपरांत 'बड़े समाजों' (बिग सोसाइटीज़) का अभ्युत्थान कराया। सुमात्रा, जावा, चंपा. श्याम, कम्बोज, एक बृहद् सभ्यता बनाते गये।

भौगोलिक कारणों का एक प्रभाव यह भी पड़ा कि अनेक घुमंतू लोक गाथाकारों तथा लोक कवियों का ही भक्तिधारा के लोकगायकों में कायाकल्प हो गया। ई.प. छठी से नौंवी शताब्दी में शिव भक्त नायनार तथा विष्णु भक्त आलवार इसी लोकधारा में लोकचित्त को उजागर करते हैं। वे गाँवों, तीर्थों-गलियों, चौपालों में घूम-घूमकर यात्राएँ (तीर्थ) तथा झाँकियाँ (शोभायात्रा) सजाते चलते थे। वे शिव एवं विष्णु की स्तुतियों तथा तत्कालीन राजाओं एवं पवित्र स्थानों (तीर्थों) का गुणगान करते घूमते थे।

इस तरह दक्षिण में लोकधारा के नायनार एवं आलवार एक पवित्र एवं मिथकीय भूगोल के भी विधायक हुए। यह दशा उत्तरभारत से काफी भिन्न है। वहाँ संत ज्यादातर छोटी जातियों के थे। अतः 'अपवित्र' या 'शूद्र' भी माने गए। इस नायनार एवं आलवार लोक-भक्त गायकों को ब्राह्मणवादी 'मोक्ष' से उतना सरोकार नहीं था, जितना कि कारीगरी प्रधान 'प्रेम' से। भक्तिधारा में धुरी प्रेम (उज्ज्वल रस/मधुरा रति) हो गया।

ऐतिहासिक समाजशास्त्र यह स्पष्ट सूचनाएँ देता है कि नगर और पत्तन तथा सिविल समाज, ये तीनों ही व्यापार तथा उत्पादन के विशाल केंद्र थे। व्यापारी संघों, महासभाओं आदि में संगठित भी थे। अतः वे आर्थिक एवं राजनैतिक कार्यवृत्तों पर भी असर डालते थे। इससे वर्ग-वैषम्य भी उभरा, कारीगरों के मुकाबले सौदागर ज्यादा अमीर थे (विशेषतः लुहार, ठठेरे और तेली के मुकाबले)। सौदागर अक्सर भूमि का अधिग्रहण कर लेते थे और साथ ही साथ मंदिरों को दान-अनुदान भी देते थे। यूरोपीय सामंतवाद के विपरीत भारत में राज्य की अपनी अधिकृत भूमि की प्रमुखता थी। भूमि-कब्जे की विरासत का न होना तथा जाति–व्यवस्था की जकड़ का कठोर होना–इनसे ग्रामीण समुदायों के बीच अंतर्विरोधों का स्फोट होता रहता था। इस वजह से स्थानीय स्तरों पर शहरी जीवन में व्यापारिक तथा लुटेरू पूँजी के कारण समाज का ढाँचा संघात झेल जाता था। तदापि तीन केंद्र आपस में होड़ लगाते ही रहते थे–राजसभाएँ, मंदिरों की जागीरें तथा संतों-व-भक्तों-व-आचार्यों के मठ। शायद इन सबके अर्थात् विधानों (नार्म्स) एवं मान्यताओं (मोरेस) के गुत्थगुत्थ होने का एक नतीजा यह भी प्रतिष्ठापित हुआ कि ई.प. दसवीं शती में नाथमुनि ने आलवारों के जिन चार हज़ार पदों का संकलन-संपादन किया वे चार सहस्र-प्रबंधम् ही चार 'तमिल वेद' कहलाये किंतु उनके ही पौत्र यमुनाचार्य ने प्रबंधम् को संस्कृत के दिव्य ग्रंथों की सी प्रतिष्ठा प्रदान करते हुए 'दिव्य प्रबंधम्' की प्रतिष्ठा दे दी। दोनों ही श्रीरंगम मंदिर के पुजारी थे। अंततः आलवारों के लोककंठ में रसे-महके पद अनुष्ठान की भाषा बन गए।

दक्षिण भारत में चौदहवीं-पन्द्रहवीं शती तक कृषि-श्रम की बुनियादी इकाई परिवार था। दस, सौ या हज़ार गाँवों के समूह के अनेक उल्लेख मिलते हैं। जिनका प्रबंध ग्राम सभा 'महासभा' व ब्राह्मण-सभादि करते थे। नवीं-दसवीं शती तक आते-आते

ऐसे बड़े समुदायों की एक आर्थिक इकाई के रूप में कार्यविधियाँ समाप्त हो गईं थीं। चोल-राज्य में ग्रामसभाओं को कर–संग्रह तथा खज़ाने के भी अधिकार मिले थे। इसमें एक बटा छै भाग राज्य का राजस्व होता था जिसे अनाज तथा स्वर्णमुद्राओं के रूप में वसूला जाता था। ग्राम-सभाएँ, परिपथ-निर्माण तथा सिंचाई-व्यवस्था भी करती थीं। निष्कर्षतः तमिल देश का चोल साम्राज्य तत्कालीन सामंतीय राज्य का उसी प्रकार प्रादर्श (माडल) था, जिस प्रकार शेरशाह सूरी के ग्रामीण–प्रबंधन पर अकबर का मुगल-साम्राज्य मजबूत हुआ था जैसा कि हम पहले इशारा कर चुके हैं कि राजराजा प्रथम (985-1015) तथा राजेन्द्र प्रथम (1015-1044) जैसे चोल सम्राट ठेंगी के पूर्वी चालुक्यों के साथ दीर्घ संघर्षो में उलझे रहे और अंतः में उसे आधीन राज्य बना दिया। उन्होंने सुदीर्घ दिग्विजयों के भव्य अभियान चलाते हुए बंग और भंग तथा गंगा के मैदानों पर अपने विजयध्वज को फहराते हुए, अश्वमेध करके चक्रवर्ती सम्राट की पदवी ग्रहण की। उनके अभियानों की तुलना गुप्त सम्राट समुद्रगुप्त की दिग्विजय से ही की जा सकती है। बारहवीं शताब्दी तक चोल-साम्राज्य का आधिपत्य लगभग समूचे दक्षिण-भारत में हो गया। उनकी सीमाओं में कृष्णा, तुंगभद्रा तथा गोदावरी नदियों की उपजाऊ भूमियाँ भी आ गईं। अतएव यहाँ 'द्वितीय स्वर्ण युग' तथा उसका (चोलमंडल का) महान रिनैसाँ अपने शिखर को छू गया। तथापि दक्षिण के अवसान के लक्षण भी प्रबल हो रहे थे। वातापि के चालुक्य, कांची के पल्लव तथा मदुरै के पांड्य आपस में ही–परस्पर विनाश करने पर तुले हुए थे। सामंतवाद के लघु-खंड में ऐसा विनाश-तांडव होता ही है। तथापि यह ध्यातव्य है कि चोलों तथा चालुक्यों की तरह पल्लव 'साम्राज्य' भी समुद्रपार–व्यापार में लगा था। उथलपुथल के चक्रों में देवगिरि के यादवों ने पूर्वी चालुक्यों का, द्वारसमुद्र के होयसलों ने दक्षिणी चालुक्यों का तथा नासिक-मान्यखेट के राष्ट्रकूटों के उत्तरी चालुक्यों का अपने में विलय कर लिया। इन नये राज्यों के संस्थापक बहुधा सामंतेश्वर अथवा सेनापति ही थे। चोलों के पश्चात् तथा महाराष्ट्र के राष्ट्रकूटों द्वारा चालुक्य राजा कीर्तिवर्मन द्वितीय (764-57 ई.पा.) की पराजय के बाद वे (राष्ट्रकूट) ही दो शताब्दियों तक दक्षिण की महाशक्ति बने रहे थे। राष्ट्रकूटों का किसानी उद्‌गम था। वे धार्मिक मामलों में उदार थे। वे 'कन्नड़' भाषा तथा संस्कृति के आश्रयदाता तथा वैष्णव हिंदुत्व के विश्वासी थे। (चोलों के बाद) उन्होंने ही अपने शासन की कालजयी निशानियाँ जैसे इलौरा का कैलाशनाथ मंदिर-संश्लेष भारत के राष्ट्र को प्रदान किया है।

हमारा अनुमान है कि इसी विरासत का नतीजा है कि बाद में एक ओर कर्णाटक में मध्वाचार्य तथा वल्लभाचार्य का आविर्भाव हुआ तो दूसरी ओर महाराष्ट्र में अद्वैताश्रित नाथ एवं द्वैताश्रित महानुभाव संप्रदायों का प्रसार-प्रचार हुआ। संत ज्ञानेश्वर गुरु परम्परा से नाथपंथी और पितृ परंपरा से वारकरी संप्रदाय के थे। भक्ति आंदोलन में उन्होंने नये-तत्त्वों का समावेश कराया–'समता' तथा 'बंधु-भाव का।' ज्ञानेश्वर ने तो

लोकभाषा को ही धर्मभाषा का स्वरूप प्रदान कर दिया। इसके विपरीत पूर्ववर्ती काल में तमिलक्षेत्र में (दसवीं शती) में तथा तमिल एवं संस्कृत के मिलाप से 'मणिप्रवाल' भाषा का पल्लवन हुआ। इसी कड़ी में प्राकृतों से देसी क्षेत्रीय बोलियों का उभार भी हो रहा था। दक्षिण के भक्ति-आंदोलन ने भारत में महान भाषित क्रांति करके एक नये भाषा—एटलस का समारंभ किया। ज्ञानदेव की सबसे बड़ी देन थी कृषक कुलोद्भव राष्ट्रकूटों की समाज सांस्कृतिक अभिरचना के मेल में ही एक नये देवता विठोबा या विट्ठल का प्रतिष्ठापन। वारकरी भक्तों ने आलवारों की गीत-संगीतमय पदयात्राओं का सिलसिला अनुष्ठान में बदल दिया—पंढरपुर की ओर। यूं मध्यकालीन-मध्यवर्तीयुगीन धार्मिक संस्कृति नायनारों-आलवारों से आगे रामानुज-ज्ञानेश्वर को साथ लेकर रामानंद द्वारा उत्तर भारत में नित धर्मचक्र प्रवर्तन करती है। जिसमें निर्गुण-सगुण धारा की अन्तेवासी इस्लामी सूफ़ीधारा भी शामिल हो जाती है।

चोलों की तरह राष्ट्रकूटों ने भी दिग्विजय—अभियान चलाए। वे उत्तरभारत में फैले—बंगाल-बिहार के पाल, कान्यकुब्ज (कन्नौज) के गुर्जर-प्रतिहार उनके निशानों पर सध गए। दसवीं शती तक ये तीनों शक्तियाँ क्षीणप्रभ होती जा रही थीं। अतः देश छोटे-छोटे राजपूती राज्यों के बजाय रजशाहियों (किंग्डम्स) में खंड-खंड हो गया। भक्ति-आंदोलन भी उन्हें एकजुट नहीं कर सका क्योंकि आर्थिक विषमताएँ तथा वर्ण विलयित वर्गीय अंतर्विरोध देश को गरीबी तथा भाग्यवाद और जहालत में डुबोते आ रहे थे। भक्ति गीता के 'निष्काम कर्म' के बजाय समाज से पलायनकर्त्ताओं का निष्क्रिय मोक्ष की साधिका होने लगी। तथापि दक्षिण में नयी शक्तियों का अभ्युदय हुआ—देवगिरि के यादव, द्वारसमुद्र के होयसल, तथा वारांगल के काकातीय। इस तरह भारत का समूचा उत्तर-दक्षिण विस्तार पतन की ओर जा रहा था। ऐसे में खुरासान से बिल्कुल नई इस्लामी कुव्वत वाले तुर्क और ताजिकों का भारत में समर्थ अनुप्रवेश होता है। हर्ष से लेकर यादवों तक के लम्बे मध्यकाल के सामंतवाद का अवसान होने को था। घोड़ों की चुस्त फौजों ने हाथियों की मोटी-मंथर सेना को रौंद डाला। अलाउद्दीन खिजली के पौने पाँच लाख घुड़सवारों के सिपहसालार मलिक काफूर ने सन् 1307 से 1310 के बीच सभी हिंदू राज्यों को धूल में मिला दिया। नये क्षेत्रों और नगरों की लूटमार से विपुल राज्य लक्ष्मियाँ प्राप्ति होने लगीं। अब युद्ध धर्म के मुद्दों के बजाय राजनीति के मुद्दों पर लड़े जाने लगे। धर्मयुद्ध की बची-खुची अवधारणा ही दफना दी गई। फलस्वरूप भक्ति-आंदोलन की दशा और दिशा में अजीब तब्दीलियाँ आने लगीं। कुछ प्रवत्तियाँ मुखर होकर प्रमुख होती चलीं, जैसे व्यक्तिवादिता द्वारा समूह व सामाजिकता का निषेध, रहस्यवाद द्वारा तर्क और ज्ञान की अस्वीकृति तथा संन्यास—वैराग्य द्वारा दरिद्रता का आदर्शीकरण-अलौकिकीकरण।

हमने यही पाया है कि कृषि, व्यापार तथा दस्तकारी ने वैसी अभिभूमिकाएँ अदा की हैं जिनसे मध्यकालीन राज्यों-रजवाड़ों का उत्थान-पतन तो हुआ ही, बल्कि

भक्ति-आंदोलन के स्वरूप और साध्य भी अदलते-बदलते रहे। सबसे बड़ी बात यह हुई कि इन शताब्दियों में वर्णों की भी अभिभूमिकाएँ उलटती-पलटती रहीं। जिसमें सत्ता (राज्य) और धर्म (भक्ति) में उथल-पुथल होती चली। यह सब कैसे और क्यों? मूलतः श्रम के विभाजन तथा उत्पादन-संबंधों में परिवर्तन के कारण। इसका ज़बर्दस्त सबूत यह है कि बारहवीं शती के बाद सैकड़ों उपजातियों का निर्माण शुरू हुआ। भौगोलिक आव्रजन—प्रवर्जन शुरू हुआ, तथा पेशेवर गत्यात्मकता में उभार आया। कबीले तथा कुलवंश नई-नई उपजातियों में बदल गए। इससे अनेक ज्ञात-अज्ञात, गूढ़-गुह्य पंथ भी चल पड़े। 'पवित्रता' की अवधारणा का सबसे अधिक सामाजिकीकरण हुआ—भक्त और भगवान के बीच सभी तरह के सभी वर्णों के संबंध सही एवं पवित्र माने गए। एक नए, किंतु अतिरिक्त नीतिशास्त्र का संविधान हुआ।

सर्वांत में सामाजिक संबंधता, उत्पादन की शक्तियों के कई चरण तथा धार्मिक आंदोलनों की प्रक्रियाएँ—ये तीनों ही प्रतिभा ज्ञान-विज्ञान में, दार्शनिक अवधारणाओं में तथा नैतिक अधिनियमों (कोड) में परिलक्षित होती हैं।

सम्पर्क : 3, भू-तल, स्वास्तिक विहार-III
मनसा देवी काम्पलैक्स,
पंचकूला (हरियाणा)

गुरु नानक : साधना-मार्ग और विद्रोह की भूमिका

डॉ. महीप सिंह

मध्ययुग के भक्ति-आंदोलन के दो स्वरूप-निर्गुण और सगुण, केवल इस दृष्टि से ही भिन्न नहीं है कि वे ईश्वर के स्वरूप के संबंध में अपनी धारणाओं में अंतर रखते हैं। वस्तुतः निर्गुण और सगुण भक्तों की ईश्वर-संबंधी धारणा की भिन्नता बहुत दूर तक नहीं जाती। थोड़े से प्रारंभिक मतभेद के पश्चात् दोनों श्रेणियों के भक्त-कवि इस निष्कर्ष पर पहुँच जाते हैं कि निर्गुण-सगुण में कोई तात्त्विक भेद नहीं है। दोनों ही ब्रह्म के स्वरूप हैं।[1]

जीवन-दृष्टि का अंतर

निर्गुण और सगुण कवियों का मूल अंतर उनकी जीवन-दृष्टि में है। हमारे देश की चिंतनधारा में दो प्रवृत्तियों समानान्तर चलती रही हैं। एक प्रवृत्ति वह है जो अपनी सभी तत्कालीन समस्याओं का समाधान परंपरानुमोदित, शास्त्रोक्त ढंग से निकालने का प्रयत्न करती हैं प्राचीन जीवन मूल्यों में आस्था रखकर, परिवर्तत समय में जीवन-मूल्यों में नितांत आवश्यक संशोधन भी श्रुतिसम्मत हो ऐसा आग्रह उनका बराबर बना रहता है।[2] दूसरी प्रवृत्ति में स्वतंत्र चिंतन का विशेष महत्त्व है। परंपरा से प्राप्त थाती को वह अपनी पृष्ठभूमि तो बनाना चाहती है परंतु उसके साथ बेंधकर चलना उसे स्वीकार नहीं हैं उसका आधार उसका अपना अनुभव और अपना विवेक है।[3] मध्यकाल की सगुण और निर्गुण भक्तिधाराएँ इन दो प्रवृत्तियों का प्रतिनिधित्व करती हैं।

काव्य-सौंदर्य की दृष्टि से सगुण भक्त-कवियों का साहित्य में कितना ही महत्त्व क्यों न हो, अपने युग की समग्र चेतना को आत्मसात कर, उसे युगीन आधुनिक दृष्टि से संपन्न कर, समस्त अवनति-मूलक रूढ़ियों, अंधविश्वासों का खंडन कर मनुष्य के हाथ में सत्यासत्य को परखने का विवेक-दीप निर्गुण संतों ने ही दिया था। निर्गुण धारा के संत युग-सत्य के प्रचारक थे। युगीन परिस्थितियों, विशाल मनन, चिंतन एवं पर्यटन से प्राप्त अनुभव तथा परंपरा से आए बहुत कुछ को अस्वीकार करने, बहुत कुछ का खंडन करने और बहुत कुछ को संशोधित करने की उनमें शक्ति थी। इसी के साथ उन्होंने बहुत कुछ का प्रतिपादन इस बात की परवाह किए बगैर किया कि वह श्रुति-सम्मत

है या नहीं।

निर्गुण आंदोलन मध्य युग की सबसे बड़ी सामाजिक-धार्मिक और अंततोगत्वा राजनीतिक क्रांति थी। समाज का वह वर्ग, जो सदियों से केवल इसलिए जी रहा था कि उसे समाज के एक विशिष्ट वर्ग की सेवा भर करनी है, उसके साथ जुड़े हुए सभी दूषित, गंदे और निम्न-स्तरीय कार्यों का बोझ स्वयं वहन करके उसे जीवन की सभी सांसारिक और आध्यात्मिक ऊँचाईयों को प्राप्त करने की सुविधा प्रदान करनी है, इस आंदोलन के प्रभाव सें आलोड़ित हो उठा। उसने शायद यह पहली बार अनुभव किया कि घृणा, उपेक्षा और दरिद्रता का बोझ वहन करते हुए हीनता भाव से ग्रसित होकर किसी प्रकार जी लेना ही उसकी नियति नहीं हैं वह भी अपने जीवन को 'मनुष्य' जैसी सार्थकता दे सकता है, उसमें मानवीय गौरव, मानवीय स्वाभिमान और मानवीयता के उच्चतर मूल्यों का संस्पर्श उत्पन्न किया जा सकता है।

युग-चेतना की अनुभूति

ऐसे व्यक्ति ज़ो समय की गति बदलकर युगपुरुष कहलाने के अधिकारी हो जाते हैं, अपने युग की संपूर्ण चेतना से गहरी पहचान उत्पन्न करते हैं उनके सम्मुख परंपराओं और रूढ़ियों से भरा हुआ एक ऐसा समय होता है जो वर्तमान को स्पर्श करता हुआ विशाल अतीत में फैला होता है। उसके संपर्क, उसके राजनीतिक दबाव, उसकी विचार और जीवन पद्धति के प्रभाव से उत्पन्न परिवेश होता है। इस परिस्थिति में भविष्य के बनते हुए समाज के उभरे हुए संकेत उसके सम्मुख होते हैं। युगपुरुष इन सभी के मध्य से अपने जीवन-दर्शन का निर्माण करता है। स्वाभाविक है कि ऐसे महापुरुष की सचेतन दृष्टि जहाँ एक ओर बहुत पैनी होती है वहीं दूसरी ओर बहुत व्यापक और सर्वांगीण होती है। गुरु नानक की कविता का अध्ययन करने से एक ऐसे ही क्रांतिद्रष्टा और युग-निर्माता का सर्वतोमुखी चित्र हमारे सम्मुख आ जाता है।

गुरु नानक ने बड़ी गहराई से पहचाना कि उनके समसामयिक समाज को अतीत की परंपरा के रूप में जो कुछ भी प्राप्त हुआ है उसका वास्तविक संकट कहाँ है? इस संदर्भ में उन्होंने कुछ निष्कर्ष निकाले।

अपनी सांस्कृतिक विरासत का बहुत बड़ा भाग अभी भी ऐसा है जो उपयोगी है और उसकी रक्षा वांछनीय है। अपनी भाषा भूल जाने वाले सजातीय को फटकारते हुए उन्होंने कहा—तूने अपनी भाषा छोड़कर दूसरों की भाषा ग्रहण कर ली है।[4]

शासकों की कृपा प्राप्त करने के लिए उनके जैसे नीले वस्त्र पहनने वालों को प्रताड़ित करते हुए उन्होंने कहा—इन्होंने नीले वस्त्र पहनकर अपना रहन-सहन तुर्कों-पठानों जैसा कर लिया है।[5]

उस युग में, जब विदेशी प्रभाव के कारण लोग अपने 'स्वत्व' को भूल रहे थे, गुरु नानक ने लोगों में सांस्कृतिक पुनर्जागरण पैदा किया। उनकी भाषा, उनकी लिपि,

उनकी विचार-पद्धति, उनकी आस्था के शब्द गुरु नानक की कविता के माध्यम से सामान्य जन के पास पहुँचे और उन्हें लगा कि वे राजनीतिक दृष्टि से चाहे बहुत कुछ खो चुके हों परंतु सांस्कृतिक दृष्टि से उनके पास बहुत कुछ है जिसके आधार पर वे स्वाभिमान से जी सकते हैं।

सांस्कृतिक पुनर्जागरण के इस कार्य में गुरु नानक ने मिथ्याडम्बर को कभी प्रश्रय नहीं दिया। परंपरागत मान्यताओं, आस्थाओं और मूल्यों का निरंतर परीक्षण और संशोधन ही उनकी उपादेयता को बनाए रख सकता है। अंधानुगमन में व्यक्ति सार-तत्त्व तो खो देता है और अनेक प्रकार के पाखंडों और विसंगतियों का शिकार हो जाता है ऐसी ही विसंगति के शिकार एक हिंदू कर्मचारी को फटकारते हुए उन्होंने कहा था—तुम गऊ ब्राह्मण पर कर लगाते हो और गोबर का सहारा लेकर तर जाना चाहते हो। धोती, तिलक और माला धारण करते हो और धान म्लेच्छों का खाते हो। घर के अंदर पूजा करते हो और बाहर शासकों को प्रसन्न करने के लिए कुरान पढ़ते हो। यह सब पाखंड छोड़ क्यों नहीं देते।[6]

विसंगतियों से भरे हुए ऐसे लोग मस्तक पर तिलक लगाते हैं, धोती पहनते हैं परंतु अपने शासकों की कृपा प्राप्त करने के लिए जनता के साथ कसाई-सा व्यवहार करते हैं, तुर्कों की स्वीकृति पाने-के लिए नीले कपड़े पहनते हैं, उनकी सेवा करके रोज़ी कमाते हैं और घर में पुराण पूजते हैं। अपने चौके में हलाल किया हुआ बकरा पकाते हैं, परंतु चौके की पवित्रता का ढोंग करते हुए वहाँ किसी को नहीं आने देते। चौका देकर लकीर तो खींच तो देते हैं परंतु उसमें वे आ बैठते हैं जो स्वयं बड़े झूठे हैं। उनका शरीर अपवित्र है, वे मलिन कर्म करते हैं, झूठे मन से कुल्ला करते हैं, परंतु लोगों से कहते हैं। हमें मत छुओ नहीं तो हमारा अन्न भ्रष्ट हो जाएगा।[7]

कथनी और करनी

सम्पूर्ण निर्गुण काव्य कथनी और करनी की एकता पर बल देता है। 'मन चंगा तो कठौती में गंगा' यह सूक्त वाक्य मानो निर्गुण दृष्टि का प्रतिनिधि वाक्य है। कबीर ने आसन लगाकर बैठे, लम्बी माला जपते पंडित से कहा कि ऊपर से तुम चाहे जैसा वेश धारण करो, तुम्हारे अंदर जो कपट की कतरनी है, ईश्वर उसे भली प्रकार देख रहा है।[8]

कथनी और करनी में आ जाने वाले अंतर को युग के सभी मार्ग-दर्शकों ने देखा और उस अंतर को मिटाने पर बल दिया। परंतु नियति का यह विचित्र विद्रूप है कि अंतर कभी घटा नहीं, बल्कि बढ़ता ही गया है। गुरु नानक ने इस बात को बहुत अधिक गहराई से अनुभव किया था। उन्होंने अनुभव किया था कि 'करनी' के विषय में कहा तो जाता है परंतु इसे सत्य की प्राप्ति का एक साधन-मात्र ही माना जाता है। इसलिए अधिक आग्रह सत्य की व्याख्या पर ही लगा रहता है। उन्होंने कहा—सत्य सबसे ऊपर है, परंतु उससे भी ऊपर है सत्याचार।[9] सत्य आचरण स्वयं सत्य से ऊपर है—अर्थात्

साधन साध्य से भी बड़ा है, इस बात का उद्घोष उस युग में गुरु नानक ने ही इतने अधिक आग्रह से किया।

गुरु नानक का यह आग्रह एक उद्घोष तक ही सीमित नहीं रहा, उनकी वाणी ने जगह-जगह पर इसका अनुमोदन किया है। उन्होंने कहा—पढ़ना ही पर्याप्त नहीं है उसे उतनी गहराई से आत्मसात करना ही आवश्यक है।[10] इसलिए उन्होंने कहा—यदि बौद्धिक पूर्णता को प्राप्त करना है तो उसमें 'करनी' बहुत आवश्यक है। कितना भी ऊँचा ज्ञान क्यों न हों, करनी के अभाव में वह घटता ही जाता है।[11] जो स्वयं झूठ बोलते हैं, दूसरों का हक छीन लेते हैं और दूसरों को उपदेश देते घूमते हैं ऐसे लोग स्वयं तो ठगे ही जाते हैं, उनके साथी भी लुट जाते हैं।[12] यदि अच्छे कर्म नहीं हैं तो केवल बड़ी-बड़ी बातें करने से बहिश्त प्राप्त नहीं होता।[13]

गुरु नानक साधक के हाथ में रूढ़ियों, अंधविश्वासों, बिना समझे-बूझे शासन-वचनों की डोर नहीं पकड़ते। वे उसके साथ में ज्ञान का दीपक देते हैं जिसके प्रकाश में वह सत्यासत्य का निर्माण कर सके। वे कहते हैं—पहले तथ्य को अच्छी तरह समझ लो, फिर उसका व्यापार करो।[14]

विद्रोह की भूमिका

मध्ययुगीन भक्ति-काव्य का स्वर जिस सीमा तक दीनता, आत्म-निषेध और आध्यात्मिक सुख प्राप्ति की लालसा से भरा हुआ है, उसमें अपने परिवेश की विसंगतियों और क्रूरताओं के प्रति कवि की प्रतिक्रिया ढूँढ़ निकालना आसान नहीं है। पहला प्रश्न तो यही उत्पन्न होता है कि इन भक्त-कवियों में किस सीमा तक अपने चारों ओर के समाज में तेजी से घट रही घटनाओं के प्रति जागरूक भाव विद्यमान था और यदि यह भाव कुछ था भी तो उसके प्रति उनकी प्रतिक्रिया किस रूप में थी। 'कोउ नृप होह हमें का हानों' अथवा 'संतन को कहा सीकरी सो काम। आवत जात पनहिया टूटे बिसति गए हरि नाम' के माध्यम से जो प्रतिक्रिया व्यक्त होती है, उसमें अपने चारों ओर के व्यापक परिवेश के प्रति सक्रिय जागरूकता की अपेक्षा उपेक्षा या निर्लिप्तता का भाव ही अधिक है।

इस दृष्टि से गुरु नानक के काव्य का स्वर भक्ति काल के मूल स्वर के साथ बहुत दूर तक चलता हुआ अधिक व्यापक और परिवेश के प्रति जीवंत प्रतिक्रियाओं से भर उठता है, जहाँ वे कहते हैं—आज के राजे व्याघ्र के समान हिंसक हैं, उनके सामंत कुत्तों के सामान लालची हैं और शांत जनता को बिना किसी कारण पीड़ित करते रहते हैं। उनके नौकर अपने पैरों के नाखूनों से लोगों को जख्मी करते रहते हैं और उनका लहू कुत्तों की तरह चाट जाते हैं। जहाँ इनके कर्मों की परख की जाएगी, वहाँ इनकी नाक काट ली जाएगी—

राजे सींह मुकद्दम कुत्ते।
जाइ लगाइन बैठे सुते।
चाकर नहंदा पाइन्हि घाउ।

रतु घ्रितु कुतिहो चटि जाहु।
जिथे जींआ होसी सार॥
नकीं बड़ो लाइत बार॥

अपने समय के राजाओं, सामन्तों, राज-कर्मचारियों द्वारा निरीह जनता पर किए जाने वाले अत्याचारों पर इतना तीव्र रोष व्यक्त करने वाले गुरु नानक जब इस स्थिति से अधिक द्रवित हो उठते थे तो वे अपना रोष व्यक्त करने उसके दरबार में पहुँच जाते जिसके प्रति रोष व्यक्त करने में सभी अपने को असमर्थ समझते हैं। बाबर ने हिंदुस्तान पर आक्रमण किया। चारों ओर भयंकर मार-काट में देश की जनता पीड़ित होने लगी। गुरु नानक के ही शब्दों में—जिन स्त्रियों के सिर में सुंदर पट्टियाँ शोभित होती थीं, जिनकी माँग में सिन्दूर भरा हुआ था, अत्याचारियों ने उनके केश काट डाले और उनको धूल में इस तरह घसीटा कि उनके गले तक धूल भर गई जो महलों में निवास करती थीं, अब उन्हें बाहर बैठने की जगह भी नहीं मिलती। विवाहित स्त्रियाँ जो अपने पतियों के पास सुशोभित थीं, जो पालकियों में बैठकर आई थीं, उन पर लोग जल-न्यौछावर करते थे, बहुमूल्य पदार्थों से जड़े पंखे आस-पास झूलते थे, उन पर लाखों रुपए की वर्षा होती थी, मेवे खाती थीं, सेजों पर रमण करती थीं, अब उनके गले की मोतियों की माला टूट गई है और उसके स्थान पर अत्याचारियों ने रस्सियाँ डाल दी हैं, धन और यौवन ने उन्हें अपने रंग में रंग रखा था, अब ये दोनों उनके बैरी हो गए हैं सिपाहियों को आज्ञा मिली और वे इनकी इज्जत लूटकर चलते बने।[15]

अब चारों ओर ऐसी करुणाजनक स्थिति उत्पन्न हो गई तो गुरु नानक ने ईश्वर को ही संबोधित करते हुए कहा—हे परमात्मा, बाबर ने खुरासान पर आक्रमण किया, परंतु तुमने उसकी रक्षा कर ली और हिंदुस्तान को उसके आक्रमण से आतंकित कर दिया। तुम स्वयं इस स्थिति को उत्पन्न करते हो, परंतु अपने को दोष न देने के लिए तुमने मुगलों को यमदूत बनाकर इस देश पर आक्रमण करा दिया। चारों ओर इतनी मार-काट हुई कि लोग त्राहि-त्राहि कर रहे हैं और तुम्हारे मन में इन निरीह जनों के प्रति जरा भी दर्द नहीं उत्पन्न हो रहा है। हे कर्ता, तुम तो प्राणियों के समान रूप से रक्षक होने का दावा करते हो? और फिर एक शक्तिशाली दूसरे शक्तिशाली को मारे तो मन में रोष उत्पन्न होता, परंतु यदि शक्तिशाली सिंह निरपराध पशुओं के झुंड पर आक्रमण कर दें तो उनके स्वामी को कुछ तो पुरुषार्थ दिखाना चाहिए।[16]

अपने देश पर विदेशियों द्वारा हुए अत्याचारों से विक्षुब्ध होकर ईश्वर के प्रति ऐसी ताड़ना भरी शिकायत सारे भक्ति-साहित्य में निश्चय ही अद्वितीय है और अनुपम भी। परंतु गुरु नानक उन लोगों को भी क्षमा नहीं करते जिनकी चरित्रहीनता, अकर्मण्यता और ऐशपरस्ती के कारण इस देश की ऐसी दुर्दशा हुई।

रतन बिगाड़ि विगोऐ कुत्तीं मुहआ सार न काई।

इन कुत्तों ने रत्न के समान इस सुंदर देश को बिगाड़ कर नष्ट-भ्रष्ट कर दिया। इनके मरने के बाद, इनकी कोई खोज खबर नहीं लेगा।

पतन के कारणों की खोज

परंतु ऐसा हुआ क्यों? गुरु नानक जी कहते हैं–यदि हम पहले से चेत जाते तो हमें ऐसी सजा क्यों मिलती। यहाँ के शासक तो सदा रंग-तमाशों में डूबे रहे। उन्हें कर्तव्य का ध्यान ही नहीं था। परिणाम यह हुआ कि बाबर की दुहाई चारों ओर फिर गई है कि किसी को रोटी तक खाने को नहीं मिलती। मुसलमानों के नमाज का वक्त खत्म हो गया, हिन्दुओं की पूजा जाती रही। चौके के बिना हिंदू-स्त्रियाँ अपनी शुचिता किस प्रकार बनाएँ रखें? जिन्हें कभी राम शब्द भी याद नहीं आया था, अब वे शासकों को प्रसन्न करने के लिए खुदा को याद करना चाहते हैं, परंतु जालिम उन्हें खुदा भी नहीं कहने देते।[17]

गुरु नानक ने मानव-चेतना को कुंठित करने वाली कुएँ के मेंढ़क वाली वृत्ति को झटक कर उतार फेंका। यदि कोई ईश्वर प्रकृति के संपर्क में आने से संसार में फैले हुए विभिन्न धर्मों, मतों, संप्रदायों के व्यक्तियों से मिलने और उनसे विचार-विमर्श करने से भ्रष्ट हो जाता है तो वह स्वयं भ्रष्ट हो चुका है और उसे छोड़ देना ही श्रेयस्कर है। गुरु नानक ने अपने जीवन के लगभग 22 वर्ष यात्राओं में गुजारे। भारत का कौन-सा भाग उनके पद-स्पर्श से अछूता रहा श्रीलंका, तिब्बत, मक्का, मदीना बगदाद और अफगानिस्तान वे कहाँ-कहाँ नहीं पहुँचे। कभी मक्का में मुसलमान धर्मोपदेशक से सम्पर्क किया तो कभी सुमेर पर्वत पर समाधिस्थ सिद्धों को बताया कि आप यहाँ मोक्ष की साधना में लीन हैं और वहाँ संसार की दशा यह है कि वहाँ समय छुरी के समान है, शासकगण कसाई बन गए हैं, धर्म पंख लगाकर उड़ गया है, चारों तरफ झूठ की काली रात छाई हुई है, उसमें सच्चाई का चंद्रमा कहीं दिखाई नहीं देता।[18] कभी वे कामरूप (असम) की जादूगरनियों के बीच विचरते रहे तो कभी पुरी में जगन्नाथ जी के मंदिर के बाहर आरती उतारते रहे।[19] अपनी इन यात्राओं में उन्होंने सदैव आतिथ्य ग्रहण किया। भाई लालो जैसी नीची कही जाने वाली जाति के लोगों का और निर्धनों का रक्त-शोषण करने वाले मलिक भागों जैसी धनिकों के पकवानों से खून निचोड़कर दिखाते रहे।

इसीलिए जब मुट्ठी भर विदेशी सैनिकों ने आकर हमें रौंद दिया तो उन्होंने अपनी शक्ति और सम्पन्नता के झूठे मद में डूबे हुए राजाओं से पूछा–

"तुम्हारे वे खेल, अस्तबल और घोड़े कहाँ हैं? तुम्हारे दर्पण और उसमें दिखाई देने वाले बांके चेहरे अब कहीं नहीं दिखाई देते।[20]

फिर यहाँ के लोग तो अपने सुंदर महलों, सुंदर सेजों और सुंदर कामनियों के संपर्क में डूबे हुए थे। गुरु नानक ने उनसे पूछा–"तुम्हारे वे सुंदर घर, दरवाजे, मंडप और महल कहाँ हैं? तुम्हारी वह सुख-दाई सेज कहाँ है? और वह कामिनी कहाँ है जिसके कामोन्माद के कारण तुम्हें नींद नहीं आती थी? पान-ताम्बूल देने वाली हरमों में भी औरतें कहाँ गईं?"[21]

अंधविश्वास पर प्रहार

इस देश में अंधविश्वास की कमी भी तो नहीं थी। सोमनाथ के मंदिर पर महमूद गज़नवी ने आक्रमण किया तो मंदिर के पुजारियों ने बड़े विश्वास से कहा—भगवान सोमनाथ अपना तीसरा नेत्र खोलकर इस अधर्मी को भस्म कर देंगे। परंतु हुआ क्या? जब मुग़लों ने आक्रमण किया तो यहीं के पठान शासकों ने अगणित पीरों—फकीरों से उन्हें रोकने के लिए टोने-टोटके करवाए। गुरु नानक ने ऐसे अंधविश्वासियों से बड़े व्यंग्य से पूछा—मीर (बाबर) तो तुम पर चढ़ आया, बताओ तुम्हारे पीरों के टोने-टोटके से क्या हुआ? तुम्हारे वज्र के समान मजबूत किले और महल जल कर राख हो गए। राजपुत्रों को टुकड़े-टुकड़े करके मिट्टी में मिला दिया गया। तुम समझते थे कि टोने-टोटके वाले पर्चों से मुगल सिपाही अंधे हो जाएंगे। परंतु वहाँ तो एक भी मुग़ल अंधा नहीं हुआ।[22]

गुरु नानक के शब्दों में सच बात यह है कि कोई भी देश अपनी अच्छाइयों को खो देने पर ही पतित होता है मानों ईश्वर स्वयं जिसे नीचे गिराना चाहता है, पहले उसकी सारी अच्छाइयों को उससे छीन लेता है।[23] परंतु इस देश की अच्छाइयों की, उसके गुणों को, उसकी प्रभुता को ईश्वर ने क्यों छीन लिया? उसे दलित होने के लिए, पीड़ित होने के लिए, परतंत्र होने के लिए क्यों छोड़ दिया? कारण बड़ा स्पष्ट है। हमारे देश में एक ऐसी समाज-व्यवस्था विकसित हो गई जिसमें कुछ ऊँचे समझ लिए गए और असंख्य लोग नीचाई की उस सीमा तक ले जाए गए जहाँ उनका जीवन अपमान घृणा, उपेक्षा, ताड़ना और हीनता की सतत करुण कहानी भर बनकर रह गया। गुरु नानक ने कहा—ईश्वर तुमसे रुष्ट है, इसीलिए उसने तुम्हारी सारी अच्छाइयाँ छीनकर तुम्हें इस स्थिति तक पहुँचा दिया है। इसकी कृपा-दृष्टि चाहते हो, तो सबसे पहले इन नीचों को सँभालो, इन्हें गले से लगाओ, इन्हें ऊपर उठाओ—

जित्थे नीच संभालियन तित्थे नदरि तेरी बखसीस॥

साथ ही गुरु नानक ने एक घोषणा की, मानों भावी भारत के समाजवादी समाज के निर्माण का वह प्रथम घोषणा पत्र था—"नीचों में भी जो नीची जाति के हैं, उनमें भी जो नीचे हैं, मैं सदैव उनके साथ हूँ। अपने आपको बड़ा कहने वालों से मेरा कोई संपर्क नहीं है।[24]

गुरु नानक ने अपने समय के समाज को, जो सम्मानहीन, लज्जा-हीन होकर अपना जीवन व्यतीत कर रहा था, झकझोर कर कहा—अपना सम्मान खोकर जीना हराम है, उस जीवन को बचाए रखने के लिए जो कुछ भी खाया पीया जाता है, वह सब हराम है।[25]

गुरु नानक ने लोगों को आध्यात्मिक उपलब्धि का मार्ग तो बताया ही, परन्तु उन्होंने अपने समय के समाज की जीवन्त समस्याओं की किसी प्रकार उपेक्षा नहीं की। जो समाज अपने सांसारिक जीवन में पीड़ित और पद-दलित है। वह आध्यात्मिक उन्नति को भला क्या प्राप्त कर सकेगा। गुरु नानक की वाणी अपने समाज की सुप्त-आत्मा को जागृत करने वाली सिद्ध हुई, उनके हृदयग्राही कथन भविष्य के प्रभाव-शाली विद्रोह की भूमिका बन गए। उन्होंने कहा—यदि तुम मेरे बताए मार्ग पर आना चाहते हो तो

खूब सोच लो। मेरे साथ आना है तो अपना सिर हथेली पर रख लो, इस मार्ग पर पैर धरने की पहली शर्त है—सिर दे देना होगा, किन्तु उफ भी नहीं करनी होगी।

जे तउ प्रेम खेलण का चाउ। सिर धरि तली गली मेरी आउ॥
इतु मारगि पैर धरीजै। सिरु दीजै काणि न कीजै॥

सन्दर्भ

1. अविगती निरमाइलु उपजे निरगुण ते सरगुण थीआ। (गुरु नानक—सिध गोसटि)
 सगुनहि अगुनहिं नहिं कछु भेदा। गावहिं मुनि पुरान बुध बेदा।(तुलसीदास—रामचरितमानस)
2. श्रुतिसम्मत हरि भगति पथ, संजुत विरति विवेक। (तुलसीदास)
3. तू कहता कागद की लेखी मैं कहता आंखन की देखी। (कबीर)
 जिहो डिट्ठा तिहो किहा। (गुरु नानक)
4. खत्रीया तू धरमु छोडिया मलेछ भाखिया गही। (राग धनासरी)
5. नील वस्त्र ले कपड़े पहिरे तुरक पठाणी अमलु कीआ। (वार आसा)
6. गऊ बिराहमण कउ करु लावहु गोबरि तरन जाई।
 धोती टिका तै जपमाली धानु मलेछां खाई॥
 अंतर पूजा पड़हि कतेबा संजमु तुरका भाई॥
 छोडीले पखंडा। नामि लइए जाहि तरंदा॥33॥ (आसा दी वार)
7. मथे टिका तेड़ि धोती कखाई। हथि छुरी जगत का साईं॥
 नील वस्त्र पहिरि होवहि परवाणु मलेछ धानु ले पूजहि पुराणु॥
 अभाखिआ का कुठा बकरा खाणा। चउके ऊपर किसे न जाणा॥
 दे कै चउका कढी कर। उपरि आह बैठे कूड़िआर॥
 मतु भिटै वे मतु भिटै। इहु अनु असाडा फिटै॥
 तनि फिटै फेड़ करेनि। मनि जूठै चुली भरेनि॥
 कहु नानक सचु धिआइऐ। सुचि होवै ता सचु पाइऐ॥ (आसा दी वार)
8. पंडित होय के आसन मारे, लम्बी माला जपता है।
 अंतर तेरे कपट कतरनी, सो भी साहब लखता है॥ (कबीर)
9. सचहु और सभु को उपरि सचु आचार॥ (सिरी राग)
10. पड़िआ बूझै सो परवाणु। (राग धनासरी)
11. जहि करणी तहि पूरी मत, करणी बाझहु घटे घट॥
12. कूडु बोलि मुरदार खाइ। अवरी को समझावणि जाइ॥
 मुठा अपि मुहाए साथै। नानक ऐसा आगू जापै॥ (राग माझ)
13. गली भिसति न जाइऐ सचु कमाइ। (राग माझ)
14. सुण मुधे हराणाखीए, गूढा वैण अपारि॥
 पहिला वसतू पछाणकै तउ कीजै वापारू॥
15. जिनि सिरि सोहनि पट्टीआँ माँगी पाइ संधूर।
 से सिर काती मुनीअन्हि गल विचि आवै घूड़ि॥
 महला अंदरि होंदिआ हुणि बहणि न मिलन्ह हदूरि॥1॥
 जदहु सीआ वीआहीआँ लाड़े सोहंनि पासि॥
 हीडोली चढ़ि आईया दंद खंड कीते रासि॥

उपरहु पाणी वीरीऐ झले झमकनि पासि॥2॥
इकु लखु लहन्हि बहिठीआ लखु लहन्दि खड़ीआ॥
गरी छुहारे खांदीआ माणन्हि सेजड़ीआँ॥
तिन्हगलि सिलका पाइआ तुटन्हि मोतसरीआ॥3॥
धनु जोबनु दुइ बैरी होए जिन्हीं रखे रंगु लाइ॥
दूता नो फुरमाइआ लै चलै चलै पति गवाइ॥ (राग आसा)

16. खुरासान खसमाना कीआ हिंदुस्तानु डराइआ।
आपै दीसु न देई करता जमु करि मुगलु चढ़ाइआ।
एती मार पई कुरलाणै तै की दरदु न आइआ॥
करता तू सभना का सोई॥
जे सकता सकते को मारे तामनि रोसु न होई॥1॥
सकता सींहु मारे पै वगै खसमै सा पुरसाई॥ (राग आसा)

17. आगो देजे चेतीऐ तां काइतु मिलै सज़ाइ।
साहाँ सुरति गवाईआ रंगि तमासै चाइ॥
बाबरवाणी फिरि गई कुहरु न रोटी ख़ाई।
इकता वखत खुआईअहि इकन्हा पूजा खाइ॥
चउके विणु हिंदवाणीआ किडटिके कढहि नाइ॥
राम न कबहू चेतिओ हुणि कहणि न मिले खुदाइ॥ (राग आसा)

18. कलि काते राते कसाई धरमु पंखु करि उड़रिया।
कूड़ु अमावस सचु चंद्रमा दीसै नाही कह चड़िआ। (माझ की वार)

19. गगन में थालु रवि चंदु दीपके बने।
तारिका मंडल जनक मोती।
धूप मलिआनलो पउणु चवरो करे।
सगल बनराह फुलन्त जोतो।
कैसी आरती होई भवखण्डना तेरी आरती।।
अनहता सबद बाजंत भेरी।। (राग धनासरी)

20. कहा सु खेल तबेला घोड़े कहा भेरी सहनाई।
कहा सु तेगबंद गोडेरिड़ कहा सु लाल कवाई।।
कहा सु आरसीआ मुंह वंके ऐथै दिसहिं नाहीं।।

21. कहा सु घर दर मंडप महला कहां सु बंक सराई।
कहा सु सेज सुखाली कामणि जिसु वेखि नींद न पाई।
कहा सु पान तंबोली हस्मां होइआं छाई माई।। (राग आसा)

22. कोटि हू पीर वरजि रहाए जा मीरु सुणिआ छाइआ।
थान मुक़ाम जले बिज मन्दर मुछि मुछि कुइंरू रूलाइआ।।
कोई मुग़ल न होआ अंधा किनै न परचा लाइआ।। (राग आसा)

23. जिस नो आपि खुआए करता खुसि लए चंगिआई।।

24. नीचां अंदरि नीच जाति नीची हू अति नीचु।
नानक तिनै कै संगि साथि वडिआं सिउं किआ रीस।।

25. जे जीवै पति लथी जाइ। सभु हरामु जेता किछु खाइ।। (राग माझ)

सम्पर्क : एच-108, शिवाजी पार्क,
पंजाबी बाग, दिल्ली-26

संत कवि दादू की वाणी में क्रांति ही नहीं संक्रांति चेतना

डॉ. बलदेव वंशी

संत का पूरा जीवन ही एक लंबी प्रार्थना होता है। वह स्वयं के देखे को, आत्म-साक्षात्कार एवं अनुभव को ही प्रमाण मानता है। यह अनुभूति ही परम-आत्मा है। 'पुहुप बास ते पातरा' (कबीर) है परमात्मा का रूप। इस सूक्ष्म, ब्रह्माण्ड में जल-तत्त्व की भाँति पूरित, ब्रह्मचेतना को स्वयं देखता भी है और सब को दिखाता भी है। उसका मार्ग अति कठिन है। दुर्गम ही नहीं अगम है। संत बड़ी दुर्द्धर्ष चेतना के दुःसाहसी, विपरीत धारा के तैराक होते हैं। युगों की अंधकार-काराओं को अंतर के प्रकाश से आलोकित करने वाले प्रकाश-स्तंभ हैं, मरजीवड़े हैं। मृत्यु के मुख से अमरता की मणि को जबरन निकाल कर अपनी शिरोमणि बना लेते हैं। अतः वे क्रांति नहीं, क्रांति को अति-क्रांत कर के संक्रांति लाते हैं। जीवन-जगत के बाहरी (भौतिक) स्तरों पर घटित होने वाले परिवर्तन क्रांति कहलाते हैं। तो देह-मन-आत्मा (चेतना) के स्तरों पर होने वाले महापरिवर्तन संक्रांति कहलाते हैं। सार्वभौम कल्याणी, लाखों वर्षों के अथक चेतना-यात्रा में उपलब्ध संवेदनीय ज्ञान (वैदिक चेतना) के बोध-मंच पर खड़े होकर पुनः जागृति-समता-ममता लाने के प्रयास रहे हैं मध्य-युगीन संतों के, जो मात्र भौतिकता तमिस्रा की अंधी नींद में सोये हुए मानव को झकझोर कर पुनः जगाना चाहते हैं। मानव-अस्तित्व के तीनों स्तरों पर संक्रांति का आह्वान कर रहे हैं क्योंकि मनुष्य को ही, इस जगत में तीन जीवन स्तर-तीन अस्तित्व उपलब्ध हैं। इसी आशय से ओंकार भी भीतर-बाहर तीनों को झंकृत करता है। दादू का कथन है—

जाग रे सब रैन बिहाणी,
जाए जनम अंजलि का पाणि,
घड़ि-घड़ी घड़ियाल बजावै,
जे दिन जादू सो बहुरि न आवै।

दादू मानव-जागरण के लिए सीधे ही उद्‌बोधन कर रहे हैं। मनुष्य सभ्यता के इतिहास

की रात बीत चुकी है। जीवन-जन्म ऐसे रीत रहा है जैसे अंजुरी में से सहेजा हुआ जल रिस-रिस कर रीत जाता है किंतु ऐ भले मानुष तू किस पुरातन भ्रम में आज भी मंदिर में घंटे-घड़ियाल बजा-बजा कर सोए हुए भगवान को जगा रहा है और स्वयं तमिस्रा की, भौतिकता-जड़ता की नींद में डूबा-सोया हुआ है। जबकि परम-आत्मा तुम्हारी अपनी ही देह में स्थित है जिसे तुम अपने से बाहर मान कर तरह-तरह से पूजते फिर रहे हो। उस अंतर्यामी परमात्मा की आरती एवं पूजादि भी अपनी देह के भीतर ही करनी चाहिए। हमारा सत्गुरु भी हमारे भीतर ही है। उस की पूजा-अर्चना भी भीतर ही संभव है। इस तथ्य को, सत्य को कोई-कोई विरला व्यक्ति ही समझता है, जो जागृत है–

पूजण हारे पास है, देही माहै देवं।
दादू ताकूं छाड़ि करि, बाहरि मांडी सेवं।।
दादू माहैं कीजे आरती, माहैं पूजा होइ।
माहै सतगुर सेविए, बूझै बिरला कोई।।

यह तथ्य भी हम भारतीयों ने आज भुला दिया है कि चार युगों की अवधारणा भी कालांतराल में ही नहीं बोध स्तरों पर समझ कर मनुष्य-जाति अपना और विश्व-परिवेश का उद्धार कर सकती है–

कलि शयनो भवति संजिहानस्तु द्वापरः।
उतिष्ठंस्त्रेता भवति कृतं संपद्यते चरन।।
चरैवेति। चरैवेति।

(ऐतरेय ब्राह्मण)

अर्थात् कलयुग का अर्थ है–सोए होना। जग जाना द्वापर है। उठ कर खड़े हो जाना त्रेता है और चल देना कृतयुग-सतयुग है। अतः व्यक्ति, देश, जाति को जागृत होकर चलते रहना चाहिए। मनुष्य का सृष्टि के साथ संबंध और सरोकार इससे अधिक सटीक अर्थों में और कैसे संभव हो सकता है।

हरि भज साफल जीवणा, पर उपकार समाए।
दादू मरणा तहां भला, जहां पशु पक्षी खाए।।

जीने की सार्थकता–सफलता हरि के भजन और परोपकार-भाव में समाहित हो जाने में है पर मात्र इतना ही नहीं; इससे भी आगे जीवन तभी सफल–सार्थक माना जा सकता है जब कि मनुष्य की मृतक-देह-भी, शव भी काम सिद्ध हो। उस मृतक-देह को भी पशु-पक्षी खा कर अपनी भूख शांत कर सकें। भूख की अग्नि भी महान और बड़ा सत्य है। इसे भी अनदेखा नहीं किया जा सकता बल्कि संतों और

अध्यात्म-पुरुषों ने जठराग्नि अर्थात् पेट की आग को इसलिए महत्त्वपूर्ण माना क्योंकि भूख का यथार्थ, किसी भी काल में, किसी भी देश या जाति का आधारभूत यथार्थ होता है। अपवादों को, महानता के, सिद्धि के आयाम को छोड़ कर यथार्थ, सामान्य जीवन का यही सत्य है। तो उसी यथार्थ को दादू यहाँ हमारे सामने रखते हुए कहते हैं कि पशु-पक्षियों तक के काम यदि हमारा शव आता है तो वही मरना भला है, सार्थक है। भूख और भूखे की पीड़ा के इसी आयाम को दृष्टि में रख कर एक अन्य संत मलूकदास ने तो धार्मिकता का सिद्धांत—वाक्य कह डाला :

भूखेहिं टूक, प्यासेहिं पानी।
एहि भगति, हरि के मन माहिं।।

मृत्यु यदि बड़ा यथार्थ है तो जीवन, अस्तित्व उससे भी बड़ा यथार्थ है। संत दादू दयाल ने इस अस्तित्व की रक्षा, संभाल और धरती पर विचरते सभी जीवों के सतत प्रवाह को कायम रखने के चिंतन को तथा मानव के भाई-भाई होने के सद् विचार को आगे बढ़ाया है। उनका प्रसिद्ध कथन है—

आपा मेटे हरि भजै, तन मन तजै विकार।
निर्वैरी सब जीव सूं, दादू यहु मत सार।।

सब जीवों से निर्वैरता अर्थात् मैत्रीभाव रखना भी उनके सिद्धांतों की नींव है। आपा अर्थात् अहंकार भाव और तन तथा मन के विकारों को दूर करना ही पर्याप्त नहीं है, जीव-मात्र के प्रति शत्रुभाव का त्याग कर के मैत्री और स्नेह भाव धारण करने की सीख दादू दयाल ने दी है। यही कारण है कि धर्म-पूजा पद्धति की स्थूल-मूर्त्त परिपाटियों को उन्होंने त्याग दिया और निराकार, सार्वभौम, अणु-अणु में व्याप्त, निर्गुण ब्रह्म, अल्लाह, ईश्वर की सर्वव्यापकता का संदेश दिया। इससे प्रभावित होकर उन के अनुयायियों की संख्या तेज़ी से बढ़ी। उनमें हिंदू और मुसलमान दोनों संप्रदायों के लोग थे। सभी प्रांतों, वर्गों के लोगों को शांति, प्रेम और भाईचारे में अपार भरोसे और आनंद की अनुभूति हुई। यह तथ्य सर्वविदित है कि उनके शिष्यों में स्वामी रज्जब (पठान-मुसलमान), स्वामी बखना (मुसलमान), स्वामी निजामशाह (मुसलमान), ही नहीं हुए अपितु स्वामी गरीबदास (दायमा ब्राह्मण), स्वामी सुंदरदास (बड़े) (क्षत्रिय), स्वामी सुंदरदास (छोटे) (खंडेलवाल वैश्य), स्वामी जगन्नाथ (कायस्थ), स्वामी प्रागजन (चर्मकार) (पीपावंशी), स्वामी जयमल जोगी (कूरम-क्षत्रिय) आदि 52 शिष्यों की लंबी सूची यही सिद्ध करती है कि संत दादू ने सभी प्रकार की संकीर्णताओं को मानव-समाज से मिटाने का सफल अभियान चला रखा था जो अपनी यथार्थवादी प्रकृति के कारण सचमुच क्रांतिकारी था।

आज देश की स्वतंत्रता के पचास वर्ष बाद यदि सांस्कृतिक-मानवीय ऐक्य के सूत्र पकड़ कर उन्हें फिर से मजबूत धरातल देने के प्रयास भारत और पाकिस्तान के शासक करते हैं तो उनकी नींव कबीर, नानक, दादू और मलूक जैसे संतों ने छः सौ वर्ष पूर्व ही डाली थी। संत दादू का जन्म अहमदाबाद (गुजरात) में संवत् 1601 में और निर्वाण 58 वर्ष, 2 मास और 15 दिन की आयु में ज्येष्ठ कृष्ण 8वीं शनिवार सवंत् 1660 में हुआ, किंतु उनके विचार भारत, पाकिस्तान और समूचे विश्व के मानव को आज भी अनुप्राणित और अनुप्रेरित कर रहे हैं।

यह महज़ कहने की बात नहीं, प्रत्युत संत दादू जी के जीवन का महान सत्य और संदेश है, जिसे उन्होंने अपने कर्म, व्यवहार और आचरण से सिद्ध कर दिखाया। विचार को कर्म में परिणत करने की दूरी, भारतीय समाज की सबसे बड़ी बिडम्बना रही है जो आज तो और भी उदग्र रूप से सामने आ रही है। विडम्बनाओं की सभी रूपाकृतियाँ इसी से विकसित होकर विकराल रूप धारण कर रही हैं किंतु संत दादू दयाल ने सदियों पूर्व भूख और यथार्थ के विकट-विकराल रूप को देखकर—सर्वे भवंतु सुखिनः के सिद्धांत-चिंतन को, अपने कर्म का अमली जामा पहना कर, व्यवहार में प्रस्तुत कर दिया।

अपने जीवन के अंत को निकट देख कर, आस-पास चिंताकुल प्रमुख शिष्यों-सेवकों से उन्होंने कहा कि मेरे शरीर को न तो धरती में गाड़ना, न नदी-जल में प्रवाहित करना और न अग्नि में जलाना। उन्होंने आज्ञा दी कि नरायणा दादू द्वारा से दस मील की दूरी पर, पूर्व दिशा की ओर भैराणा पहाड़ के पास ले जाकर मेरे शरीर को छोड़ आना ताकि भूखे पशु-पक्षियों के काम यह शरीर, मृत्यु-बाद भी आ सके। वे मांसादि से अपनी उदर-पूर्त्ति कर सकें। उनकी आज्ञा के अनुसार, उनके शरीर को एक सुंदर पालकी में विराजमान करके, संकीर्तन करते हुए उनके समस्त शिष्य भैराणा पहाड़ पर ले गये। वहाँ एक खोल में पालकी को रखकर अन्त्येष्टि—संस्कार के संबंध में वे लोग विचार कर रहे थे कि कहते हैं उसी समय उनके एक शिष्य टीला जी ने पहाड़ के मध्य में उनके दर्शन किये। उन्होंने अन्य उपस्थित संतों को भी महाराज के दर्शन कराये। बाद में पालकी में ढूंढा तो वहाँ केवल पुष्प मिले। इस घटना का उल्लेख संत दादू जी के एक पठान शिष्य रज्जब ने अपनी एक साखी में इस प्रकार किया है :

गुरु दादू और कबीर की, काया भई कपूर।
रज्जब अज्जब देखिया, सगुणहि निर्गुण नूर।।

भारतीय चिंतन में ब्रह्माण्ड और पिंड को तात्त्विक उपस्थिति की दृष्टि से समान बताया गया है—यथा ब्रह्माण्डे तथा पिण्डे एवं यथा पिण्डे तथा ब्रह्माण्डे। दादू की साखी में समूचे ब्रह्माण्ड को ब्रह्मजल से पूरित कहा गया है—

सरवर भरया दह दिसि, पंछी प्यासा जाइ।
दादू गुरु परसाद बिन, क्यों जल पीवै आइ।।

जल से भरे तालाब से ब्रह्माण्ड की उपमा दी है दादू ने क्योंकि तालाब हमारा परिचित बिंब है किंतु वह तो चारों ओर से मिट्टी से घिरा रहता है और तल में भी मिट्टी का आधार होता है। अतः दादू को 'दहदिसि' शब्द का उपयोग करना पड़ा कि यह तालाब—समूचा ब्रह्माण्ड दसों दिशाओं से जलापूरित है। इसमें चन्द्र, सूर्य, नक्षत्रमंडल तक समाए हुए हैं। अर्थात् यहाँ कुछ भी ब्रह्मरहित नहीं है। विभिन्न धातु पदार्थ भी ब्रह्मांश हैं, किंतु मनुष्य जीव यहाँ, ब्रह्मापूरित जल में रहता हुआ भी प्यासा ही चला जाता है। गुरु की कृपा होने पर ही वह इस जल का, आनंद का पान कर तृप्ति कर सकता है। अर्थ हुआ कि मनुष्य के बाहर और भीतर दोनों ओर ब्रह्म का अस्तित्व है, फिर भी वह प्यासा ही जाता है। इसी विडम्बना को देखकर कबीर को भी हंसी आई थी :

पानी बिच मीन प्यासी
मोहि सुन-सुन आवै हांसी।

कबीर की हंसी का कारण यही यथार्थ तथ्य है कि—

जल में कुंभ, कुंभ में जल है, बाहर भीतर पानी।
फूटा कुंभ जल जलहीं समाना, यह तथ्य कथयो गियानी।।

मनुष्य की देह जल से भरे उस घड़े के समान है जो जल में स्थित है। उसके बाहर भी जल है और भीतर भी जल भरा हुआ है। मिट्टी का घड़ा फूट जाने पर बाहर और भीतर का जल जैसे एक हो जाता है, उसी प्रकार मनुष्य की देह छूट जाने पर भीतर का ब्रह्मांश, बाहर व्याप्त ब्रह्म में विलीन हो जाता है। इसलिए दादू पूर्ण ब्रह्म को, ब्रह्माण्ड को ध्यान में लाने की, विचारने की बात करते हैं। जब समूचे ब्रह्माण्ड को चैतन्य एक इकाई माना जाएगा, तब सभी प्रकार के—हिंसा, हत्या, अन्याय, संवेदनहीनता के क्रम थम जाएंगे। धरती और धरती का जीवन आज इसीलिए रक्तरंजित है, क्योंकि ओछी, स्वार्थी, जड़वादी दृष्टि के व्यक्तियों, समाजों, देशों के कारण धरती पर जनजीवन, प्रकृति जीवन उत्पीड़ित, दुखित, शोषित है, भूखा है, बेहाल है, विस्थापित है। कहना न होगा कि पाश्चात्य दृष्टि भोगवादी, जड़वादी है। इस कारण आज विश्व में एकतरफ़ा बर्बर, व्यापक हिंसा बरपाने वाले युद्ध हैं, विश्व के पिछड़े देशों को लूटने वाली शोषक, खुली बाज़ार व्यवस्था—बाज़ारवाद है। असंतुलन है। इन सब महामारियों, लाचारियों, दुश्वारियों को मिटाने का उपाय दादू यों समझाते हैं—

पूरण ब्रह्म बिचारिए, तब सकल आत्मा एक।
काया के गुण देखिए, तौ नाना बरण अनेक।।

किंतु आज हो रहा है नितांत उलट। काया के रूप, रंग, जाति, वर्ण, वंश, देश, प्रदेश आदि के विभिन्न भेद के आधार पर महा-मारण, महा-विनाश के आदिम, पाश्विक नर-संहार बे-खौफ़, बे-रोक-टोक बरपाये जाते हैं और राष्ट्रसंघ निष्क्रिय, निष्प्राण-सा टुकुर देखता रहता है। विश्व की अग्रणी शक्तियाँ, घातक से अतिघातक अस्त्र-शस्त्रों का प्रदर्शन, विश्व-मंडियों में कर के उन्हें बेच कर अपने देशों की समृद्धि को बढ़ाती रहती हैं। राष्ट्रसंघ की दृष्टि भी, समूचे मानव-परिवार को, उसके परिवेश को एक इकाई न मान कर खंडों में लेती, सोचती है फिर खंडों को और भी खंडित करती है। कभी पर्यावरण-दिवस, कभी बाल-दिवस, कभी नारी-दिवस कभी वृद्ध-दिवस। सब खंड-खंड! जब कि दादू का कथन है—

खंडि खंडि करि ब्रह्म कौं, पखि पखि लीया बांटि।
दादू पूरण ब्रह्म तजि, बंधे भरम की गांठि।।

अनेक प्रकार के भ्रमों, भ्रमों की अनेक परतीय मूर्खताओं, दुष्टताओं, दुर्नीतियों से धरती एवं ब्रह्माण्ड का सुख, शांति सब विनष्ट हो रहे हैं। तामसिकता, स्वार्थों का तिमिर बढ़ रहा है। इसे दूर करने के लिए बिजली के प्रयोग, उपयोग एवं लट्टू तो बढ़ रहे हैं किंतु स्नेहपूर्ण-तेल और बाती वाले दीये त्याग दिये गये हैं, जबकि दीये से दीया और दीपों की लंबी शृंखला प्रदीप्त की जा सकती है, पर लट्टू से लट्टू नहीं जलाया जा सकता। इसी प्रकार आत्मज्ञान विकसित करके आत्मवान व्यक्तियों—मनुष्यों की संख्या बढ़ा कर, चेतनाविहीन के अंधकार को मिटाया जा सकता है, तिमिर मिटाया जा सकता है। दादू का कहना है कि बिल्लौरी कांच का—स्फटिक का, पत्थर का सूर्य बना कर अंधकार दूर करने के प्रयासों से कोई लाभ नहीं होगा, उससे केवल दर्शनी शोभा बढ़ाई जा सकती है। धरती पर से अंधकार को मिटाने के लिए सच्चे, वास्तविक सूर्य की दरकार होती है—

सूरिज फटिक पषाण का, ता सूं तिमर न जाइ।
साचा सूरिज परगटै, दादू तिमर नसाइ।।

सच्चा सूरज तभी उदय होगा, जब सत्त्व गुण के विकास में, आत्मा जागृत, निर्भीक, सच्चे पूरे संत लोग, शूरवीर सामने आयेंगे; सती नारियां, बीरबानियां सामने आयेंगी। संत दादू की दो साखियां उद्धृत करना समीचीन होगा—

सूरा पूरा संत जन, साई को सेवै।
दादू साहिब कारणै, सिर अपना देवै।।

सूरा जूझै खेत में, साईं सन्मुख आइ।
सूरे कौं साई मिलै, तब दादू काल न खाइ।।

सच्चे सूरज को उदय करने के लिए, अपने-अपने युग-तिमिर के विनाश के लिए सतयुग में ऋषियों—देवों को जूझना पड़ा, तो त्रेता में राम को, द्वापर में कृष्ण को। इसी भाँति कलयुग में, मध्ययुग में कबीर, रैदास, नानक, मीरा, दादू मलूक, पीपा आदि संतों को लड़ना पड़ा है। पूर्व के क्षितिज ने सूर्य को उदय किया और समूची धरा पर उसके आलोक को फैला कर आदिम समयों के तिमिर को हटाया था किन्तु आज वही पूर्व-क्षितिज तिमिर-बाधित हो रहा है। यह सबसे दुखद संदर्भ है। समूचा पूर्व और भारत (भा+रत) आज तम में रत है, सुप्त है। इसे पुनः जगा कर बाज़ारवादी नई विश्व-व्यवस्था को आध्यात्मिक विश्व-व्यवस्था में लाना होगा। अतः मात्र क्रांति नहीं, वेद ज्ञान संबंधित संतों की वाणी का प्रकाश—सूर्य लेकर संक्रांति को संभव बनाना होगा।

सम्पर्क :
ए-3/283, पश्चिम विहार,
नई दिल्ली

मीरा और गिरधर नागर

डॉ. विश्वनाथ त्रिपाठी

मीरा की कविता में लोकलाज, कुल की मर्यादा को तोड़ने या लांघने की बात बार-बार कही गई है। यह अकारण नहीं। इसके सामाजिक कारण हैं। मीरा अपने इष्ट को समर्पित तो होती हैं लेकिन समर्पित होने की प्रक्रिया में जो विघ्न-बाधा आती है उसका संकेत भी वह देती हैं। यह भी देखने की चीज़ है कि तुलसी के समान मीरा की कविता में भी 'दुर्जन', 'खल' आते हैं। विषमता का बोध मीरा के यहाँ प्रकट है। कबीर, तुलसी ने अपने समकालीन किसी 'खल' का नाम लेकर उल्लेख नहीं किया। मीरा ने 'राणा' का नाम लिया है। मीरा की कविता में अमृत-विष साथ-साथ अक्सर आते हैं। कहा गया है कि उन्हें विष दिया गया था, उन्होंने पी लिया तो अमृत हो गया। पता नहीं यह सत्य है या असत्य, लेकिन इसका प्रतीकार्थ जरूर है। विषपान मीरा का–मध्यकालीन नारी का–स्वाधीनता के लिए संघर्ष है और अमृत उस संघर्ष से प्राप्त तोष है जो भावसत्य है। मीरा का संघर्ष जागतिक, वास्तविक है, अमृत उनके हृदय या भावजगत में ही रहता है।

मध्यकालीन समाज में अवर्णों को समान होने के लिए जातिप्रथा से टकराना पड़ता था, तो नारियों को रूढ़िग्रस्तता और छद्म कुल मर्यादा से। भक्ति आंदोलन में आर्थिक समानता की बात नहीं थी, बात केवल भक्ति की दृष्टि से समानता की थी। लेकिन इस भावजगत की समानता का अनुकूल आचरण करने पर जातिप्रथा और नारीपराधीनता की रूढ़ि रास्ता रोककर खड़ी हो जाती थी। मीरा जब कविता में बार-बार लोकलाज, कुल की मर्यादा को तोड़ने की बात कहती हैं तब वह उसी बाधा का संकेत करती हैं। ऐसे उल्लेख मीरा के यहाँ बहुत ज़्यादा हैं। जैसे तुलसीदास को जहाँ अवसर मिलता है, भूख, अकाल, महामारी और कामदेव के प्रभाव का उल्लेख कर देते हैं, कबीर 'जाति जुलाहा मति का धीर' जैसा उल्लेख कर देते हैं, वैसे ही मीरा लोकलाज, कुल की मर्यादा तोड़ने का अदबदा कर उल्लेख करती हैं–

लोक लाज कुलरां मरजादां जग मां णेक णा राख्यां री। (पद 17)
साज सिंगार बाँध पग घूँघर लोकलाज तज नाची। (पद 19)
लोकलाज की काण न मानूं। (पद 35)
लोक कह्यां मीरां बावरी सासु कह्या कुल नासां री। (पद 36)
लोकलाज कुलकाण जगत की दइ बहाइ जस पाणी। (पद 38)
थारे कारण जग जण त्यागां लोकलाज कुल डाराँ। (पद 93)
(परशुराम चतुर्वेदी (सं.) मीराबाई की पदावली)

मीरा ने यह भी लिख दिया कि लोकलाज तो मैंने तोड़ दी, लेकिन इसके लिए लोग मुझे बुरा कहते हैं, निंदा करते हैं, तरह-तरह की बातें करते हैं। सास लड़ती है, ननद खिजाती है, पहरा बिठला दिया गया है, ताला जड़ दिया गया, ताकि मीरा बाहर न जा सके–

हेली म्हासूं हरि बिना रह्यो न जाय।
सास लड़े मेरी ननद खिजावै राणा रह्या रिसाय।
पहरो भी राख्यो चौकी बिठार्यो, तालो दिया जड़ाय। (पद 42)
(मीराबाई की पदावली)

सास-ननद ही नहीं, लोग भी कड़वे बोल बोलकर हँसी उड़ाते हैं–
कड़वा बोल लोक जग बोल्या करस्यां म्हारी हाँसी। (पद 45)

आबां की डालि कोइल इक बोले मेरो मरण अरु जग केरी हांसी। (पद 65)
(मीराबाई की पदावली)

सास बुरी है, ननद हठीली है, लड़-लड़ के मुझे ताड़ती हैं–

सास बुरी अर नणद हठीली, लरि-लरि मोहि तारी। (पद 169)
(मीराबाई की पदावली)

कहा जा सकता है कि सास-ननद, ताला, चौकी, पहरा आदि का उल्लेख उस युग की स्त्रियों की अभिव्यक्ति का मुहावरा था। ठीक है, लेकिन यह तो पता चलता ही है कि मीरा की कविता उस युग की सामान्य नारी-मन की विवशता को प्रस्तुत कर रही है। यद्यपि मीरा ने जिस ढंग से यह बात लिखी है, उससे साफ पता चलता है कि यह मुहावरा नहीं मीरा की आपबीती है। सास-ननद, पहरा, चौकी, ताला मुहावरा है, 'राणा' तो मुहावरा नहीं, 'सास लड़े मेरी ननद खिजावै राणा रह्या रिसाय'।

यह राणा मुहावरा नहीं बल्कि मीरा को पीड़ित करने वाला शासक है। मीरा की कविता संबोधित कविता है। वह 'राणा' को अनेकशः याद करती हैं। कभी उसे संबोधित करती हैं, कभी उसके अत्याचारों का वर्णन करती हैं।

मीरा के आचरण में वह कौन-सी बात थी जो 'राणा' को नापसंद थी, जिससे कुल की मर्यादा नष्ट होती थी। मीरा का व्यक्तित्व मध्यकालीन नारी जीवन को देखते हुए इतना असामान्य है कि उनके विषय में नाना प्रकार की कहानियाँ और किंवदंतियाँ प्रचलित रहीं। इतना तय है कि उनका गृहस्थ-जीवन उनके पति की मृत्यु के कारण छिन्न-भिन्न हो गया था। यह भी तय है कि वह घर की चारदीवारी में रहकर सामान्य विधवा जीवन ही नहीं बिताना चाहती थीं, साधुसंगति भी करना चाहती थीं।

मीरा भक्त थीं। भक्त होना न तो बुरी बात है, न आपत्तिजनक। यदि वह सभी लोगों की तरह घर में रहकर पूजा-पाठ करके भक्ति करके अपना वैधव्य काटती रहतीं तो राणा को क्या आपत्ति होती! आपत्ति का कारण साधुसंगति ही ज्ञात होता है। मीरा केवल भक्त ही नहीं थीं, वह राणाकुल की वधू भी थीं। वह सामान्य भक्त की तरह सामान्य लोगों से मिलती-जुलती थीं, तो राणाकुल की मर्यादा कैसे न भंग होती?

मीरा ने लोकलाज, कुलमर्यादा की ही तरह इस साधुसंगति का भी उल्लेखनीय कविताओं में अनकेशः किया है। वह 'राणाकुल' को अन्याय शृंखला का प्रतीक मानती हैं और इस कुल से बाहर निकलकर दो काम करना चाहती हैं : साधुसंगति करना चाहती हैं और (कविताओं में) कृष्ण से मिलना चाहती हैं। साधुसंगति और कृष्णमिलन ये दोनों वस्तुतः एक ही उद्देश्य हैं। कृष्ण से मिलन का अर्थ भावजगत में कृष्ण का मिलन। अर्थात् साधु-संगति में कृष्णगुणकीर्तन। इस उद्देश्य की पूर्ति राणाकुल से बाहर आकर सामान्य जीवन में घुलने-मिलने से ही हो सकती थी। मीरा ने लिखा—

मीरां तो गिरधर बिन देखे, कैसे रहे घर बसिके। (पद 7)

(मीराबाई की पदावली)

मीरा का अपना कोई नहीं, केवल गिरधर गोपाल हैं। मीरा ने भाई-बंधु सगे-साथी सब छोड़ा। साधुओं के साथ बैठ-बैठकर लोकलाज खो दी। भक्तों का देखकर वे प्रसन्न होतीं, जगत को देखकर रोतीं। आँसुओं से सींच-सींचकर उन्होंने प्रेमबेल बोई। राणा ने विष का प्याला भेजा। मीरा ने मगन होकर पी लिया। मीरा को लगन लग गई अब जो होना है, हो :

म्याराँ री गिरधर गोपाल दूसरा णां कूयाँ।
दूसरा णां कूयाँ साधाँ सकल लोक जूयाँ।।
भाया छांड्याँ बन्धा छाँड्याँ छांड्याँ सगा सूयाँ।
साधाँ ढिग बैठ-बैठ, लोकलाज खूयाँ।
भगत देख्याँ राजी हुयाँ जगत देख्याँ रूयाँ।

असवाँ जल सींच-सींच प्रेम बेल बूयाँ।
दध मथ घृत काढ़ लयां डार दया छूयाँ।
राणा विषरो प्यालो भेज्यां पीय मगन हूयाँ।
मीरां री लगण लग्यां होणा हो जो हूयाँ। (पद 18)

(मीराबाई की पदावली)

इस पद में मीरा ने अपनी बाह्यांतर स्थितियों का सम्यक् परिचय दिया है। वे इस जगत में अकेली हैं। कोई उनका नहीं है, पति मृत हो चुका है। विधवा के साथ भाई-बंधु-भतीजे कैसा व्यवहार करते हैं, यह विदित है। सभी को मीरा ने बाद में छोड़ा होगा, सभी ने मीरा को छोड़ना, उपेक्षित करना पहले शुरू किया होगा। इस जगत को देखकर वे रोती हैं, इस दुःखी और असंग जगत में सार्थकता साधुसंग से ही संभव थी जिससे कि रिक्त हृदय में हरि को बसाया जा सके। जीवित रहते तो हृदय खाली रह नहीं सकता। कोई न कोई उसमें रहेगा ही। मीरा ने उसमें हरि को बसाया। साधुसंग इसका कारण और इसके लिए आवश्यक था। हरि के प्रति समर्पित हृदय ने बहुत वेदना सहकर और उस सहने की प्रक्रिया में ही प्रेम को पल्लवित किया। राणा इससे नाराज हुए, उन्होंने मीरा को दंड दिया, दुःखी किया। लेकिन मीरा पथ की बाधाओं और संकटों को प्रसन्नतापूर्वक सहने के लिए तैयार हैं। इस जीवन की सार्थकता को उन्होंने पहचान लिया है। वह प्रेम में है, उनका साधन साधुसंगति है, राणा का महल नहीं।

कुमति गई तो उन्होंने साधुसंगति ग्रहण की : 'गया कुमत लयां साधां संगत श्याम प्रीत जग सांची।'

'साधा संगत हरि सुख पास्यूं जगसूं दूर रह्यां' अर्थात् मीरा जगत से दूर रह साधु–संगति में हरि सुख पाती हैं। मीरा को राणा से यह शिकायत भी थी कि उसके देश में साधु नहीं हैं, बुरे लोग बसते हैं।

थारे देसां में राणा साध नहीं है, लोग बसै सब कूड़ो। (पद 32)

वर्णव्यवस्था, जाति-पांति का ऊँच-नीचपन, नारीपराधीनता की जो सामाजिक परंपरा उस समय विद्यमान थी उसमें देवर शासक अपनी भाभी को साधुसंगति कैसे करने देता? सामंती व्यवस्था नारी को मुख्यतः शरीर ही समझती है। पृथ्वी और नारी दोनों भोग्या हैं। पृथ्वी माता है यह आदर्श सामंत का नहीं होता। उसका आदर्श है–वीरभोग्या वसुंधरा। इसलिए 'राणा' उस संकुचित और असहिष्णु व्यवस्था के प्रतीक थे–वह खुद अच्छे या बुरे थे, इस पर किसी बहस की ज़रूरत नहीं।

'राणा' से संबंधित या राणा को संबोधित जो पद मीराबाई ने रचे हैं, उनमें व्यक्तिगत कटुता का भाव मौजूद है, वह उनका अनुभव था। मीराबाई ने विपुल साहित्य की रचना नहीं की, फिर भी उनकी रचनाओं में आत्मकथात्मक उल्लेख बहुत

अधिक हैं। लगता कि भक्तकवियों का जीवन अपेक्षाकृत अधिक विषम अनुभवों वाला था। दुर्जन उल्लेख भी सबसे ज़्यादा तुलसी और मीरा के यहाँ ही है। अस्तु।

मीरा बहुत निर्भीक-निडर रही होंगी। हम जानते हैं कि 15वीं-16वीं शताब्दी में उदयपुर के राणा कहना न मानने वाली विधवा के साथ क्या सलूक कर सकते थे। ऐसे अवसरों पर अच्छे लोग भी, ईमानदार लोग भी विनय, चातुर्य एवं नीति से काम लेते हैं। अन्य संत-भक्त कवियों ने भी तत्कालीन शासकों-सामंतों की उपेक्षा की, आलोचना भी की है—लेकिन नाम लेकर बिलकुल नहीं। तुलसी ने लिखा—'जांचै को नरेस देस-देस को कलेश करैं' देश को कलेश देने वाले नरेश से कौन याचना करे। लेकिन कौन-सा नरेश देश को क्लेश पहुँचा रहा है, यह नहीं लिखा। मीरा को एक नरेश क्लेश पहुँचा रहा था। उन्होंने साफ लिखा—सीसौदिया (राणा) रूठकर मेरा क्या कर लेगा। राणा रूठेगा तो अपना देश अपने पास रख लेगा। लेकिन हरि के रूठने से तो मैं कुम्हला जाऊँगी—

सीसोद्यो रूठ्यो म्हांरों कोई कर लेसी
राणोजी रूठ्यां बाँरों देश रखाँसी।
हरि रूठ्या कुम्हलास्याँ, हो माई। (पद 35)

(मीराबाई की पदावली)

राणा! तुम मुझसे बैर क्यों रखते हो? तुम तो आदमियों में इतने गुणहीन लगते हो जैसे वृक्षों में कैर का वृक्ष—

राणा जी थे क्यां नैं राखों म्हांसँ बैर।
थे तो राणा जी म्हांने इसड़ा लागो जयों ब्रच्छन में कैर। (पद 34)

(मीराबाई की पदावली)

मीरा की कविता का परिवेश सीमित और व्यक्तिगत है। लेकिन वह इस व्यक्तिगत और सीमित परिवेश को तोड़कर बाहर आना चाहती हैं, बाहर आने से रोकी जाती हैं—बाहर न आ पाने की व्यथा का वर्णन-चित्रण करती हैं, तो परिवेश अपनी विषमता से युक्त बाह्य समाज का भी संकेत कर देता है। मीरा ने विधाता की सृष्टि की असंगति के विषय में भी एक पद लिखा है। यह विषय मध्यकाल का काफी प्रिय विषय प्रतीत होता है—प्रसिद्ध पंक्ति है—'नाम चतुरानन पै चूकते चले गए।' मीरा ने लिखा—मृग के दीर्घ नयन हैं, मारा-मारा फिरता है मृगजाल देखकर, बगुले को उजले पंख, कोयल काली, नदी का जल निर्मल, समुद्र का खारा, सिंहासन पर मूर्ख बैठे हैं, विद्वान द्वार-द्वार मारे फिरते हैं। फिर लिखा—राणा भक्तों का संहार करता है।

मूरख जण सिंघासण राजा, पंडित फिरता द्वारां
मीरा रे प्रभु गिरधर नागर राणा भगत संधारां। (पद 190)

(मीराबाई की पदावली)

मूर्ख सिंहासनासीन है—ऐसी सीधी और कटु उक्ति भक्तकवियों में से कम ने की होगी। मीरा को अन्य भक्तकवियों की अपेक्षा सिंहासनासीनों की मूर्खता को अनुभव करने का मौका अधिक निकटता से मिला था। उन्होंने इस मूर्ख राजा की मूर्खता प्रत्यक्षतः झेली थी। सिंहासनासीन मूर्ख ही नहीं अन्यायी भी है। उसमें मूर्खता और नीचता का विरल संयोग है। वह मूर्ख भी है और भक्तों का संहारक भी।

जनश्रुति है कि राणा विक्रमाजीत ने मीरा को विष दिया था। मीरा की रचनाओं में इसका बहुशः उल्लेख है। मीरा ने लिखा है कि वह विष मीरा के लिए अमृत बन गया। मान्य है कि मीरा को साधु-समागम के कारण होते लोकापवाद के कारण त्रस्त हो राणा विक्रमादित्य ने अपने बीजावर्गी मुसाहब की सलाह से उसी के द्वारा फूलों की डालियों में साँप-बिच्छू तथा चरणामृत के ब्याज से विष का प्याला भेजा।[5] एक मान्यता तो यह भी है कि मीरा की मृत्यु विषपान से हुई। मीराबाई का शाप बीजावर्गी कौम को अब तक लगा है और वे मानते हैं कि उस शाप से हमारी औलाद और दौलत में तरक्की नहीं होती है।[6]

स्पष्ट है कि विषपान से मीरा की मृत्यु हो गई होती तो वह इस घटना का उल्लेख न कर पातीं। संभव है कि यह प्रयत्न कई बार हुआ हो और एक-दो बार बच जाने के बाद अंततः मीरा की मृत्यु विषपान से हो गई हो। मीरा की मृत्यु के विषय में जो अनिश्चय है उसे देखते हुए यह असंभव नहीं जान पड़ता। जो हो, इस विषय में केवल अनुमान लगाया जा सकता है। सच यही है कि मीरा को राणा ने बहुत प्रकार से पीड़ित किया था। विषपान मीरा के संघर्ष का प्रतीक बन गया है, अमृत भी।

मीरा को भारी लोकनिंदा सहनी पड़ी होगी। संरक्षणशील और असहिष्णु भारतीय समाज के तत्त्वों ने क्या-क्या कहा-सुना होगा—हम उसकी कल्पना कर सकते हैं। मीरा जब कहती हैं—मुझे यह बदनामी मीठी लगती है, चाहे कोई निंदा करे चाहे स्तुति मैं तो अनूठी चाल चलूँगी—

राणी जी म्हाने या बदनामी लागे मीठी।
कोई निंदो कोई बिंदो में चलूँगी चाल अपूठी। (पद 34)

(मीराबाई की पदावली)

तो मानना चाहिए कि यह बदनामी उन्हें कड़वी भी जरूरी लगती रही होगी। ऐसा न होता तो वह दुर्जनों को अंगीठी में जल जाने की कामना न करतीं। वह निंदा करने वालों का कुछ बिगाड़ तो सकती नहीं थीं। कभी-कभी स्त्रियोचित अबला

मुद्रा में उन्हें सरापती हैं—निंदा करोगे तो नर्ककुंड में जाओगे, आधे अपंग हो जाओगे : 'निंदा करसे नरककुंड माँ जासे थासे आंधला अपंग रे'।

मीरा को अपनी असहायता का तीव्र बोध है। यह बोध जितना तीव्र है उतना ही हरि के प्रति समर्पण की भावना है। इस असहायता के बोध में कहीं न कहीं अबलात्व का बोध और यह एहसास की स्त्री सचमुच अबला होती है, मिला है। पति की मृत्यु, सास-ननद की ताड़ना, पिता की मृत्यु, देवर राणा का पीड़न और ऊपर से दुर्जनों की लोकनिंदा—इन सबने मीरा को बहुत असहाय मनःस्थिति में डाला होगा। भक्ति सांसारिक ऐश्वर्य की जो उपेक्षा करती है, उसका कारण सांसारिक धन-दौलत की कोई बुराई नहीं। बुराई इस बात में है कि उसमें लिप्त रहकर या उसे अर्जित करने के चक्कर में व्यक्ति परमार्थ को भूल जाता है। इसीलिए कनक और कामिनी दोनों की उपेक्षा भक्ति करती है। वरना पेट भरने भर का धन तो कबीर साफ-साफ माँगते हैं—'सांई इतना दीजिए जामें कुटुम समाय।' ये भक्त आर्थिक विषमता के वे कारण नहीं जानते थे जिन्हें आज के अर्थशास्त्री जानते हैं। लेकिन वे इस विषमता को देखकर उसकी पीड़ा संभवतः आज के अर्थशास्त्री जानते हैं। लेकिन वे इस विषमता को देखकर उसकी पीड़ा संभवतः आज के अर्थशास्त्रियों की अपेक्षा अधिक अनुभव करते थे। आज ज्ञान के अनुसार आचरण नहीं। भक्त जानते कम थे, अनुभव ज़्यादा करते थे और आचरण के क्षेत्र में तो उनकी आज के अर्थशास्त्रियों से क्या तुलना। सामाजिक विषमता पर शोधग्रंथ लिखने वाले अनेक आधुनिक चिंतक वस्तुतः पूँजीवादी व्यवस्था के पुरोहित हैं, जो ज्ञान के बूते पर माल काटते हैं। इस ज्ञान की सामाजिक उपयोगिता अवश्य भक्तिकाव्य से अधिक है।

मीरा को भी यह राजवैभव छोड़ना पड़ा होगा। लोक में घुलने-मिलने के लिए, साधुसंगति करने के लिए उन्हें सामंती वैभव का मोह त्यागना पड़ा था। राणा के देश में सब कुछ था—गहना, गांठी, हाथ का चूड़ा, काजल, टीका, महल, अटारी, नगरनिवास; नहीं थे तो साधु। इसलिए वह देश कूड़ा था। मीरा ने यह सामंती वैभव त्यागकर भगवी चादर पहनी—

महल अटाली हम सब त्यागे, त्याग्यो थारो बसनों सहर
कागज टीकी राणा हम त्यागा भगवी चादर पहर। (पद 34)

(मीराबाई की पदावली)

लोकलाज, कुल की मर्यादा त्यागने पर यह त्यागना अनिवार्य था। जाति-पांति की व्यवस्था को तोड़ने पर आर्थिक दंड पाना अनिवार्य था। कुल, वर्ण, जाति-पांति की व्यवस्था का आधार अर्थव्यवस्था थी।

मीरा ने यह सब सहने और त्यागने की शक्ति कहाँ से पाई? निस्संदेह भक्ति भावना और भक्ति आंदोलन से। मीरा की रचनाओं में भक्ति की भावना उनकी विरह भावना से अभिन्न होकर अभिव्यक्त हुई है। कहते हैं भगवान भाव का भूखा है। द्वापर में गोपिकाओं जैसे अनन्य प्रेम, उसके लिए घर-द्वार, कुल, परिवार त्याग होना संभव था। वह आदर्श था। मीरा ने कलयुग में वैसा कर दिखाया। जो आदर्श था—भावजगत की बात थी, उसे, जीवन—आचरण में कर दिखाया।

मीरा का जीवन संघर्ष उनके वैधव्य से प्रारंभ हुआ। मीरा पति की मृत्यु पर सती नहीं हुईं और भक्तिन हो गयीं। उनकी रचनाएँ जो प्रधानतः विरह भावना की अभिव्यक्ति है, पति की मृत्यु और उनकी मृत्यु के बीच लिखी गयीं। मीरा ने जो अलौकिक विरह वर्णन किया है, उसका कोई लौकिक आधार अवश्य होगा। इस विरहभावना को बहुत तीव्र बना देता था राणा और दुर्जनों का अमानवीय व्यवहार। मीरा की कविताओं में अलौकिक प्रियतम को पाने की आतुरता, न पा सकने की व्यथा, उसके पास पहुँचने से रोके जाने का आक्रोश, अपनी असहायता, उसे भावजगत में प्राप्त कर लेने की पुलक—सब कुछ विद्यमान है। पता नहीं उन्हें जहर दिया गया था या नहीं, वह जहर अमृत बना था या नहीं; लेकिन उनका काव्य उसके दुख के सुख में परिणत हो जाने का दस्तावेज ज़रूर है। मीरा की कविता में विष उनका लौकिक यथार्थ है और अमृत उनके भावजगत का परमार्थ है। मीरा की कविता में विष और अमृत अपना प्रतीकार्थ प्राप्त कर लेते हैं। विष मीरा के संघर्ष में तप कर अमृत बन जाता है। जिसे अन्य विष समझते हैं वह मीरा के लिए अमृत बन जाता है। मीरा की कविता में अमृत और विष के जो इतने उल्लेख हैं, वे निश्चित रूप से उनकी भावना और जीवन आचरण के संघर्ष में गहरे तौर पर जुड़े हैं। हमारे युग के कवि मुक्तिबोध के विष और अन्न से मीरा का विष और अमृत बहुत भिन्न नहीं :

मैं तुम लोगों से इतना दूर हूँ।
तुम्हारी प्रेरणाओं से मेरी प्रेरणा इतनी भिन्न है।
कि जो तुम्हारे लिए विष है, मेरे लिए अन्न है।

(मुक्तिबोध : 'चांद का मुँह टेढ़ा है', 'मैं तुम लोगों से दूर हूँ')

मीरा का प्रेम अज्ञात प्रियतम—भगवान के प्रति था। लेकिन क्या दीर्घ वैधव्य में उन्हें मृत पति की याद बिल्कुल न आई होगी?

मीरा के 'गिरधर नागर' का जो रूप निर्मित हुआ है उस पर मूर्ति की निर्मात्री का बहुत गहरा प्रभाव है। 'गिरधर नागर' स्थित भावजगत में है लेकिन जिन उपकरणों से उनका निर्माण हुआ है वे इसी जगत के हैं। वे मीरा के जीवन संघर्ष से उपजे

हैं। उस मूर्ति में मीरा की पीड़ा शमित होकर रूपांतरित हो जाती है। अभाव ही समाप्त नहीं होते। विष बुझता ही नहीं, अमृत में बदल जाता है।

विरह की स्थिति वह तापगृह है जिसमें पककर मीरा का लौकिक विरहभाव मिलन में, विष अमृत में परिणत होता है। पूर्व राग क्या है—कृष्ण की रूपमाधुरी का विविध चेष्टाओं में चित्रण-वर्णन है। इसमें नायिका संकोचवश कृष्ण के आमने-सामने नहीं हो सकती। नायिका प्रायः दरवाजे पर खड़ी प्रतीक्षा करती है, कृष्ण आते हैं, चले जाते हैं। वे आते हैं तो संकोच ऐसा है कि—

आवत मोरी गलियन में गिरिधारी
मैं तो छुप गई लाज की मारी।

विरह की प्रक्रिया से गुजर कर मिलनसुख की प्राप्ति होती है। लेकिन प्रिय का यह रूप ऐसा है कि लोक का ताप—मीरा को वास्तविक जीवन के संताप दूर को कर देने वाला है, वस्तुतः उसी संताप में विपरीत प्रभाव उत्पन्न करने वाला उसी से संबद्ध रूप है। जिस प्रकार मीरा के संताप का कारण तत्कालीन समाज और मीरा की बाह्यांतर स्थितियाँ हैं, उसी प्रकार प्रिय के शामक एवं सुखद रूप के तत्त्व भी उस समाज और मीरा की बाह्यांतर स्थितियों में विद्यमान हैं। दोनों परंपर विरोधी तत्व बाह्यांतर यथार्थ में मौजूद हैं जिनसे मीरा का रचना संसार संबद्ध है।

जगत के दुर्जन अबला की हँसी उड़ाते हैं, निंदा करते हैं। मीरा इस संसार में अकेली हैं। जगत उनके मरण पर भी हँसी उड़ाता है। मीरा का दर्द कोई नहीं जानता। वही जानते हैं जो स्वयं घायल हैं, लेकिन ऐसे लोग संसार में हैं कितने? अधिकतर तो लोग हँसी ही उड़ाने वाले हैं। मीरा का विरह असह्य अबला का विरह है। इसीलिए और अधिक करुणा और समर्पणशील है। कहीं-कहीं मीरा ने विरह के निहायत शांत एवं एकांत चित्रण किए हैं, जैसे—रात्रि में अकेले कोई दीप जल रहा हो—

री म्हाँ बैठ्याँ जगत सब सोवा। (पद 86)

रचनाधर्मिता की प्रक्रिया ही ऐसी है कि उसमें विषमता या परस्पर विरोधी तत्त्व चित्रण में स्वतः सिमट आते हैं। कोई अपनी वास्तविक स्थिति निश्छल ढंग से व्यक्त करे तो उसमें सामाजिकता अपने आप खिंच आएगी क्योंकि व्यक्ति की स्थिति भी विशिष्ट सामाजिक स्थितियों या संदर्भों का परिणाम है। निराला ने 'सरोज-समृति' अपनी बेटी पर लिखी। वह एक पिता की अपनी कन्या की अकालमृत्यु पर लिखी गई आत्मकथात्मक रचना है। किंतु 'सरोज-स्मृति' में निराला जैसे लाखों-करोड़ों पिताओं और सरोज जैसी लाखों-करोड़ों कन्याओं की पीड़ा भी अभिव्यक्त है। इसी तरह मीरा ने जब अपनी व्यथा कही तब उन्होंने सिर्फ अपनी ही व्यथा नहीं कही, अपने युग की असंख्य नारियों की, दुःखी जनों की व्यथा कही। एक दुःख दूसरे दुःख

से बहुत जल्दी जुड़ जाता है। मीरा की व्यथा नारी व्यथा थी। वह भक्त थीं—अज्ञात प्रियतम की साधना करती थीं। लेकिन वह घर में ही बैठकर साधना करने वाली नहीं थीं। वह जब भक्त हो गईं तब अपने आप को भक्त मानती थीं—स्त्री या पुरुष नहीं। यहीं से उनके संघर्ष का प्रस्थान समझिए। भक्ति अपने आप में व्यक्ति साधना थी। कोई नारी होकर भी नारीत्व से निरपेक्ष हो जाए सांसारिक दृष्टि से, लेकिन समाज उसे नारी मानने से इन्कार नहीं करने लगेगा। मीरा नारीत्व के बंधन को त्यागकर बाहर आना चाहती थीं। समाज की रूढ़ियाँ उन्हें भक्त मानकर व्यक्तिगत साधना के लिए शायद न रोकतीं, लेकिन राणाकुल की सामंती मर्यादा तोड़ने की आज्ञा उन्हें समाज नहीं दे सकता था। यह भक्ति-भावना और सामाजिक रूढ़ियों का द्वंद्व था।

बड़े कवि जो द्वंद्व और विषमता का चित्रण करते हैं, वे उस द्वंद्व से मुक्त जीवन का स्वप्न अवश्य दिखा देते हैं। यह द्वंद्व की, अनुभूति की प्रामाणिकता है। तुलसी जैसा द्वंद्व कम कवियों ने अनुभव किया होगा। उन्होंने कलियुग को चीर कर रामराज्य का स्वप्न दिखाया। महान कबीर ने काल के भास को अकाल पुरुष की कालातीतता—जहाँ सूर्य नहीं, चंद्र नहीं, काल नहीं की स्थिति से युक्त किया। कहते हैं कि शेक्सपियर की त्रासदी रचनाएँ नई व्यवस्था के संकेत से समाप्त होती हैं।

मीरा का यह स्वप्न मिलन का रूप धारण किए है। इस मिलन-स्थान का प्रतीक वृंदावन है। वहाँ सब कुछ सुखद है। सारी वांछित स्थितियाँ उदित हैं। और कुँज-कुँज में साँवरा घूमता है, मुरली का 'सबद' सुनाता हुआ—

आली म्हाणे लगा वृन्दावन नीकां
घर-घर तुलसी ठाकुर पूजा दरसण गोविन्द जी काँ
निरमल नीर बह्याँ जमणा माँ, भोजन दूध दही काँ
रतण सिंहासण आप बिराज्याँ, मुकट धर्‌याँ तुलसी काँ
कुंजन-कुंजन फिर्‌या साँवरा, सबद सुण्या मुरली काँ
मीरा के प्रभु गिरधर नागर भजण बिणा नर फीकाँ (पद 160)
(मीराबाई की पदावली)

यह वृंदावन भक्ति की दृष्टि से कृष्ण की केलिस्थली, तीर्थ तो है ही, मीरा का हृदय भी है। यही प्रसाद का वृंदावन है। जिसके लिए उन्होंने कामना प्रकट की है : 'ज्वालाओं से दग्ध यह जगत वृंदावन बन जाए।'

मीरा ने प्रभूत मात्रा में रचना नहीं की, लेकिन फिर भी उन्होंने अपने विषय में पर्याप्त लिखा है। उनकी रचनाओं से उनके बाह्यांतर संघर्ष का पता चलता है उनके विषय में बाह्य साक्ष्य, प्रामाणिक-अर्धप्रामाणिक किंवदंतियाँ, वार्ताएँ मिलती हैं।

उनमें उनकी रचना सुसंबद्ध मालूम पड़ती है।

'भक्तमाल' के रचयिता नाभादास तुलसीदास के समकालीन थे। वह आधुनिक आलोचक नहीं थे। उनका उद्देश्य भक्तिन मीरा के जीवन का एक ही छप्पय में परिचय देना था। उन्होंने मीरा की कविता से कोई खास सरोकार नहीं था। नाभादास ने मीरा बाई के विषय में लिखा :

सदृश गोपिका प्रेम प्रगट कलि जुगहिं दिखायो।
निअंकुश अति निडर, रसिक जस रसना गायो।
दृष्टनि दोष विचारि, मृत्यु को उद्यम कीयो।
बार न बांको भयो, गरल अमृत ज्यों पीयो।
भक्ति निसान बजाय कै काहूँ ते नाहिन लजी।
लोकलाज कुल श्रृंखला तजि मीरा गिरिधर भजी।

मीरा की मृत्यु का दुष्टों ने उद्यम किया, उन्हें विष देने का प्रयत्न किया गया। उन्होंने कलियुग में गोपिकाओं जैसा प्रेम प्रकट किया वे निरंकुश-निडर थीं। लोक-लज्जा, कुल की श्रृंखला उन्होंने तोड़ी। यह सब नाभादास ने लिखा—यह उनके जीवन का परिचय है। जिस लोक-लाज, कुल-श्रृंखला तोड़ने की विशेषता का नाभादास ने रेखांकित किया है। उसी पदावली से मीरा की रचनाएँ भरी हैं। कितनी पंक्तियों में मीरा ने 'लोक-लाल तजि नाची' की उक्ति दुहराई है!

मीरा के व्यक्तित्व और उनकी रचनाओं के बारे में एक बात और उल्लेखनीय है। मीरा को उनके जीवनकाल में उच्च एवं मध्य वर्ग संरक्षणशील रूढ़िग्रस्त समाज में बहुत आदर की दृष्टि में नहीं देखा गया था। उन्हें कड़वे बोल सहने पड़े थे। पंडित परशुराम चतुर्वेदी की सूचना का उल्लेख किया जा चुका है कि उस समय ही नहीं, आज भी ऐसे लोग हैं जो मीरा के प्रति आदर की भावना नहीं रखते। उस समय क्या हालत रही होगी—इसकी कल्पना की जा सकती है।

दूसरी ओर ऐसा भी वर्ग है जो बहुत साक्षर नहीं, लगभग अनपढ़ ही होगा। लेकिन उन अवर्णों में मीरा की रचनाएँ परंपरा से लोकप्रिय रही हैं। ये लोग भी राजस्थान के ही हैं।

डॉ. पदमावती 'शबनम' ने अपने प्रसिद्ध ग्रंथ 'मीरा : व्यक्तित्व और कृतित्व' में लिखा है कि 'लोकसाहित्य विद्यालय गिरिनार से प्राप्त सूचना के अनुसार मीरा के पद अधिकांशतः भील एवं निम्नवर्ग से ही प्राप्त होते हैं।'[17]

भीलों और निम्नवर्ग में मीराबाई की रचनाएँ इतनी लोकप्रिय क्यों हुईं? राणाकुल की बहू मीरा ने रैदास या रैदासी परंपरा के किसी चमार संत को अपना गुरु क्यों बनाया? इसका संबंध भक्ति आंदोलन की मूल मानवीय भावना से--जो धर्म के सहारे

अभिव्यक्त हो रही थी, और इस मानवीयता का संबंध मीरा की रचनाओं से है कि नहीं? मध्यकाल की, राणाकुल की कोई स्त्री निरंकुश अति 'निडर' होकर लोकलाज, कुल-शृंखला तज दे, चमार को अपना गुरु बनाए। लेकिन कविता करने बैठे तो इसका कोई प्रभाव उसकी रचनाओं पर न पड़े–ऐसा वही मानेंगे जो कविता को जादू समझते हैं जिससे जीवन की सारी समस्याएँ कलम हाथ में लेते ही छूमंतर हो जाती हैं।

भक्त कवियों को सगुण निर्गुण की धाराओं में बाँटने का रिवाज़ है। इसलिए, मीराबाई के विषय में भी ऐसी जिज्ञासा की जाती है। कहते हैं कि वह रैदास की शिष्या थीं। श्री वियोगी हरि के अनुसार मीराबाई के सिद्ध गुरु जीव गोस्वामी थे।[18] मीरा की कविताओं से उनके संप्रदाय का पता चल पाना दुष्कर है। संभव, है कि उन्होंने किसी को गुरु बनाया भी हो तो उसका निश्चित पता नहीं चलता। संभवतः वे अनेक महापुरुषों से प्रभावित हुईं। वे सुनकर या केवल सिद्धांत से प्रभावित होने के बजाय अपनी आँखों और अपने हृदय पर अथक विश्वास करती थीं। इसीलिए उनकी कविताओं में सांप्रदायिकता या संकीर्णता नहीं। उनकी रचनाओं पर निर्गुण, सगुण, सूफ़ीमत, नाथपंथ–सबका प्रभाव दिखलाई पड़ता है। हिंदी में शायद ही कोई और रचनाकार मिले जो इस क्षेत्र में मीरा से अधिक उदार हो। कबीर पर सगुण मतवाद का प्रभाव नहीं, क्योंकि वे भगवान की लीलामय रूप का वर्णन नहीं करते। लगता है कि जैसे मीरा किसी धार्मिक संप्रदाय में दीक्षित न हों। मुझे लगता है कि 'चौरासी वैष्णवन की वार्ता' में मीराबाई और रामदास पुरोहित के जिस झगड़े का उल्लेख है, वह यही संकेतित करता है कि मीरा किसी संप्रदाय विशेष से ही बंध कर नहीं रह सकती थीं।

मीरा की रचना देखकर लगता है कि उन्होंने विभिन्न संप्रदायों के मतवादों को ध्यान में रखकर अनुभूति पर ही बल दिया है। मीरा ने किसी मतवाद पर आक्रमण भी नहीं किया। सूरदास तक के निर्गुण मतवाद पर गोपियों द्वारा आक्रमण करवाया है। इस प्रकार मीरा की रचनाओं में सभी मतवादों का प्रभाव है। वे निर्गुण ब्रह्म की, सगुण ब्रह्म की उपासना करती हैं, जोगी को संबोधित करती हैं, एकाध पदों में नाथपंथी साधना का भी प्रभाव ग्रहण करती दिखलाई पड़ती हैं, उनकी विरह-उत्कटता सूफ़ियों के समान है। वे किसी मतवाद पर आक्रमण नहीं करतीं। यह अनाक्रमण धार्मिक कवियों में बहुत कम है। सुनने में चाहे जैसा लगे लेकिन सच यह है कि मध्यकालीन धर्मसाधक कवि अपने मत का प्रचार और विरोधी मत या मतों पर प्रहार करने में ढील या लिहाज नहीं बरतते। इन दोनों बातों से इस अनुमान को पर्याप्त आधार मिल जाता है कि मीराबाई किसी संप्रदाय में दीक्षित नहीं थीं–दीक्षित रही भी हों तो इस विषय में वे संकीर्ण बिलकुल नहीं थीं। वह घर की चारदीवारी तोड़कर बाहर निकली थीं तो किसी प्रकार की संकीर्णता में बंधना उनके लिए स्वाभाविक भी नहीं था।

संदर्भ

1. डॉ. पदमावती 'शबनम', मीरा : व्यक्तित्व और कृतित्व', पृ. 150
2. श्रीभक्तमाल, सटीक वार्तिक प्रकाशयुक्त, पृ. 701
3. परशुराम चतुर्वेदी : 'मीराबाई की पदावली', पृ. 20-21
4. वही, पृ. 21
5. मीरा : व्यक्तित्व और कृतित्व, पृ. 46
6. मीराबाई की पदावली, पृ. 23 पर देवी प्रसाद मुंसिफ का उद्धृत मत।
7. मीरा : व्यक्तित्व और कृतित्व, पृ. 500
8. श्री भक्तमाल सटीक वार्तिक प्रकाशयुक्त, पृ. 698
9. मीराबाई की पदावली, पद सं. 52, 64, 113
10. वही पद सं. 43
11. वही पद सं. 46, 53, 54, 57, 58
12. वही पद सं. 97
13. वही पद सं. 225
14. मीरा : व्यक्तित्व और कृतित्व, परिशिष्ट 12
15. मीराबाई की पदावली, पद सं. 21-26
16. शचीरानी गुर्टू (सं.) : 'महादेवी वर्मा', जैनेन्द्र का लेख।
17. मीरा : व्यक्तित्व और कृतित्व, परिशिष्ट 13
18. वही, पृ. 193

सम्पर्क : बी-5, एफ-2, दिलशाद गार्डन,
दिल्ली-95

गैर अभिजात धर्मपरंपरा और रैदास

डॉ. शुकदेव सिंह

वीर/विनायक/पीर और संत

रैदास के जन्म, तपस्या, उपदेश और धर्मस्थापना के मुख्य केन्द्र बनारस के धार्मिक भूगोल का एक अनजाना पृष्ठ वीर/विनायक/पीर संतों से संबद्ध है। तंत्रपीठों, मंदिरों और पुराहित-संपोषित धर्म-व्यवस्था समय-समय पर रूढ़ियों से ग्रस्त होती रही है और आम आदमी के विरोध में एक ऐसी संस्कृति में प्रवेश करती रही है जिससे ऊँच-नीच अर्थात् आदमी को बाँटने वाली कटुता का विकास हुआ है। यह जाना हुआ सत्य है कि मध्यकाल में धर्म, सत्ता और समाज तीनों मिलकर 'व्यवस्था' का निर्माण करते रहे हैं और यह व्यवस्था जब और जितनी मजबूत हुई है काम करने वाला आदमी उतना ही उपेक्षित होता गया है। उपेक्षित खाते के आदमी या 'जन' को ताकत देने के लिए जो जन-जागरूकता आई है उसका पहला इतिहास यक्षों से जुड़ा हुआ है। ये यक्ष, लोक-देवता के रूप में स्थापित हुए हैं। इन्हें निष्प्रभ बनाने के लिए मंदिर और शास्त्र खड़े हुए हैं, स्मृतियाँ लिखी गई हैं और फिर आदमी कई हिस्सों में बाँट दिया गया है। इस तरह काम करने वाला आदमी बराबर नाकारा, उपेक्षित या नीच खाते में डाल दिया जाता रहा है। क्रमशः यक्ष और यक्षणियों के लोक-देवता रूप समाप्त हो जाते रहे हैं और यक्षों को असुर कोटि में डाल दिया गया है। लेकिन जन-जागरूकता फिर सिर उठाती है और आम आदमी की रक्षा करने वाले 'वीर' सामने आते हैं। इन 'वीरों की अनगढ़ मूर्तियाँ अभी भी बनारस की मूल धर्म-कक्षा के बाहर एक हाथ में परशु या तलवार और दूसरे हाथ में कमण्डल लिए दिखाई पड़ती हैं,[1]। कमण्डल पूजा का प्रतीक है और पूजा के अधिकार से वंचित करने वाले पुराहितों और उनकी पुस्तकों से लड़ने वाले परशु आम जनता की लड़ाकू ताकत को सामने करते हैं। तमाम मंदिरों और मंदिर पोषक शास्त्रों के रहने के बाद भी इन वीरों की मूर्तियाँ क्यों बनती हैं, कैसे बनती हैं? यह समझने की जरूरत है। दरअसल ये वीर उपेक्षित जनता के आदिम प्रतिनिधि और नायक हैं। इन्हें कभी

भी धर्म-शास्त्रों में देवत्व की महिमा नहीं प्राप्त होती, लेकिन धर्म संबंधी अन्याय के खिलाफ नए विश्वासों की रचना करने वाली जनता इन्हें पूजती ही रहती है। आज भी बनारस में सभी 'वीर' लोक-देवताओं की पूजा होती ही है। लहरतारा, मडुवाडीह के पहारूवीर (प्रहरीवीर) से लेकर गंगा-वरुणा संगम के जोगिया-वीर तक मंदिरों के प्रभाव-कक्षा के बाहर 'वीर' मूर्तियाँ मिलती हैं। वीरों के बाद विघ्न के देवता विनायकों की कोई सत्तर (70) से ज्यादा मूर्तियाँ मिलती हैं। पुराने ग्रंथों के उल्लेख से यह पता चलता है कि 'विनायक' विघ्न के देवता हैं। विचार करने की बात है कि कैसा विघ्न, किसके लिए विघ्न? निश्चित रूप से शास्त्र-संपोषित व्यवस्था के लिए वीरों के ये उत्तराधिकारी विघ्न स्वरूप रहे होंगे, जिन्हें जनगण की शक्ति को देखते हुए बाद में 'गणेश' बना लिया गया और 'शुभ' और 'लाभ' के देवता के रूप में रूपांतरित कर लिया गया है।

ठीक इसी तरह की व्यवस्था पाखंड और शास्त्रों का विरोध करने के लिए एक स्पर्शी धर्मव्यवस्था के रूप में सामने आई। सबको मालूम है कि दसवीं शताब्दी के उत्तरार्द्ध में तुर्क भारत के उत्तर-पश्चिम द्वार से भारत में आते हैं। ये तुर्क निश्चित रूप से महमूद गजनवी के 2 दिसम्बर 1018 ई. के हमले के साथ या बाद में आए होंगे। ऐसा उल्लेख है कि 1019 ई. में बनारस के एक हजार मंदिर नष्ट किए जाते हैं और तुर्क शासक लूट-पाट के बाद आते-जाते रहते हैं। उनके साथ बसने वाले लोग भी आते हैं। ये धार्मिक लोग हैं, अपने धर्म के साथ जीते हैं, लेकिन मुहम्मद गजनवी के हमलों का बदला इनसे लिया जाता रहा होगा। एक शहीद के मुजाबिर से मुझे पता चला कि कुछ प्रतिशोध व्याकुल मंदिर संस्थापकों ने मंदिरों में होनेवाली नरबलि को 'तुर्कबलि' के रूप में बदल दिया और खास मंदिरों में प्रतिदिन एक तुर्क की बलि दी जाने लगी। यह लोकश्रुति ही है, लेकिन इसके साथ ही एक ऐतिहासिक तथ्य यह है कि तुर्कों की रक्षा के लिए और अपने धर्म की स्थापना के लिए मुहम्मद गजनवी के संबंधी मसऊद्गाजी ने अपने सिपहसालार मलिक अफजल अलवी को 1029 ई. में बनारस की ओर भेजा। स्वयं मसऊद्गाजी बहराइच में शहीद हुआ और उसके प्रतिनिधि राजघाट पर अपना धर्मयुद्ध शुरू कर बनारस में शहीद होते हुए सासाराम तक गए और शहीद हुए। 1019 से शहीदों की परंपरा शुरू होती है। इसके पहले वे आक्रामक थे लेकिन उन्होंने जब अपने आक्रमण को धर्म से जोड़ा और वे धर्मयुद्ध में मरे तो उन्हें 'शहीद' की प्रतिष्ठा मिली। राजघाट में शहीदों के मज़ार बड़ी संख्या में है। इसी तरह सालारपुरा और बनारस के अनेक मुहल्लों में मलिक सय्यद फकरुद्दीन अलवी, मीनारनासिर, बद्दू शहीद, कुतबन शहीद की मज़ारें है। 'सनम कदाए' नामक उर्दू पुस्तक में इन तमाम शहीदों को मलिक अफजल अलवी के साथियों और सैनिकों में गिना गया है। इन शहीदों के बारे में यह बता देना जरूरी है कि

ये शहीद सामान्य धार्मिक तुर्क की रक्षा के लिए धर्म की लड़ाई लड़ने वाले लोग थे। इनका जनता से कोई झगड़ा नहीं था। धर्म-पतियों और शासकों से ही प्रतिशोध की भावना के खिलाफ़ उनका संघर्ष था। इसीलिए इनके मज़ार सामान्यजन चाहे वह हिंदू हो चाहे मुसलमान दोनों के लिए समान रूप से पूजित हुए। आज भी गंगा-वरुणा के संगम पर चंदन-शहीद के मज़ार पर हिंदू-मुसलमान—जिसमें साधारण या आम आदमी ही ज्यादा होते हैं—की भीड़ देखी जा सकती है। लहरतारा, मड़ुंवाडीह में वली हजरत मखदूम शाह तैयब का अकबरकालीन मज़ार देखा जा सकता है जो पुराने मज़ारों के सिलसिले से जुड़ा हुआ है। शायद यहाँ 11 वीं सदी के मजार भी रहे हैं। कहना है कि इन 'पीरों' को शासक-सत्ता से कुछ लेना-देना नहीं था। ये पीर जनता के धर्माधिकार के लिए लड़ रहे थे। इसीलिए ये 'शहीद' कहे गए। इनके 'मज़ार' बने, इनके मक़बरे नहीं खड़े हुए। इसी 'वीर विनायक पीर' परंपरा में संतों का उद्‌भव होता है। पहारूवीर और शालकंटक विनायक क्रमशः वली हज़रत पीर के पूर्वज पीर के मज़ार के इलाके लहरतारा और मंडुवाडीह में संत कबीर और संत रैदास का उद्‌भव होता है। यह पुराना इलाका तब अधिकांशतः चमड़े का व्यवसाय करने वाले, 'ढोर ढोवंत' चर्मकारों की बस्ती था जिसमें चमकटैया, चर्मकार और कपड़ा बुनने वाले कोरी (चमारों की उपजाति) रहा करती थी। कपड़ा बुनने वाले कोरी, बनारस, बस्ती, मगहर, सुलतानपुर, मध्यप्रदेश के खजुराहों, मऊ सहनियाँ, रायपुर और गुना तक फैले हुए हैं। इनमें कुछ मुसलमान हो गए हैं और कुछ हिंदू अंत्यज कोरी के रूप मुख्य रूप से कपड़ा बुनने और मजदूरी का काम करते हैं। कबीर निश्चित रूप से इसी कोरी (मुस्लिम वंश) में पैदा हुए थे और रैदास विख्यात चमार वंश में। भौगोलिक और जातिगत संबंधों को व्यक्त करने के लिए अनुश्रुतियों में यह कहा गया है कि दोनों ने एक ही माँ का दूध पिया था। ये दोनों संत, वीर विनायक और पीर परंपरा की अगली कड़ी हैं जो तात्कालिक धर्म-व्यवस्था के खिलाफ अपनी श्रमजीवीसाधुता और तेजधार की कविता के साथ मड़ुंवाडीह से लेकर राजघाट तक और लहरतारा, कबीर-चौरा से लेकर राजघाट तक एक दूसरे से परामर्श करते हुए साधारण आदमी का धर्ममार्ग अर्थात् संतमार्ग स्थापित करते हैं।

मांडुर स्थान : रैदास के जन्मस्थान 'मांडुर गाँव' में पहले मांडव ऋषि का आश्रम था जहाँ आज भी 'मंडेसर नामक तालाब' का एक टूटा-फूटा हिस्सा विद्यमान है। इस तालाब से लगा हुआ एक और पुराना तालाब है जिसके घाट और दीवारें लखौरी ईटों से बने हैं। यह ताल काफी पुराना लगता है। इस तालाब के किनारे एक ओर शालकंटक विनायक का स्थान है और इसी स्थान से लगा हुआ एक पेड़ है जहाँ किसी मंदिर के आमलक के खंडित अंश हैं। यहीं 'वीर' देवता के गले हुए पत्थर पर मूर्ति-अवशेष भी हैं। इसी स्थान पर अकबर-कालीन वली हज़रत तय्यब का मज़ार भी है। इस मज़ार से लगा हुआ एक और मज़ार है शायद यह स्थान सालार मसऊद्‌गाजी

से जुड़े शहीदों से भी सम्बद्ध रहा है। क्योंकि इस मज़ार पर भी जुमेरात (बृहस्पति) को वैसी ही भीड़ होती है जैसी राजघाट वाले मज़ार पर होती है। वीर, विनायक, पीर और मंडेसर तालाब से जुड़े इस स्थान पर ही कबीर की उद्‌भव भूमि के आस-पास रैदास का भी उद्‌भव हुआ था। रैदास के एक पद के अन्तर्साक्ष्य से *'मेरी जाति कुट कुटबांडला ढोर ढोवंता, नितहि बनारसि आस-पासा'* से यह पता चलता है कि रैदास का जन्म यहीं हुआ था। अनंतदास की 'रैदास परिचयी' से भी रैदास के जन्म-स्थान के संबंध में इस तथ्य की पुष्टि होती है कि वे बनारस में पैदा हुए थे।[2] 'रैदास रामायण' में 'काशी ढिग मांठूर स्थाना' का स्पष्ट उल्लेख है। 'रैदास रामायण' का लेखक बनारस का रहने वाला नहीं था। इसलिए अचानक ही उसने 'मंडुआडीह' का नाम नहीं ले लिया होगा। विद्वानों ने तमाम तरह के उद्धरणों की सहायता से रैदास का जन्म स्थान 'मंडुआडीह' बताने की कोशिश की है, ये सारे के सारे स्रोत पुस्तकीय हैं, लेकिन वीर, विनायक, पीरवाली परंपरा से जोड़कर रैदास के जन्म स्थान का निर्णय करना जनाधार से जुड़ी अनुसंधान पद्धति के भीतर आता है। यहाँ पर रैदास अनुयायी जातियों की संख्या मीलों आबादी में फैली हुई है। यह आबादी नगर के पश्चिम भाग में है, अपने जाति-बल से ही स्थित हुई होगी अन्यथा साधारणतः इस जाति के लिए नगर और गाँव के दक्षिण भाग ही सुरक्षित किए जाते थे। अगर इनके रीति-रिवाजों और जन-विश्वासों और पूजा अभिचारों का अध्ययन किया जाता है तो यह स्पष्ट हो जाता है कि पहले बौद्ध संस्कार में दीक्षित यह जाति ब्राह्मण धर्म की पुनर्प्रतिष्ठा के समय 'अन्त्यज' और 'शूद्र' घोषित की गई। इस वर्ग के खान-पान और विचारों में परवर्त्ती बौद्ध तत्त्व विद्यमान हैं। लहरतारा टीले के ठीक पीछे नई बस्ती (मांडूर) में भी एक नीम के पेड़ के नीचे एक हाथ में कमंडल और दूसरे में परशु लिए हुए 'वीर' देवताओं की मूर्तियाँ और मंदिर-आमलक के टुकड़े मिलते हैं। इस तरह से पुस्तकीय आधार और जनाधार दोनों की छानबीन से तथा संत कबीर के संबंधों से यह तथ्य सामने आता है कि संत रैदास 'मंडुवाडीह' में ही पैदा हुए होंगे और उन्होंने राजा के निवास-स्थान राजघाट के पास उस स्थान पर धर्मपरीक्षा दी जहाँ सिकंदर लोदी जैसे तुर्क और काशी के पुरोहितों ने कबीर और रैदास दोनों को आहूत किया। इस स्थान पर भी वीर, विनायक और पीर इसी क्रम में कबीर और रैदास प्रतिष्ठित हैं। बनारस नगर के धर्म-भूगोल के ये दोनों प्रसिद्ध स्थान हैं और बनारस के धर्मभूगोल की पंचक्रोशी के अंतर्गृह से सम्बन्धित हैं।

संत रैदास के जन्म स्थान, जीवन तपस्या और काव्यकला पर श्रद्धा तथा विरोध आत्मसात् करने की भारतीय इतिहास की वह जातीय प्रवृत्ति परत दर परत चढ़ी हुई दिखाई पड़ती है जो किसी भी प्रतिभाशील व्यक्ति को ब्राह्मण से जोड़ती है, चमत्कार कथाओं से सम्बद्ध करती है और उस चरित्र के मूल मन्तव्य को खारिज कर देती है। कबीर का विधवा ब्राह्मणी अथवा रैदास का पूर्व जन्म के संन्यासी ब्राह्मण से

संबंध पुराण गढ़ने वाली जाति की मनोवृत्ति का ही एक हिस्सा है। धर्म को झूठ और जाति से जोड़ने वाली यह पुराणकल्पी परंपरा रैदास को भी नहीं छोड़ती। माँसाहारी विप्र होने के कारण रैदास अन्त्यज होते हैं। यह बात अनंतदास की परिचयी में भी है। इसी क्रम में कबीर की तरह रैदास को भी रामानंद से जोड़ा गया है, लेकिन इन दोनों संतों ने अपनी रचनाओं में रामानंद का कहीं नाम नहीं लिया। यदि रामानंद इनके गुरु होते तो वे कहीं न कहीं अवश्य उनका नाम लेते। ऐसा लगता है कि रैदास की प्रतिष्ठा के बाद सारे अन्त्यज संतों को रामानंद से जोड़ने की एक पद्धति सी चल पड़ी क्योंकि रामानंद अपेक्षाकृत उदार साधु थे। उन्होंने छोटे-बड़े को एक करने की बात कही होगी। पद्मपुराण और उसी तरह अनेक ग्रंथों में इस तरह की उदार दृष्टि मिलती है जिनमें साधुता के साथ रहने वाले श्रमजीवी कवियों को आदर देने की बात कही गई है।

जन्मदिन : संत रैदास के जन्म-कारण की तरह ही जन्म दिन के संबंध में भी तमाम तरह की श्रद्धा और कल्पना की तहें चढ़ी हुई हैं। इनसे यह पता नहीं चलता कि वस्तुतः रैदास का जन्म वर्ष क्या था? केवल उनके पदों से कबीर, त्रिलोचन, सधना, सेन, धन्ना जैसे संतों, सिकन्दर लोदी, बीरसिंह बघेल जैसे राजाओं के समकालीन होने का पता चलता है। माघ पूर्णिमा को उनकी जन्म-तिथि माना गया है। धन्ना और मीरा ने श्रेष्ठ पुरुष के रूप में उनका स्मरण किया है। धन्ना की जन्म तिथि 1415 ई. मानी गई है इसलिए इसी के आस-पास रैदास की जन्म-तिथि निर्धारित करनी होगी। रैदास-साहित्य के विद्वान श्री रामानंद शास्त्री ने सुझाव दिया है कि रैदास या रविदास का चूँकि रवि से संबंध बनता है इसलिए संवत 1441 विक्रमी से लेकर संवत 1455 विक्रमी तक जिस वर्ष भी माघ की पूर्णिमा रविवार को पड़ती है वही संत रैदास का जन्मदिन माना जाना चाहिए। यह वैज्ञानिक तरीका काफी दिलचस्प है।

घर की दुनिया : संत रैदास की जिंदगी एक कवि की तरह एक दिलचस्प जिंदगी है। वे अन्त्यज श्रमजीवी थे और कवि थे। उनकी कविताओं में वे साधु हैं? यह प्रश्न खड़ा किया होगा, क्योंकि रैदास जी के जीवन के संबंध में जो उल्लेख मिलते हैं, कविता में जो अपने व्यक्तित्व के प्रति उपरति उदासीनता मिलती है, उससे यह जाहिर नहीं होता कि उन्होंने अपनी साधुता का विज्ञापन किया होगा। जप-माला, तिलक जैसे बाह्याचार किए होंगे। अपनी रचनाओं के द्वारा ही उन्होंने अपने साधु को अभिव्यक्त किया होगा। लेकिन 'परिचयी' और अन्य परवर्त्ती पोथियों, परंपराओं से यह पता चलता है कि संत रैदास आरंभ में भक्ति के बाह्य रूपों से आकृष्ट हुए थे और सात वर्ष की आयु में ही 'नवधा भक्ति' के रहस्य जान गए थे। बड़े होने पर वे विवाहित होते हैं और पिता रग्घू और माँ घुरबिनियाँ के घर के एक न कमाने वाले सदस्य के रूप में उपेक्षित होते हैं। उल्लेखों से ऐसा लगता है कि उनके पिता

का नाम रग्घू या राघव था। माता का असली नाम 'करमा' और पुकार का नाम 'घुरबिनिया' था। दूसरा नाम ही ज्यादा होगा। उनकी पत्नी का नाम 'लोना' बताया गया है। तमाम अन्वेषकों ने उनकी पत्नी का नाम 'लोना' या 'लोणा' ही निर्धारित किया है। इस संदर्भ में यह अलग से बता देना जरूरी है कि लोना, चमार जाति में पूजी जाने वाली एक देवी भी है जो संभवतः पूज्य यक्षिणियों के अष्टमात्तृका रूपांतरण के क्रम में अन्त्यज पूज्या बनी। हुआ ऐसा है कि ब्राह्मण संस्कृति के समानांतर जन-संस्कृति के संघर्ष के क्रम में अनेक लोक देवताओं का रूपांतरण हुआ। जिन लोक देवताओं को ब्राह्मण पौराणिक आत्मसात् नहीं कर पाए वे 'वीर' 'डीह', 'शहीद', 'दैत्य', 'ओझा', 'डाइन', 'चुड़ैल' जैसे उप-द्रेवताओं के रूप में उसी तरह से भयपूर्ण पूजन के भाग बने जिस तरह यक्षणियाँ अष्टमातृकाओं के रूपांतरण के क्रम में चंडी, चामुंडा, काली वगैरह के रूप में क्रूर स्त्री-देवता में विकसित हुईं। लोक-संस्कृति के पूज्य देवताओं में जनहित के लिए संघर्ष करने वाले लोक नायकों का भी रूपांतरण हुआ है। वीर और शहीद ऐसे मनुष्य हैं जो लोकरक्षा के लिए लड़ते हुए मिटकर देवता बन जाते हैं। संभवतः रैदास की पत्नी 'लोना' इसी दैवीकरण की प्रक्रिया में लोकदेवी बनी और अब चमार जाति के लोना-पूजक लोना, समाज-पुरोहितों की तरह आदरणीय माने जाते हैं। उन्हें साधुओं की तरह दान-दक्षिणा देने की परंपरा चलती है। रैदास की पत्नी का लोकदेवी के रूप में स्थापित करना यह सिद्ध करता है कि वे परम साध्वी स्त्री थी। रैदास की श्रमजीवी साधुता और काव्य रचना में उन्होंने दुःख सहकर इतना योगदान किया कि देवी बन गयीं।

अनुश्रुतियों के अर्थ : रैदास के विषय में अनुश्रुतियों की परत से कुछ और सचाइयाँ भी खोजी जा सकती हैं। वे अपनी साधुता के कारण घर से अलग किए जाते हैं और गरीबी में पलते हैं और गरीबी दूर करने के लिए पारस पत्थर लाया जाता है और एक साधु के बार-बार अनुरोध करने पर भी वे पारस पत्थर को सोना बनाने के लिए इस्तेमाल नहीं करते। अनुरोध करने पर पसीने से चुक-चुकाते ललाट से अपनी रांपी को छुआकर सोना बना देते हैं। पता नहीं रांपी सोने की बनी या नहीं बनी, लेकिन पसीने से चुकचुकाते हुए ललाट से ही छूने पर लोहा सोना बनता है, यह सच्चाई तो सामने आ ही गई। इसी तरह एक दूसरी कथा में वे चमड़ा भिगोने वाले बरतन से जब पीने का पानी देते हैं तो अतिथि गोरखपंथी अपमान का अनुभव करता हुआ कबीर के पास जाता है। जहाँ कबीर लड़की कमाली उस अछूत जल को पी जाती है। फिर गोरखपंथी की ऐसी प्यास बढ़ती है, ऐसी भूख बढ़ती है कि कुएँ, समंदर, नदी किसी भी जल से उसकी प्यास नहीं मिटती, खप्पर नहीं भरता। बखार का बखार गल्ला भी उसके खप्पर को नहीं भरता, खाली ही रह जाता है। अंत में मुलतान में कमाली ही उसका खप्पर भरती है। इसलिए कि उसने रविदास का 'अछूत जल' पिया था। कथा ऊपर से चमत्कारी है लेकिन इसका संकेत स्पष्ट

है कि काम करने वाले हाथों के पसीने से ही भूख-प्यास मिट सकती है। मांगने वाले का खप्पर खाली ही रहेगा। गोरखपंथी संत और रैदास की यह कथा भिक्षाजीवी साधुता पर श्रमजीवी साधुता का सीधा प्रहार है। इसी तरह रैदास की जिंदगी में चमत्कार की बहुत सारी परतें चढ़ी हुई हैं। उनकी प्रसिद्ध से व्याकुल ब्राह्मणों ने काशी-नरेश के पास यह शिकायत की कि शूद्र उपासना ही नहीं कर रहा है, उपदेश भी कर रहा है। रैदास को धर्म-परीक्षा के लिए राजघाट गंगातट पर बुलाया गया, जहाँ वाग्मिता में ही नहीं; चमत्कार में भी रैदास ने पंडितों को हराया और पत्थर के शालिग्राम को गंगा की लहरों पर तैरा दिया। पता नहीं इस प्रसंग में कितनी सचाई है, लेकिन इतना सच तो है ही कि सच्ची साधुता के लिए जल पर पत्थर तैराने का धीरज होना चाहिए। इस प्रसंग में यह भी याद कर लेना होगा कि स्वर्ग से धक्का मार कर अधर में उलट दिए जाने वाले चाण्डाल त्रिशंकु, अपनी तपस्या के कारण राम के द्वारा मार दिए जाने वाले शंबूक की परंपरा के संत रैदास बनारस में कविता लिखते हैं, मंदिर बनवाते हैं, तालाब बनवाते हैं और बनारस के हृदयस्थल और वर्तमान गोपाल मंदिर के पवित्र प्रांगण में बैठ कर साधना करते हैं। उस स्थान को इतना पवित्र बनाते हैं कि वहाँ ब्राह्मण-कवि तुलसीदास बैठकर 'विनय पत्रिका' लिखने में गौरव का अनुभव करते है। गोपाल मंदिर में तुलसी-गुफा वस्तुतः रैदास की ही गुफा है। जहाँ जूते गांठते हुए उन्होंने **'माधवे'** संबोधनपरक अपने दस प्रसिद्ध पद रचे और उन कविताओं को ऐसी प्रसिद्ध हुई कि वह रचना-स्थान संतों की काव्य सर्जन-प्रक्रिया के लिए 'पीठ' जैसा बन गया। बाद में गोपाल मंदिर का सारा ऐश्वर्य न केवल वहाँ एकत्र हुआ बल्कि 'माधव उपासकों' की गद्दी बनी। आज भी वहाँ बल्लभ कुल बंशी धर्माधिकारी के रूप में विराजते हैं।

कीर्तन कथाओं के अभिप्राय : रैदास से जुड़ी हुई कीर्तन-कथाओं में उनका अपमान करने वाले सेठ का कोढ़ी होना, गंगा का उन्हें कंकण देना, एक कुण्ड से उनके लिए गंगा का उत्पन्न होना जैसे अनेक प्रसंग हैं। इनसे यही पता चलता है कि रैदास ने अपनी सचाई से अनेक जलतीर्थों को गंगा की प्रतिष्ठा तक ऊपर उठाया। जल की बूँद-बूँद को गंगा बनाने का यह सिलसिला काफी लंबा है। उन्होंने लिखा 'गली-गली को जल बहि आयो। नाम गंगोदर पायो।' उन्होंने संपूर्ण भारतवर्ष की यात्रा की। मीराँ उनकी शिष्या बनीं। वे पंजाब, गुजरात, राजस्थान सर्वत्र उपदेश के लिए गए। इन स्थानों में उनके साथ यहाँ से गए हुए उनकी जाति-कुल के लोग भी मौजूद हैं जो 'रैदासी गद्दियाँ' और 'डेरे' बनाकर रैदास की साधुयात्रा को सुरक्षित रखे हुए हैं। धार रियासत के 'कुम्भ श्याम मंदिर' में उनकी 'छतरी' विद्यमान है। इसी तरह तिरुपति में बाला जी पर्वत के नीचे बैकुंठ-कुल नामक स्थान पर उनकी गद्दी बनी हुई है। रैदास जिस वर्ग और जाति से संबंधित हैं, उस पर अन्याय, उपेक्षा और शोषण की जकड़बंदी शायद थोड़ी ही कम हुई है। इससे यह स्पष्ट हो जाता

है कि रैदास को साधुता और साहित्य में प्रतिष्ठित होने के लिए कितनी बड़ी लड़ाई लड़नी पड़ी होगी। लेकिन भक्तमाल जैसे आस्था ग्रन्थों, 'रैदास परिचयी' जैसी धर्मकथाओं, 'कबीर रैदास गोष्ठी' जैसी व्यक्तित्वस्थापक कृतियों, 'गुरुग्रंथ', 'दादूग्रन्थ', 'गुणगंज नामा', 'सर्वंगी', जैसे संत काव्य के प्रतिनिधि संग्रहों, बानी-ग्रंथों और मठों और आश्रमों की धर्म-पोथियों में उनकी रचनाओं का बड़ी संख्या में उपस्थिति रहना यह स्पष्ट कर देता है कि उनका प्रभाव बहुत अधिक व्यापक था। राजा से लेकर रंक तक हर सही आदमी तक रैदास की पहुँच थी। उनकी कविता ही उनके व्यक्तित्व का सच्चा प्रतिनिधित्व है। और जब एक बड़ा जाति-वर्ग, सुधी-समाज और जनपक्षधर विचारक, संत रैदास को प्रासंगिक समझने को विवश है तो स्पष्ट है कि उनके प्रभाव के सूर्य को और भी दीप्ततर होना है।

संदेहग्रंथि और सदेहमुक्ति : संत रैदास की प्रशंसा करते हुए नाभादास ने 'संदेह ग्रंथि खंडन निर्पुन' जैसे विशेषण पदबंध से इन्हें अलंकृत किया है। ऐसा विशेषण किसी भी संत के लिए नहीं दिया गया है। इसी संदेह से उनके निर्वाण का संदेह भी जुड़ा हुआ है। यह स्पष्ट पता नहीं चलता कि उनका निर्वाण कब और कहाँ हुआ लेकिन उनके निर्वाण के संबंध में **'संदेह गुप्त'** और **'सदेह गुप्त'** दो शब्द चलते हैं। आखिर इनका अभिप्राय क्या है? इतना तो स्पष्ट है कि संत रैदास का निर्वाण संत कबीर के बाद हुआ और कबीर के निर्वाण की कहानी रैदास को मालूम ही थी कि जो आदमी न किसी धर्म में पैदा हुआ और न किसी मज़हब में मरा, उसे धर्म और मजहब में कैसे बाँटा गया। समाधि और मजार दोनों ही बने और देह का पता नहीं चला। स्वयं रैदास ने कबीर के 'सदेह स्वर्ग' जाने की बात कही है, शायद चाण्डाल त्रिशुंक को जो नहीं मिला वह कबीर को देकर संत रैदास वशिष्ठकालीन आदिम जघन्यता का बदला चुका लेना चाहते थे, इसीलिए उन्होंने कबीर की सदेह स्वर्ग जाने की बात कह डाली।[3] स्वयं उनके विषय में दो बातें बड़ी स्पष्ट हैं, गंगा से उनका गहरा प्रेम है। दस अनुश्रुतियों में गंगा-पुत्र के रूप में इनकी प्रतिष्ठा की गई है। शायद शालिग्राम को गंगा में तैरा देना, खुद तिरना और तैराना उनका काम हुआ करते थे। उन्होंने 'नामदेव, कबीर, त्रिलोचन, सधना, सेन तरे' कहकर यह स्पष्ट किया है कि संतों की अंतिम परिणति 'तरने' में ही होती है। स्वयं वे इसी परंपरा के संत थे। अतः निश्चित है कि गंगा-प्रेम के कारण तरने वाले अपने आदर्श के लिए वे गंगा के तट पर 'सदेहगुप्त' हुए होंगे जिससे लोगों को पता चल जाए कि त्रिशंकु सीधे स्वर्ग नहीं जा सका पर कबीर और रैदास तो 'सदेह' चले गए। रैदास रामायण में यह प्रसंग आया भी है कि गंगा-तट पर तपस्या करते हुए वे 'सदेहगुप्त' हुए। यह निश्चित है कि 'वीर विनायक पीर और संत' का वह स्थान जहाँ वरुणा और गंगा का मिलन होता है, जहाँ से वाराणसी की धर्म-कक्षा का प्रारम्भ होता है वहीं, जहाँ उन्होंने अपने शालिग्राम को तैराया था उसी राजघाट पर वे 'तरे' होंगे,

सदेहगुप्त हुए होंगे। यह तिथि 1540 में चैत चतुर्दशी को मानी जाती है।

सन्दर्भ-सूत्र

1. प्रायः सभी 'वीरों' की यह रूपमुद्रा मडुवाडीह से राजघाट तक मिलती है।
2. नगर बनारस उतिम गाऊँ : बनारस नगर उत्तम गाँव है।
3. निरगुन को गुन देखो भाई। देही सहित कबीर सिधाई। पद 67 : शास्त्री संदर्भः सनम क़दाए !आसारे बनारस/काशी का इतिहास/रैदास परिचयी/कबीर रैदास गोष्ठी/गुणगंजानामा/दादूग्रंथ/गुरुग्रंथ/सर्वंगी/संत रविदास और उनका काव्य/संत रैदास/रविदास दर्शन/रैदास रामायण/चँवरपुराण/भक्तमाल/पंचबानी/रैदास की बानी इत्यादि प्रकाशित/अप्रकाशित पुस्तकें, संदर्भग्रंथ और क्षेत्रीय सर्वेक्षण की सामग्री और इतिहास ग्रंथों की रचनाएँ।

सम्पर्क : 178-बी, बृज एन्क्लेव,
सुन्दरपुर, वाराणसी (उ.प्र.)

कबीर : विरुद्धों का विलक्षण सामंजस्य

डॉ. शिवकुमार मिश्र

कबीर मध्यकाल के उन संतों में हैं जिनके व्यक्तित्व में विरुद्धों का अद्‌भुत सामंजस्य है। विरुद्धों का यह अद्‌भुत सामंजस्य उनके व्यक्तित्व में भी है और उनके कृतित्व या उसके द्वारा कहते हुए में, उनकी बानी में। उनकी ख्याति एक विद्रोही संत के रूप में है और एक नितांत संवेदनशील, समर्पित भक्त के रूप में भी। अपने विद्रोही रूप में वे बेहद निर्मम हैं, आक्रामक हैं—आचार्य हज़ारी प्रसाद द्विवेदी के शब्द लें—तो सवाल पर सवाल पूछते हुए विरोधी को निरुत्तर कर देने वाले, उसे धूल चटा देने वाले हैं। भक्त के रूप में वे नितांत समर्पित, सौम्य कातर और दीन हैं—रैदास जैसे। आक्रामकता, कठोरता, निर्ममता, एवं सौम्य, विनीत, कातर, आर्त्त और दीन की यह एकज उपस्थिति ही 'विरुद्धों के उस विलक्षण सामंजस्य की स्थिति पैदा करती हैं जिसकी चर्चा हमने ऊपर की है। कबीर अपने व्यक्तित्व में विरोधों के इस सामंजस्य को संभाले हुए—एक लंबा आयुष्य जिए। ऊपर से देखने पर आक्रामकता, निर्ममता, कठोरता तथा सौम्य, विनीत, आर्त्त का एक साथ, एक ही व्यक्ति में होना अवश्य विरोधी दिखता है, जबकि अपने तात्त्विक रूप में—वह विरोधी नहीं है, पर एक-दूसरे का पूरक है। कबीर के बुनियादी चरित्र में दोनों का सहज अंतर्भाव है।

आइए कबीर के व्यक्तित्व में उपस्थित और उनके कहे हुए में प्रतिबिम्बित कबीर के विरोधी गुणों के इस सहभाव का जायज़ा लें और देखें कि दोनों मिलकर किस प्रकार कबीर के व्यक्तित्व को एक पूर्णता देते हैं, एक पूरे कबीर से हमारा साक्षात्कार कराते हैं।

सबसे पहले कबीर के 'विद्रोही' मानस की पड़ताल करें—उससे उपजी उनकी क्रांतिधर्मिता, उनकी कठोरता, वेधक और निर्मम व्यंग्य-क्षमता पर निगाह डालें और इनके उत्स पर विचार करें।

कबीर जुलाहा थे, नीची मानी जाने वाली जाति के थे। वर्ण-विभक्त हमारी सामाजिक संरचना में—वे तथा उनकी जैसी दूसरी जातियों के लोग, शूद्र और चार वर्णों से बाहर पंचम वर्ण या वर्ण व्यवस्था के दायरे से बाहर की जातियाँ-नीची, अधम

और अस्पृश्य अवहेलना, अपमान, तिरस्कार, उपेक्षा, उत्पीड़न और दमन के पात्र थे। कबीर ने वर्ण-दर्प की वेदी पर इस अपमानित मनुष्यता को देखा था, तिरस्कार, लांछना और उपेक्षा को भोगा था। उनके देखे और जिए-भोगे की अनुभव राशि विशाल थी। तमाम कुछ माँगते और सहते हुए—अपनी नैसर्गिक प्रतिभा के चलते कबीर ने अपने परिवेश से, सुने-सुनाए से बहुत कुछ अर्जित भी किया था। कबीर को अपनी सहृदयता के दायरे में न लाते हुए भी आचार्य शुक्ल जैसे समीक्षक ने उनकी 'प्रखर प्रतिभा' को स्वीकार किया है। अपने हिन्दी साहित्य के इतिहास में जो तीन-चार पृष्ठ उन्होंने कबीर के ऊपर लिखे हैं, उनमें एकाधिक बार यह स्वीकार किया है कि 'कबीर प्रखर प्रतिभा के धनी थे'। यह बात और है, और इसका संबंध आचार्य शुक्ल जैसे बड़े समीक्षक के पूर्वाग्रहों से है कि उन्होंने कबीर की इस प्रखर प्रतिभा को विशद नहीं किया। बहरहाल, जो कुछ कबीर ने जीवन में अपने परिवेश से, लोगों से सुन-सुनकर अर्जित किया था, उनकी प्रतिभा ने उसे एक ऐसी समाज-दृष्टि और विश्व-दृष्टि में परिवर्तित किया, जिसके तहत ही कबीर-अनपढ़ होते हुए भी—(कबीर की आत्मस्वीकृति है कि—'मसि कामद छूयो नहीं, कलम गहयो नहिं हाथ') इस सोच को पा सके कि जब सब लोग एक ही 'कर्त्ता' के द्वारा निर्मित हैं, एक ही मिट्टी से एक ही कुम्हार द्वारा गढ़े, रचे और सिरजे गए हैं, तो उनमें छोटे-बड़े, ऊँच-नीच और स्पृश्य-अस्पृश्य का यह भेद क्यों? कबीर की प्रतिभा ने ही उन्हें इस वास्तविकता का बोध दिया कि कर्त्ता के यहाँ से तो सब संसार में समान भेजे जाते हैं—आदमी समाज में आकर सामाजिक विधि-विधानों के तहत बड़ा या छोटा, ऊँच या नीच, अस्पृश्य या स्पृश्य बनता है। दोष कर्त्ता का नहीं, सामाजिक विधि-विधान के निर्माताओं का, धर्म और धर्मशास्त्रों को रचने और व्याख्यायित करने वालों का है, उस प्रभुत्वशाली वर्ग का है, जिसके हाथ में राजसत्ता और समाजसत्ता है।

कबीर के समाज-दर्शन का, उनकी विद्रोही चेतना का, उनकी आक्रामकता, निर्ममता और कठोरता का उत्स, उनकी यही सोच, उनके अपने जिए-भोगे और देखे का यही सच है। कबीर पढ़े-लिखे नहीं थे, परंतु जिसे ज़िन्दगी की किताब कहते हैं, कबीर उसके गहन अध्येता थे। उनके अनुभव उनके देखे-जिए-भोगे से पाए अनुभव थे—पोथी ज्ञान से अलग और तभी उन्होंने बड़े स्पष्ट रूप में कहा था—

तू कहता कागद की लेखी, मैं कहता आंखिन की देखी।

आँखों से देखे हुए इस सच को, भोगे हुए के सच को कबीर कैसे झुठला सकते थे। निर्भीकता के साथ उन्होंने इस 'सच' को कहा, चली आ रही सामाजिक-संरचना की अमानवीयता पर, भेद-भाव पर आधारित उस संरचना के पीछे निहित सोच पर—वज्र प्रहार किए। उन्होंने किसी को भी—यथास्थितिवाद के पोषक किसी को भी—वह पंडित हो, मुल्ला हो, शेख़ हो, ब्राह्मण हो, काज़ी हो, पाण्डे हो, वेद-पुराण हो अथवा कुरान,

किसी को भी नहीं बख्शा। दृढ़ता के साथ काज़ी और मुल्ला, पंडितों और शास्त्रज्ञों को धर्म-विरोधी, पाखंडी, झूठा और अहंकारी घोषित किया। उन्हें धार्मिक ग्रंथों की विरूप और विकृत व्याख्या करने का दोषी ठहराया। वे जानते थे कि न तो उपनिषदों में और न ही कुरान में–'एक' कर्त्ता के अलावा और किसी को सिरजनहार माना गया है और उस 'कर्त्ता' ने जैसा हम कह चुके हैं, सबको समान रूप में गढ़ा है। भेद उसके यहाँ नहीं, सुधी समाज में धर्म के व्याख्याकारों और ठेकेदारों में है। बड़ी-निर्भीकता से उन्होंने सवाल उठाया–'दुई जगदीश कहाँ से आए' दो कर्त्ताओं की बात कैसी? 'कर्त्ता' केवल एक है–एक हो सकता है। सवर्ण-असवर्ण, ऊँच-नीच, छोटे-बड़े का भेद ही नहीं, हिन्दू और मुसलमान भी-कर्त्ता के द्वारा नहीं रचे-सिरजे गए। उन्हें भी समाज ने, समाज के विधि-विधानों ने, धर्म के ठेकेदारों ने रचा है। आदमी एक और अखण्ड है, उसे ब्राह्मण-शूद्र, हिन्दू-मुसलमान में नहीं बाँटा जा सकता। बड़े साफ शब्दों में अपने बारे में उन्होंने कहा कि वे न तो हिन्दू हैं और न मुसलमान–यही कबीर का वास्तविक परिचय है। ब्राह्मण से उन्होंने पूछा कि यदि तू ब्राह्मणी का जाया है तो माँ के पेट से ही जनेऊ पहनकर दुनिया में क्यों नहीं आया आन-बान से–दूसरे मार्ग से क्यों नहीं आया? मुल्ला से पूछा कि यदि तू जन्मना मुसलमान है तो मां के पेट से ही खतना कराकर क्यों नहीं आया–और यदि खतना ही तेरी पहचान है तो अपनी स्त्री को–जो तेरी 'अरध सरीरी' है, क्या कहेगा, जिसका खतना नहीं होता।

यही नहीं, स्पृश्य-अस्पृश्य और ऊँच-नीच के भेद-भाव पर भी उन्होंने कठोर प्रहार किए, 'पाण्डे, बूझ पियहु तुम पानी' अरे पाण्डे जिस पानी को तुम गंगाजल मानकर पीते हो, वह कहाँ पवित्र है? लाखों प्राणी पानी के भीतर जन्म लेते, मरते और पचते हैं। वह कहाँ से शुद्ध हो गया। स्पृश्य-अस्पृश्य, ऊँच-नीच, हिन्दू-मुसलमान के भेद पर कबीर ने ऐसे वज्र प्रहार किए हैं, जिनका जवाब नहीं। आचार्य हज़ारी प्रसाद द्विवेदी ने सही कहा है कि अपने सवालों से बेध-बेध कर वह प्रतिपक्षी को निरुत्तर कर देते थे।

महज ऊँच-नीच, स्पृश्य-अस्पृश्य, हिंदू-मुसलमान के विभाजन पर ही नहीं, दोनों धर्मों के रूढ़िवाद पर भी उन्होंने कठोर प्रहार किए। निर्भय होकर उसकी धज्जियां उड़ाई। कबीर ऐसा इस नाते कह सके कि वे धर्म के मर्म को जानते थे–बड़ी मशक्कत से, बड़ी साधना और तपस्या से, धर्म-ग्रंथों को सुनकर और गुनकर उन्होंने धर्मों के मर्म को जाना-समझा था। स्मरण रहे कि यह कबीर का सच ही नहीं, सारे संतों का सच है, नानक, दादू, रैदास, सबका सच है। इस सच को सबने उर्ध्वबाहु होकर कहा है। यह भी स्मरण रखने योग्य है कि सारे संतों ने–'धर्म' पर नहीं धर्म से जुड़े बाह्याचार पर, उससे जुड़े कर्म-काण्डों पर जबरदस्त प्रहार किए हैं। वे धर्म के नहीं–धार्मिक पाखंड के नाम पर चलाये जा रहे व्यापार के, उसके रूढ़िवाद के, Rituals

के विरोधी थे। धर्म का एक रूप वह है, जिसे हम धर्म की बुनियाद कह सकते हैं—उसके Fundamentals के रूप में जान सकते हैं। धर्म का यह बुनियादी स्वरूप, उसका बुनियादी चरित्र, उसके Fundamentals क्या हैं? क्या है धर्म की बुनियादी सच? किसे कहते हैं धर्म? किसी भी धर्म ग्रंथ को उठाइए—धर्म की, उसके बुनियादी स्वरूप और चरित्र की, उसके Fundamentals, की उसकी पहचान, उसकी परिभाषा, सबमें समान है--एक है।

धर्म क्या है?

धर्म है, करणीय कर्त्तव्य, सेवा, सादगी, पर-दुःख-कातरता, सच्चाई, ईमानदारी, मेहनत और मशक्कत की कमाई, त्याग-आदि? वे सब बातें जो हमारे मनुष्य होने को चरितार्थ करें। करणीय कर्त्तव्य हों, जिनका आचरण करते हुए हम अपनी मनुष्यता का, वास्तव में अपने मनुष्य होने का प्रमाण दे सकें। हम देखेंगे कि धर्म की इस व्याख्या में कहीं कोई विग्रह नहीं है, संघर्ष नहीं है, सांप्रदायिकता नहीं है, भेदभाव नहीं है। यह धर्म का तत्त्व-उसकी 'क्रीम' है। संत, सारे संत धर्म की इसी बुनियाद पर धार्मिक हैं। वे इसलिए धार्मिक हैं कि उन्होंने धर्म के इसी रूप को अपने आचार में उतारा, आचरित किया।

धर्म का सबसे निकृष्ट पहलू उच्छिष्ट—उससे जुड़ा बाह्याचार तथा कर्मकाण्ड है। तीर्थ, व्रत, हज, पूजा, नमाज़, चोटी-दाढ़ी, तिलक, मंदिर-मस्जिद—ये धर्म नहीं हैं। ये धर्म के रूढ़िवाद से, उसके मिथ्याचार से, उसके कर्मकाण्ड से जुड़े उपकरण हैं। हम जानते हैं कि धर्म के इस बाह्य-रूप, उसके छद्म, उसके बाह्याचारों और कर्म काण्डों के चलते मनुष्यता की शुरुआत से लेकर अब तक लाखों-करोड़ों लोगों की बलि चढ़ चुकी है। रक्त-रंजित युद्धों का एक पूरा सिलसिला चला है। धर्म के इस छद्म ने मनुष्य का जितना रक्त बहाया है, अन्य किसी निमित्त से वह इतना नहीं बहा। जिसे हम सांप्रदायिकता कहते हैं और जो किसी भी समाज का कोढ़ है, उसका उत्स धर्म के इसी कर्मकाण्डी रूप, उसके इसी छद्म में है। यही कारण है कि संतों ने सबसे अधिक प्रहार धर्म के इस छद्म पर, उसके इन कर्मकाण्डों पर, उससे जुड़े मिथ्याचारों पर ही किए हैं।

विडंबना यह है कि आज धर्म के इसी छद्म रूप को धर्म का पर्याय माना जा रहा है। वही आज धर्म के रूप में ख्यात है। सब उसी में अनुरक्त हैं। धर्म का वास्तविक रूप कहीं हाशिए पर फेंक दिया गया है। इस स्थिति पर ही नानक की टिप्पणी है कि—

'इस समय राजे सिंह के समान हिंसक और मुकद्दम (चौधरी) कुत्ते के समान लालची हो गए हैं। वे सोती हुई प्रजा को जगाकर उसका मांस-भक्षण कर रहे हैं। कलियुग छुरी है, राजे कसाई। धर्म अपने पंखों पर न जाने कहाँ उड़ गया है। झूठ रूपी अमावस्या है। सत्य का चन्द्रमा कहाँ उदय हुआ है?'

परंतु ऐसा क्यों? इसलिए कि धर्म का यह रूप बहुत सुलभ है। इसे कोई भी, सहज ही कभी भी अपना सकता है। इसमें असली-नकली का कोई भेद नहीं। रूप बनाइए-आप धार्मिक बन जाइए। कोई कपटी, कुचाली, व्यभिचारी, बलात्कारी, बनकर, हत्यारा, झूठा, बेईमान, बस साधन के बल पर धार्मिक बन सकता है? हराम की, उत्पीड़न से पैदा कमाई के बल पर, मंदिर-मस्जिद, धर्मशाला बनवाकर धर्मात्मा होने का पुण्य कमा सकता है? रामनामी ओढ़कर साधु-भक्त कहला सकता है? त्रिपुण्ड टीका लगाकर धर्म का ढोंग रच सकता है। तीर्थ-हज जाकर लोगों की श्रद्धा कमा सकता है। बस साधनों के बल पर, पैसों के ज़ोर से। यह है धर्म का छद्‌म। और वास्तविक धर्म, सच्चा धर्म हाशिए पर क्यों? इसलिए—कि सच्चे धर्म का पालन बहुत कठिन है, खांड की धार पर चलने के समान है। कितने सच्चाई का दावा कहेंगे? कितने मेहनत और मशक्कत की कमाई के मुरीद होंगे? बहुत कठिन है सच्चे फर्श की डगर। इसी नाते वह हाशिए पर चला गया। संतों ने अपने आचरण में उसे जीवित रखा। आज वैसे संत कहाँ?

कबीर ने इसी बिंदु पर बाह्याचारों को लताड़ा है—धर्म के पाखंडियों को बेनकाब किया है—उनसे ऐसे सवाल पूछे हैं जिनका उनके पास कोई जवाब नहीं—

तुरक मसीत, देहुरा हिन्दु, दुहूँ हां राम खुदाई।
जहाँ मसीत देहुरा नाहीं, तहौ काकी ठकुराई?

मुसलमान कहते हैं खुदा मस्जिद में है, हिंदू कहते हैं कि भगवान मंदिर में है। कबीर पूछते हैं—बताओ, जहाँ मंदिर-मस्जिद नहीं हैं, वहाँ का ठाकुर, वहाँ का स्वामी कौन है?

वे निर्भय होकर कहते हैं—'पंडित वाद वदन्ते झूठा'। काज़ी से प्रश्न करते है—'काज़ी, कौन कितेब बखाने'। तीर्थ, हज, माला-छापा, तिलक सबकी व्यर्थता प्रतिपादित करते हैं। वे निश्छल से, धर्म की बुनियाद पर खड़े थे, इस कारण निर्भय होकर दोनों धर्मों के रूढ़िवाद को, दोनों धर्मों के अंध अनुयायियों को ललकार सके थे—

हिंदू कहे मोरी राम पियारा, तुरक कहे रहिमाना।
आपस में दोउ लड़ि लड़ि मूए, भरम न काहू जाना।

* * * *

अरे इन दोउन राह न पाई।
हिंदुवन की हिंदुवाई देखी, तुरकन की तुरकाई।।

वर्णभेद, सामाजिक वैषम्य, जाति-वर्ण, नस्ल, धर्म और सम्प्रदाय के आधार

पर आदमी और आदमी के बीच भेद—कबीर ने इन सबको अमान्य किया, इनको खाक माना—और धर्म के तात्त्विक रूप को आचरित किया, मेहनत और मशक्कत की कमाई, सच्चाई, सेवा, त्याग—सादगी—मन की पवित्रता को धर्म माना—मन न रँगाए, रँगाए जोगी कपड़ा' कहते हुए उन्होंने ढोंगियों को बेनकाब किया।

अपने कहे हुए के इन बिंदुओं पर कबीर निःसंदेह विद्रोही हैं, अक्खड़ हैं, आक्रामक हैं, निर्मम हैं, कठोर हैं—पोथी ज्ञान का दंभ करने वालों के प्रति असहिष्णु हैं।

परंतु यह कबीर के व्यक्तित्व का एक पहलू है। इस पहलू पर कबीर पूरे कबीर नहीं, आधे-अधूरे कबीर हैं। उनके व्यक्तित्व का एक और पहलू है—पहले वाले पहलू के विरुद्ध प्रतीत होने वाला, परंतु वस्तुतः उसका पूरक। व्यक्तित्व के इस पहलू के तहत कबीर प्रेमरस में भीगे हुए—नितांत सौम्य संत हैं—भक्ति के स्तर पर दीन और आर्त्त, कातर और विनम्र मनुष्य—साधारण जन की यातना के प्रति निहायत संवेदनशील और करुणार्द्र। कबीर के व्यक्तित्व का यह पहलू-पहले वाले पहलू से मिलकर पूरे कबीर से हमारा साक्षात्कार कराता है। कबीर के इस पहलू को न बताना, कबीर को आधा बताना है।

हम कह चुके हैं कि कबीर अनपढ़ थे—परंतु पोथी ज्ञान से अलग, ज़िंदगी की किताब को उन्होंने बड़े ध्यान से पढ़ा था। प्रेमरस में भीगे तो वे थे ही, पोथीज्ञान के पंडित जिस प्रेमरस को पा ही नहीं सकते थे। प्रसिद्ध उक्ति है कबीर की—

पोथी पढ़ि पढ़ि जग मुवा, पंडित भया न कोय,
ढाई अक्षर प्रेम के पढ़े सो पंडित होय।।

और—
पढ़ि पढ़ि के पाथर भया लिखि लिखि भया जो ईंट।
कबिरा जापस प्रेम की पड़ी न एको छींट।।

और कबीर का यह प्रेम भी—साधारण प्रेम नहीं—अपने सर्वस्व की बलि देकर पाया हुआ प्रेम है। यह प्रेम सबसे सुलभ नहीं है। बड़ी कठिन शर्तें हैं कबीर की इस प्रेम को पाने वाले के लिए। हर किसी के बूते में नहीं है इस प्रेम को पाना—

कबीर यह प्रेम घर प्रेम का, खाला का घर नाहिं।
सीस कटाए भुंइ घटै, सो घर पैठे आइ।।

या
प्रेम न बाड़ी उपजे प्रेम न हाट विकाय।
राजा-परजा जेहि रुचै सीस देइ लै जाय।।

कबीर कभी शीश कटाने (अहंकार के त्याग) की शर्त लगाते हैं, कभी घर फूँकने की—(जो घर जारे अपना चले हमारे साथ)। कितने होंगे जो शीश कटाकर भूमि में धर दें—अहंकार छोड़ सकें, कितने होंगे घर जोड़ने की माया वाले युग में घर फूँक कर कबीर के साथ चल सके?

यही कारण है, आजीवन कबीर अकेले रहे—अभिशप्त रहे। जिस व्यवस्था को उन्होंने ललकारा था, उसने उन्हें माफ नहीं किया। व्यवस्था उन्हें माफ करती भी क्यों, जबकि कबीर ने व्यवस्था के प्रभुओं को आजीवन सुख से सोने नहीं दिया—

सुखिया सब संसार है, खावे अरु सोवै।
दुखिया दास कबीर है, जागे अरु रोवै।।

जब सारा संसार खा-पीकर सुख की नींद सो रहा होता, कबीर जागते और रात-रात भर रोते थे। खा पीकर सोने वाला सपने देखता है, बिना खाए, पिए जागकर कबीर अपने समय का यथार्थ देख रहे थे, जिस यथार्थ को देखकर वे रो ही सकते थे। मनुष्यता की यातना के प्रति संवेदनशील कबीर के व्यक्तित्व का का यह पहलू भी है—दुखी, संतप्त और आर्त कबीर का, प्रेम रस में भीगे कबीर और भक्त कबीर का—वहाँ वे इतने विनम्र हैं कि अपने को राम का कुत्ता कहते हैं—

कबीर कूता राम का, मुतिया मेरा नाम।   या

हरि जननी मैं बालक तेरा।

भक्त के लय में कबीर नितांत सौम्य हैं, समर्पित हैं।

कबीर के व्यक्तित्व के ये दोनों पहलू—'विरुद्धों का यह विलक्षण सामंजस्य' पूरे कबीर का निर्माण करता है। दोनों पहलुओं में कबीर हैं—अपने व्यक्तित्व की अलग-अलग विशेषताओं के साथ।

हम कह चुके हैं कि कबीर ने एक लंबा आयुष्य जिया और वह भी पंडितों की नगरी काशी में। वे स्वाभिमान से जिए, गिड़-गिड़ाए और घिघियाए नहीं। उन्होंने काशी में पडितों को, पोथी-ज्ञान के दंभियों को ललकारा, उलटबांसियाँ लिखीं और पंडितों से उनका अर्थ पूछा—

ठाढ़ा सिंह चरावै गाई,   या
बरसे कम्बल भीगे पानी।

पंडितों के शास्त्रों में इनका कोई जवाब नहीं था। वे निरुत्तर हुए और कबीर ज्ञानी कहलाते हुए काशी में लंबी उम्र तक जिए।

जब मरने की घड़ी आई, जीवन भर काशी में रहने वाले कबीर मरने के समय

मगहर की ओर चल दिए, उस मगहर की तरफ़, धर्म शास्त्रों में लिखा है कि जहाँ मरने वाला आगामी जन्म में सुअर की योनि पाता है।

कबीर ने जीवन पर अंधविश्वासों की धज्जियाँ उड़ाईं, लोगों को फटकारा। अंतिम समय स्वयं अपने को दाँव पर लगाकर—अंध विश्वास की धज्जियाँ उड़ाते हुए मगहर की ओर चल पड़े। काशी में मरने वाला मोक्ष पाता है, मगहर में मरने वाला सुअर की योनि, धर्मशास्त्रियों की इस मान्यता को अमान्य करते हुए वे मगहर गए। लोगों से यह कहते हुए—

लोका, तुम ही मति के मोरा।
जो काशी तन तजे कबीरा तो रामैं कौन निहोरा।
क्या कासी, क्या मगहर-ऊसर हिरदय राम जो प्यारा।।

अर्थात, लोगों, तुम भोले हो। काशी में मरने से तो मुक्ति मिलती ही है, इसमें राम की क्या कृपा। राम की कृपा की परीक्षा तो तब है जब वह मगहर में मरने वाले को मुक्ति दे। मुझे विश्वास है कि यदि मेरे हृदय में राम है तो मैं मगहर में मरूँ या ऊसर में, मेरा राम मुझको उबार लेगा।

ये थे कबीर—मनुष्यता के धर्म को वास्तविक धर्म मानने वाले—विरुद्धों के सामंजस्य के धनी।

कबीर जिस तरह का समाज चाहते थे, उनके जीवनकाल में वैसा समाज नहीं बन सका। आज भी समाज वैसा समाज नहीं है। सामाजिक समता, आदमीयत के धर्म और प्रेम के संसार का कबीर का सपना तब भी सपना था, आज भी सपना है। कबीर का महत्त्व यह है, उनकी देन यह है कि संतप्त मनुष्यता की आँखों में उस सपने को उन्होंने जीवित रखा है, वह सपना मरा नहीं है। आज भी वह हमारी आँखों में जीवित है।

उम्मीद करें, कि नई सदी में वह संतति सामने आएगी, कबीर ने जिसके लिए रास्ता तैयार किया था और वह कबीर के, संतों के सपने को साकार करेगी।

सम्पर्क : 17, मानसरोवर पार्क,
वल्लभ विद्या नगर, (गुजरात)

संतों की भक्ति : क्रांतिकारी सांस्कृतिक रूपांतरण की विचारधारा

डॉ. सेवा सिंह

भारतीय इतिहास की तेरहवीं-चौदहवीं शताब्दियों के राजनीतिक, सामाजिक, आर्थिक और सांस्कृतिक परिवर्तनों के तहत प्रादुर्भूत कबीरादि संतों के क्रांतिकारी प्रयत्न बहुत दूरगामी और निर्णायक सिद्ध हुए हैं पर चिंता की बात यह है कि हमारे गत दो सौ वर्षों के लम्बे वर्तमान दौर में औपनिवेशिक और सामंतीय दुरभिसन्धि के बढ़ते वर्चस्व के अंतर्गत एक ओर, कबीरादि संतों की वाणियाँ सामंतीय भक्ति में अंतर्भुक्त होकर विभिन्न मतवादी सम्प्रदायों की स्थापना में इस्तेमाल हुई हैं; दूसरी ओर, लोकविरोधी वेद और वेदांतिक विचारधारा को नये सिरे से तथाकथित पुनर्जागरण के रूप में स्थापित करते हुए भारत की दीर्घ और समृद्ध भौतिकवादी, वैज्ञानिक और तर्कसम्मत परंपराओं के अगले विकास के मार्ग एकदम अवरुद्ध कर दिये गये हैं। इस दिशा में भारतीय इतिहास लेखन की औपनिवेशिक-प्रतिक्रियावादी इतिहास दृष्टि का नित्य नया पैंतरा समृद्ध किया जा रहा है।

भक्ति आंदोलन के अध्ययनों में लम्बे समय तक संत साहित्य को उपेक्षित किया गया और आगे जाकर यदि नोटिस लिया भी गया तो प्रयोजन था संतों की विचारधारा का आत्मसातीकरण। देखने की बात है कि ऐतिहासिक परिवर्तनों को दरकिनार करते हुए मात्र तात्त्विक दृष्टिकोण से तथाकथित भक्ति आंदोलन की एकनिष्ठ परिकल्पना ने परस्पर अंतर्विरोधों का एक जाल-सा बुन दिया है। इन अंतर्विरोधों को पर्त-दर-पर्त उधेड़ते हुए, लोक चेतना के गहरे, दीर्घ और व्यापक प्रभावों के मद्देनज़र निर्गुण संतों की एक विशिष्ट क्रांतिकारी पहचान को उद्घाटित किया जा सकता है।

गौरतलब है कि लगभग सारे संत शताब्दियों से घोर अमानवीय उत्पीड़न के दुश्चक्र में अभिशप्त निम्न जातियों से सम्बद्ध थे। निजी गहरी पीड़ा से उन्होंने अखिल मानवीय दुःख से जूझने की दिशा और शक्ति प्राप्त की थी। संत रविदास का मानना था—'सो कत जाने पीर पराई, जाकै अंतरि दरदु न पाई।' भोगे हुए दारुण यथार्थ

और क्रूर स्थितियों की विभीषिका में गहरे तक पैठ कर ये संत समस्त दमनमूलक विचारधाराओं के विरुद्ध एक प्रतिरोधमूलक आंदोलन का सूत्रपात कर सके थे।

इस आंदोलन की सबसे बड़ी महत्ता ब्राह्मणिक विचारधारा के तथाकथित धार्मिक ग्रन्थों की मंदिर केंद्रित भक्ति के सामंतीय इस्तेमाल को सटीकता से लक्षित करने में है। इसलिए भक्ति को पुनः पुनः परिभाषित करना पड़ा है। नर्क-स्वर्ग, पाप-पुण्य, आध्यात्मिक और मोक्ष सम्बद्धता से भक्ति को काटकर आदि बौद्धों के 'धम्म' के तुल्य नैतिकता, समता और अखिल मानव-मंगल की एक नयी प्रतिबद्धता के साथ विराट ब्रह्माण्डीय प्रेम का संकल्प प्रस्तुत किया गया है। यहाँ भक्ति, धर्म, जाति, ऊँच-नीच आदि सब प्रकार की विषमताओं को चिन्हित करते हुए, मानवीय गरिमा की तलाश के प्रयत्नों की एक कार्यपद्धति है।

सबसे पहले नाभादास (1600 ई.) ने संतों की इस भक्ति को लक्षित किया था। कबीर की भक्ति का संधान करते हुए उन्होंने बताया था कि कबीर ने वर्णाश्रम और षड्दर्शन का निषेध किया था, भक्ति विमुख किसी भी धर्म को वे अधर्म मानते थे, भक्ति रहित योग, यज्ञ, व्रत, दान आदि को तुच्छ बताते हुए उन्होंने पक्षपात रहित हिंदू, तुर्क आदि सबके हित में रमैनी, सबदी और साखी का कथन किया :

भक्ति बिना जो धर्म ताहि अधरम करि गायो।
जोग जग्य व्रत दान भजन बिनु तुच्छ दिखायो।
हिंदू तुरक प्रमान रमैनी सबदी साखी।।
पच्छपात नहिं वचन सबहिं के हित की भाखी।।
आरूढ़ दसा ह्वै जगत पर मुख देखी नाहिन भनी।।
कबीर कानि राखी नहीं वर्णाश्रम षड्दर्शनी।।[1]

नाभादास जी की टिप्पणी के मद्देनज़र वर्णाश्रम और षड्दर्शन-निषेध कबीर का उल्लेखनीय मुद्दा था। षड्दर्शन अर्थात् वर्णसमर्थित ग्रंथों की विचारधारा का निषेध कबीर ने जिस नज़रिए से किया है उसे 'प्रतिसंस्कृति' के रूप में लक्षित किया जा सकता है। हम देखेंगे कि योग, जप, यज्ञ, व्रत, दान आदि वे तत्त्व थे, जिनके निरंतर इस्तेमाल में लोक चेतना को वर्ण-समर्थित विचारधारा ने मजबूत पकड़ में ले रखा था। हम देखेंगे कि मानव-मुक्ति के विराट संकल्प के तहत, विचारों की इस गिरफ्त से छुटकारा दिलाने के प्रयत्न में कबीर भक्ति को, कारगर रूप में संघटित करते हुए, एक नई सांस्कृतिक संरचना में परिणत करते गये हैं।

सर्वसम्मत है कि कबीर निर्गुण ब्रह्म के प्रति आग्रहशील थे। इतना ही नहीं निर्गुण उनके लिए क्रांतिकारी मुद्दा था। कबीर का कहना था कि तीन लोकों में जिस दशरथ सुत राम का बखान किया जाता है, राम नाम का अर्थ उससे भिन्न है। दशरथ सुत राम ही नहीं, उन दिनों विष्णु के जिन-जिन अवतारों को ब्रह्म मानकर सगुण

वैष्णव भक्त उनकी भक्ति का प्रचार कर रहे थे, उनमें से किसी को भी ब्रह्म मानने से उन्होंने इन्कार कर दिया था। कबीर ने बताया कि मेरा राम दशरथ के घर अवतार लेकर नहीं आया, उसने लंका के राजा को नहीं सताया। वह देवकी की कोख से पैदा नहीं हुआ। वह न ग्वालों के साथ फिरा, न उसने गोवर्द्धन पर्वत को उठाया। वामन बनकर उसने बलि को नहीं छला, न वराह के रूप में पृथ्वी और वेद का उद्धार किया। न वह गंडक का शालिग्राम, न कोल, कच्छप या मत्स्य के रूप में अवतरित होने वाला है। बदरीनाथ में बैठकर उसने ध्यान नहीं लगाया, परशुराम के रूप में उसने क्षत्रियों को नहीं सताया। न उसने द्वारावती में शरीर का त्याग किया, न उसका शरीर जगन्नाथपुरी में गाड़ा गया। कबीर का विश्वास था कि जो राम संसार में बरत रहा है वह विष्णु के अवतारों से अलग ही नहीं, अगम्य भी है।[2]

ध्यान देने की बात है कि इस भक्ति के लिए जब कबीर एक निष्पक्ष उपदेशक के रूप में व्यापक चर्चा में थे, सगुण भक्त तुलसीदास रामचरित मानस (1547 ई.) में कबीरादि निर्गुण संतों की भरपूर प्रताड़ना कर रहे थे। उनका कहना था कि जो परब्रह्म राम को दशरथ सुत न मानकर कुछ और ही मानता है वह अधम है, मोहग्रस्त है, पाखण्डी है, भगवद् विरोधी है। उसको न झूठ का पता है न सत्य का। ऐसा व्यक्ति वस्तुतः मूर्ख, अन्धा, अज्ञानी और अभागा होता है। विषयों की गंदगी से उसका मन गंदा होता है, वह बकवाद करता है। वह मायाग्रस्त है, बातुल है, भूतग्रस्त है और मतवाला है। सो बिना सोचे-समझे बोले, ऐसे मदांध की बातों पर कान नहीं देना चाहिए।[3]

तुलसीदास का भक्ति-मार्ग श्रुति-स्मृति, वर्ण-व्यवस्था सम्मत था। वेद निंदक और विप्रदोही उनके लिए महापताकी था। कलियुग के दोषों में वे सद्ग्रंथों, वर्ण और आश्रम में अनास्था के लिए बहुत चिंतित दिखाई दिए हैं। कलियुग वर्णन में उनका कहना था कि शूद्र ब्राह्मणों से वाद-विवाद करते हुए कहते हैं कि क्या हम तुमसे कम हैं? ब्रह्म को जानने वाले वे ही श्रेष्ठ ब्राह्मण हैं, इस प्रकार डपटकर आँख दिखाते हैं।[4] तुलसीदास को बड़ी व्याकुलता से कहना पड़ा था–

कल्प भरि एक एक नरका परहिं जे दूषहिं श्रुति कर तरका'

जो तर्क द्वारा वेद को दोष लगाते हैं, वे कल्प-कल्प भर एक एक नर्क में पड़े रहते हैं।[5]

तुलसीदास के अनुसार ये वे तेली, कुम्हार, चाण्डाल, किरात, कोल, कलवार आदि नीच जाति के लोग थे जो वेद निंदक थे, ब्राह्मणों की परवाह नहीं करते थे, शास्त्रसम्मत भक्ति की उपेक्षा करते हुए निर्गुण राम की भक्ति में आस्था रखते थे। तुलसीदास की पीड़ा थी कि लोग वेद-सम्मत भक्ति मार्ग छोड़कर अज्ञानवश अनेक पंथों का निर्माण कर रहे हैं–

श्रुति संमत हरि भक्ति पंथ, संजुत बिरति बिबेक।
तेहिं न चलहिं नर मोह बस, कल्पहिं पंथ अनेक।[6]

तुलसीदास ने रामचरितमानस में कागभुशुण्डि की विभिन्न योनियों की कथा के माध्यम से भक्ति के इस निम्नवर्गीय विभेद को स्पष्टता से उजागर किया है। कागभुशुण्डि ने अपने पूर्वजन्मों की कथा का वर्णन करते हुए बताया है कि एक जन्म में वह अयोध्या की किसी नीच जाति में पैदा हुए थे और सगुण राम का विरोधी होने के कारण शिव के शाप से उन्हें सर्पयोनि मिली थी।

अनेक योनियों में जन्मते हुए अंत में ब्राह्मण वंश में उत्पन्न हुए, जहाँ राम का विरोधी होने के कारण लोमशमुनि के शाप से उन्हें कौआ बनना पड़ा था। देखने की बात यह है कि पूर्व जन्म वाले शूद्र कागभुशुंडि जिस तरह निर्गुण ब्रह्म की भक्ति को पसंद करते थे; ब्राह्मणवंशी कागभुशुण्डि ठीक उसी तरह निर्गुण ब्रह्म की भक्ति को नापसंद और हठपूर्वक अस्वीकार करने में तत्पर दिखाई देते हैं।[7]

चुनौती के रूप में निर्गुण भक्ति का मात्र तात्त्विक रूप ही नहीं था बल्कि शास्त्र-सम्मत वर्ण-व्यवस्था का ब्राह्मणिक ढाँचा था, जिसके प्रतिरोध से आतंकित पुराणों के कलियुगी वर्णनों का सहारा लेते हुए तुलसीदास भयानक नर्कों और दैवी अभिशापों का जाल बुन रहे थे।

कबीर निर्गुण भक्ति की बुनियाद पर दक्षिण के वेदांतिक आचार्यों की उस वैष्णव सगुण भक्ति से भी टकरा रहे थे, जिस भक्ति का उद्‌भव और प्रसार जनजातियों के आत्मसातीकरण की प्रक्रिया की ज़रूरतों के तहत हुआ था।

असमान विकास भारतीय अर्थव्यवस्था की अद्यतन विलक्षणता रही है।[8] सभ्यता, संस्कृति-सम्पन्न राज्य केंद्रों से दूर-सदूर सीमाओं पर जनजातियाँ समतामूलक आदिम अर्थव्यवस्था और अपने आर्येतर आचार-विचार के कारण राज्यतन्त्रों के लिए चुनौती पेश करती रही हैं। जनजातियों के मर्म-भेदक जनसंहार का कलंक भारतीय राज्यतंत्र कभी मिटा नहीं सके। आगे चलकर बलात् अधिकृत जनजातियों के आत्मसातीकरण के प्रयास में पुराणों के माध्यम से भक्ति कारगर ढंग से प्रयुक्त हुई है। कोसांबी जब बता रहे थे कि वैयक्तिक निष्ठा और श्रद्धामयी भक्ति, सामंतीय व्यवस्था की लाक्षणिकता के रूप में प्रकट होती है और इस व्यवस्था को सांस्कृतिक आधार प्रदान करती है,[9] तो वे इसी स्थिति की ओर संकेत कर रहे थे।

वैष्णव भक्ति का उद्‌भव जनजातीय अवशेषों पर उदित राज्य शक्तियों की ज़रूरतों के मद्देनज़र हुआ है।[10] मौर्यकाल तक आर्यों का वर्णभेद-आधृत सामाजिक ढांचा सुदृढ़ता से स्थापित हो चुका था। वर्णव्यवस्था पर आधारित सुदृढ़ राज्य सत्ताओं की स्थापना के फलस्वरूप, जनजातियों के छिन्न-भिन्न होने से उत्पन्न अशांति और आशंका लुप्त होने लगी और उसके स्थान पर सुरक्षा और आशा के भाव उत्पन्न

हुए। समाज के इस रूप को एक सूत्र में बाँधे रखने के लिए भक्ति और निष्ठा वे आवश्यक विशेषताएँ थीं, जो प्राचीन जनजातीय बंधनों का स्थान ले सकती थीं तथा राज्य के सुचारु संचालन में सहायक हो सकती थीं। आगे जाकर लोक-प्रचलित धार्मिक उपासनाओं को इस प्रक्रिया में ब्राह्मणीकृत करते हुए वैष्णव भक्ति ने अपने अंदर सामंतीय तथा कृषक वर्ग की सभी आवश्यकताओं की पूर्ति की क्षमता विकसित कर ली थी।[11]

दूसरे, हमें यह बताया जाता है कि बौद्ध धर्म के बढ़ते हुए प्रभाव को रोकने के लिए ब्राह्मणीय धर्मवेत्ताओं ने एक लोकप्रिय देवता वासुदेव कृष्ण को वैदिक देवता नारायण विष्णु से अभिज्ञापित करते हुए, कृष्ण भक्ति के माध्यम से, शास्त्रसम्मत धार्मिक परंपरा को पुनर्जीवित और लोकप्रिय बनाने का प्रयत्न किया था।[12] परिप्रेक्ष्य केवल बौद्ध धर्म का ही नहीं था। ईसा पूर्व दूसरी शताब्दी के आस-पास बड़ी संख्या में विदेशी आक्रामक जातियाँ पश्चिमोत्तर से आईं और उन्होंने भारत के बड़े प्रदेश पर अपनी प्रभुता स्थापित करने में सफलता प्राप्त की। इस समय तक वैदिक साधना पूरी तरह से रूढ़िबद्ध हो चुकी थी और यह संभव नहीं था कि वर्ण-बाह्य समुदायों को वेदों के पठन-पाठन तथा वैदिक ग्रंथों, यज्ञों का अधिकार देकर उन्हें धर्म का पोषक और ब्राह्मणिक परंपरा का समर्थक बना लिया जाता। इन प्रवासियों का बौद्ध धर्म की ओर झुकाव होने लगा। साथ ही उन्होंने लोकधारा में प्रचलित देवी-देवताओं की पूजा को अपना लिया था क्योंकि ये साधनाएँ किसी वर्ण जाति विशेष तक सीमित न होकर या तो जनसाधारण में प्रचलित विश्वासों का परिणाम थीं या जनजातियों के आत्मसातीकरण का परिणाम थीं। इस स्थिति में, ब्राह्मणीय व्यवस्था को बनाये रखने के उद्देश्य से, जनसाधारण में व्यापक रूप से प्रचलित लोकप्रिय देवताओं की उपासना, अहिंसा तथा पद-प्रतिष्ठा से व्युत्पन्न प्रभुता के प्रति आज्ञाकारिता के भाव का समावेश करते हुए वैष्णव भक्ति ने उच्च वर्गों के आचारगत नियमों का प्रचार करने तथा सामाजिक विषमता से समझौता करने में अपना पूरा योगदान दिया है। इस प्रकार भक्ति ने वर्ण पर आधारित सामाजिक भेदत्व को सुरक्षित बनाए रखा है।[13]

ध्यान देने की बात है कि यद्यपि बौद्ध धर्म का उद्‌भव जनजातीय संघर्षों की देन था पर आगे जाकर क्रमशः वर्ण-व्यवस्था पर आधारित राज्य सत्ताओं के दृढ़ीकरण के साथ-साथ, जनजातियों के आत्मसातीकरण की प्रक्रिया में बुद्ध धर्म ब्राह्मणीय साँचे में ढलने लगा था। बुद्ध, पूजा और पवित्र उपासना के पात्र हो गए थे। ब्राह्मणीय विचारधारा के प्रभाव में बौद्ध-मतावलम्बी लोग वर्ण नियमों और ब्राह्मणों का आदर करने लगे थे तथा उन्हें विपुल दान दिया करते थे। ये कोई गौण बात नहीं है कि महायानी बौद्धमत के अधिकांश प्रतिष्ठित विद्वान अश्वघोष, नागार्जुन, आर्यदेव, वसुबन्धु जन्म से ब्राह्मण थे। इस प्रकार महायानी बौद्ध धर्म और वैष्णव धर्म के सामाजिक आधार में अंतर नहीं रह गया था।

दक्षिण के भक्त आचार्यों की पूर्वपीठिका के रूप में जिन आलवार भक्तों की चर्चा की जाती है, उनके पदों का संकलन और सम्पादन दसवीं शताब्दी के नाथमुनि ने कर दिया था। ये चार सहस्र पर चार 'प्रबन्धम्' की संज्ञा से अभिहित चार तमिल वेद कहे जाते हैं। नाथमुनि के पौत्र यामुनाचार्य ने 'प्रबन्धम्' को संस्कृत के दिव्य ग्रंथों की प्रतिष्ठा प्रदान की और तब से उन्हें 'दिव्य प्रबन्धम्' कहा जाने लगा। दादा और पौत्र दोनों ही श्रीरंग मंदिर के पुजारी थे। नाथमुनि, यामुनाचार्य और बाद में रामानुज द्वारा अब्राह्मणीय धार्मिक परंपरा का यह ग्रंथ कट्टर परंपरा का दिव्य-ग्रंथ बन गया। आलवारों के पदों को अनुष्ठान की भाषा बना दिया गया। आलवारों के पदों का गायन करने वालों को राजाओं ने जागीरें प्रदान की हैं। ऐसा उल्लेख ग्यारहवीं शताब्दी के अभिलेखों से मिलने लगता है। अनेक राजाओं ने इन शैव और वैष्णव धर्मों को प्रोत्साहन देने के लिए अनेकानेक मंदिरों के निर्माण कराये।[14]

आलवार सगुण उपासक थे। उन्होंने स्वयं विभिन्न वैष्णव मंदिरों की यात्रा करते हुए भगवान के सगुण रूपों की स्तुति में अनेक पद गाये हैं। 'प्रबन्धम्' में भक्ति तत्त्वों के बीच-बीच में विष्णु के विभिन्न अवतारों की लीलाओं का गायन किया गया है। आलवारों के अधिकांश गीत विभिन्न मंदिरों में विभूषित भगवान के अर्चा-अवतार रूपों की स्तुति में रचे गए हैं। 'प्रबन्धम्' पर अनेक टीकाएँ निकलीं। तमिल और संस्कृत में अनेक भाष्य लिखे गये। आलवारों की स्तुति में सैंकड़ों पुस्तकें लिखी गईं। मंदिरों में आलवार पदों के गायन का विशेष प्रबन्ध किया गया।

इस प्रकार जैसा कि आगे विस्तार से चर्चा का अवसर रहेगा कि कबीरादि निर्गुण संतों की भक्ति और दक्षिण की वैष्णव परंपरा अंतर्विरोधपूर्ण है।[15] हमने देखा है कि रामचरितमानस और भ्रमर गीतों ने इस तथ्य को अस्पष्ट नहीं रहने दिया था। आलवारों की भक्ति का सारतत्त्व लीलाप्रसाद सगुण अवतारी ब्रह्म रहा है। दसवीं शताब्दी से आलवारों की रचनाएँ आनुष्ठानिक रूप में मान्य होकर यथास्थिति का अभिन्न अंग बना दी गई थीं। इस परिणति में वैष्णव आचार्यों में वैष्णववाद को शास्त्रीय वेदांतिक मान्यता दिलाने की होड़ लग गई थी। साम्प्रदायिक एकजुटता के प्रयत्नों में राजकीय अनुदानों के प्रावधानों के साथ स्थान-स्थान पर मठों की स्थापना पर उनका ध्यान लगा रहता था।

भक्ति का यह शास्त्रीय रूप वेदांत की भित्ति पर प्रतिपादित किया गया था। वेदांत के अपने वर्णसमर्थित सरोकार थे ही। भक्ति और दर्शन के इस गठजोड़ में स्वतंत्र चिंतन पर जबरदस्त अंकुश लगाते हुए केवल अंध आस्था को बड़े आतंकपूर्ण ढंग से प्रचारित-प्रसारित किया गया। मूलतः शूद्र-संज्ञक निम्नवर्णीय उत्पादनशील श्रेणियों, शिल्पियों, सेवीवर्गों की परवशता के आत्मसातीकरण की विचारधारक दुरभिसन्धि में, वर्णसमर्थित श्रुतिस्मृति आदि ग्रंथों का आतंक कायम रखने के लिए स्वतन्त्र चिंतन को निरंतर दबाये रखा गया है। हम देखेंगे कि इसके विपरीत, संतों की भक्ति में इस स्थिति को बदला गया है।

धर्मशास्त्र-प्रणेताओं द्वारा स्वतंत्र चिंतन को अपराधों की मान्य सूची में दर्ज किया गया। मनु[16] का कहना है कि श्रुति से वेद का बोध होता है और स्मृति से विधि-संहिताओं का। ये दोनों धर्म के स्रोत हैं, इसलिए प्रतिकूल युक्तियों द्वारा इनका मूल्यांकन नहीं किया जाना चाहिए। तर्कशास्त्र में अधिक आस्था रखने वाला जो व्यक्ति वेदों और धर्मशास्त्रों की उपेक्षा करता है, उसे नास्तिक माना जाना चाहिए। ऐसा आदमी ब्राह्मण ही क्यों न हो, उसे अवश्य ही समाज से बहिष्कृत कर दिया जाना चाहिए।

स्वतन्त्र चिंतन के लिए याज्ञवल्क्य स्मृति[17] में अधिक स्पष्टता से बताया गया है कि वेद की निंदा करना और ब्राह्मण की हत्या करना—ये दोनों प्रायः एक ही प्रकार के अपराध हैं और स्मृतियाँ इन्हें महापातक मानती हैं। गौतम-स्मृति[18] में इसे ब्राह्मण की हत्या तथा सुरापान के समकक्ष माना गया है। वशिष्ठधर्मसूत्र[19] में सीधे-सीधे कहा गया है कि शास्त्रों का उल्लंघन करने वाले तबाह होकर रहेंगे। वेदों को प्रामाणिक न मानना, ऋषियों की वाणी में दोष निकालना और हर बात में आगा-पीछा करते रहना विनाश की ओर ले जाता है।

धर्मशास्त्रों के इन विचारों के प्रचार-प्रसार के लिए महाकाव्यों की कथावार्त्ता का सहारा लिया गया। सातवीं शताब्दी के बहुत पहले ही महाभारत जनशिक्षा का माध्यम बन चुकी थी और उन्नीसवीं शताब्दी की ही भाँति भारत के आम श्रोताओं, पुरुषों और स्त्रियों के सम्मुख महाभारत का पाठ किया जाता था।[20]

'स्वतंत्र चिंतन' के प्रति महाकाव्यों के दृष्टिकोण के संदर्भ में एक वार्त्ता का उल्लेख किया जा सकता है।[21] महाभारत में भीष्म युधिष्ठिर को एक लंबा उपदेश देते हुए इंद्र और कश्यप सम्बन्धी एक प्रसिद्ध और रोचक नीति-कथा सुनाते हैं। एक समय अपनी विशाल सम्पत्ति के मदांध में एक व्यापारी ने कश्यप गोत्र के एक ब्राह्मण को अपने रथ से कुचल दिया था। इस घटना से व्यापारी को बहुत दुःख हुआ और वह सोचने लगा कि इस तरह के अन्याय का कोई प्रतिकार नहीं है, अतः अब जीना निरर्थक है। वह आत्महत्या के लिए उद्यत हो उठा। आत्महत्या से रोकने के लिए सहसा इंद्र एक शृगाल के रूप में प्रकट होता है और नीच जाति के पशु के रूप से जन्म लेने के कारण भोगे जाने वाले दुःखों को बड़े विस्तार से बताता है। इंद्र के कथन का मुख्य आशय यह है कि मनुष्य के रूप में और विशेष रूप से ब्राह्मण के रूप में जन्म लेना बड़े सौभाग्य की बात है और जान-बूझकर ऐसे जीवन को कभी नष्ट नहीं करना चाहिए।

लेकिन शृगाल बताता है कि वह सदा शृगाल नहीं था। पूर्वजन्म में वह मनुष्य था, अतः पशु-योनि की विपत्तियाँ उसे नहीं झेलनी पड़ीं थीं। मनुष्य के रूप में अपने पिछले जन्म में उसने भयंकर पातक किया था, जिससे उसे नीची श्रेणी के पशु के रूप में जन्म लेना पड़ा। पातक यह था कि केवल बुद्धि-बल का सहारा लेकर वह

स्वतंत्र चिंतक अथवा तार्किक के रूप में धर्मशास्त्रों के प्रति शंकायें उठाया करता था। शृगाल कहता है कि तर्कशास्त्र से सम्बन्ध जोड़ कर मैं निरर्थक वाद-विवाद करता रहा था। मैं निकृष्ट अर्थ में विद्वान था, हेतुक के अर्थ में मैं वेद-निंदक था। मैं सभाओं में सभी प्रकार के तर्क प्रस्तुत करता था, जो सचमुच एक अनुचित कार्य था। मैं ब्राह्मणों के विचारों का खण्डन करता था और ब्राह्मणों की बातों के प्रति मेरा दृष्टिकोण शत्रुतापूर्ण था और हर वस्तु के प्रति शंका प्रकट किया करता था। इसलिए मैं निरा मूर्ख था और ज्ञान का झूठा दावा करता था। हे ब्राह्मणों! इन्हीं कारणों से मैं शृगाल के रूप में दुःख भोग रहा हूँ।

रामायण के राम भी भरत को इसी प्रकार का परामर्श देते हैं, प्रिय बन्धु! भौतिकवादियों का अनुसरण करने वाले ब्राह्मणों को कभी प्रश्रय न देना। धर्मशास्त्र विषयक श्रेष्ठतम ग्रंथों के मौजूद होने के बावजूद ये मूर्ख अपनी प्रतिभा को तर्क विद्या के वशीभूत कर देते हैं और धर्मशास्त्र को निरर्थक घोषित करते हैं।[22]

ध्यान रहे कि ये ही वे ग्रंथ हैं, जिनमें शूद्रों पर, विशेष रूप से अस्पृश्य जातियों पर अशक्तताओं के लादे जाने का निरंतर क्रम जारी रहा है। शतपथ ब्राह्मण ने कहा है, शूद्र असत्य है, शूद्र श्रम है, एक दीक्षित व्यक्ति को शूद्र से भाष्य नहीं करना चाहिए।[23] ऐतरेय ब्राह्मण में कहा गया है कि शूद्र दूसरों से अनुशासित होता है, वह किसी की आज्ञा पर उठता है और कभी भी पीटा जा सकता है।[24] मनु तथा अन्य धर्मशास्त्रों के अनुसार शूद्र अपने स्वामी द्वारा छोड़े गये पुराने वस्त्र, छाता, चप्पलें, चटाइयाँ आदि प्रयोग में लाता था, स्वामी द्वारा छोड़ा गया जूठा भोजन करता था।[25]

शूद्रों के लिये वेदाध्ययन मना था ही, उनके समीप भी वेदाध्ययन का निषेध था। यदि शूद्र जान-बूझकर वेद का पाठ स्मरण करने के लिए सुने तो स्मृतियों का आदेश था कि उसके कानों में लाख और सीसा भर देना चाहिए।[26] शूद्रों के लिये कड़े दंड का विधान था। किसी ब्राह्मण की भर्त्सना और गाली-गलोच करने पर शूद्र को शारीरिक दंड दिया जाता था, उसकी जीभ काट ली जाती थी, किंतु इस अपराध के लिये क्षत्रिय या वैश्य को सौ या पचास कार्पाषण का ही दंड दिया जाता था।[27] शूद्र जीवन क्षुद्र समझा जाता था। याज्ञवल्क्य एवं मनु ने स्त्री, शूद्र और वैश्य को मार डालना उपपातक माना है परंतु इसके लिये जो प्रायश्चित और दान की व्यवस्था बताई गई है, उससे स्पष्ट है कि शूद्र का जीवन नगण्य था।[28] आपस्तंब ने तो यहाँ तक कहा है कि शूद्रों को मार डालने पर इतना ही पातक है जितना कि एक कौआ, गिरगिट, मोर, चक्रवाक, मेंढक, छछुंदर, कुत्ता आदि निष्कृट जीवों को मार डालने से होता है। शूद्रों का स्पर्श हो जाने पर स्नान, प्राणायाम, तप आदि क्रियाओं से शुद्ध हुआ जा सकता था।[29]

अस्पृश्यता के प्रतिरोध में कबीर की दलीलें नितांत क्रांतिकारी थीं। छूत-अछूत के लिये धिक्कार के अंदाज में पंडित से उन्होंने पूछा था कि क्या तेरी देह में दूध बहता है, जो हम शूद्रों की रक्त-प्रवाहित देहों से अछूत रखते हो :

काहे कों कीजै पांडे छोति बिचारा।
छोतिहीं तै उपना जग सब संसारा।।
हमारे कैसे लोहू तम्हारैं कैसे दूध।
तुम्ह कैसे बाँम्हण पांडे हम कैसे सूद।।
छोति छाति करता तुम्हहीं जाए।
तौ ग्रभवास काहें कौं आए।।
जनमत छोत मरत ही छोति।
कहे कबीर हरि की बिमल जोति। [30]

जन्म-आधारित जाति-भेद पर व्यंग्य करते हुए एक अन्य स्थल पर कबीर ने बड़े मार्मिक ढंग से प्रश्न उठाया था कि गर्भवास में कुल, जाति का भेद हो ही नहीं सकता। वह मात्र रज और वीर्य के संयोग का परिणाम है। जन्मते ही कोई ब्राह्मण और शूद्र कैसे हो जाता है, कबीर का बड़ा तीखा कटाक्ष था कि क्या इसलिए कि ब्राह्मणों की धमनियों में दूध का प्रवाह है जबकि शूद्र में मात्र रक्त बहता है या इसलिए कि ब्राह्मण गर्भयोनि से भिन्न शायद किसी अन्य द्वार से अवतरित होते हों।[31]

जन्म आधारित जाति-विभेद और छूत-अछूत जैसी यह अमानवीय वस्तुस्थिति धार्मिक ग्रंथों के आतंकपूर्ण दबाव में लोक चेतना का अभिन्न अंग बना दी गयी थी और जबकि इन ग्रंथों का खण्डन भयानक अभिशापों के तहत महापाप घोषित कर दिया गया था। मनुस्मृति आदि ग्रंथों में, वर्ण-व्यवस्था और धार्मिक ग्रंथों का उल्लंघन करने पर दंडों का प्रावधान था। भागवत पुराण में 28 प्रकार के नर्कों का भय दिखाकर बताया गया है कि ब्राह्मण और वेद विरोधी को यमदूत कालसूत्र नर्क में ले जाते हैं। जो पुरुष किसी प्रकार की आपत्ति न आने पर भी अपने वैदिक मार्ग को छोड़कर अन्य पाखण्डपूर्ण धर्मों का आश्रय लेता है उसे यमदूत असिपत्रवन नर्क में ले जाकर कोड़े से पीटते हैं। अन्यत्र पुराणों में उल्लेख है कि वेदों ने जिन कर्मों का विधान नहीं किया है वे अधर्म हैं। वेद स्वयं भगवान् के स्वरूप हैं।[32] पुराणों का कथन है कि शास्त्र पिता है।[33] इस संदर्भ में जाति-प्रथा का खण्डन करते हुए, कबीर इन ग्रंथों के निषेध पर अपना ध्यान निरंतर केंद्रित किये रहे हैं।

गुरु से ज्ञान का दीपक पाकर कबीर ने लोगों को वेदों के पीछे जाने से रोकना चाहा था :

पीछैं लागा जाइ था, लोक वेद के साथि।
आगैं थैं सतगुर मिल्या, दीपक दीया हाथि। [34]

कबीर ने वेदों, स्मृतियों को भली-भाँति खंगाल कर जान लिया था कि ये ग्रंथ बन्धन का कारण हैं, माया हैं, इनसे किसी का मंगल नहीं हो सकता।[35] ये चारों

वेद परमात्मा का रहस्य तो जानते ही नहीं।[36] कर्म-आशा-समन्वित वेद-पुराण का श्रवण-मनन पंडित को उलझाये रखता है। पंडित के लिये कबीर ने कहा था–"मैं कहता सुरझावनहारी, तू रहता उरझाए रे।" कबीर बहुत साफ देख रहे थे कि पंडित ने वेद पढ़-पढ़ जन्म गंवा लिया है। कबीर का पक्का विश्वास था कि हम तो राम नाम के सहारे उबर जायेंगे, पर पंडित वेदों पर भरोसा रखते हुए डूब मरेगा :

हमरे राम नाम कहि उबरे
बेद भरोसे पांडे डूबि मरहि।।[37]

इन ग्रंथों में वर्गीय विभाजन का एक अन्य आधार शौच-अशौच उल्लेखनीय रूप से मान्य रहा है। विद्वानों ने बताया है कि ब्राह्मणीय ग्रंथों में पवित्रता और अपवित्रता वाले प्रसंगों में प्रस्तुत तर्क-वितर्क का यही निष्कर्ष निकलता है कि वर्ण-व्यवस्था प्रधान समाज में व्यक्ति की पवित्रता और उसकी शक्ति दोनों ही तत्त्व एक दूसरे से जुड़े हुए थे।[38] इसका दूसरा पक्ष भी था। अशुद्धताओं के शुद्धीकरण में दान-दक्षिणा आदि का हित-साधन जुड़ा है। मध्यकालीन दान सम्बन्धी अनुष्ठानों का प्रकट या घोषित उद्देश्य पुण्य कमाना रहा है। यह प्रचारित किया जाता रहा है कि दान देने से जजमान तुरंत पवित्र हो जाता है और इसकी सहायता से जजमान की अनुष्ठान सम्बन्धी पवित्रता केवल बनी ही नहीं रहती, वह लगातार बढ़ती भी जाती है। आरम्भिक मध्य युग में कई सदियों तक जो विधि-साहित्य निर्मित होता रहा है उसमें अपवित्र स्थितियों और उसकी प्रदूषक परिस्थितियों का प्रचुर मात्रा में उल्लेख मिलता है। इसका मुख्य कारण यह रहा होगा कि तत्कालीन समाज-व्यवस्था स्पष्ट रूप से दो वर्गों में विभाजित थी। इस प्रकार के वर्गीकरण का आधार शुद्ध वर्ग में निहित सामाजिक शक्ति का नियन्त्रण था।

अशुद्ध स्थिति से बचने के लिए अनुष्ठानों का पालन इसलिए भी ज़रूरी था अन्यथा उन्हें अपनी शुद्ध स्थिति से और परिणामस्वरूप अपने वर्ण अथवा जाति से हाथ धोना पड़ता। वर्ण अथवा जाति च्युत होने का और विशेष रूप से उन लोगों के वर्ण अथवा जाति च्युत होने का जो पहले ही बहुत शुद्ध स्थिति को प्राप्त किये हुए हैं, मतलब था, उनका हित लाभों, विशेषाधिकारों से वंचित हो जाना जो सम्बन्धित वर्ण के लोगों को सामान्यतः प्राप्त थे।

इस वर्गीय दुरभिसन्धि के मद्देनज़र कबीरादि संतों ने शौच-अशौच की धारणा का तर्कसम्मत ढंग से भरपूर खंडन किया है। प्रसव उपरांत औरत की अल्पकालिक अशुद्धता से शुद्धता में प्रवेश के तहत दान-दक्षिणा का भरपूर योग रहता है। इसलिए कबीर बड़े मर्मान्तक व्यंग्य के साथ पंडित को पंडिया सम्बोधित करते हुए तर्क प्रस्तुत करते हैं कि यदि अशुद्धता 'पैदा होने' के साथ जोड़ दी जाए तो समस्त उत्पाद ही

सूतक के अंतर्गत आ जायेंगे। उठते-बैठते सूतक आ चिपकता है। सूतक रसोई में भी जा घुसता है।

जलि है सूतकु थल है सूतकु सूतक, ओपति होई।।
जनमे सूतकु मूए फुनि सूतकु सूतक परज बिगोई।।
कहु रे पंडीआ कउन पवीता।।
ऐसा गिआनु जपहु मेरे मीता।।
नैनहु सूतकु बैनहु सूतकु स्रवनी होई।।
ऊठत बैठत सूतकु लागै सूतकु परै रसोई।। [39]

पंडित की दृष्टि से देखें तो इस प्रकार चहुँ ओर हम अशुद्धता अथवा जूठ ही देख पायेंगे। माता जूठी है, पिता भी जूठा है, उसके फल भी जूठे हैं, आना और जाना भी जूठा है। कबीर कहते हैं इस प्रकार पंडित तुम्हीं बताओ शुद्धता है कहाँ, जहाँ बैठकर भोजन किया जा सके। जिह्वा भी जूठी है, औरत जो बैठकर खाना बनाती है वह भी जूठी है। कलछी आदि रसोई का सब सामान भी जूठा है और खाने वाले सभी जूठे हैं। चौके को शुद्ध करने के लिए इस्तेमाल किया जाने वाला गोबर जूठा है ही, चौके की शुद्धता के लिये बनाई जाती सीमा रेखा भी जूठी है। कबीर कहते हैं दरअसल शुद्ध तो वे हैं, जिनके विचारों में सच्चाई है : "कहि कबीर सेई नर सूचे साची परी बिचारा।"[40]

तीर्थ और तीर्थों पर किये जाने वाले कर्मकाण्डों का कबीर ने गहरे विवेकबोध से प्रतिरोध किया था।[41] पुराणों में तीर्थयात्रियों के लिए दान-पुण्य से सम्बन्धित जो कर्म निर्धारित किये गये हैं, उनमें से कुछ प्रमुख हैं : श्राद्ध, पिंडदान, व्रत, होम एवं यज्ञ तथा तपस्या। इन कर्मों में से सबसे अधिक बार-बार किया जाने वाला श्राद्ध और पिंडदान है। श्राद्ध के विरोध में कबीर की व्यंग्योक्तियाँ लोकायतों की तीखी उक्तियों की याद दिलाती हैं। कबीर ने बताया कि जीवितों को हम सम्मान देते नहीं, मरने पर उनके श्राद्ध किये जाते हैं। उन बेचारे मृतकों को क्या मिलेगा, प्रसाद तो कौए, कुत्ते खा जाते हैं। मिट्टी के देवी-देवता बनाये जाते हैं। फिर बलि का प्रसाद अर्पण किया जाता है। इन देवताओं की भाँति तुम्हारे निर्जीव पूर्वज कुछ ग्रहण नहीं कर पाते। कबीर कहते हैं क्या तो विडम्बना है, जीवितों का वध होता है और निर्जीव पूजे जाते हैं :

जीवित पितर न मानै कोऊ मूएं सिराध कराही
पितर भी बपुरे कहु किउ पावहि कऊआ कूकर खाही
मो कउ कुसलु बतावहु कोई

कुसलु कुसलु करते जगु बिनसै कुसलु भी कैसे होई
माटी के करि देवी देवा तिसु आगै जीउ देही
ऐसे पितर तुमारे कहीअहि आपन कहिआ न लेही।
सरजीउ काटहि निरजीउ पूजहि अंत कालकउ भारी।। [42]

व्रत और होम जैसे दो अन्य अनुष्ठान थे, जिनका सीधा सम्बन्ध दान-पुण्य से था। व्रत एक ऐसा कर्म है, जो मानव चरित्र में छिपी मनुष्य की कमज़ोरियों का सबसे अधिक लाभ उठाने वाला बन गया। बार-बार कहा जाता है कि व्रत करने वाला व्यक्ति सब कुछ पा लेता है, जिसे सामान्यतः अपने प्रयत्नों से पाना संभव नहीं है। यह भी प्रचारित किया गया है कि ये सारे कर्म किसी तीर्थ स्थल पर किये जाएँ तो उसका फल अवश्य मिलेगा। दान-दक्षिणा में निहित इस छद्म को साफ करते हुए कबीर ने सहज और सर्वमान्य विवेक-बोध की सटीकता के साथ बताया था :

छोडहि अंनु करहि पाखंड ना सोहागनि ना ओहि रंड।। [43]
जग महि बकते दूधाधारी।। गुपती खावहि वटिका सारी। [44]

इसी प्रकार एक अन्य स्थल पर बताया गया है :

किया जपु किआ तपु संजमो किआ बरतु किआ इसनानु।। [45]

कबीर की भक्ति विलक्षण थी, उसमें जप, तप, विधि, निषेध, पूजा, आचार के लिए कोई स्थान नहीं था :

झूठा जप झूठा तप झूठा ग्यान, राम नाम बिन झूठा ग्यान।
विधि, निरवेद, पूजा, आचार, सब दरिया में बार पार।। [46]

ध्यान रहे कि पुराणों में नाम जप को इस हद तक उपहासास्पद बना दिया गया था कि पुराणकारों का मानना था कि भगवान का तो छींकने, गिरने और फिसलने के समय विवश होकर लिया गया एक बार नाम मनुष्य के कर्मबन्धन को सहसा काट देता है।[47] एक अन्य स्थल पर बताया गया है कि परमात्मा के सुने-सुनाये नाम कोई पीड़ित अथवा पतित पुरुष अकस्मात् अथवा हँसी में भी उच्चारण कर लेता है तो वह पुरुष दूसरे मनुष्यों के भी सारे पापों को तत्काल नष्ट कर देता है।[48] हम आगे देखेंगे कि इसके विपरीत कबीर की भक्ति के मूलभूत सरोकार सांस्कृतिक-मूल्यनिष्ठा में थे। उन्होंने इस प्रयत्न में सत्य और संतोष के बल पर पाप और पुण्य, नर्क और स्वर्ग दोनों को बेमानी कर दिया था।[49]

स्वर्ग-नर्क और पाप-पुण्य के गोरख-धंधे से कबीर अनभिज्ञ नहीं थे। शूद्रों की परवशता से सम्बद्ध, पहली बार मध्यकालीन पुराणों में अनेक प्रकार के नर्कों की

सूची के साथ नर्कों की यातनाओं का बड़ा आतंकपूर्ण वर्णन किया गया है। इन नर्कों से बचने के लिये प्रायश्चित का प्रावधान भी था। जिसका सीधा सम्बन्ध पंडितों, पुरोहितों, मंदिरों को दी जाने वाली दान राशि से था। मनु और विष्णु दोनों ही स्पष्ट रूप से घोषित करते हैं कि प्रायश्चितहीन पापी अगले जन्म में विकलांग होगा या किसी असाध्य रोग से पीड़ित होगा। ऐसे पापी के लिये विष्णु स्मृति में तो विस्तारपूर्वक त्रिविध ताप की कल्पना की गई है। कहा गया है कि वह नर्कगामी बनेगा।[50] कबीर के लिये पाप-पुण्य पर आधृत स्वर्ग-नर्क का यह विभाजन बेमानी था।[51] क्योंकि वे साफ़ तौर पर देख रहे थे कि वेदनिन्दक जैसे अन्य और महापातकों का निर्धारण किस प्रकार के निहित स्वार्थों के तहत किया जा रहा था।

कबीरादि संतों ने उल्लेखनीय रूप से पंडितों, पुरोहितों की दान-दक्षिणा से सम्बद्ध तीर्थ, तप, व्रत, श्राद्ध, शौच-अशौच, नर्क-स्वर्ग, पाप-पुण्य आदि की वास्तविकता को समझते-समझाते हुए इस विचारधारक गिरफ्त से लोक चेतना को छुटकारा दिलाने का भरसक प्रयत्न बनाए रखा है। इससे भी बढ़कर महत्त्व की बात यह है कि संतों द्वारा सभी प्रकार के परोपजीवी अनासक्त समुदायों के निषेध में भारत के सांस्कृतिक विकास को पहली बार एक नया आयाम प्राप्त हुआ है। गौरतलब है कि ऋग्वैदिक यतियों, मुनियों, श्रमणों और बौद्ध संघों से लेकर लगातार वैदिक, अवैदिक अनासक्त समुदायों, व्यक्तिगत त्यागियों की परोपजीविता का आदर्शीकरण अद्यतन लोकचेतना में गहरे तक पैठ बनाये हुए है।

दिगम्बर साधुओं की नग्नता पर कटाक्ष करते हुए कबीर ने तिलमिला देने वाली सहजता से बताया कि यदि नंगे रहने से योग हो सकता तो वन के सभी मृग नंगे रहते हुए मुक्त हो जाते। शैव संन्यासियों के मुंडित सिरों को देखकर कबीर भेड़ की मिसाल देते हैं, जिसे हर वर्ष रुंडित मुंडित होना होता है।[52] कामासक्ति पर काबू रखने वाले त्यागियों के लिये उनका कहना था कि इस रूप में नपुंसक सबसे बड़ा साधक क्यों न मान लिया जाए।[53]

वैदिक साहित्य में यद्यपि यति, मुनि और ऋषि आदि संज्ञायें कतिपय विरक्तों की मौजूदगी का संकेत देती हैं पर विरक्त समुदायों के व्यापक संगठनों का आविर्भाव और प्रसार सामाजिक-आर्थिक परिवर्तनों की देन है। बौद्ध-उपनिषद् युग के नगरीकरण, उदीयमान राज्य-सत्ताओं, कृषि विस्तार, गंगाघाटी में लोहे का इस्तेमाल, नयी तकनीकों के विकास ने एक ओर मूलधारा से कटे हुए विरक्त संगठनों के भौतिक अस्तित्व के लिये सहूलियतें उपलब्ध की हैं तो दूसरी ओर राज्य सत्ताओं और जनजातियों के टकराव की बड़ी हलचलों की अनुक्रिया ने प्रतिरोधी विरक्तों के सामुदायिक संगठनों के उद्भव को अवश्यंभावी किया है।

ज़ाहिर है कि नगरीकरण में ही विरक्त सम्प्रदायों के पालित-पोषित होने की सामर्थ्य हो सकती थी। इन संगठनों के आश्रय स्थल नगरों के एकदम निकटवर्ती

अरण्यों में हुआ करते थे और नगरों के माध्यम से इनमें नयी शमूलियतों का क्रम बना रहता था। बुद्ध ने राजगीर तथा श्रावस्ती जैसे बड़े नगरों में ही ज्यादा समय व्यतीत किया था।[54] प्रारम्भिक जैन तीर्थंकर पार्श्वनाथ भी नगरों से ही सम्बद्ध थे।[55]

ये नगर ही थे जो इन संगठनों को श्रोता और संरक्षण प्रदान करने की सुविधा में थे। अपना प्रभाव द्विगुणित करते हुए नगर के श्रेष्ठ-जन अनुदान की प्रचुर मात्रा उपलब्ध किए रखते थे। यह आकस्मिक नहीं था कि इन प्रतिरोधी अवैदिक सम्प्रदायों का प्रारंभिक दक्षिण-प्रवेश भारत में रोम और दक्षिण-पूर्व एशिया के व्यापार का समकालित था। मगध के दक्षिणी सीमावर्ती कबीलायी प्रक्षेत्र को सचेत रूप से ओझल करते हुए महासंघिक सम्प्रदाय वैशाली और पाटलीपुत्र से दक्षिण में आंध्र पहुँच गया था। सर्वास्तिवाद निकटवर्ती कबीलायी राजस्थान की बजाय मथुरा, पंजाब और कश्मीर तक फैल गया था।

इस प्रकार भरपूर परिवर्तनों के दौर में प्रतिरोधी संघ नगरीय सभ्यता की समृद्धि के बलबूते पर मूलधारा में अपनी उपयोगिता और प्रासंगिकता बनाए रहे हैं। पर इसके विपरीत मध्यकाल के सामंतीय दौर में विरक्त साधु-संन्यासियों के अनेक क्षेत्रीय समुदायों का प्रादुर्भाव, प्रतिरोधात्मक दावे के बावजूद, परोपजीविता के आदर्शीकरण को दृढ़ करता रहा है।

वस्तुतः नगर केंद्रों के टूट जाने, व्यापार के ह्रास, मुद्रा के प्रसार में कमी, शिल्पी श्रेणियों के विघटन और शिल्पियों के कृषि ग्रामीण आधारित जजमानी सम्बन्धों की अगतिशीलता आदि के कारण परजीवी समुदायों के भरण-पोषण की सुविधाएँ इतनी सुलभ नहीं रह गयी थीं। इसके साथ ही नगरों के भद्रजन की दक्षिणा पर गुज़र-बसर करने वाले ब्राह्मणों की पुरोहिताई खतरे में पड़ी दिखाई दी है। आखिर, ब्राह्मणों सहित इन परजीवी समुदायों के भरण-पोषण के संकट की स्थिति में दान-दक्षिणा, तीर्थ, व्रत, मंदिरों के पूजा-अनुष्ठान, पाप-पुण्य और स्वर्ग-नर्क की छद्मपूर्ण दुरभिसंधि का आयोजन हुआ है।

मध्यकाल में विभिन्न वैदिक और अवैदिक विरक्त साधु-संन्यासियों के सामुदायिक संगठनों के परस्पर पूजा-स्थलों से सम्बद्ध दान-दक्षिणा के मुद्दे को लेकर, हिंसक संघर्ष की सूचनाओं की कोई कमी नहीं है। शैव मत और वैष्णव मत के अनुयायियों के बीच झगड़े हुआ करते थे। किंतु इनसे कहीं अधिक जैनों और शैवों में होते थे। प्रतिद्वन्द्वी पंथों के बीच चल रहे संघर्षों के फलस्वरूप जो लूटपाट की घटनाएँ हुई, जिस तरह से मारपीट मची और मंदिर ध्वस्त किए गए, उनके प्रचुर उदाहरण 11वीं शताब्दी के सेक्किलार नामक कवि की नयनार कथाओं में भरे पड़े हैं। शैव मत और वैष्णव मत दोनों को आश्रय देने वाले चोल नरेशों ने जैन समुदायों पर दंडात्मक कर लगाये थे और उनके अनेक मंदिरों को नष्ट किया था। सातवीं शताब्दी में कांचीपुरम में विरोधी पंथों के बीच हिंसा की जो घटनाएँ हुई, उन्हें एक

स्थानीय मंदिर की तक्षित पट्टिकाओं में चित्रित किया गया है। इसी तरह कर्नाटक में जैनों और वीर शैवों के बीच चले लम्बे संघर्ष की साक्षियाँ लिंगायत सम्प्रदाय की साहित्यिक परंपरा में उपलब्ध हैं।

कबीर वाणी में इन परोपजीवी विरक्त समुदायों के प्रतिकार में एक बड़े संवाद का आयोजन दिखाई देता है। मूलतः भक्ति प्रतिपादन के लक्ष्यीभूत यह संवाद एक ओर पंडित से और दूसरी ओर विरक्त साधुओं, संन्यासियों से पुनः पुनः प्रस्तुत हुआ है। लगता है कबीर के लिये ये बड़े अंतर्विरोध थे, जिनसे टकराते हुए वे अपेक्षित नये सांस्कृतिक मूल्यों के संधान की दिशा में अग्रसर हुए थे।

इस प्रयत्न में, अन्य अनेक अंतर्विरोधों के तहत कबीर ने बड़े दुःख के साथ देखा था कि सारा संसार अपनी अपनी आग में जल रहा है। यहाँ कोई किसी का नहीं है।[56] उन्होंने जीव और जगत के यथार्थ को खुली आँखों से देखा था। अपने वर्तमान की मूल्यमूढ़ता, व्यक्ति की स्वार्थ से बाहर न जा सकने की अक्षमता, लोगों में वर्तमान की प्रश्नसंकुलता और मनुष्य की निःस्पृह उदासीनता को उन्होंने समाज के व्यापक सम्बन्धों से लेकर अपने निजी सम्बन्धों तक बड़ी पीड़ा के साथ अनुभव किया था। उन्होंने जाना कि जागतिक प्रपंचों में लगा हुआ जगत उस अन्धे की तरह है जो आस पास बिखरे हुए मोतियों को न पहचान कर उन्हें रौंदता हुआ आगे बढ़ जाता है।[57] एक या दो इस तरह के भ्रम में हों, सो भी नहीं, सारा संसार भ्रांत है।[58] सबके सब बुरी तरह बंधे हुए हैं। झूठी बात को सच मानकर लोग उसमें बेबस की तरह उलझ रहे हैं। धर्म और दर्शन, वर्ण और आश्रम, वेद और शास्त्र, तप और तीर्थ, व्रत और पूजा, दान और पुण्य, माया और मोह, धन और यौवन के बंधनों में सब बुरी तरह जकड़े हुए हैं। राजा-राव, रंक-फकीर, जोगी-जती, सिद्ध-अवधूत, काजी-मुल्ला, बाल-वृद्ध, स्त्री-पुरुष देवी-देवता, पीर-पैगम्बर सभी विषय लोलुपता से ग्रस्त और दुःखी हैं। सारा संसार अज्ञान के अंधे कुहरे से घिरा हुआ है।[59] अहंकार, आडम्बर, कथनी, करनी की अलंघ्य दूरी, धर्म के नाम पर खुली लूट-खसोट, छल, हठकर्मी धूर्तता से सारा संसार ग्रस्त है। सभी मात्र स्वार्थ के संगी हैं।[60] जोगी, जती, तपी, संन्यासी सभी उन्हें भ्रांत मिले। कबीर ने बड़ी पीड़ा के साथ अनुभव किया था कि पीर-पैगम्बर, काजी-मुल्ला, रोज़ा-नमाज़ और पश्चिम को मुँह करके किये जाने वाले सभी धार्मिक अनुष्ठान भी निरर्थक हैं।[61] स्वर्ग-नर्क, दोजख-बहिशत का सारा कल्पन लोक बेमानी भी है[62] और बेईमानी भी।

सार्वभौम मानवीय दुःख की इस वास्तविकता के लिए उन्होंने मनोवैज्ञानिक कारणों को भी लक्षित किया था। उनका मानना था कि काम, क्रोध, लोभ, मोह, आशा, मद, तृष्णा[63] यही मूल धुरी है। कामपरता उनके अनुसार मनुष्य जीवन का सबसे बड़ा रोग है। कबीर कहते हैं कि इस काम ने किस किस को नहीं ठगा है। साधारण मनुष्य की तो बात ही क्या सनक, सनन्दन, शिव, नाभि-कमल से उत्पन्न

होने वाले ब्रह्म, शुकदेव, कवि, योगी, जटाधारी सभी अवसर आने पर इसके सामने परास्त हो गये हैं।[64]

लक्षित किया जा सकता है कि लगभग दो हज़ार वर्ष पूर्व अकेले गौतम बुद्ध ऐसे विराट् पुरुष थे, जिन्हें एक विभिन्न प्रकार के सामाजिक अंतर्विरोधों का सामना करते हुए सार्वभौम दुःख के बोध ने व्याकुल किये रखा था। बुद्ध को साधारण जन दुःख की पीड़ा में डूबते दिखाई दिए। उन्होंने कहा कि जन्म दुःख है, वृद्धावस्था दुःख है, रुग्णावस्था दुःख है, मृत्यु दुःख है, अप्रिय जन के साथ मिलन दुःख है, प्रियजन से विछोह दुःख है, अभीष्ट की प्राप्ति न होना दुःख है। दुःख की उत्पत्ति के सम्बन्ध में बुद्ध का कहना था कि यह अस्तित्व में आने की तृष्णा है, जिससे मनुष्य बार-बार जन्म लेता है और साथ ही लालसा और इच्छा चलती है, जिसकी तुष्टि का प्रयत्न किया जाता है। सुख भोग की तृष्णा, अस्तित्व में आने की तृष्णा, सत्ता और वैभव की तृष्णा। इस प्रकार धार्मिक साहित्य के व्यापक सर्वेक्षण से पता चलता है कि बुद्ध के लिये सभी तत्त्व-चिंतक समस्याएँ गौण या उससे बड़ी समस्या के सामने कम महत्त्वपूर्ण थीं, जिस पर वे दिन-रात सोचते थे। वह बड़ी समस्या थी 'मनुष्य के दुःख और पीड़ा के सागर' की।

दो हज़ार वर्ष के अंतराल में बुद्ध के जनजातीय लोग, वर्ण-विभाजित समाज में जनजातीय मानवोचित अस्मिता से वंचित, शूद्र के रूप में निरीह बना दिए गए थे। हम आगे देखेंगे कि तुर्की आक्रमणों के बाद सामाजिक-आर्थिक स्थितियाँ तेज़ी से बदली हैं। बुद्ध के बाद पहली बार नगरीकरण कर नये सिरे से उत्थान हुआ है। अतः कबीर ने बुद्ध के प्रतीत्यसमुत्पाद की तरह, परिवर्तनशीलता के यथार्थ को लक्षित करते हुए बौद्ध संघों के 'विभ्रम' की अपेक्षा, समाज-च्युत परजीवी विरक्तों, सेविवर्गों और अस्पृश्यों की, मूलधारा में शमूलियत की संभावना के तहत, एक नयी सांस्कृतिक संरचना का सूत्रपात किया है।

गौरतलब है कि तुर्की आक्रमण ने कारीगरों को पुराने प्रतिबन्धों से मुक्त कर दिया था। व्यापार-वाणिज्य के विकास के लिये एक नया आधार तैयार हो गया था। तुर्की विजयों ने, 'उपभोग के लिए' उत्पादन की स्थिति को, 'बाजार के लिये' उत्पादन में बदलने की प्रक्रिया शुरु की।[65] कारीगरों के आर्थिक महत्त्व की अभिवृद्धि में अभिव्यक्ति को, जो उक्त परिवर्तन का परिणाम थी, पंद्रहवीं-सोलहवीं शताब्दियों के संतों की वाणियों में लक्षित किया जा सकता है।

अतः यह आकस्मिक नहीं था कि निर्गुण भक्ति की लगभग सारी परंपरा निम्नजातीय शिल्पियों से सम्बद्ध थी। कबीर जुलाहा थे, संत सेन नाई जाति में पैदा हुए थे, रैदास चमार थे। संत कमाल जुलाहे कबीर के पुत्र थे। धर्मदास कसौंधन बनिया जाति में उत्पन्न हुए थे। दादू वयनजीवी धुनियाँ जाति में जन्मे थे। संत बखना जी मीरासी थे। बुल्ला साहब कुनबी या कुर्मी थे और संत गुलाल साहब के यहाँ

हलवाई का काम करते थे। दीन दरवेश लोहार थे। मारवाड़ वाले संत दरिया साहब वयनजीवी धुनियाँ थे और बिहार वाले दरिया साहब मुसलमान परिवार में पैदा हुए थे। संत चरण दास, सहजो बाई और दया बाई का जन्म दूसर वैश्य कुल में हुआ था। संत रामचरण बीजावर्गीय संतों में संत साधना (14 वीं शताब्दी) जाति के कसाई थे, संत त्रिलोचन (सं. 1924) वैश्य थे, कश्मीर की महिला संत लालदेव या लल्ला ढेढवा मेहतर नामक अतीव हीन जाति में और महाराष्ट्रीय नामदेव (1326-1407) छीपी नामक वयनजीवी जाति में पैदा हुए थे।[66]

इस प्रकार ज़ाहिर है कि अस्पृश्य और अतीव निम्न जातियों के ये शिल्पी प्रवक्ता व्यापक शमूलियत की संभावना के साथ नगरों में पहली बार मुक्त ढंग से अपनी बात कहने, सुनने की सुविधा पा रहे थे। इन नये परिवर्तनों में कबीर देख पाये थे कि बेचारगी से मुक्त न होने का सबसे बड़ा कारण मानसिक दासता थी। यह मानसिक दासता वर्चस्वी-वर्ग द्वारा विचारधारा के स्तर पर एक मनोवैज्ञानिक आतंक का सृजन करते हुए कायम रखी गई थी। पेलसार्ट को, जिसने साधारण आदमी की दीनता और गरीबी की चर्चा की है, यह देखकर आश्चर्य हुआ कि लोग 'सब कुछ धैर्यपूर्ण बर्दाश्त करते हैं और यह मानते हैं कि वे बेहतर जीवन जीने लायक हैं ही नहीं'।[67] इस कारण अमानवीय उत्पीड़न के बावजूद हमें तुर्की आक्रमणों से पहले मध्यकालीन भारत में उत्पीड़ित वर्गों के किसी विद्रोह की सूचना नहीं मिलती। केवल अपवाद रूप में ग्यारहवीं शताब्दी में होने वाले कैवर्तो (मल्लाहों की एक मिश्रित जाति) के एक विद्रोह के बारे में बताया जाता है।

मानसिक दासता की बदौलत बेगारी, सस्ता श्रम और अतिरिक्त उत्पादन की आसान वसूली का उपभोग सुविधापूर्वक किया जा सकता था। यह अकारण नहीं था कि जहाँ एक ओर हिंदुओं की निंदा काफिर, बहुदेववादी तथा मूर्तिपूजक के रूप में की जाती थी, वहाँ दूसरी ओर समूचे मध्यकालीन इस्लामी साहित्य में जाति-व्यवस्था तथा अछूतों पर अत्याचारों के विषय में आलोचना का एक शब्द भी नहीं मिलता।[68] देखने की बात है कि यहाँ विदेशी आक्रमणकारी आते रहे हैं, ऊपर का ढांचा बदलता है, नीचे सब ज्यों का त्यों ही चलता रहा है। मुगलकालीन अर्थव्यवस्था के संदर्भ में इरफान हबीब ने बताया है[69] कि नीचे की सतह पर भूमिहीन सर्वहारा था, जो मुगलकाल में पूँजीवाद द्वारा उत्पन्न नहीं हुआ था, अपितु कृषक-केंद्रित खेती की लगभग युगों पुरानी जाति-व्यवस्था की प्रक्रिया की देन था। हालाँकि अछूत जातियों का अनुपात क्षेत्रीय आधार पर भिन्न-भिन्न था, तथापि इतना निश्चित है कि ग्रामीण जनसंख्या में उनका हिस्सा छठे भाग से लेकर पाँचवें भाग तक था। उन्हें ज़मीन नहीं लेने दी जाती थी अर्थात् वे अपने आपको किसान के रूप में स्थापित नहीं कर सकते थे। वे हमेशा ही भुखमरी के कगार पर रहते थे तथा आरक्षित समूह थे, जो किसानों को जब भी बुवाई या कटाई के दिनों में उनकी आवश्यकता पड़ती थी उपलब्ध

रहते थे। कदाचित् ही संसार में ऐसे समानांतर उदाहरण मिलें जहाँ उत्पीड़ित और उत्पीड़क दोनों ने मिलकर एक अल्पसंख्यक समूह को ऐसी अपमानजनक स्थिति में रखा हो। आदिम सामुदायिक समाज के टूटने के बाद वर्गीय समाज में समाजार्थिक परिवर्तनों के साथ-साथ वर्गों की गतिशीलता क्रम बनता-बिगड़ता रहता है पर यहाँ वर्गीय उत्पीड़न को विचारधारक तरीक़े से इस प्रकार मजबूत कर दिया गया था कि गतिशीलता के लिये कोई गुँजायश नहीं रह गयी थी।

लक्ष्य किया जा सकता है कि अब पहली बार तुर्की हमलों के बाद नगरीय आर्थिकता के तहत गतिशील शिल्पी, सचेत रूप से, एक नये सांस्कृतिक आंदोलन के साथ, निचले तबकों की एकजुटता के लिये अग्रसर हुए थे। इस आंदोलन का सबसे कारगर साधन भक्ति था। भक्ति की बुनियाद पर कबीरादि संतों ने मानसिक दासता से छुटकारा पाने के संघर्ष में, मूलधारा से शूद्रों की अपनी बेगानगी दूर करते हुए, आत्मविश्वासपूर्ण एक नयी सांस्कृतिक संरचना का सूत्रपात किया था।

जैसा कि पीछे विस्तार से देखा गया है कि भक्ति का उद्भव और विकास जनजातियों के आत्मसातीकरण के प्रयोजन से हुआ था। देखा जा चुका है कि जनजातीय लोग शूद्र बना दिए गए थे और उन पर अनेक अमानवीय अशक्तताओं के आरोपण का क्रम जारी रखा गया। पुराणों की भक्ति ने इस विवशता को विचारधारक दृढ़ता और औचित्य प्रदान किया था। इस प्रयत्न के सिलसिले में पुराणों की भक्ति लोक-चेतना का अभिन्न अंग बना दी गयी थी। कबीर ने लोक-चेतना के इस दाय को एक अभिनव दिशा प्रदान की है। कबीर के निर्गुण ब्रह्म ने उक्त पौराणिक सामंतीय भक्ति के समस्त विचारधारक प्रारूपों को, एक झटके में उड़ा दिया था। उनका राम अविगत था। चारों वेद, सारी स्मृतियाँ और पुराण तथा नौ व्याकरण कोई निर्गुण राम का मर्म नहीं समझा सका।[71] उस राम का कोई नाम-निशान नहीं। भूख प्यास का गुण भी उसमें नहीं। घट-घट में वही समाया हुआ है पर उसका मर्म कोई नहीं जानता। वह समस्त वेद और भेद से विवर्जित है, पाप और पुण्य से अतीत है, ज्ञान और ध्यान का अविषय है, स्थूल और सूक्ष्म से परे है, मेष और भीख से बाहर है, डिंग और रूप से ही नहीं, वह अनुपम तत्त्व तीनों लोकों से अतीत है।[72] ब्रह्म के इस स्वरूप में सर्वत्र एक ज्योति की व्यापकता है। ब्रह्म के इस स्वरूप में कबीर ने प्रेम का एक ऐसा आलोक विस्तीर्ण कर दिया था, जिसमें किसी विषमता के लिए कोई स्थान था ही नहीं। कबीर के लिये प्रेम ही था जो घट-घट में परमात्मभाव से प्रस्फुटित हुआ कल्पित किया गया था। यह प्रेम बैठे ठाले प्रकाशमान नहीं हुआ था। इस प्रेम के लिये अपने हाथ से सिर काट कर धरती पर रखना होता है।[73] यह प्रेम न खेत में उपजता है, न बाजार में बिकता है। राजा हो या प्रजा जिसे भी यह प्रेम पसंद हो सिर देकर इसे ले जा सकता है। यह प्रेम मार्ग वीरों का मार्ग है, कायरों का नहीं। प्रिय प्रेमी के साथ कोने में पड़े रहकर मुक्ति नहीं मिलती। इसके लिए

इंद्रियों से खुलेआम जूझना पड़ता है।[74] मन से जूझना पड़ता है[75] काम-क्रोध से जूझना पड़ता है, यह चौतरफ़ा लड़ाई है। जो एक दिशा में लड़ता है सराहनीय नहीं। सराहनीय वह शूर है जो हर तरफ़ से लड़ता है।[76] इस प्रेम की मंज़िल पर चलने वाले को परम प्रिय मिलता है लेकिन सेज फूलों की न होकर सूलों की होती है।[77] यहाँ सुख की नींद सोया नहीं जाता। यह निरंतर जागरण की साधना है।[78]

भक्ति की इस विलक्षणता का मूल स्वरूप द्वन्द्वात्मक बन पड़ा है। कबीर द्वन्द्व के रूबरू संवाद का सृजन करते हैं। विपक्षी को विस्तृत नहीं रहने देते। तीखे प्रहार करते हुए साथ-साथ लिए रहते हैं। एक पक्ष जुलाहा कबीर का है, दूसरा पक्ष ब्राह्मण का। कबीर कहते हैं :

तूं बाह्मन मै कासी का जुलहा बूझहु मोर गिआना।।
तुम तउ जाचे भूपति राजे हरि सिउ मोर धिआना।। [79]

तू ब्राह्मण है, मैं काशी का जुलाहा हूँ, तेरी मेरी बराबरी कैसी, हम राम कह उबर जायेंगे, तू पांडे! वेद पर भरोसा रखते हुए डूब मरेगा। अन्यत्र बताया गया है कि पंडित वेद-पुराण की नीति का अनुसरण करते-करते निराश हैं[80], हम हैं, प्रेम भक्ति पाकर खालसा हो गये हैं।[81]

कबीर के अधिकांश पदों में बहुआयामी अंतर्विरोध प्रस्तुत हुए हैं, जो जीवन जगत की विडम्बनायें परत-दर-परत उधेड़ते हुए परमात्मभाव में अंतर्भुक्त हैं। उनके जो पद भक्ति भाव से भी प्रारम्भ हुए हैं, उनमें भी विषमजन्य स्थितियों पर कबीर का ध्यान अधिक केंद्रित रहा है। कलात्मक प्रतिभा से इन दोनों स्तरों को एक द्वन्द्वात्मक तनाव की बुनावट के तहत काव्य-बन्ध का रूप देते हुए कबीर ने बड़े ऊँचे दर्जे के व्यंग्य कौशल से इस जटिल प्रक्रिया को सहज सम्प्रेषणीय बना दिया है। प्रभावान्विति की दृष्टि से श्रोता अथवा पाठक ने कबीर के अंतर्विरोध प्रतिपादन को बड़ी सहजता से आत्मसात किया है।

लक्ष्य किया जा सकता है कि शंकर के मायावादी मिथ्यात्व ने शूद्रों के वास्तविक दुःख को भी मिथ्या घोषित कर दिया था। कबीर ने इस स्थिति को बदल दिया। वे शूद्रों के उत्पीड़न को वास्तविक स्थितियाँ मानकर चले थे। कबीर देख रहे थे कि विचारधारा की भित्ति पर आरूढ़ अन्धविश्वासों, कर्मकाण्डों और भौतिक तथा मनोगत अंतर्विरोधों का मायाजाल बड़ी बारीकी से बुना गया है और इस माया ने मानवीय चेतना को समूचे रूप से अपनी आवरण और आरोपण शक्ति से आवृत कर रखा है। कबीर जान रहे थे कि मात्र संत था जो सत्य और संतोष[81] के दो कारगर अस्त्रों की शक्ति से इस मायापाश को काट सका था।[82]

यह संत बौद्धों के बोधिसत्त्व की तरह[83] कबीर के नये सांस्कृतिक आदोलन

का केंद्र बिंदु था और 'निष्पक्षता' कबीर की नयी सांस्कृतिक संरचना का बुनियादी मूल्य-घटक था।

कबीर ने बताया था कि लोग पक्ष-विपक्ष की दुविधा में भटक रहे हैं। 'निरपक्ष' होकर ही हरि का भजन करने वाला व्यक्ति संत और सुजान हो सकता है :

पषा पषी के पेषणैं सब जगत भुलानां।
निरपष होइ हरि भजै, सो साधु सयानां।। [84]

निष्पक्ष होकर कबीर ने पंडित और मुल्ला दोनों को छोड़ दिया था। इनके लिखे से उन्हें कोई वास्ता नहीं था। भक्ति पाकर इनसे अब कुछ लेने की ज़रूरत नहीं थी।[85] योगी गोरख गोरख करता है, हिंदु राम नाम का उच्चारण करता है, मुसलमान का एक खुदा है। जबकि कबीर का स्वामी इन सबसे न्यारा और सबमें व्याप्त है।[86]

भक्ति के इस निष्पक्ष दृष्टिकोण की बुनियाद पर ही कबीर ने मानवीय अस्मिता की आधारभूत धारणा प्रस्तावित की थी।[87] कुल, जाति मिटा देने वाली इस भक्ति पर कबीर स्वयं बलिहार थे।[88] पर यह भक्ति किसी कल्पना लोक की भावमूलक वायवी स्थिति नहीं थी। इसमें कथनी, करनी और रहनी की एकता अनिवार्य थी। जिसकी करनी, कथनी और रहनी में तालमेल नहीं कबीर उसे आदमी नहीं कुत्ता मानते थे :

जैसी मुख तैं नीकसै तैसी चालै नांहिं।
मानुख नहीं तैं स्वांन गति बांधे जमपुर जाहिं।। [89]

इस प्रकार कबीर की भक्ति एक अभिनव सांस्कृतिक रूपांतरण की प्रक्रिया है जिसमें घट घट में व्याप्त परमात्मा की परिकल्पना को पिंड-ब्रह्माण्ड की अद्वैतता में आत्मसात करते हुए लक्षित किया गया है कि एक ही मिट्टी के बने भिन्न-भिन्न बर्तनों की भाँति[90] जगत के सभी प्राणी एकात्मक भाव से एकसूत्र में बंधे हुए हैं और उन सबमें एक परमात्मा की ज्योति प्रकाशमान है।

सबसे उल्लेखनीय है कि अछूत मानी गयी शिल्पी श्रेणियों के इन कबीरादि बौद्धिक प्रवक्ताओं ने वर्चस्वी वर्ग द्वारा अभिशप्त, गर्हित, त्याज्य और दूषित व्यवसायों का अभिनव महिमामंडन किया है। कबीर द्वारा दर्ज जुलाहा होने के गौरव में, पंडित के तथाकथित शुद्ध व्यवस्था को ताल ठोंक कर चुनौती देने की संतों की ललकार, शिल्पियों को अछूत मानने की अहम्मन्यता को धूल चटा देने के लिए पर्याप्त है :

तू ब्रहमनु मै कासी क जुलहा मोहि तोहि बराबरी कैसे कै बनहि।।
हमरे राम नाम कहि उबरे बेद भरोसे पांडे डूबि मरहि।।
हम घरि सूतु तनहि नित ताना कंठि जनेऊ तुमारे।।
तुम तउ बेद पड़हु गाइत्री गोबिंदु रिदै हमारै।।

तू बाम्हन मैं कासी का जुलहा बूझहु मोर गिआना।।
तुम तउ जाचे भूपति राजे हरि सिउ मोर धिआना।।

संतों के यहाँ पत्र-पुष्प की पूजा-पुजापा के ढोंग के स्थान पर भक्ति के लिए उनके अपने वे शिल्प-औजार हैं, जिन्हें मंदिर केंद्रित सामन्तीय-ब्राह्मणिक परंपरा दूषित मानती आ रही है। संत रविदास का एक प्रयोग देखते ही बनता है :

चमरटा गांठि न जनई, लोग गठावै पनही।
आर नही जिह तोपउ, नही रांबी ठाउ रोपउ।।
लोगु गंठि गंठि खरा बिगूचा, हउबिनु गांठे जाइ पहूचा।
रविदास जपै राम नामा, मोहि जम सिउ नाही कामा।

संतों की भक्ति अस्पृश्यता के अभिशाप की मर्मान्तक त्रासदी से उबरने का साहस जुटाती है—'जा की छोति जगत कउ लागै, ता पर तु ही ढरै।'

संत रविदास के इस कथन में उत्पीड़ितों के लिए एक नयी जीवटता के संचार की सामर्थ्य विद्यमान है। संत रविदास का विश्वास है अब कोई क्या कर सकता है—प्रभु दरबार में हाज़िर होकर, जाति-बन्धन मिटा दिए हैं—हमरा कहा करै संसारु, मेटी जाति हूए दरबारि। मूलतः जाति-बंधन, अस्पृश्यता आदि अन्य अनेक प्रकार की आरोपित अशक्तताओं की निजी त्रासदियों का 'पराई पीर' में रुपांतरण ही संतों की वाणियों का सारतत्त्व है। 'पराई पीर' से सराबोर संतों की भक्ति मनुष्य होने का संकल्प है, मानवीय अस्मिता की खोज है, अखिल मानवता के एकात्मभाव का साक्षात्कार है, क्रांतिकारी सांस्कृतिक रुपांतरण के संघर्ष की विचारधारा है।

संदर्भ

1. श्रीभक्तमाल, सम्पादन, गणेशदास (प्रथम संस्करण), पृ 461
2. कबीर ग्रंथावली, सम्पादन, श्यामसुन्दरदास, 2054 वि., रमैनी, पृ. 184-185
3. रामचरितमानस, बाल काण्ड, दोहा 114-115
4. बादहिं सूद्र द्विजन्ह सन हम तुम्ह ते कछु घाटि।
   जानइ ब्रह्म सो विप्रवर आँखि दिखावहिं डाँटि।। वही, दोहा 99 (ख)
5. मानस, उत्तर काण्ड, दोहा 99 (क)
6. वही, दोहा 100 (ख)
7. वही, दोहा 96 से 112
8. दे. देवीप्रसाद चट्टोपाध्याय, लोकायत, (अनुवादित) 1982
9. दे. दामोदर धर्मानन्द कोसंबी, मिथक और यथार्थ (अनुवादित) 2001
10. सुवारा जायसवाल, वैष्णव धर्म का उद्‌भव और विकास (अनुवादित) 1998, पृ. 229-234
11. दे. वही.
12. दे. वही.
13. दे. वही.

14. दे.बी.के. पांडया, टेम्पल इकॉनामी अन्डर दि चोलाज़, 1984
15. दे. कृष्णा शर्मा, भक्ति एण्ड दि भक्ति मूवमेंट : ए न्यू पर्सपेक्टिव, 1987 तथा दे. सेवा सिंह, 'कबीर दास की वाणी और पंजाब का निर्गुण काव्य', प्राधिकृत (विशेषांक) 1996, शोध पत्रिका, गुरु नानक देव यूनिवर्सिटी, अमृतसर
16. मनुस्मृति (2) 10-11
17. याज्ञवल्क्य स्मृति (3) 287
18. याज्ञवल्क्य स्मृति (3) 288
19. काणे, हिस्ट्री ऑफ धर्मशास्त्राज़ (2) (अनुवादित), 1975 पृ. 324
20. वही.
21. महाभारत शांतिपर्व (8) 47-49
22. रामचरितमानस, अयोध्या काण्ड 38-39
23. दे. पाण्डुरंग काणे, धर्मशास्त्र का इतिहास (1), पृ. 112
24. ऐतरेय ब्राह्मण 1.1.1.6
25. गौतम 1.2.3
26. वही 10/60-61, मनु 10.124-125
27. वशिष्ठ, 18/13, गौतम 16/18-19
28. गौतम 12/4
29. आपस्तम्ब 25.3
30. कबीर ग्रंथावली, श्याम सुन्दर दास, पद 42
31. गुरु ग्रंथ, पृ. 324
32. दे. भागवत पुराण, (प्रथम खण्ड) पृ. 548
33. वही.
34. कबीर ग्रंथावली, श्याम सुंदर दास, साखी, गुरुदेव कौ अंग।।
35. गुरु ग्रंथ, पृ. 329
36. वही, पृ. 691
37. वही, पृ. 970
38. रमेंद्र नाथ नंदी, प्राचीन भारत में धर्म के सामाजिक आधार, अनुवादित, 1998 पृ. 58
39. गुरु ग्रंथ, पृ. 331
40. वही, पृ. 1195
41. वही, पृ. 325
42. वही, पृ. 332
43. वही, पृ. 879
44. वही, पृ. 337
45. वही, पृ. 373
46. कबीर ग्रंथावली, श्यामसुंदर दास, पृ. 112
47. भगवत पुराण, पृ. 646
48. वही, पृ. 650
49. गुरु ग्रंथ, पृ. 939
50. दे. विष्णु स्मृति
51. गुरु ग्रंथ, पृ. 939
52. वही, पृ. 324

53. वही.
54. रमेन्द्र नाथ नंदी, वही, पृ. 1
55. वही.
56. कबीर ग्रंथावली, सम्पादक, पारसनाथ तिवारी, पृ. 9
57. वही, पृ. 158
58. वही, पृ. 189
59. वही, पृ. 240
60. वही, पृ. 155
61. वही, पृ. 125
62. वही, पृ. 28
63. वही, पृ. 49
64. वही, पृ. 49
65. दे. 'मध्यकालीन लोकवादी एकेश्वरवाद का मानवीय स्वरूप', इरफान हबीब. भारतीय इतिहास में मध्यकाल, (अनुवाद, रमेश राव) 1999
66. राजदेव सिंह, निर्गुण राम भक्ति और दलित जातियाँ, 1998, पृ. 37-38
67. फ्रैंसिस्को पेलसार्ट, 'रिमोन्सट्रेनाइट', अनुवाद द्वारा डब्ल्यू, एच. मोरलैंड तथा पी. गेंल, जहाँगीर्स इण्डिया, कैम्ब्रिज, 1925, पृ. 60
68. इरफान हबीब, भारतीय इतिहास में मध्यकाल अनुवादित, 1999, पृ. 59
69. इरफान हबीब, एग्रेरियन सिस्टम ऑफ मुगल इंडिया, 1963, पृ. 119-22
70. कबीर ग्रंथावली, सम्पादक, पारसनाथ तिवारी, पद 153
71. कबीर ग्रंथावली, सम्पादक, श्यामसुन्दर दास पद 220
72. क.ग्रं., ति., पृ. 183
73. वही, 183
74. वही, 178
75. वही, 180
76. वही, 180
77. हज़ारी प्रसाद द्विवेदी, कबीर, पृ. 286
78. क. ग्रं तिवारी, पृ. 115
79. गुरु ग्रंथ, पृ. 482
80. वही, पृ.
81. गुरु, ग्रंथ, पृ. 1161-62
82. वही. पृ. 793
83. वही, पृ. 793
84. क. ग्रं., श्यामसुन्दर दास, पृ. 111
85. गुरु ग्रंथ, पृ. 1158-59
86. वही, पृ. 1159-60
87. वही, पृ. 1357
88. वही.
89. क.ग्रं., श्यामसुन्दर दास, पृ. 242
90. गुरु ग्रंथ, पृ. 1349

सम्पर्क : 108, मॉडल टाऊन,
कपूरथला, पंजाब

अरे इन दोउन राह न पाई

उदयभानु हंस

सृजनात्मक प्रतिभा जन्मजात होती है। उसे उद्घाटित करने के लिए उच्च शिक्षा या प्रशिक्षण भी अपेक्षित नहीं होता। परिस्थितियाँ अवश्य उसे प्रेरित करती हैं। विश्व की महान विभूतियाँ इसके ज्वलंत प्रमाण हैं। लोकनायक महान संतकवि कबीरदास भी उन्हीं देदीप्यमान महापुरुषों की श्रेणी में आते हैं।

तत्कालीन राजनीतिक परिस्थितियाँ भयंकर थीं। आक्रमणकारी यवनों के अत्याचारों से जनता त्रस्त थी। धार्मिक तथा सामाजिक परिवेश भी पतनोन्मुख था। जात-पात की दीमक निरर्थक रूढ़ियों, अंधविश्वासों, मिथ्या-आडम्बरों, तंत्र-मंत्र की रहस्यमयी साधना ने धर्म और समाज को खोखला कर दिया था। हिंदू राजाओं से निराश, धर्म के ठेकेदारों से ठगी हुई जनता किंकर्तव्यविमूढ़ हो रही थी। उसे एक ऐसे महापुरुष की आवश्यकता थी, जो सुख-शांति का, सच्चे धर्म का, लोककल्याण का संमार्ग दिखाता, उस असहाय असुरक्षित समाज में आत्मविश्वास जगाकर आत्मशक्ति का विचार करता। ठीक उसी समय आकर संत कबीर ने उस कमी को पूरा किया। धर्म और समाज के क्षेत्र में एक नई क्रांति का शंखनाद कर एक लोकनायक की, सच्चे धर्मगुरु की और अनूठे कवि की त्रिमूर्ति बनकर कबीर सामने आए।

आचार्य हज़ारी प्रसाद द्विवेदी के अनुसार कबीर संयोग से एक ऐसे चौराहे के केंद्र बिंदु पर खड़े हुए, जहाँ एक ओर हिंदुत्व तो दूसरी ओर इस्लाम, एक और ज्ञान मार्ग तो दूसरी ओर भक्तिमार्ग, एक और सगुण ब्रह्म की उपासना तो दूसरी ओर निर्गुण ब्रह्म की साधना, एक ओर बौद्ध सिद्धों की तांत्रिक पद्धति तथा दूसरी और हठयोग का रहस्यात्मक गोरखधंधा–इनका विरोधाभासी चित्रफलक दिखाई दे रहा था। किंतु दूरदर्शी कबीर ने चारों ओर दृष्टिपात कर सभी के दोष-गुणों का निरीक्षण कर मानवता का मार्ग चुना। समन्वयवादी दृष्टि अपनाई। एक निर्गुण ईश्वर की उपासना पर बल देकर जहाँ एवं वेदांत दर्शन की समानता द्वारा एकेश्वरवाद के सिद्धांत को प्रस्तुत कर हिन्दू और मुसलमानों को निकट आने का अवसर दिया, वहाँ समाज की कुरीतियों तथा धार्मिक अंध-विश्वासों पर कठोर चोट कर के दोनों संप्रदायों में

सहभावना स्थापित कर एक सही मार्ग-निर्देश का कर्त्तव्य निभाया।

इस विषय में अपने गुरु रामानन्द की दीक्षा ने कबीर की पूरी सहायता की जो स्वयं उच्चकुलीन प्रकांड विद्वान एवं परम वैष्णव एवं भगवान राम के सगुण उपासक होते हुए भी हृदय से उदार थे। नीच, अस्पृश्य जातियों के भक्तों को भी अपना शिष्य बनाने में उन्हें संकोच नहीं था। अपनी इच्छानुसार उपासना-पद्धति चुनने पर भी उन्हें कोई आपत्ति नहीं थी। कबीर, रैदास, पीपा आदि उनके शिष्य इसके उदाहरण हैं।

निश्चय ही हिंदू और मुसलमानों को एक दूसरे का शत्रु देख कबीर का मन आहत हो उठा। धर्म के नाम पर मनुष्यों और पशुओं की हिंसा देख कर वे तिलमिला उठे—

अरे इन दोउन राह न पाई।
हिन्दू अपनी करे बड़ाई, गागर छुअन न देई,
बेस्या के पायन तल सोये, यह देखो हिन्दुआई।
मुसलमान के पीर औलिया मुरगा मुरगी खाई
खाला केरी बेटी ब्याहे, घर में करे सगाई।

कबीर ने अगर हिन्दू धर्म और समाज में फैले पाखण्ड का खुला विरोध किया तो मुसलमान कट्टरपंथियों को भी खरी खरी सुनाई। यदि

पत्थर पूजे हरि मिलै, तो मैं पूजूं पहाड़

कहकर हिंदुओं पर व्यंग्य बाण फैंके। मूंड मुँडाने से यदि हरि मिलता तो भेड़ सब से पहले स्वर्ग में जाती। तीर्थाटन, गंगा स्नान से पुण्य मिलता तो इनका सब से अधिक लाभ मछलियाँ उठातीं। दूसरी ओर मुसलमानों के अंधविश्वासों को भी नहीं बख्शा। देखिए

दिन भर रोज़ा रहत है, रात हनत है गाय।
यह तो खून, यह बन्दगी, कैसी खुसी खुदाय।।

बकरी पाती खात है ताकी काढी खाल।
जो बकरी को खात है ताको कौन हवाल।।

जाति-पाति की संकीर्णता से, भेदभाव से ऊपर उठ कर कबीर ने सभी पाखंडियों को खूब खरी-खोटी सुनाई। उनकी स्पष्टवादिता एवं निर्भीकता निःसंदेह आश्चर्यजनक ही नहीं, प्रशंसनीय भी है। अस्तु,

समाज-सुधारक के रूप में कबीर का व्यक्तित्व तो मुखर है ही, आध्यात्मिक ज्ञान का उनका गहरा अनुभव तो और भी चौंकाने वाला है। सभी जानते हैं कि

कबीर निरक्षर थे, अनपढ़ थे उन्होंने स्वयं स्वीकार किया है–

मसि कागद छूयो नहीं, कलम गही नहीं हाथ।

फिर भी कबीर घुमक्कड़ थे, सत्संगी थे और बहुश्रुत थे। उनकी उक्तियों पर, विचारों पर समकालीन विभिन्न संप्रदायों की स्पष्ट छाप है। उनका तो स्वभाव था–

साधू ऐसा चाहिए जैसा सूप सुभाय।
सार सार को गहि रहै थोथा देई उड़ाय।।

उन्होंने गुरु-रामानंद जैसे शास्त्रज्ञ विद्वान से दीक्षा ली। उनसे उदारता एवं समन्वयात्मक दृष्टि प्राप्त की। मानवता का पाठ पढ़ा और सत्यमार्ग पर चलने के लिए पुस्तकों, शास्त्रों की अपेक्षा अपने अनुभव पर ध्यान दिया। इसी आत्म-विश्वास पर वे तथाकथित सुशिक्षित विद्वानों को, ऊँची जात के विरोधी ब्राह्मणों को अपने ज्ञान का हवाला देते हुए ललकार कर कहते हैं–

तू बाहमन, मैं कासी का जुलाहा
बूझहु मोर गियाना।
तू कहता पुस्तक की लेखी,
मैं कहता आंखन की देखी।

ब्रह्म, जीव, जगत और माया संबंधी कबीर की उक्तियां उनके अनुभवजन्य ज्ञान का दर्पण हैं। वे राम के उपासक अवश्य है परंतु उनका निर्गुण ब्रह्म का प्रतीक है। वह राजा दशरथ का पुत्र राम नहीं है–

दशरथ-सुत तिहुं लोक बखाना
राम नाम का मर्म है आना।

कबीर के राम का मर्म कुछ अन्य है।

जाके मुख माथा नाहीं, नाहीं रूप कुरूप।
पुहप वास से पातरा सोई ब्रह्म अरूप।।
निरंजन राम जानहु रे भाई।
अविगत की गति लखी न जाई।।

शंकराचार्य के जीव और ब्रह्म की एकता की झलक कबीर के निम्न दोहे में देखिए–

जल में कुम्भ, कुम्भ में जल है, बाहर भीतर पानी।
टूट्या कुम्भ, जल जल हिं समाना, ए तथ्य कह्यो गियाना।।

पानी ही ते हिम भया, हिम है गया बिलाय।
कबिरा जो था वही भया, अब कछु कहा न जाए।

अनिर्वचनीय, चराचर जगत के स्रष्टा सर्वव्यापक अद्वैत ब्रह्म का निरूपण जिस प्रकार एक अपढ़ कबीर ने किया है, संभवतः धुरंधर ज्ञानी भी न कर पाते तभी तो आचार्य हज़ारी प्रसाद द्विवेदी कबीर को 'भाषा का डिक्टेटर' कहते हैं। भाषा तो कबीर की आज्ञाकारिणी दासी है। वे जो कहना चाहते हैं, जैसा कहना चाहते हैं, जितना और जिस ढंग से कहना चाहते हैं, भाषा उसी रूप में व्यक्त कर देती है।

कबीर के कवित्व के दर्शन उनके भावनात्मक रहस्यवाद की विशेष रूप से उन उक्तियों में होते हैं, जब वे माधुर्यभाव की भक्ति के अनुसार निर्गुण ब्रह्म को अपना प्रियतम तथा स्वयं को (पुरुष होते हुए भी) प्रेमिका अथवा सुहागिन पत्नी के रूप में चित्रित करते हैं।

हरि मोर पिऊ मैं हरि की बहुरिया

दर्शन-शास्त्र में जो अध्यात्मवाद है, काव्य में उसे 'रहस्यवाद' कहा जाता है। इसमें आत्मा-परमात्मा के मिलन का, माया द्वारा बाधक होने के कारण आत्मा के वियोग का वर्णन होता है। जिज्ञासा, ज्ञान और मिलन की तीन अवस्थाएँ इसमें होती हैं।

सर्वप्रथम आत्मा अपने प्रियतम से मिलने को आतुर हो उठती है। परंतु माया अर्थात् सांसारिक गोरखधंधे में लिप्त होने के कारण उसे कुछ संकोच भी होता है–

यार बुलावे प्यार से, मो पै गया न जाय।
धन मैली, पिऊ ऊजरा, लागि न न सकूं पाय।।

कितनी विनम्रता है इस उक्ति में। कहाँ गई कबीर की गर्वोक्ति, कठोर कटु वाणी? प्रेम का हृदय में आविर्भाव ही इसका कारण है। प्रेम पथ का पथिक बनते ही अब कबीर भावुक बन गया। आत्मा रूपी प्रेमिका विरह-वेदना से तड़प रही है। प्रिय की प्रतीक्षा करते-करते भोर हो जाती है।

आँखड़ियां झाईं पड़ी पंथ निहारि निहारि।
जीभड़ियां छाला पड़या राम पुकारि पुकारि।।

प्रेम का रोग सचमुच बड़ा कष्टदायक है। वैद्य को बुलाया गया परंतु प्रेम रोगी ने उनसे स्पष्ट कह दिया कि तुम से यह रोग दूर नहीं होगा–

जाहु वैद घर आपणे तेरा किया न होय।
जिन ए वेदन निरमई, भला करेगा सोय।।

अर्थात् जिसने यह दर्द दिया, दवा भी वही देगा।

चकवी बिछुरे रैन की, आन मिली प्रभाति।
जो जन बिछुरे राम ते, दिवस मिलै ना राति।।

कै बिरहरिण को मीचू दो, कै आपा दिखलाइ।
आठ पहर का दाझणा मो पै सह्य न जाई।।

ये पंक्तियाँ उसी कबीर की हैं, जिन्हें कुछ लोग केवल समाज-सुधारक कहते हैं। हिंदू तथा मुसलमान दोनों के धार्मिक पाखंड की धज्जियां उड़ाते हुए उनके कर्मकांड का उपहास करने वाले कटुवक्ता कबीर की मूल भावना को न समझ कर ऐसी भ्रान्ति होती है।

प्रेम की गंगा में स्नान करते ही कबीर के हृदय से काव्य-रस फूट पड़ता है। काव्य का लक्षण है—वाक्यं रसात्मकं काव्यम्। अर्थात् रसात्मक वाक्य को ही काव्य (कविता) कहते हैं। कबीर के रहस्यवाद में आत्मसमर्पण, तन्मयता, मिलन की आतुरता, वियोग की पीड़ा और फिर प्रियतम से मिलन का अलौकिक आनन्द, इसके कितने ही मर्मस्पर्शी चित्र कबीर की वाणी में मिलते हैं। बानगी के रूप में देखें—

सुपने में साईं मिला सोवत लिया जगाय।
आँख न खोलूं डरपता मत सपना हो जाए।।

कितनी भावपूर्ण, रसपूर्ण, हृदयस्पर्शी उक्ति है—सोते में प्रियतम मिला जगा दिया। किंतु प्रियतमा इस डर से आँख नहीं खोलती कि कहीं ऐसा न लगे कि यह सब सपना है।

प्रेम की अनन्यता निम्न दोहे में देखिए—

'नैणां अंदर आव तू नैण ढांपि तोहि लैंहू
ना मैं देखूं और को ना तोहि देखन देंहुं।।

मधुर मिलन के निम्न दो दोहे अत्यंत प्रसिद्ध और सटीक हैं। काव्य-सौंदर्य के प्रतीक—

नैनों की करि कोठरी पुतली पलंग बिछाय।
पलकों की चिक डारि कै पिय को लिया रिझाय।

ऐसे रोमांटिक क्षण का है कोई जवाब आधुनिक हिंदी कविता में?

लाली मेरे लाल की जित देखूं तित लाल।
लाली देखन मैं गई, मैं भी हो गई लाल।।

केवल महाकाव्य लिख देने से कोई महाकवि नहीं होता, महाकवि के लिए महाकवित्व का होना आवश्यक है। आचार्य केशव का उदाहरण सबके सामने है। कबीर के उक्त कतिपय उदाहरण उनके महाकवित्व के द्योतक हैं। वे महाकवि भी हैं, उन्होंने जीवन की सच्ची व्याख्या की है। उनके काव्य में आलंकारिक उक्तियाँ भी सहज भाव से आ गई हैं। जैसे—

सिर राखे, सिर जात है, सिर राखे सिर जात।

*   *   *

कबिरा सोई पीर है जो जाने पर पीर।

*   *   *

प्रभु जी तुम चंदन, हम पानी।

*   *   *

पानी केरा बुदबुदा अस मानुस की जात।

*   *   *

दिन होते छिप जाएगा ज्यों तारा परभात।

सम्पर्क : 202, लाजपत नगर,
हिसार (हरियाणा)

संत वाणी का प्रामाणिक स्त्रोतः श्री गुरु ग्रंथ साहिब
(गुरु नानक वाणी के विशेष संदर्भ में)

डॉ. हरमहेन्द्र सिंह बेदी

गुरु ग्रंथ साहिब मध्ययुगीन साहित्य एवं समाज का दर्पण है। इस महान ग्रंथ में संपूर्ण भारत का 11वीं शती से लेकर 17वीं शती का लगभग 500 वर्षों का आध्यात्मिक, सामाजिक, सांस्कृतिक, ऐतिहासिक और साहित्यिक इतिहास रेखांकित हुआ है। भिन्न-भिन्न प्रांतों और भिन्न-भिन्न जातियों से संबंधित भक्ति-लहर के प्रतिनिधि कवियों की रचनाएँ इस ग्रंथ में संकलित हुई हैं। इस प्रकार यह ग्रंथ संपूर्ण मध्ययुगीन साहित्य की झाँकी प्रस्तुत करता है। इस महान ग्रंथ में संकलित गुरु-भक्त और भट्ट कवि एक प्रकार से भारत का सामाजिक और साहित्यिक इतिहास रच रहे थे।

डॉ. हरिभजन सिंह का कथन है, "पंजाब में हिंदी काव्य को प्रचारित एवं हिंदी कवियों को प्रोत्साहित करने का श्रेय मुख्यतः सिक्ख गुरुओं को ही है। उन्होंने स्वयं ब्रज भाषा को अपनी वाणी का माध्यम बनाया, पंजाब-ब्राह्म, पूर्वकालीन भक्त कवियों की हिंदी रचनाओं का प्रचार पंजाब में किया।"[1]

'श्री गुरु ग्रंथ साहिब' मध्ययुगीन साहित्य का एक प्रामाणिक दस्तावेज़ है जिसमें भारतीय समाज और संस्कृति के मूल्यों के उत्थान और विघटन की कहानी छुपी है।

डॉ. गुरनाम कौर बेदी मानती है, "श्री गुरु ग्रंथ साहिब भारतीय चिंतक और संस्कृति का ऐतिहासिक दस्तावेज़ है। यह मध्यकाल के शीर्षक भक्तों की वाणी का प्रामाणिक संग्रह है। गुरु गोबिन्द सिंह जी ने इस महान दार्शनिक रचना को गुरु की पदवी से सुशोभित किया। गुरुमत धारा का सर्वप्रथम ग्रंथ भी गुरु ग्रंथ साहिब है। गुरुमत आदर्श का संकल्प गुरुओं ने अपनी वाणी में प्रत्यक्ष रूप में प्रकट किया जबकि भक्तों की वाणी का संपादन इस ढंग से हुआ है कि वह वाणी भी गुरुमत विचारधारा का एक अंग प्रतीत होती है।"[2]

वास्तव में गुरु अर्जुन देव जी इस महान ग्रंथ के माध्यम से राष्ट्रीय एकता अखण्डता एवं धर्म-निरपेक्षता का एक जीवंत उदाहरण प्रस्तुत कर रहे थे। इस ग्रंथ के वाणीकार हिंदू और मुस्लिम तथा अन्य संस्कृतियों का परस्पर संयोग कर रहे थे।

कहना न होगा कि अपने इस प्रयास में वे पूरी तरह सफल भी हुए। ये सभी धर्मशाखाओं का मूल्यांकन कर रहे थे और गुरु अर्जुन देव जी ने इन वाणीकारों की इस बहुमूल्य विरासत को इस महान ग्रंथ में सुरक्षित कर दिया।

गुरु ग्रंथ साहिब केवल सिक्ख धर्म अथवा भारतमात्र की ही नहीं अपितु मानवमात्र की अमूल्य निधि है।

डॉ. परशुराम चतुर्वेदी कहते हैं, "यह ग्रंथ वास्तव में एक अपूर्ण ज्ञानकोश है जिसमें न केवल परमतत्त्व के आध्यात्मिक स्वरूप की एक अनुपम झाँकी मिलती है, अपितु इसमें गहरी अनुभूति पर आश्रित ऐसे अनेक संदेश भी मिलते हैं जिनमें एक सर्वांगीण मानव-जीवन के निर्माण की प्रेरणा ग्रहण की जा सकती है।"[3]

1604 ई. में गुरु अर्जुन देव ने भाई गुरदास की सहायता से इस महान ग्रंथ का संपादन किया। 1430 पृष्ठों की इस अमूल्य निधि में न केवल तात्कालीन धार्मिक प्रवृत्तियों का चित्रण हुआ है बल्कि मानव मन की चित्तवृत्तियों का मनोवैज्ञानिक ढंग से विश्लेषण भी प्रस्तुत हुआ है। मानव जाति के दुःख-दर्दों और उनकी समस्याओं को अत्यंत जीवंत मानवीयता के साथ उभार कर और उन समस्याओं को सुलझाना भी प्रस्तुत हुआ है। इस ग्रंथ के वाणीकार लोक जीवन और लोक संस्कृति से पूरी तरह जुड़े हुए हैं। तभी तो गुरु गोबिन्द सिंह ने 1708 ई. में आदि ग्रंथ को "गुरु ग्रंथ साहिब" का नाम देकर इसको "गुरु" के पद पर आसीन कर दिया। गुरु गोबिन्द सिंह जी की इस देन को डॉ. धर्मपाल मैनी ने सराहा और कहा—"शब्द के माध्यम से प्रभु को खोजने का संदेश देते हुए श्री गुरु साहिब को उन्होंने अमर गुरुत्व प्रदान कर दिया। संभवतः सिक्ख धर्म को उनकी यह सबसे बड़ी देन है।"[4]

श्री गुरु ग्रंथ साहिब सिक्खों का केवल धार्मिक ग्रंथ ही नहीं बल्कि उनकी प्रेरणा और स्फूर्ति का एक मात्र साधन भी यही है।

डॉ. जयराम मिश्र का कहना है कि "जिस भाँति हिंदुओं को वेद, पुराण, उपनिषद्, ब्रह्मसूत्र और श्रीमद्भगवदगीता प्रभृति ग्रंथ, मुसलमानों को कुरान और ईसाइयों को बाईबल मान्य है, उसी भाँति श्री गुरु ग्रंथ साहिब भी सिक्खों का परम पूज्य ग्रंथ है। सिक्खों के सभी दार्शनिक एवं धार्मिक विचार इसी ग्रंथ से अनुप्राणित हैं।"[5]

गुरु ग्रंथ साहिब के संकलन का इतिहास काफी महत्त्वपूर्ण है। पाँचवें गुरु अंगद देव की गुरुओं की वाणियाँ कहाँ से प्राप्त हुईं, इस संबंध में विद्वानों में परस्पर मतभेद हैं।

भाई साहिब सिंह ने यह सिद्ध करने की चेष्टा की है कि गुरुवाणी का संग्रह पहले से होता चला आ रहा था। गुरु नानक अपनी वाणियों के संग्रह के प्रति सजग थे। कहते हैं कि उनके पास अपनी वाणियों के संग्रहीत रूप में एक पोथी विद्यमान थी। दूसरे गुरु अंगद देव और तीसरे गुरु अमरदास के पास गुरु नानक की वाणी उपस्थित थी। तभी तो गुरु नानक और गुरु अंगद देव जी की वाणियों में असाधारण

समानता है। इसी प्रकार गुरु अमरदास जी ने भी गुरु नानक देव जी द्वारा प्रयुक्त 19 रागों में से 17 रागों में अपनी वाणी उच्चरित की है। उनके सम्मुख गुरु नानक देव जी के 19 राग आदर्श रूप में उपस्थित थे तभी तो उन्होंने इन रागों में अपनी वाणी उच्चरित की। इसके अतिरिक्त ये 'सिरी रागु' का उदाहरण देते हुए कहते हैं कि राग में चारों ओर गुरुओं ने कुछ वाणियों की रचना–'मन रे', 'भाई रे', 'मुंधे' संबोधनों से की है। इससे यह सिद्ध होता है कि गुरु अर्जुन ने सारी गुरु वाणियाँ गुरु रामदास से प्राप्त कीं क्योंकि इस प्रकार के संबोधन तभी हो सकते हैं जब पूर्ववर्ती वाणियों के परस्पर संबंध में रहा जाए। इसके अतिरिक्त उनकी यह धारणा है कि गुरु अर्जुन देव ने बाबा मोहन की स्तुति करके वाणियाँ प्राप्त नहीं कीं। 'मोहन' शब्द बाबा मोहन के लिए नहीं बल्कि 'अकालपुरुष' के लिए प्रयुक्त हुआ है।"[6]

डॉ. जयराम मिश्र भाई साहिब सिंह के इस मत से सहमत नहीं हैं कि जिस शब्द में बाबा मोहन की स्तुति समझी जा रही है, वह शब्द परमात्मा के गुणगान के लिए प्रयुक्त हुआ है और उनमें केवल गुरु अकाल पुरुष की ही स्तुति हो सकती है। उनका कहना है कि बाबा मोहन साधक ही नहीं, सिद्ध पुरुष थे और उनमें अपूर्व आध्यात्मिक शक्ति थी। वे रात-दिन परमात्मा के ध्यान में निमग्न रहा करते थे और इस प्रकार बाबा मोहन की स्तुति चाटुकारिता मात्र नहीं है बल्कि वे इसके अधिकारी भी हैं और इस शब्द के अंतिम पद–'मोहन तू सफलु फलिआ सगु परवारे अर्थात् ऐ मोहन तू अपने परिवार समेत फूलो फलो से यही प्रतीत होता है कि उपर्युक्त पद बाबा मोहन के लिए कहा गया है।"[7]

गुरु ग्रंथ साहिब में संकलित वाणी को तीन भागों में विभक्त किया जा सकता है :

1. गुरुवाणी
2. भक्तवाणी
3. भट्टवाणी

1. गुरुवाणी :

गुरु ग्रंथ साहिब में 6 गुरुओं की वाणी संकलित हुई है जिसका संक्षिप्त ब्यौरा इस प्रकार है :

नाम गुरु	*जाति*	*प्रांत*	*प्रयुक्त रागों की संख्या*	*वाणी संख्या*
1. गुरु नानक (1469-1539ई.)	खत्री	पंजाब.	19	974
2. गुरु अंगद (1504-1552ई.)	खत्री	पंजाब	62 श्लोक	62
3. गुरु अमरदास (1479-1574ई.)	खत्री	पंजाब	17	907

4. गुरु रामदास (1534-1581ई.)	खत्री	पंजाब	30	619
5. गुरु अर्जुन देव (1563-1616ई.)	खत्री	पंजाब	30	2218
6. गुरु तेगबहादुर (1621-1675ई.)	खत्री	पंजाब	15	116
			कुल	3896

2. भक्तवाणी :

गुरु ग्रंथ साहिब में 19 भक्त कवियों की वाणी संकलित हुई जिसका ब्यौरा इस प्रकार है :

नामभक्त	*जाति*	*प्रांत*	*प्रयुक्त रागों की संख्या*	*वाणी संख्या*
1. शेख फरीद (1173-1265ई.)	सैय्यद	पंजाब	2	130 श्लोक
2. जैदेव (1180-अज्ञात)	ब्राह्मण	बंगाल	2	2 शब्द
3. त्रिलोचन (1267-अज्ञात)	ब्राह्मण	महाराष्ट्र	3	4 शब्द
4. नामदेव (1270-1350ई.)	छीबा	महाराष्ट्र	18	60
5. सदना (अज्ञात)	ईसाई	सिंध	1	1
6. बेनी (अज्ञात)	ब्राह्मण	बिहार	3	3
7. रामानंद (1366-1467ई.)	ब्राह्मण	उत्तर प्रदेश	1	1
8. रविदास अथवा रैदास (अज्ञात)	चमार	उत्तर प्रदेश	16	40
9. कबीर (1398-1495ई.)	जुलाहा	उत्तर प्रदेश	18	541 श्लोक एवं वाणी
10. पीपा (1426-अज्ञात)	ब्राह्मण	गुजरात	1	1 शब्द
11. सेन (अज्ञात)	नाई	मध्य प्रदेश	1	1 शब्द
12. धन्ना (1415-अज्ञात)	जाट	राजस्थान	2	2
13. भीखन (अज्ञात-1574ई.)	मुसलमान	उत्तर प्रदेश	1	2
14. परमानंद (अज्ञात)	ब्राह्मण	उत्तर प्रदेश	-	1
15. सूरदास (1483-1563ई.)	ब्राह्मण	पंजाब	1	1
16. बाबा सुंदर (अज्ञात)	खत्री	पंजाब	1	6 पोड़या
17. मरदाना (अज्ञात)	मिरासी	पंजाब	1 वार	3 श्लोक
18. सत्ता (अज्ञात)	डूम	पंजाब	1 वार	8 श्लोक
19. रायबलवंड (अज्ञात)	राय भट्ट			
			कुल	607

3. भट्ट वाणी :

श्री गुरु ग्रंथ साहिब में 11 भट्ट कवियों की रचनाएँ संगृहीत हैं, जिनका ब्यौरा निम्न तालिका में दिया गया है।

	नाम भट्ट	*जाति*	*प्रांत*	*सवैया संख्या*
1.	कल्ह सहार	भट्ट	पंजाब	54
2.	जाल्प	भट्ट	पंजाब	5
3.	कीरत	भट्ट	पंजाब	8
4.	भिक्खा	भट्ट	पंजाब	2
5.	सल्ल	भट्ट	पंजाब	3
6.	भल्ल	भट्ट	पंजाब	1
7.	नल	भट्ट	पंजाब	16
8.	गयंद	भट्ट	पंजाब	13
9.	मथुरा	भट्ट	पंजाब	14
10.	बल	भट्ट	पंजाब	5
11.	हरबंस	भट्ट	पंजाब	2
			कुल	123

डॉ. तारन सिंह लिखते हैं कि–"श्री गुरु ग्रंथ साहिब में जो संपादन है, वह विशेष रूप में गुरु अर्जुन देव जी की ही देन है। इस प्रकार आप पंजाबी साहित्यिक क्षेत्र में सर्वप्रथम संपादक भी निश्चित होते हैं।"[8]

समूचे रूप में श्री गुरु ग्रंथ साहिब का संपादन प्रबंध इस प्रकार है :

सारी वाणी 33 भागों में विभक्त है जिनमें 31 भागों के नाम 31 भारतीय रागों पर रखे हैं। पहला भाग सिक्ख नित्य नेम की वाणी 'जपुजी' (गुरु नानक साहिब), 'रहरासि' (गुरु नानक, गुरु रामदास और गुरु अर्जुनदेव जी के संग्रहित शब्द) और 'सोहिला' (गुरु नानक, गुरु रामदास और गुरु अर्जुन देव जी के संग्रहित शब्द) का है जो श्री गुरु ग्रंथ साहिब के पहले 13 पन्ने बनता है। रागों वाला पन्ना 14 से लेकर 1352 पन्नों तक है और तीसरा नाम जिसमें फरीद जी, कबीर साहिब और गुरु साहिबान के श्लोक और 11 भट्टों के सवैये शामिल हैं जो पन्ना 1353 से लेकर 1430 तक हैं। इस प्रकार एक बहुत बड़ा भाग 31 रागों का है। इन 31 रागों के नाम इस प्रकार हैं :

1. सिरि रागु 2. रागु माझ 3. रागु भउड़ी 4. रागु आसा 5. रागु गुजरी 6. रागु देवगंधारी 7. रागु बिहागड़ा 8. रागु वडहंसु 9. रागु सोरठि 10. रागु धनासरी

11. रागु जैतासिरी 12. रागु टोड़ी 13. रागु बैराड़ी 14. रागु तिलंग 15. रागु सूही 16. रागु बिलावलु 17. रागु गौड़ 18. रागु रामकली 19. रागु नट नाराइन 20. रागु माली गउड़ा 21. रागु मारन 22. रागु तुआरी 23. रागु केदारा 24. रागु भैरउ 25. रागु वसंतु 26. रागु सारंगु 27. रागु मलार 28. रागु कानड़ा 29. रागु कलिआन 30. रागु प्रभाती 31. रागु जैजावंती

श्री गुरु ग्रंथ साहिब में 11वीं शताब्दी से लेकर 17वीं शताब्दी के समाज का सटीक चित्रण मिलता है। इस ग्रंथ में लगभग 600 वर्षों के कुछ ऐसे चुने हुए महापुरुषों और संत महात्माओं की वाणी सम्मिलित है जो उस समय के समाज में आई गिरावट के साक्षी थे और ये वाणीकार मध्ययुगीन सामाजिकता में आई गिरावट को दूर करने और सांस्कृतिक मूल्यों की पुनर्स्थापना के लिए प्रयत्नशील थे। इन वाणीकारों ने सच्चे अर्थों में लोकनायक की भूमिका निभाई है।

डॉ. मनमोहन सहगल का मत है कि–''तत्कालीन स्थितियों में जीवन-मृत्यु, सम्पन्नता-विपन्नता, सत्कार-तिरस्कार का जो भी जातिगत पक्षपात उन्होंने देखा और शायद कभी भोगा भी था, इसलिए उन्होंने जाति-पाति, मतवाद और पंथों-मज़हबों के घरों और संकीर्ण सीमाओं से ऊँचे उठ कर मानवता के चिरस्थाई मूल्यों की स्थापना की थी और भारत की गिरावट भरी सांस्कृतिक स्थिति से ऊपर उठाकर राष्ट्रीय गौरव गाथा कह सकने में समर्थ बनाया।''

इस प्रकार गुरु ग्रंथ साहिब में सामाजिक और आध्यात्मिक चेतना पर्याप्त मात्रा में परिलक्षित होती है। मध्यकाल की इन विभूतियों ने समाज के अभावों और कमियों को प्रत्यक्ष रूप में देखा था। मूल्यों के पतन और आध्यात्मिक क्षेत्र में बढ़ रहे पाखंडों और कर्मकाण्डों के वे साक्षी थे। ईश्वर के नाम पर लड़ते और दूसरे का गला काटने को तत्पर लोगों पर उनकी दृष्टि थी और यही दृष्टि इस स्थिति को बदलने के लिए आतुर हुई और यही उनकी चेतना बनी और चेतना के अंतर्गत उन्होंने तत्कालीन समाज में व्याप्त पाखंडों, आडंबरों पर कसकर प्रहार किया और सामाजिक स्तर पर गली-सड़ी परम्पराओं और रूढ़ियों का कड़ा विरोध किया।

कबीर और गुरु नानक ने समाज की बिगड़ती हुई वर्णाश्रम व्यवस्था, परिवार के रिश्ते-नाते, ब्याह-संस्कार में आडंबर, स्त्रियों का तिरस्कार, मिथ्या कर्मकांड, निंदा, चुगली, चोरी, धन कमाने की दौड़, वेश्यागम, परस्त्रीभोग, भिक्षा, काम, क्रोध, मोह, अहंकार, लोभ आदि सामाजिक बुराइयों को जड़ समेत नष्ट करने की प्रेरणा अपनी वाणी में दी है और इस प्रकार श्री गुरु ग्रंथ साहिब उस समय के समाज के चित्रण का एक ऐतिहासिक दस्तावेज़ बन जाता है।

मध्ययुग में हिंदू और मुस्लिम संस्कृति समानांतर रेखाओं में चलते हुए भी दूसरे के साथ सांस्कृतिक सांझ उत्पन्न कर रही थी। मध्ययुग का पंजाब रणभूमि के साथ-साथ भारतीय भाषाओं के विकास की कर्मभूमि भी रहा है। यहाँ एक ओर

हिंदू भक्त और संत अपने सीधे-सीधे शब्दों में लोकभाषा के माध्यम से नई चेतना फूँक रहे थे, गुरु साहिबान मानवता और सरबत के भले का संदेश दे रहे थे, वहीं मुस्लिम और पीर–संत–फ़कीर अपनी रूहाणी वाणी ब्रज भाषा में व्यक्त कर, संकीर्णताओं से ऊपर उठ कर लिपियों की दूरी को कम करते हुए एक नया इतिहास रच रहे थे। यह नया इतिहास उनके धर्मनिरपेक्षता के संकल्प की ठीक गवाही दे रहा था। तभी तो गुरु अर्जुन देव जी ने इनकी वाणी के महत्त्व को समझते हुए शेख फरीद और कबीर जैसे मुस्लिम संतों की वाणी को गुरु ग्रंथ साहिब में स्थान दिया।

यह ठीक है कि गुरु नानक देव जी ने मुगल आक्रमणकारियों की निंदा की और मुस्लिम शासकों की निंदा उनके गलत आचरण और राजनीतिक भ्रष्टाचार के कारण की है लेकिन मुस्लिम जनसाधारण से उनके प्रेम का उदाहरण इस बात से मिलता है कि उनका प्रिय साथी मरदाना मुसलमान था, जिसकी रबाब पर वे अपनी वाणी का उच्चारण कर रहे थे और मरदाना उसे स्वरबद्ध करता हुआ हिंदू-मुस्लिम की सांस्कृतिक साँझ को सुदृढ़ कर रहा था। यह सांझ मध्य युग में पंजाब के पूरे साहित्य कला और संस्कृति में परिलक्षित होती है और इस सांझ का प्रतिबिंब श्री गुरु ग्रंथ साहिब में प्रत्यक्ष रूप में देखा जा सकता है। सत्ता बलवंड तथा राय डूम की वार इसी संदर्भ में आते हैं और भीखन जैसे भट्ट कवि भी इसी श्रृंखला में आते हैं।

श्री गुरु ग्रंथ साहिब में मुस्लिम संस्कृति से जुड़े हुए संदर्भ मिलते हैं। इन संदर्भों में उनकी सामाजिक और राजनीतिक गतिविधियों के अनेक बिम्ब दिखाई देते हैं।

गुरु नानक देव जी ने अपनी वाणी में जहाँ एक ओर हिंदुओं को अवतारवाद, मूर्ति-पूजा, कर्मकाण्ड, ब्राह्म-आडम्बरों पर कड़ी चोट की है और उन्हें सच्चे अर्थों में हिंदू बनने की प्रेरणा दी है, वहाँ दूसरी ओर मुसलमानों को भी उनके धर्म के आदर्श मूल्यों–समानता, सहनशीलता, धैर्य आदि पर दृढ़ रहने की भी प्रेरणा दी है। वह एक सच्चे मुसलमान की परिभाषा देते हुए कहते हैं :

"मुसलमाणु कहावणु मुसकलु, जो होइ ता मुसलमाणु कहावै।
अवलि अंउलि दीनु करि मिठा मसंकल माना मालु मुसावै।
होई मुसलिमु दीन मुहाणै, मरण जीवण का भरमु चुकावै।
रब की रजाई मनै सिर उपरि करता मनै आसु गवायै।
तउ नानक सरब जीआ मिहरमंति होइ त मुसलमाणु कहावै।

अर्थात मुसलमान कहलाना बहुत कठिन है। यदि वह पूरा मुसलमान है तो वह मोमिन का अधिकारी है। सर्वप्रथम उसे ओलिया फ़कीरों के दीन को मीठा मान कर मानना चाहिए। जैसे लोहे का जंगार उतारने वाला मुसकल जंगार को उतार फेंकता है, इसी भाँति मुसलमान धन के लोभ को उतार फेंके। मुसलमान होकर पैगंबर के दीनी उपदेश में विश्वास रख जीवन और मृत्यु के भ्रम को दूर करे। खुदा की रज़ा को सिर माथे

पर कबूल करे और अपने अहंभाव को त्याग कर उस करीम में विश्वास रखे। यदि इस प्रकार के कर्म करता हुआ सब जीवों पर दया करे तो वह सच्चा मुसलमान कहला सकता है।

इसी प्रकार एक पक्का मुसलमान होने के लिए नमाज़ किस प्रकार की पढ़नी चाहिए। इसके बारे में गुरु नानक कहते हैं :

पंजि निवाजा वख्त पंजि पंजा पंजे नाउ।
पहिला सचु, हलालु दुइ, तीजा खेर खुदाइ।
चउथी नीअति रासि मनु पंजवी सिफति सनाइ।
करणी कलमा आखि कै ता मुसलमाणु सदाइ।
नानक जैसे कूड़ियारं कूड़े कूड़ी बाई।

अर्थात मुसलमान पाँच समय पाँच नमाज़े पढ़ते हैं। उनके पाँच ही नाम हैं—नमाज़-ए-सबुह, नमाज़-ए-पेशीन, नमाज़-ए-दीगर, नमाज़-ए-शाम और नमाज़-ए-खुफतन। गुरु नानक ने पाँच नमाज़ों को इन नामों से पुकारा है—नमाज़-ए-सच (सत्य), नमाज़-ए-हलाल (पसीने की कमाई), नमाज़-ए-खैर (शुभ इच्छा), नमाज़-ए-नीयत-ए-रास (नेक इरादा), तथा नमाज़-ए-सिफतमो सनाअ (ईश्वर स्तुति)। गुरु नानक जी कहते हैं कि यदि शुभ कर्मों का अनुष्ठान किया जाए तो ऐसी नमाज़ पढ़ने वाला सच्चा मुसलमान कहला सकता है।

श्री गुरु ग्रंथ साहिब का उद्देश्य किसी उत्कर्ष साहित्य की रचना करना नहीं था, बल्कि वे तो सीधे-सीधे शब्दों में लोक भाषा में अपनी अनुभूतियों और अनुभवों को रख रहे थे। यह अलग बात है कि उनके साहित्य में जहाँ एक ओर रहस्यमयी साहित्य प्रफुल्लित हुआ वहाँ दूसरी ओर संगीत, राग और साहित्य का अद्‌भुत संगम भी प्रस्तुत हुआ।

पंजाबी लेखकों का यह ग्रंथ मुख्य प्रेरणास्रोत रहा है, क्योंकि इसमें 600 वर्षों की साहित्यिक प्राप्ति संकलित है। इस ग्रंथ के प्रकाशन से भारतीय साहित्य में नये आयाम प्रस्तुत हुए। वस्तुतः भारतीय भाषाओं में तुलनात्मक साहित्य का आरंभ इस ग्रंथ में माना जा सकता है। विश्व में यह एकमात्र ऐसा ग्रंथ है जो अपने साहित्यिक स्तर तथा उच्च कोटि की निरंतर प्रेरणा प्रदान करने की क्षमता रखता है। इस ग्रंथ के वाणीकारों का अनुभव स्वतंत्र था एवं सीधा जीवन से संबंध रखता था। यह वाणी उनकी अंतरात्मा में स्फुटित हुई जो लौकिक जीवन का अलौकिकता से संबंध स्थापित करती है। यह वाणी उनकी निश्छल अनुभूति की सरस एवं स्पष्ट अभिव्यक्ति है। एक साहित्यिक कृति के मूल्यांकन में इसमें उत्कृष्ट साहित्य के सभी तत्त्व संग्रहीत मिलते हैं।

डॉ. धर्मपाल मैनी का कथन है कि "ग्रंथ आध्यात्मिक रचना होने के कारण भावों और विचारों को ही प्रधानता देकर चला है, कल्पना उसके सौंदर्य को बढ़ाती

रही है और भाषा एवं शैली भावानुकूल होकर उसके अभिव्यक्ति पक्ष को सफल बनाने में सहायक सिद्ध हुई है।"[9]

जहाँ तक श्री गुरु ग्रंथ साहिब की भाषा का संबंध है, इस बारे में विद्वान एकमत नहीं हैं। डॉ. ट्रम्प जैसा विदेशी विद्वान 'ग्रंथ' की भाषा में इतना अधिक मिश्रण देखकर इसकी भाषा को एक नाम देने में स्वयं को असमर्थ पाता है। आचार्य रामचन्द्र शुक्ल और डॉ. पीताम्बरदत्त बड़थवाल इसे ब्रज भाषा मानते हैं। डॉ. मोहन सिंह आदि इसे शुद्ध पंजाबी ग्रंथ मानते हैं।

अगर देखा जाए तो वाणीकारों ने वह भाषा इस्तेमाल की है जो उस समय सामान्य जन की समझ में आ सकती थी। इसमें 19 भक्तों की वाणी सम्मिलित है। ये भक्त कवि भिन्न-भिन्न प्रांतों से संबंध रखते थे। यह स्वाभाविक ही था कि उन्होंने अपनी वाणी में उस प्रांत विशेष के मुहावरे, लोकोक्तियों, बोलियों का इस्तेमाल किया है। इसलिए ग्रंथ की भाषा में कहीं-कहीं प्राकृत एवं अपभ्रंश, कहीं ब्रजभाषा, कहीं खड़ी बोली तथा कहीं-कहीं लहदां आदि का प्रयोग हुआ है। इसके अतिरिक्त इसकी शब्दावली में पर्याप्त मात्रा में संस्कृत के तत्सम शब्दों का प्रयोग हुआ है। जहाँ मुल्लाओं को सम्बोधित किया है वहाँ फारसी के शब्दों का भी प्रयोग मिलता है। यह शब्दावली भावों के अनुकूल बदलती चलती है, इसी प्रकार छंदों के प्रयोग में ऐसा ही दिखाई देता है। अष्टपदियों का प्रयोग धार्मिक और दार्शनिक भावों को दर्शाने के लिए हुआ है, छंदों का प्रयोग भगवत्-मिलन का आह्लाद अथवा वियोग का दुःख प्रकट करने के लिए हुआ है। भावों के अनुकूल भाषा क्रमशः सरस, मधुर, सरल, स्पष्ट तथा उद्वेगपूर्ण है। योगियों के वर्णन में यौगिक पारिभाषिक शब्दावली का प्रयोग हुआ है।

श्री गुरु ग्रंथ साहिब में 31 राग प्रयुक्त हुए हैं। अतः प्रायः सारी रचना ही संगीतात्मक है। अलंकारों में अनुप्रास, उपमा और रूपक स्थान-स्थान पर देखे जा सकते हैं। रूपक और उपमा का उत्कृष्ट उदाहरण गुरु नानक जी की आरती में देखा जा सकता है :

"गगन मैं थालु रवि चंदु दीपक बने तारिका मंडल जनक मोती
धूपु मलआनलो पवणु चवरो करे सगल बन राइ फूलन जोती।"[10]

कुछ विशिष्ट वाणियों—जपुजी, सुखमणी तथा श्लोकों में 'गागर में सागर' पद्धति का आश्रय लिया गया है, जिसे 'समास शैली' कह सकते हैं। सामान्यतः छंदों में दुपदें, तिपदें, चौपदें, पंचपदें, छपदें, अष्टपदियों, छंद का प्रयोग हुआ है। इसके अतिरिक्त कहीं-कहीं पड़ताल, काफियाँ, अंजुलियाँ, रूवी, दिनरैणि शब्दों में पहरे, कहरले बिरहड़े, घोड़ियों, अलाहणिद्यां, सुचणी, कुवणी, गुणवती, आरती, सोलहे, पउड़ियाँ, वार, पट्टी, बारहमाह, आनंद, दक्खिणी, ओंकार, सिद्ध गोष्ठ, बावन अजरी, सुखमणी चिंती।

डॉ. धर्मपाल मैनी लिखते हैं—"ग्रंथ में उत्कृष्ट भाषा "जैतसरी की वार में

प्राप्त है। उत्कृष्ट राजनीतिक वर्णनमयी कविता 'बाबर वाणी' आसा राग की अष्टपदियों में प्राप्त है। प्रकृति वर्णन की उत्कृष्ट कविता गुरु नानक का राग तुखारी में बारहमाह है। उत्कृष्ट शब्दचित्र, फरीद और रविदास के शब्दों–"बेड़ा बंधि न सबिओ बंधन की बेला" तथा "जो तुम गिरिवर तो हम मीरा" में है। तेजस्वी मेधा, स्वच्छ एवं स्पष्ट झलक की उत्कृष्ट कविता 'सुखमणी' है गागर में सागर 'जपुजी' है तथा ग्रंथ का उत्कृष्ट प्रगीत–"मोरी रूण झुण लाइआ मैने सावणु आइआ" राग वडहंस है।"[11]

गुरु ग्रंथ साहिब संस्कृति की अनुपम कृति है। भारतीय साहित्य में यह कृति कई कारणों से महत्त्वपूर्ण है। यह मध्ययुगीन भारतीय साहित्य की साहित्यिक परंपरा का उल्लेखनीय दस्तावेज़ है। वास्वत में गुरु ग्रंथ साहिब निर्गुण काव्यधारा की सूक्ष्म उपधाराओं को भी अपने भीतर समेटे हुए है। शेख फरीद से लेकर गुरु तेग बहादुर तक की काव्य परंपरा को इस दृष्टि से परखा जा सकता है। गुरु ग्रंथ साहिब मध्यकालीन साहित्य की लोक परंपराओं का भी सामाजिक इतिहास है। मध्यकालीन मूल्य इस ग्रंथ द्वारा विशेष रूप से उद्घाटित हुए हैं। इन मूल्यों के उद्घाटन में कबीर, गुरु नानक, नामदेव, रविदास तथा अन्य गुरुओं की वाणी का विलक्षण योगदान है।

संदर्भ

1. हरिभजन सिंह गुरुमुखी लिपि में हिंदी काव्य, पृ. 4-5
2. गुरनाम कौर बेदी, गुरु ग्रंथ साहिब विच दर, कबीरवाणी का आलोचनात्मक अध्ययन, पृ. 33-34
3. परशुराम चतुर्वेदी, 'परिचय' धर्मपाल मैनी, श्री गुरु ग्रंथ साहिब एक परिचय, पृ. झ से
4. धर्मपाल मैनी, मध्ययुगीन निर्गुण चेतना, पृ. 206
5. जयराम मिश्र, श्री गुरु ग्रंथ दर्शन, पृ. 9
6. साहिब सिंह, कुछ और धार्मिक लेख पृ. 26-8
7. जयराम मिश्र, श्री ग्रंथ दर्शन, पृ. 20-21
8. तारन सिंह, श्री गुरु ग्रंथ साहिब जी दा साहित्यिक इतिहास, पृ. 11
9. धर्मपाल मैनी, गुरु ग्रंथ साहिबः एक परिचय, पृ. 100
10. श्री गुरु ग्रंथ साहिब, महला- पृ. 13
11. धर्मपाल मैनी, श्री गुरु ग्रंथ साहिब : एक परिचय, पृ. उपसंहार

सम्पर्क : प्रोफैसर, गुरु नानक देव विश्वविद्यालय
अमृतसर (पंजाब)

भक्ति काल के संतों की वाणी में क्रांति स्वर

डॉ. सैयद असद अली

गुरु नानक :

भक्तिकालीन संतों की वाणी में क्रांति चेतना के इस विषय को मैंने सोच-समझ कर लगभग दो भागों में विभक्त किया है। इसका एक भाग ऐतिहासिक, समाजी, भाषायी और आध्यात्मिक पृष्ठभूमि है। अगरशः इस पक्षमंज़र में आपको कहीं-कहीं कुछ विस्तार सा अनुभव हो सकता है, लेकिन वस्तुस्थिति यह है कि हिंदी साहित्य या संत साहित्य के आविर्भाव, पल्लवन और प्रफुल्लित होने वाले भक्तिकाल के उस सुनहरे या स्वर्णिम युग को ठीक-ठीक परिप्रेक्ष्य में उस समय तक समझा समझाया, पढ़ा-पढ़ाया नहीं जा सकता जब तक भाषा-ज्ञान पूरा न हो क्योंकि आजकल पठन-पाठन की वही स्थिति हो गई है जो मध्यकालीन संतों के ज़माने में समाज की दयनीय स्थिति थी।

बाबा नानक के राग मारू के कई 'महला' में उस सामाजिक स्थिति का वर्णन किया है :

वेद पुराण कथे सुणे हारे मुनी अनेका।
अठसठि तीरथ बहु घणा भ्रमि थाण्डे भेखा।।

(ग्रंथ साहब पृ. 1008)

हाथ कमंडल काप डीआ मनि तृसना उपजी भारी।
इस्त्री तजि करि कामि विआ पिआ चितु लाइआ पर नारी।।

(ग्रंथ साहब, राग मारू असट पढ़ीआ)

ब्रह्मा वेद पढ़े, वाद विखाने।
अंतर तामस आप न पिछाने।
तां प्रभु पाएं गुरु शब्द विखाने

(ग्रंथ साहब, राग गौड़ी महला 1 पृ. 337-338)

जी हाँ, तो बात हो रही थी पठन पाठन की अपनी नाना प्रकार की व्यस्तताओं और अत्यधिक आकांक्षाओं में इतनी अधिक व्यस्तता आ गई है कि हमको असल कर्त्तव्य निर्वाह करने और भाई-चारे का समय ही कहाँ रह गया है। जोड़-तोड़ से ही फुरसत नहीं।

संत कवियों की चेतना को समझने के लिए उस काल की मिली जुली गंगा-जमनी तहज़ीब और भाषाओं की ठीक-ठीक ज्ञान रखना अनिवार्य हो जाता है। भले ही इन संत कवियों में संत बाबा नानक हों, वल्लभाचार्य, कबीर हों या दादू दयाल, रैदास, मीराबाई, तुलसीदास या सूरदास; उत्तर भारत के संत हों या दक्षिण के।

इस्लाम के पैग़ामबर मुहम्मद साहब का जन्म 570 ई. में हुआ लेकिन हिंदोस्तान और अरब के व्यापार संबंध बहुत प्राचीन काल से चले आ रहे थे। इतिहासकारों का कथन है :

"Pre Islamic Arabs were great navigators and Arab maritime contacts with India predates the advent of Islam in Arabia."

उत्तर भारत में मुहम्मद बिन क़ासिम (A-711 – D-715) की राज्य स्थापना से एक सौ वर्ष पूर्व दक्षिण भारत में मुसलमान व्यापारियों का भाषा संबंधी आदान प्रदान स्थापित हुआ और हिंदुस्तानी भाषाओं में अरबी-फ़ारसी और संस्कृत के शब्दों का खूब लेन-देन हुआ। जैसे संस्कृत कर्पूर अरबी में काफ़ूर (Kafoor) हो गया इसी प्रकार संगीत आदि के उदाहरण देखिए। संस्कृत शब्द अरबी हो गए–

सं. नाद निदा (आवाज़)

1. नदब = नद, गायन ग़िना, ताल = तार, 2. सम्मिलित = शामिल,

3. आवृत = ऊद, 4. आसक्ति = इश्क़, 5. रागि = राग़िब। इस प्रकार के अनेक उदाहरण हैं।

ज्योतिष के गणित और फलित शब्दों में अनेक अरबी शब्द संस्कृत में आए हैं।

यह मुसलमान अरब वास्तव में वही अरब व्यापारी थे जो, इस्लाम के प्रादुर्भाव से पहले से भारत के दक्षिणी तटों से, मिश्र आदि देशों को व्यापार के लिए फ़ौलाद, तेज़पात, गरम मसाला, सोंठ, काली मिरच, दालचीनी, जायफ़ल, हाथीदाँत, कर्पूर (काफ़ूर) संदल (चंदन), आबूस, महीन कपड़ा, पक्षियों में मोर, तोता आदि सामान ले जाया करते थे और भारत में अरब व्यापारी अन्य देशों से ज़मररुद की अंगूठी, मरजान, चीन और रूस से रेशमी कपड़ा, पोस्तीन, फ़ौलाद की तलवारें, फ़ारिस से गुलाब जल, बसरा नगर से खजूर, अरबी घोड़े आदि लाकर भारत में बेच दिया करते थे।

मेल मुलाक़ात, व्यापार बिना आपसी भाषाओं के लेन-देन के संभव नहीं है।

उत्तर भारत में मुहम्मद बिन क़ासिम ने ई. 711 में अपना राज्य स्थापित कर लिया था यद्यपि यह अरबी था लेकिन इसका लालन-पालन ईरान में हुआ था इसलिए उत्तर भारत के सिंध प्रदेश में अरबी, फ़ारसी और स्थानीय सिंधी, पशूतों आदि पर अरबी-फ़ारसी का इतना प्रभाव हुआ कि सिंधी भाषा में अरबी-फ़ारसी की शब्दावली तो आयी ही, सिंधी की लिपि भी अरबीमय हो गई और आज तक सिंधी आदि भाषाओं का सारा का सारा प्राचीन मूल क्लासिकी साहित्य अरबी लिपि में ही है।

मूल कारण यह है कि मुसलमान सूफ़ी कवियों ने भारत की सभी प्रादेशिक भाषाओं में हिंदोस्तानी कथा-कहानियों को संजोकर सफल रचनाएँ की हैं।[1]

सिंध में अबू अता सिंधी (778 ई.) अबू हफ़्स अल हद्दाद (816-876); इनसे पहले मूसा बिन याक़ूब सक़फ़ी आदि अनेक मुस्लिम सूफ़ी विद्वान एवं कवि हो गुज़रे हैं। सिंध के एक छोटे भाग अरूर नगर के एक हिंदू राजा जिसका नाम 'महरूक बिन राइक' (बिन शब्द का बाद में अरबों ने उल्लेख किया है। बिन का अर्थ है– पुत्र।) के आग्रह पर सिंध के निवासी एक एराक़ी मुसलमान सूफ़ी 'मुहम्मद अबी अल शवारिब ने कुरान शरीफ़ का अनुवाद सिंधी भाषा में किया, उसकी व्याख्या (तफ़सीर) भी लिखी और वह उसे राजा को पढ़ पढ़ कर सुनाया करता था।

संसार भर में क़ुरान का यह सिंधी अनुवाद सबसे पहला और प्राचीनतम अनुवाद है। इसका अर्थ केवल यह है कि प्राचीनकाल में हिंदू-अरबों में कितनी उदारता थी और यही काम गुरु नानक, कबीर, दादू, रैदास आदि उदार संतों ने करके समाज में क्रांतिकारी चेतना की है। इसके उदारहरण आगे दिए जा रहे हैं।

इन संतों को ठीक ठीक परिप्रेक्ष्य में उस समय तक नहीं समझा जा सकता जब तक कि आज के शोधकर्ता शिक्षक या पाठक को संस्कृत, हिंदी के साथ ग्रामीण अवधी, ब्रज आदि न आती हों और फिर अरबी-फ़ारसी की आध्यात्मिक शब्दावली का ज्ञान प्राप्त न हो।

भक्तिकालीन ये संत और सूफ़ी महान ज्ञानी थे। अपनी रचनाओं में आध्यात्मिक शब्दावली में उपमाओं, उत्प्रेक्षाओं, रूपकों के लिए अरबी-फ़ारसी के गूढ़ शब्दों का खुलकर प्रयोग किया है। तुलसी कहते हैं :

का भाषा का संस्कृत, प्रेम चाहिए साँच।

(तुलसी ग्रंथावली भाग 2 (दोहावली 572) पृ. 127)

इस विषय में भक्तिकालीन कवियों की अरबी-फ़ारसी बहुला शब्दावली के लिए देखिए :

कबीर ग्रंथावली पद 255 पृ. 130, 81, 131, 148, 149 पृ. 147, 148, 150, 101, 203, 240-245)

नानक वाणी, पृ. 179, 427, 773

दादू बानी भाग 1 पृ. 31, 32, 54, 55, 60-64 पृ. 125, 128-136, 165,

182, 225, 240-241

रैदास बानी—पृ. 16, 18, 19, 29, आदि

हिंदू संतों के काव्य में अरबी-फ़ारसी शब्दावली इतनी अधिक है जितनी मलिक मुहम्मद जायसी, कुतबन मंझन, उसमान आदि मुस्लिम सूफ़ी कवियों में नहीं है। यह इन लोगों की उदार हृदयता की क्रांतिकारी चेतना का द्योतक है ताकि दोनों महान जातियों के लोग एक दूसरे की बात समझें, सामान्यतः आम पुस्तकों में और संगोष्ठियों में यह देखा गया है कि इन संतों की क्रांति चेतना को समझा और ठीक तौर पर अभिव्यक्त नहीं किया जाता। प्रचारित यह किया जाता है कि संत, मध्यकालीन अमुक अमुक मुस्लिम बादशाहों के ज़ालिमों और अत्याचारों के प्रति विद्रोह भावनाएँ व्यक्त कर रहे हैं और उन्हें गद्दी से उखाड़ फेंकना चाहते थे तथा अपना अखंडराज्य-स्थापित करने की चेतना जगा रहे थे।

मेरा विचार है कि ऐसी बात नहीं थी।

इन संतों को तो समाज की विकृतियों, असंगतियों कुरीतियों भेदभावों को उखाड़ फेंकना था; दरबारों से इन्हें क्या लेना देना था।

संतन को कहां चाकरी से काम।

(अष्ठछाप के कवि छीत स्वामी)

या

तुलसी सरनाम गुलाम है राम को,
जाको रुचै सो कहै कछु, ओऊ।
मांगि कै रबैबो मसीत को सोइबो, लैबे को एक न दैबे को दोऊ

तुलसी ग्रंथावली (कवितावली—106, पृ. 187)

कबीर, तुलसी आदि तो उच्च वर्ग के कहे जाने वाले ब्राह्मणों से स्वयं परेशान रहे। कबीर कहते हैं :

धूत कहो अबधूत कहो जो लरहर कहो...

यह सब कुछ लिखते हुए मुझे भी अनुभव हो रहा है कि कुछ हठी मुझ पर भी कोई लेबल लगा देंगे—लेकिन परवाह इल्ले।

हाँ और फिर तत्कालीन मुसलमान बादशाह या राजा, इस्लाम या हिंदू धर्म-प्रतिनिधि थे कहाँ? संभवतः आप में से किसी को भी यह मालूम न होगा कि बाबर से लेकर बहादुरशाह ज़फर तक ओर इससे पूर्व के बादशाहों में से किसी भी मुस्लिम बादशाह ने इस्लाम धर्म का एक महत्त्वपूर्ण कर्त्तव्य—फ़रज़ 'हज' नहीं (मालदार को जीवन में एक बार मक्का मदीने में हज करना फ़र्ज़ है) किया ऐसे शासक इस्लाम के प्रतिनिधि, प्रतीक संरक्षक, प्रचारक कहाँ से हो गए।

वह ज़माना तो Territorial ambition या मुल्कगीरी का था। केवल मुसलमानों के लिए ही नहीं, इन मुसलमान बादशाहों के आने से पूर्व क्या महाभारत का युद्ध नहीं हुआ, क्या राम को वनवास नहीं जाना पड़ा, और फिर अंतिम हिंदू राजा हर्षवर्धन (600-647 ई.) के बाद भारत देश में छोटे-छोटे राजाओं ने अपने अपने राज्यों को स्वतंत्र घोषित कर दिया था जिनमें कन्नौज के प्रतिहार, बंगाल के पल्लवों और दक्षिण के चालुक्यों की रियासतें विशेष उल्लेखनीय हैं। सन् 753 में राष्ट्रकूटों ने चालुक्यों को पराजित किया तथा दक्षिण भारत में पाड्यों ने पल्लवों को हराया... संक्षेप में इस Territorial Ambition के युग में प्रत्येक छोटा राजा-महाराजा और चक्रवर्ती राजा बनना चाहता था। वे आपस में एक दूसरे पर ज़र, ज़न, ज़मीन (सोना-चाँदी स्त्री-औरत, नारी, जायदाद) के लिए एक दूसरे पर चढ़ाई कर देते थे, उनके चारण, भाट, कवि उनकी अतिशयोक्ति पूर्ण वीरता के बखान करते रहते थे। भक्ति-काल के महान संत इन तुच्छताओं से बहुत ऊपर उठे हुए, समाज के महान सुधारक और चेतना प्रदायक थे। तत्कालीन समाज में वैदिक देवी-देवताओं की अपेक्षा विष्णु, शिव, दुर्गा, गणेश तथा अन्य पौराणिक देवी-देवताओं को माने जाने वाले समाज की कुरीतियों, मतभेदों ओर मत-मतांतरों के विरुद्ध मानवता जगाने की प्रेरणा प्रदान की है।

गुरु नानक

बाबा गुरु नानक के दिव्य और नूरानी व्यक्तित्व ने एकता, प्रेम, सद्भावना, सदाचार, संयम, समन्वय, सौहार्द के द्वारा मानव मुक्ति की राह दिखाई।

उर्दू के महाकवि इक़बाल ने अपनी एक नज़्म में गुरु नानक जी को बड़ी श्रद्धापूर्वक मर्देकामिल कहा है :

फिर उठी आख़िर सदा तौहीद की पंजाब से।
हिंद को इक मर्देकामिल ने जगाया ख़्वाब से।।[2]

यह मर्देकामिल एक कर्मयोगी नानक ही तो हैं। इन्होंने दृढ़ एकेश्वरवाद (तौहीद) का प्रचार-प्रसार करके निर्वाणोन्मुख धर्मचेतना को जन समाज में नई क्रांति की ओर मोड़ दिया। धार्मिक सहिष्णुता और जातीय एकता का शंखनाद फूँका, जिनकी गूँज आज भी सुनाई दे रही है। गुरु ग्रंथ साहब में गुरु नानक के प्रवचनों ने समाज में फैली हुई, पंडितों, कठमुल्लाओं, ब्राह्मणों और क़ाज़ियों की इजारादारी समाप्त कर दी,—धर्म को मंदिरों और मस्जिदों की चार दीवारी से आज़ाद कर दिया, तौहीद (एक अल्लाहवाद) के द्वारा इंसान इंसान में भाईचारा पैदा करके एक ख़ालिक़, निरंकार परब्रह्म से जोड़ दिया। और बताया कि जिस प्रकार हवा, वायु, पानी, प्रकाश, मिट्टी का कोई धर्म नहीं, और यह सबकी मिलकियत है, उसी तरह सद्-धर्म पर चलना

सबका अधिकार और हक है। क्या यह उस समाजी बदहाली के काल में एक क्रांतिकारी चेतना दायक संदेश नहीं था?

उन्होंने बताया कि आदमी को जब मौत का फ़रिश्ता पकड़ता है, तो उसकी कोई सहायता नहीं करता–बस उसके नेक, अच्छे आमाल ही उसको मुक्ति और शांति प्रदान कर सकते हैं।

तौहीद (एक अल्लाहवाद या पैगंबरी दृढ़ एकेश्वरवाद)

इस्लामी तौहीद केवल अल्लाह के एक होने का नाम नहीं है, तौहीद का अर्थ है एक करना। यानी समस्त मानव जाति को नाना प्रकार मतमतांतरवाद से हटा कर केवल एक शक्ति या सत्ता अल्लाह की ओर लगाना ताकि वे एक अल्लाह परब्रह्म की बंदगी के कारण आपस में एक ही परिवार के सदस्यों की भाँति भाई-भाई बन जाएँ। गुरु ग्रन्थ साहब में इसकी अनेक मिसालें गुरु नानक के वचनों में इस प्रकार हैं :

साहिबु मेरा एक है। एको है भाई एको है।।
आपे मारे आपे छोड़े। आपे ले वै देई।।
आपे देखै आपे विगसे आपे नदरि करेई।।
जे किछु करणा सो करि रहिआ अवरू न करणा जाई।।
जैसा वरतै तैसो कहीए सभ तेरी बडिआई।।

कुर्आन की सूरे इख़ुलास (112) में ख़ुदा के विषय में कहा गया है कि "तू कह, वह अल्लाह एक है अल्लाह बेनियाज़ (निराधार) है न उसने किसी को जना है और न वह किसी से जना गया है और उसके जोड़े का कोई नहीं।" नानक-वाणी में इन आयतों से कितना साम्य मिलता है–

अलख अपार अगम अगोचर ना तिसु कालु न करमा।
जाति अजाति अजोनी संभउ ना तिसु भाउ न भरमा।।
साचे सचिआर बिटहु कुरबाण।
ना तिसु रूप वरनु नहीं रेखि आ साचै सबदि नीसाणु।।
"ना तिसु मात पिता सुत बंधुप न तिसु कामु न नारी।।
अकुल निरंजनु अपर परंपरू सगली जोति तुमारी।।

(ग्रंथ साहब, राग सोरठ पृ. 597)

इससे पहले कि अन्य उदाहरण दिए जाएँ, गुरु नानक के प्रवचनों के सागर, गुरु ग्रंथ साहिब के बारे में कुछ जान लें।

गुरु ग्रंथ साहिब, सिख-धर्म का एक महान, पवित्र ग्रंथ है। यह गुरुमुखी, हिंदी तथा इसकी प्रादेशक भाषाओं–ब्रज, अवधी, मुलतानी, सराइकी, सिंधी के अतिरिक्त,

उर्दू-फ़ारसी और अरबी के आध्यात्मिक, व्यावहारिक शब्द भंडार का एक समन्वयात्मक संगम है।

यह ग्रंथ सार्वभौम मानवतावादी आध्यात्मिक-उपदेश-भक्ति और क्रांति चेतना का एक ऐसा काव्य ग्रंथ है जो राग-रागनियों में निबद्ध है।

सिख-धर्म में धर्म-निरपेक्षता की आदर्श भावना रही है। इसमें बौद्ध, जैन, हिंदू, नाथपंथ और इस्लाम आदि सब ही दर्शनों में से ग्रहण करने योग्य विचारों को संग्रहित किया गया है। इसमें इतिहास भी है, भाषा-वैज्ञानिक समन्वय भी है और साहित्यिक उदारता के साथ एकता भी मौजूद है।

ग्रंथ साहब के मआरफ़तेइलाही या ब्रह्मज्ञान के जो बारीक बिंदु भरे हुए हैं, वे बताते हैं कि बाबा नानक, हिंदू धर्म के साथ-साथ इस्लाम के मूल सिद्धांतों का बड़ा व्यापक ज्ञान रखते थे। इसमें लगभग 40 संतों के प्रवचनों का संकलन है जिसमें सात मुसलमानों और छः गुरुओं के शब्द और दोहे भी हैं।

उच्च जातिवालों की ओर से जब संत कबीर, रैदास या रविदास जैसे महान कवियों पर आक्षेप किए गए तो उन्होंने अपनी जाति पर अपने सद्कामों की बदौलत अभिमान करते हुए पंडितों और उच्च-जाति वालों को चुनौती देते हुए साफ़ तौर पर लताड़ा है कि हम तो एक ब्रह्म की उपासना करके सबको एक नज़र से देखते हैं। तुम्हारी तरह भेद-भाव नहीं करते।

तू ब्राह्मण मैं काशी का जुलाहा। मोहे तोहे बराबरी कैसे निभे। [3]

*   *   *   *

मेरी ज़ात कमीनी पाप कमीनी ओछा जन्म हमारा।
तुम शरनागत राजा रामचंद के रैदास चमार।। [4]

हनेड़ी जात मेरी जादम राइया।
छीपे के जनम काहे को आया।।

इसके अलावा भक्त बानी में कई शब्द ऐसे भी हैं, जिसमें कई भक्तों की जात दी गई है।

गरभदास में कुल नहीं जाती। ब्रह्म बंदते सब उत्थाती।।
कह रहे पंडित ब्राह्मण कबके होए। ब्राह्मन कह के जनम मत खोए।।
जो तो बाहमन ब्राह्मनी का जाया। तो आन बाट का है नहीं आया।।
तुम कत ब्राह्मन हम तस सूद्र। हम कत लोहो तुम कत दूध।।
कह कबीर जो ब्रह्म विचारे। सो ब्रह्मन कहत है हमारे।। [5]

बाबा गुरु नानक

गुरु नानक एक महान क्रांतिकारी संत थे। आपका जन्म लाहौर के निकट तलवंडी ग्राम में 1469 ई. में हुआ। जो आजकल "ननकाना साहब" के नाम से मशहूर है। यह ग्राम वास्तव में रायबुलार नाम के एक भाटी मुसलमान राजपूत जागीरदार की जागीर था, रायबुलार अपने गाँव का मुखिया और मालिक था। गुरु नानक का परिवार इसी अमलदारी का निवासी था। नानक जी ने पंडित गोपाल और श्री ब्रजलाल से हिंदी और संस्कृत का ज्ञान प्राप्त किया और मौलवी कुतबुद्दीन से फ़ारसी तथा सैयद हसन दरवेश से सूफ़ीमत की भी जानकारी प्राप्त की।

गुरु नानक, लोधी वंश (1451-1526) के आख़िरी शासक सिकंदर लोधी (1489-1517) और ज़हीरूद्दन बाबर (1483-1526-1530) के ज़माने की एक महान आत्मा थे।

दिल्ली-सुलतान बहलोल लोधी (1451-1488) का एक रिश्तेदार नवाब दौलत ख़ाँ लोधी, उस समय पंजाब का सूबेदार या Governer था। यह एक पढ़ा लिखा, साहित्य प्रिय अफ़ग़ान सरदार था, उसका एक बड़ा पुस्तकालय था, जिससे बाबा नानक का भी संपर्क रहा।

गुरु नानक के बहनोई (जीजा) जयराम उस ज़माने में सूबेदार दौलतख़ाँ लोधी के दीवान (Minister) थे।

गुरु नाना की बहन नानकी ने अपने भाई नानक का संतों जैसा अनमना-स्वभाव देखकर अपने पिता की चिंता कम करने के लिए नानक को अपने पास सुलतानपुर बुला लिया और नवाब ने अपने मोदीख़ाने (Store) में उन्हें नियुक्त कर लिया, नानक तीस वर्ष की आयु तक यानी 1499 ई. तक नवाब दौलत ख़ाँ लोधी के संपर्क में रहे और तीस साल की उम्र में, रबाब (सारंगी) बजाने वाले मुलसमान संत-सूफ़ी-गायक, मरदाना-फ़कीर को साथ लेकर भ्रमण के लिए निकल पड़े। इनकी यात्राओं का मुख्य उद्देश्य धार्मिक सहिष्णुता, मानवता, विश्वबन्धुत्व का प्रसार था। उनकी वेश-भूषा धार्मिक और सामाजिक एकता की परिचायक थी। दरवेश फ़कीर की तरह ढीला, लंबा चोग़ा भगवे रंग का, कमर में सफेद रंग का पटका या फैंटा बाँधते थे, सिर पर साफ़ा भी और चौगोशिया टोपी भी कभी-कभी पहनते थे। किसी ने उनके बारे में ठीक ही कहा है :

गुरु नानक शाह फ़कीर।
हिंदू का गुरु मुसलमान का पीर।।

देश-विदेश के भ्रमण में उन्होंने अपने समकालीन महान संतों और सूफ़ी साधकों की सद्संगति की थी।

बाबा नानक भारत में—हरिद्वार, काशी, कुरूक्षेत्र, द्वारका, मुलतान, गया, जगन्नाथपुरी आदि भी गए। भारत से बाहर बौद्ध धर्म के केंद्रों का भ्रमण करने के लिए तिब्बत, नेपाल और हिमालय के अन्य प्रदेशों में भी ज्ञान पिपासा उन्हें ले गई। अफ़ग़ानिस्तान, ईरान तथा अरब प्रदेशों में ईराक़, बग़दाद आदि नगरों का भी उन्होंने एक वर्ष तक भ्रमण किया, जहाँ उनका ख़ूब आदर हुआ। कहा जाता है कि बग़दाद में उनकी याद में एक केंद्र आज भी मौजूद है, जहाँ से उनके मुसलमान चेलों के उत्तराधिकारी अभी तक उस केंद्र की रक्षा करते हैं। इस मकान को 'नानक पीर' कहा जाता है। यह सारी बात बग़दाद के एक अरबी पत्र 'दारूल सलाम' के 9 अप्रैल सन् 1919 ई. के अंक में प्रकाशित हुई थी।

(मेडिवल मिस्टसिज़्म आफ़ इंडिया : आचार्य क्षिति मोहन सेन)

गुरु नानक जी का फ़ारसी ज्ञान और अरब देशों में साल भर से अधिक भ्रमण के कारण अरबी ज्ञान काफ़ी हो गया था। सूफ़ियों के संपर्क से आम तौर पर इस्लाम का इनका अच्छा ख़ासा ज्ञान था। इसलिए तौहीद, कुरान, और इस्लाम की अनेक बातें स्वतः ही उनके वचनों में आईं हैं। कहीं कहीं तो उनकी वाणी में कुरान की आयतों का शाब्दिक अनुवाद भी झलकता है। गुरु नानक ने अपने आप को अल्लाह या उसका अवतार नहीं कहा बल्कि वह इस बात को शिर्क (अल्लाह का साझीदार मानना) समझते थे इसलिए अपने बारे में उन्होंने साफ कहा है :

हम आदमी हाँ एक दमी मुहलति मेहत, नजाना।

(गुरु ग्रंथ साहब पृ. 660)

यह आदमी, आदर्श महामानव ही था, जिसने भटके हुए आदमी और विकृत समाज में अद्भुत क्रांति चेतना पैदा कर दी थी जो चिरस्मरणीय है।

गुरु नानक के समकालीन संतों में कबीर, बल्लभाचार्य, शंकर देव, चैतन्य महाप्रभु, उल्लेखनीय हैं। सूफ़ियों में नानक के समकालीन शेख़ सद्रुद्दीन (Shaikh Sadraddin) या जिंदपीर शेख़ अब्दुल कुद्दूस गंगोही = अलखदास (1455-1538) शैख़ बहाउद्दीन बाजन (1388-1506), शाहमुहम्मद ग़ौस ग्वालियरी (1485-1562) सिंधी कवि क़ाज़ी क़दान (1463-1551) का नाम लिया जा सकता है।

गुरु नानक के आविर्भाव से सदियों पहले से मुस्लिम सूफ़ियों, मुस्लिम कवियों ने सिंधी, सरायकी, मुलतानी, पंजाबी (बाबा फ़रीद (1173-1265 ई.) में परिपक्व रचनाएँ की थीं।

आमतौर से महान सूफ़ी तसव्वुफ़ और धर्मशास्त्र की विभिन्न शाखाओं का अध्ययन अध्यापन करके अपने सादा और साधनापूर्ण जीवन से—अपने गुरुओं से सिद्धि प्राप्त कर लेते थे, तब बाद में जन सामान्य में जाकर उनकी ही भाषा में बातचीत करके उनके दुःख-सुख बाँटते थे।

यह भी एक ऐतिहासिक सत्य है कि गुरु नानक के ज़माने तक फ़ारसी-अरबी और हिंदी सरकारी तौर पर (पटवारी रिकार्ड, लेखा-जोखा, Accounts in Hindi) दरबार से लेकर ख़ानकाहों तक—बादशाहों, सूबेदारों, नवाबों की महफ़िलों से लेकर जनसामान्य तक (भक्तिकालीन हिंदी साहित्य भी साक्षी है) खूब जानी और समझी जाती थीं। मुस्लिम सूफ़ियों ने भारत की प्रत्येक प्रादेशिक भाषा को सीखा—रचनाएँ कीं और प्रत्येक हिंदू संत-कवि की रचनाओं में अनेक अरबी-फ़ारसी आध्यात्मिक एवं व्यावहारिक शब्दावली बड़ी उदारतापूर्वक और सही-सही अर्थों में प्रयुक्त हुई है—क्या यह भावनात्मक एकता सूचक क्रांतिचेतना नहीं है? निश्चय ही है इसमें कबीर, सूर, दादू, गुरु नानक और कुलज़ुम शरीफ़ के रचयिता महामति प्राणनाथ आदि सराहनीय हैं।

संदर्भ

1. जायसी ग्रंथावली भूमिका पृष्ठ 3 आचार्य रामचन्द्र शुक्ल
2. *चिश्ती ने जिस ज़मीं में पैग़ामे हक़ सुनाया।*
   नानक ने जिस चमन में वहदत का गीत गाया।
3. गुरु ग्रंथ साहब, राग राम कली—कबीर, पृ. 970
4. गुरु ग्रंथ साहब, राग सौरठ—रविदास, पृ. 659
5. गुरु ग्रंथ साहब, पृ. 324 पृ. 487, 1164

सम्पर्क : सी-105, ईस्ट एंड अपार्टमेंट,

दिल्ली-96

रैदास जन्म के कारणै होत न कोय नीच

डॉ. एन. सिंह

हिंदी साहित्य के मध्यकाल के पूर्वार्ध भाग को 'भक्तिकाल' के नाम से अभिहित किया जाता है। यह मध्यकालीन भारत की दीनता, धार्मिक, अंध-विश्वासों एवं सामाजिक विकृतियों का काल था। विदेशी आक्रांता शासक, हिंदुओं पर जुल्म ढा रहे थे, तो हिंदू भी धार्मिक रूढ़ियों के आधार पर और अधिक बंटते जा रहे थे, जिसके कारण भारत का सामाजिक ढाँचा पूर्णतः अस्त-व्यस्त हो गया था। कुल मिलाकर यह धार्मिक, राजनीतिक और सामाजिक पतन का काल था।

यदा-यदा हि धर्मस्य ग्लानिर्भवति भारत।
अभ्युत्थानमधर्मस्य संभवामि युगे-युगे॥

लेकिन जब-जब भी भारत-भूमि पर विनाशकारी शक्तियों का प्रभाव बढ़ा है, तब-तब ही किसी न किसी महापुरुष का जन्म हुआ है। ऐसे ही समय में दीन-हीन भारत की दुखी जनता को, सामाजिक स्वास्थ्य के लिए समता की संजीवनी पिलाने के लिए भारत-भूमि पर संत रैदास का आर्विभाव हुआ था—

चौदह सौ तैंतीस की माघ सुदी प्रदास।
दुखियों के कल्याण हित प्रकटे श्री रैदास॥

माघ की पूर्णिमा को ही समस्त भारत में 'रैदास सम्प्रदाय' के लोग बड़ी धूम-धाम से संत रैदास की जयंती मनाते हैं। इसका आधार गुरु गोविंद सिंहकालीन संत करमदास की यही उक्ति है। इसके अनुसार उनका जन्म संवत् 1433 वि. की माघ पूर्णिमा को हुआ था। जब कि 'अगस्त्य-संहिता' के अनुसार इनकी जन्मतिथि 'चैत्रसुदि द्वितीया शुक्रवार' है।

रैदास काव्य का अध्ययन करने पर अंतः और बाह्य कोई ऐसा प्रमाण उपलब्ध नहीं होता, जिसके आधार पर संत रैदास के जन्म संवत् के विषय में जानकारी मिलती हो। उनके काव्य से यह ध्वनि अवश्य निकलती है कि वे कबीर के समकालीन थे

और उनके समय में वे पूर्ण ख़्याति भी अर्जित कर चुके थे। इसका उल्लेख कबीर ने अपनी वाणी में किया है–

साधुन में रैदास संत हैं, सुपच ऋषि सो मानिया।
हिंदू तुर्क दुई दीन बने हैं, कछु नहीं पहिचानिया॥

संत रैदास ने भी कबीर को 'गुरु समान कबीर बड़ भ्राता' कहकर सम्मान दिया है। इससे यह तथ्य प्रमाणित होता है कि संत रैदास और संत कबीर दोनों एक समय में विद्यमान थे।

दूसरा तथ्य यह है कि स्वामी रामानंद संत रैदास के गुरु थे और उन्होंने उनसे दीक्षा ली थी। इसका उल्लेख रैदास वाणी में हुआ है–

रामानंद मोहि गुरु मिल्यो, पाया ब्रह्म विसास।
रामनाम अमिरस पियो, रैदास हि भयो षलास॥

इन दोनों आधारों पर संत रैदास का समय निश्चित करना सरल हो जाता है। संत कबीर का जन्म संवत् 1456 अद्यावधि सर्वमान्य है तथा स्वामी रामानंद का जीवन काल 'अगस्त्य संहिता' के आधार पर रूपकला ने अपनी भक्तिमाल की टीका में सम्वत् 1356 से सं. 1467 तक माना है। डॉ. भंडारकर ने भी रामानंद के इसी काल को प्रामाणिक माना है, जिसे विद्वानों द्वारा भी पर्याप्त समर्थन मिल चुका है।

इस प्रकार संत रैदास के जन्म काल को कबीर के जन्म संवत् से दो-चार वर्ष के अंतर से निश्चित किया जा सकता है क्योंकि रैदास ने स्वयं कबीर को 'बड़ा' स्वीकार किया है। इसके अतिरिक्त रैदास ने स्वामी रामानंद से दीक्षा ग्रहण की थी। जो निश्चित ही उनकी मृत्यु से पहले की होगी। अतः संत रैदास का जन्म काल सम्वत् 1456 से सं. 1467 के बीच ही तर्क संगत बैठता है। जब कि 'शोध पत्रिका' में प्रकाशित लेख 'संत रैदास का समय' में श्री वेद प्रकाश गर्ग ने रैदास का जीवनकाल सं. 1415 से लेकर संवत् 1525 के आस-पास माना है।

अब तक प्राप्त समस्त शोध विवरणों के आधार पर संत रैदास का जन्म 'मांडूर' नामक स्थान पर हुआ था। अब इसका नाम 'मडुवाडीह' हो गया है। जो मुगलसराय स्टेशन से डेढ़-दो मील की दूरी पर ग्रांट ट्रंक रोड पर स्थित है। 'रैदास रामायण' में इसका उल्लेख मिलता है।

कासी ढिंग मांडूर सथाना, शूद्र वरण करत गुजराना।
मांडूर नगर लीन ओतारा, रैदास सुभ नाम हमारा॥

'रैदास वाणी' में भी उनके जन्म-स्थान का 'बनारस' के आस-पास होने का

उल्लेख है—

मेरी जाति कुटवांढला ढोर ढुंबता।
नित ही बनारसी आस-पास॥

उनके इस पद से उनकी जाति का भी पता चल जाता है, वैसे संत रैदास ने कहीं पर भी अपनी जाति छिपाने का प्रयास नहीं किया है। उन्होंने अपनी वाणी में एक स्थान पर स्पष्ट लिखा है—

मेरी जाति विख्यात चमारं।

संत रैदास की माँ का नाम करमाबाई तथा पिता का नाम राघवदास था। जो चमड़े से जूते बनाने का काम करते थे। संत रैदास भी जीवन भर अपना पैतृक पेशा ही करते रहे। साथ-साथ प्रभु भक्ति और हरि कीर्तन भी करते रहते थे। साधु-संगति और भक्ति ही उनके लिए सब कुछ थी। वे किसी साधु को यदि नंगे-पाँव देख लेते थे तो अपनी दिन भर की मेहनत से बनाया हुआ जूता उठाकर सादर उसे दे देते थे। तंग आकर उनके पिता ने उन्हें घर से अलग कर दिया। ये घर के पीछे झोंपड़ी डालकर अपनी साध्वी पत्नी लोनोके साथ रहने लगे तथा पुराने जूते गाँठकर अपने परिवार का पालन-पोषण करने लगे। साधु-संगति और प्रभु भक्ति के प्रति इनका अनुराग फिर भी कम नहीं हुआ। इनके परिवार को विपन्नता में दिन काटने पड़े, जिससे लोग इनका उपहास भी करते थे।

दारिद देखी सब कोई हँसै ऐसी दशा हमारी।

लेकिन अध्यात्म मार्ग के पथिक को इन कष्टों की चिंता कहाँ? परिणामस्वरूप इनकी ख़्याति सर्वत्र फैल गई, जिसके कारण काशी के विद्वान, पंडित उनके विरोधी हो गए किंतु अंततोगत्वा सभी ने उनकी श्रेष्ठता को स्वीकार कर लिया था—

गरीब निवाज गुसैया मेरे माथे तिलक धरे।
नीचहि ऊँच करे मेरा गोविंद काहु ते न डरै॥

इसी कारण उनके शिष्यों में सभी जाति, धर्म और संप्रदायों के लोग थे। झाली रानी (झालावाड़ के राजा की पुत्री रत्न कुँवरी) तथा भक्तिमती मीरा उनकी शिष्या थी। मीरा ने इस तथ्य को अपने एक पद में स्पष्ट स्वीकार किया है।

गुरु मिल्या रैदास जी दीन्हीं ग्यान की गुटकी।

संत रैदास का अधिकांश समय काशी में ही व्यतीत हुआ किंतु फिर भी वे देशभर में भ्रमण करते रहे। जीवन के अंतिम समय उनका शरीर वृद्धावस्था के कारण

इतना जर्जर हो चुका था कि वे प्रभु की पूजा और कीर्तन करने में भी असमर्थ हो गए थे–

अब मैं हारयो रे भाई।
हलन चलन ते थकित भई देह लोकन वेद बड़ाई।
थकित भयो नाचन और गायन तै, थाकी पूजा सेवा॥

चित्तौड़ में ही संत रैदास का शरीरांत सम्वत् 1584 में हुआ इस संबंध में एक उचित प्रचलित है–

पंद्रह सौ चऊ असी, भई चित्तौड़ मंह भीर।
जर-जर देह कंचन भई, रवि-रवि मिल्यौ शरीर॥

यहीं पर कुंभ श्याम मंदिर के पास रैदास की छत्री बनवाई गई, जिसमें उनके चरण-चिह्न आज भी अंकित हैं। अनंतदास वैष्णव ने लिखा है–

हरिसागर में बूँद समानी, कोउ न जाने कहाँ समानी॥

भारतीय संस्कृति अंतर्विरोधों का विचित्र समन्वय है। यहाँ एक ओर तो किसी अछूत को पूजा, उपासना और पठन-पाठन का अधिकार नहीं दिया जाता था, वहीं दूसरी ओर यदि कोई अछूत सिद्धि प्राप्त कर ले तो उसे उदारता से स्वीकार भी कर लिया जाता रहा।

मध्यकालीन भारत में संत रैदास इन्हीं अंतर्विरोधों का एक सशक्त उदाहरण है। क्रांतिकारी, समाज-सुधारक, दार्शनिक, भक्त और कवि जैसी विशेषताओं से विभूषित उनके व्यक्तित्व को एक जाति विशेष तक सीमित कर उसकी परिधि को छोटा ही किया गया जब कि वे जयदेव, नामदेव, गुरु नानक, कबीर आदि महान संतों की अविरल परंपरा की एक महत्त्वपूर्ण कड़ी थे, इसलिए उनके सर्जनात्मक व्यक्तित्व का मूल्यांकन इसी परिप्रेक्ष्य में रखकर किया जाना चाहिए।

संत रैदास के चालीस पद तो 'गुरु ग्रंथ साहब' में संकलित हैं तथा अन्य पांडुलिपियों से दो सौ के लगभग पद तथा ढाई सौ से अधिक 'साखियाँ' जो दो पंक्तियों के समतुकांत छंदों में दोहों की तरह हैं। उनके परवर्ती कुछ लेखकों ने उन्हें 'साषियां' भी कहा है, प्राप्त हो चुके हैं। अब तक उनकी इस सामग्री के अतिरिक्त एक और ग्रंथ 'प्रह्लाद चरित' का भी पता लगा है। विद्वानों का ध्यान इस ओर गया है और वे सोचने लगे हैं कि संत रैदास के काव्य का अध्ययन किए बिना संपूर्ण संत काव्य का अध्ययन अधूरा है। संत रैदास काव्य के मर्मज्ञ अध्येता डा. बी. पी. शर्मा (भूतपूर्व एसोशिएट प्रोफेसर, यू. जी. सी. पंजाब विश्वविद्यालय, चंडीगढ़) ने 7 मई 1979 के अपने पत्र में लिखा था–'वास्तव में संत रैदास पांडुलिपियों की

परतों में दबे रहे, इस चमार को किसी ने देखा ही नहीं, अन्यथा यह चमार विचित्र भक्त था। 130 वर्ष जूझता रहा जीवन संघर्ष में। आखिर 'सकल राजधानी को अगवानी में लेकर' भारत सम्राट 'राणा सांगा' ने चित्तौड़ दुर्ग की 1800 फुट ऊँची चौहद्दी पर उनका स्वागत किया था।' उक्त पंक्तियों में जहाँ रैदास का महत्त्व ध्वनित होता है, वहीं उनकी व्यापक उपेक्षा की ओर भी संकेत दृष्टिगोचर होता है। उनकी उपेक्षा का इससे बड़ा प्रमाण और क्या होगा कि इस संत शिरोमणि का काव्य शताब्दियों तक यूँ उपेक्षित पड़ा रहा और अब भी उसे वह सम्मान प्राप्त नहीं है, जिसकी वह अपेक्षा रखता है।

संत रैदास का काव्य हिंदी काव्य की प्रारंभिक अवस्था की सृजना है इसलिए उसमें छंद-सौष्ठव तथा भाषागत सौंदर्य की अपेक्षा नहीं की जा सकती। यही कारण है कि काव्य मूल्यांकन के पुरातन सिद्धांतों के आधार पर रैदास काव्य का मूल्यांकन नहीं किया जा सकता। इस ओर संकेत करते हुए डॉ. योगेंद्र सिंह ने भी लिखा है—'उनके साहित्य का कलात्मक मूल्यांकन परंपरागत शास्त्रीय दृष्टि से पूरे प्रकार से नहीं किया जा सकता। रैदास की विचारधारा में तत्कालीन भारत में प्रचलित संपूर्ण मुख्य साधना पद्धतियों की मूल आत्मा सामान्यतः सदैव विद्यमान रहकर भी उसमें कुछ नव्यता है, जो उनको परंपरा से पृथक् एक मौलिकता प्रदान करती है। उनके साहित्य में कलात्मक दृष्टि से शास्त्रीय सौंदर्य के सभी मुख्य तत्त्व उपस्थित होते हुए भी उनकी वाणी के साहित्यिक सौंदर्य का पूर्ण आनंद, उसको परंपरागत शास्त्रीय चौखटे में कसकर नहीं लिया जा सकता। वर्तमान समय में काव्य मूल्यांकन के सिद्धांतों में वैसे भी बहुत अधिक परिवर्तन आया है। मान्यताओं के बदलाव की ओर संकेत करते हुए डॉ. ओमप्रकाश अवस्थी ने लिखा है—'मूल बात यह है कि अपने युग संदर्भ में कविता कितनी गहराई से युग की संवेदना और कवि की अनुभूति को प्रकट कर सकी है तथा अपने युग के पूर्ववर्ती इतिहास में कितनी नई है तथा उस युग विशेष में उस समय के कालबोध को कितनी दूरी और गहराई से उसने छुआ है, दूसरी बात यह है कि कविता में प्राण शक्ति कितनी है। समय के कितने थपेड़े खाकर वह अपना स्वरूप स्थिर ही नहीं रख पाई, वरन् कितनी और प्रांजल तथा साफ होती गई है। कवि के कालबोध एवं काव्य की प्राणवत्ता को काव्य की राह से गुज़रकर ही जाना जा सकता है।

संत रैदास का समय 15वीं शताब्दी अनुमित किया जाता है। यह समय ऐसा था, जबकि भारत पर मुसलमानों के अत्याचारों, अनाचारों की आँधी ज़ोरों पर थी। हिंदुओं की आँखों के सामने उनके देवालय घोषणाएँ करके गिराए जाते थे, उनके आराध्य देवताओं का अपमान किया जाता था। ऐसे समय में न तो वे विद्रोह ही कर सकते थे और न ही सिर झुकाए बिना जी ही सकते थे। अतः हृदय के आक्रोश को अपनी असहायता, निराशा और दीनता को प्रभु के सम्मुख कहकर मन को शांति

देने के अतिरिक्त और रास्ता ही क्या था? तत्कालीन समाज की इस स्थिति को संत रैदास ने वाणी दी है–

नाहि-त्राहि त्रिभुवन पति पावन,
अतिशय शूल सकल बलि जाऊँ।

मध्यकालीन भारत अंधविश्वासों के घनघोर अंधेरे में सांस ले रहा था, कुछ बेबुनियाद रूढ़ियों ने उसमें और सड़न पैदा कर दी थी। रैदास की ख़्याति सर्वत्र फैल जाने के उपरांत हिंदू उन्हें अछूत ही समझते थे। इसका उल्लेख उनके काव्य में यूँ मिलता है–

रैदास तूँ कांवचि फलि तूझे न छिवै कोय।

इसके अतिरिक्त भी अपने हृदय के इस दर्द को उन्होंने अपनी वाणी में बड़ी सहजता से व्यक्त किया है–

हम अपराधी नीच घर जन्में, कुटुम्ब लोग करे हाँसी रे।

लोगों का यह उपहास ही व्यक्ति को अंतर्मुखी कर देता है और अपनी निराशा और उपेक्षा को सर्जनात्मक मोड़ देकर सामाजिक रूढ़ियों पर पुनर्चिंतन करता है। तब जाकर कहीं ये रूढ़ मान्यताएँ टूटती हैं। संत रैदास ने तत्कालीन रूढ़ियों के प्रति विद्रोह किया, इसलिए उन्हें सामाजिक क्रांति का अग्रदूत कहने में कोई अत्युक्ति नहीं है।

ऐसे समय में सजग साहित्यकार का जो दायित्व है, उसका संत रैदास ने बड़ी सहजता से निर्वाह किया। सर्वप्रथम उन्होंने हिंदू मुसलमानों में एकता स्थापित करने का प्रयास किया क्योंकि बाहरी आक्रांताओं से यहाँ के मूल निवासी हिंदू और मुसलमान दोनों ही परेशान थे, इसलिए उन्होंने पहले सैद्धांतिक दरार को ही पाटना उचित समझा, जिससे भावात्मक एकता स्थापित हो सके। यह तभी संभव था जब राम और रहीम को एक समझा जाए तब वेद और कुरान को लोग बराबर सम्मान दें–

कृष्णा-करीम, राम-हिर-राघव, जब लग एक न पेषा।
वेद-कतेब-कुरान-पुरानन सहज एक नहीं वेषा॥

मंदिर और मस्जिद के झगड़े आज की तरह तब भी सांप्रदायिक स्तर पर हिंदू और मुसलमानों को दो फाड़ कर रहे थे। किंतु संत रैदास ने तब भी इन दोनों को एक ही परम पिता परमात्मा का उपासना-स्थल बताकर हिंदू और मुसलमानों को आपस में न लड़ने की सलाह दी। उनका मत है–

मंदिर मस्जिद एक है, इन मंह अंतर नाहि।
रैदास राम रहमान का, झगडऊ कोऊ नाहि॥
रैदास हमारा राम जोई, सोई है रहमान।
काबा कासी जानि याहि, दोऊ एक समान॥

दरअसल संत रैदास व्यक्ति-व्यक्ति की समानता के हामी थे। देखिए कैसे वह 'कंगन और कनक' के रूपक द्वारा हिंदू और मुसलमानों में एकरूपता स्थापित करने का प्रयास करते हैं–

रैदास कंगन और कनक मांहि, जिमि अंतर कछु नाहिं।
तैसऊ ही अंतर नहीं, हिंदुअन तुरकन मांहि॥

इनका एक कारण यह भी है कि प्रत्येक व्यक्ति जन्मतः एक समान है। सबमें एक ही रंग का रक्त, एक प्रकार का माँस और अस्थियाँ हैं। फिर इस संसार में आकर व्यक्ति, धर्म, जाति, वर्ण आदि के नाम पर क्यों बंटे। संत रैदास ने इस बुनियादी तथ्य को निम्न प्रकार अभिव्यक्ति दी है–

हिंदू तुरक नहीं कछु भेदा, सभ मंह एक रक्त और मांसा।
दोऊ एकह दूजा कोऊ नांही, पेख्यो सोध रैदासा॥

इसके आगे वह हिंदू और मुसलमानों को मित्र की भाँति रहने का संदेश देते हुए लिखते हैं–

मुसलमान सौ दोस्ती, हिंदुअन सो कर प्रीत।
रैदास जोति सभ राम की, सभ हैं अपने मीत॥

इस प्रकार संत रैदास ने तत्कालीन परिस्थितियों में समाज को उचित दिशा देने के लिए धार्मिक अंधविश्वासों का भंडाफोड़ करके समस्त मनुष्यों को भेदभाव भूलकर आपस में मिल-जुलकर इस देश की उन्नति के लिए कार्य करने का उपदेश दिया। उनका यह उपदेश तत्कालीन परिस्थितियों में जितना आवश्यक था, सामयिक संदर्भों में भी उतना ही प्रासंगिक हैं क्योंकि भौतिक दृष्टि से इतनी वैज्ञानिक उन्नति कर लेने के बावजूद भी धार्मिक अंधविश्वास पूर्णतः नष्ट नहीं हो पाए हैं। आज भी मंदिर और मस्जिद को लेकर राम और खुदा के नाम पर सांप्रदायिक दंगे निरंतर हो रहे हैं। ऐसी स्थिति में संत रैदास के काव्य से सबक लेना आवश्यक है।

इस समय की समस्त प्रचलित रूढ़ियों पर संत रैदास ने दृष्टिपात किया है वर्ण–व्यवस्था को हिंदू धर्म का कोढ़ माना जाता है। वर्ण-व्यवस्था का अभिशाप चौथे वर्ण अर्थात् 'शूद्र' को ही सहना पड़ा। प्रारंभ में वर्ण जन्मतः नहीं कर्मतः निर्धारित

किए जाते थे किंतु मध्यकाल तक आते-आते इस स्वस्थ मान्यता ने रूढ़ रूप ले लिया चूँकि संत रैदास इसी वर्ण से संबंद्ध थे। इसी कारण उन्हें उच्च वर्ण का उपहास तो सहना पड़ा ही, कभी-कभी प्रतिशोध का शिकार भी होना पड़ा। इसलिए उन्हें इन सड़ी-गली मान्यताओं के पुनर्मूल्यांकन की आवश्यकता पड़ी। अतः पहले तो उन्होंने इन मान्यताओं का सैद्धांतिक स्तर पर विरोध किया–

रैदास एक बूँद सौ, सब ही भयो वित्थार।
मूरिख हैं जो करत हैं वरन अवरन विचार॥
रैदास एक ही नूर ते निमि, उपज्यों संसार।
ऊँच-नीच किहि विध भये, ब्राह्मण और चमार॥

इसके बाद उन्होंने स्पष्ट घोषणा कर दी कि कोई भी व्यक्ति जन्म के कारण ऊँच-नीच नहीं हो सकता, क्योंकि मनोवांछित जन्म लेना तो किसी के भी हाथ की बात नहीं है। हाँ, व्यक्ति के इहलौकिक कर्म अवश्य ही उसके श्रेष्ठत्व अथवा निकृष्टत्व को निर्धारित करते हैं।

रैदास जन्म के कारणै, होत न कोई नीच।
नर को नीच करि डारि हे, औछे करम की कीच॥

उनके परवर्ती संतों में संत कवि तुलसी ने उनकी इस मान्यता को 'रामचरितमानस' में 'करम परिधान विस्व करि राखा' कहकर स्वीकार किया है। वर्ण तो था ही 'जाति इस कोढ़ में और खाज। इस आधार पर हिन्दू समाज को विभिन्न जातियों में बाँटकर और अधिक कमज़ोर करने की कोशिश की गई। संत रैदास की पूर्ण मान्यता है कि जब तक इस देश से जाति-प्रथा समाप्त नहीं हो जाती तब तक इसमें किसी भी प्रकार के सुधार की बात करना बेबुनियाद है–

जात-जात में जात है, ज्यों केलन के पात।
रैदास न मानुष जुड़ सके, ज्यों लौ जात न जात॥

भारत का यह दुर्भाग्य रहा है कि यहाँ पर जाति ही व्यक्ति का सामाजिक स्तर निर्धारित करती रही है। उसे ऊँच और नीच मानने और मनवाने पर बाध्य करती रही है। संत रैदास इसीलिए ऐसी जाति प्रथा को जो व्यक्ति–व्यक्ति को जोड़ती नहीं तोड़ती है 'रोग' मानते हैं–

जात-पात के फेर महि, उरझि रहइ सब लोग।
मानुषता को खात हई, रैदास जात कर रोग॥

संत रैदास ने तत्कालीन समाज में प्रचलित इन सड़ी-गली मान्यताओं का विरोध

कर वेद विहित मान्यताओं का प्रचार किया--

जन्म जात मत पूछिए, का जात और पात।
रैदास पूत सम प्रभु के, कोई नंहि जात कुजात॥
जन्म जात कूँ छॉडि करि, करनी जात पर धान।
इहयों वेद को धरम है, करै रैदास बखान॥

इसका कारण उनकी दृष्टि में यह है कि ब्राह्मण, क्षत्रिय, वैश्य और शूद्र सभी को बनाने वाला वह एक ही 'सिरजनहार' है। उस एक ही बूँद का विस्तार यह सारा संसार है। प्रत्येक व्यक्ति की आत्मा में उसी परमात्मा का अंश विद्यमान है। फिर किस आधार पर ब्राह्मण को श्रेष्ठ तथा शूद्र को निष्कृष्ट ठहराया जाए। उन्होंने जड़मति समाज को समझाया–

एक माटी के सभै भांडे सभ का एकै सिरजनहार।
रैदास व्यापै एकै घट भीतर, सभ कौ एकै घड़े कुम्हार॥
रैदास एकै ब्रह्म का होई रहयो सगल पसार।
एके माटी सब घट सरजे, एकै सभ कूं सरजनहार॥

इस प्रकार रैदास ने 'वर्ण-व्यवस्था' और 'जाति-व्यवस्था' का विरोध किया। वहीं पर उन्होंने इसकी नई व्याख्या भी प्रस्तुत की। उनकी दृष्टि में ब्राह्मण ऊँचे कुल में जन्म लेने के कारण नहीं होता है, बल्कि ब्राह्मण वह है, जिसमें ब्रह्मात्मा विद्यमान है–

ऊँचे कुल के कारणै ब्रह्मण कोय न होय।
जाऊ जानहि ब्रह्म आत्मा रैदास कहि ब्राह्मण सोय॥

क्षत्रिय कौन?

दीन दुखी के हेतु जउ वारे अपने प्रान।
रैदास उह नर सूर को, सांचा छत्री जान॥

वैश्य कौन?

रैदास वैस सोई जानिये, जउ सतकार कमाय।
पुन कमाई सदा लहै लौरे सर्वत सुखाय॥

* * *

सांची हाटी बैठि करि, सौदा सांचा देइ।
तकड़ी तौले सांच की रैदास वैस है सोई॥

रैदास जउ अति अपवति, सोई सुंदर जान।
जउ कुकरमी असुधजन, तिन्ह हीन सूदर मान॥

डॉ. बृजमोहन शर्मा के इस कथन में सत्य ही ध्वनित हुआ है—'छुआछूत एवं ऊँच-नीच को ही नहीं बल्कि गुरु जी ने मांसाहार अनैतिकता के अतिरिक्त धनलिप्सा, दुराचरण जैसे तत्त्वों को असामाजिक बतलाकर एक लंबी क्रांति का सूत्रपात किया।' धार्मिक, संकीर्णताओं, भेदभावों को भी उन्होंने सर्वथा त्याज्य बतलाया है क्योंकि यह भेदभाव ही 'वसुधैव कुटुम्बकम्' का विरोधी है। इसी ने तो आदमी को आदमी से दूर किया है। मानवीयता के लोकोपकारी सिद्धांतों के प्रसार एवं प्रचारार्थ मंदिर, मस्जिद, गिरजाघर आदि पूजा स्थानों तथा क़ाबा, काशी, मक्का, मथुरा आदि तीर्थस्थानों का भी विशेष महत्त्व नहीं है क्योंकि प्रभु का वास वहाँ नहीं, व्यक्ति के हृदय में है—

का मथुरा, का द्वारिका, का कासी हरिद्वार।
रैदास खोजा दिल अपना, तऊ मिलिया दिलदार॥

समस्त मिथ्याचारों तथा आडंबरों का संत रैदास ने डटकर विरोध किया। उनकी मान्यता थी कि 'मन चंगा तो कठोती में गंगा।' वस्तुतः मन की शुद्धता ही महत्त्वपूर्ण है। उन्होंने समस्त बुराइयों पर एक-एक कर सशक्त चोट की। समाज-सुधारक के नाते उन्होंने समाज की सही नब्ज को पकड़ा। जैसे तत्कालीन राजे-महाराजे रात-दिन शराब के नशे में डूबे रहते थे, जिसका परिणाम यह हुआ कि 'यथा राजा तथा प्रजा'। निम्न आय वर्ग के लोगों में भी यह व्यसन फैल गया जो इनके पतन का बहुत बड़ा कारण सिद्ध हुआ। संत रैदास ने देखिए, इसे रोकने के लिए कैसी मीठी सीख दी है—

रैदास मदुरा का पीजिए, जो चढ़ै-चढ़ै उतराय।
नाव महारस पीजिए, जो चढ़ै नाहिं उतरा॥

इसी प्रकार मांसाहार भी व्यसनों में एक था। यह पापाचार एवं आत्मिक अशुद्धता का मूल कारण है। संत रैदास ने इसके मूल 'जीव-हत्या' पर चोट की तथा जीव-हत्या को पाप बताकर 'अहिसा' के वैदिक सिद्धांत का प्रचार किया—

रैदास जीव मत मारहिं इक साहिब सब मांहि।
सब मांहि एकउ आतमा दूसरह कोउ नांहि॥
*   *   *
दया भाव हिरदै नहीं, भखहिं पराया मास।
ते नर नरक मंह जाइहिं, संत भाषै रैदास॥

उन्होंने मुसलमानों द्वारा जीव-हत्या कर नमाज़ पढ़ने की मनोवृत्ति को दूषित करार दिया। उन्होंने स्पष्ट किया कि किसी जीव को मारकर कभी भी खुदा की प्राप्ति नहीं हो सकती। जिस गाय और बकरी को खुदा ने पोषण के लिए बनाया है भला उसे मारकर ईश्वर की प्राप्ति कैसे हो सकती है—

रैदास जउ पोषण हेत, गऊ बकरी नित खाय।
पढ़ई नमाज़े रात-दिन तबहु भिस्त न पाय॥
रैदास जीव कूँ मारि कर, केसो मिलहि खुदाय।
पीर पैगम्बर ओलिया, कोउ न कहइ समुझाय॥

संत रैदास ने समस्त मानव जाति को अपने हृदय में दया भाव को स्थान देने का उपदेश दिया। यह तभी संभव है, जब व्यक्ति अपनी समस्त इंद्रियों को वश में कर ले 'इंद्रिय निग्रह' ही आनंद का आधार है—

जो बस राखे इंद्रियां, सुख दुख समझि समान।
सोऊ अमरित पद पायगो, कहीं रैदास बखान॥

इच्छाओं को भोग से दूर रखने पर ही व्यक्ति का मन शांत रहता है, मन की शांति ही संतोष का कारण है और संतोष व्यक्ति का सबसे बड़ा धन है। धन संचय करने से सुख नहीं मिलता, सुख मिलता है धन को सत्कर्म में खर्च करने से—

सच्चा सुख सत्त धरम मांहि, धन संचय सुख नांहि।
धन संचय दुख खान है, रैदास समझि मन मांहि॥

वस्तुतः व्यक्ति के व्यक्तित्व से जब तक विषमताएँ समाप्त नहीं हो जातीं, वह श्रेष्ठता प्राप्त नहीं कर सकता इसलिए मनुष्य को अपने जीवन में पाँच विकारों (काम, क्रोध, मद, मोह और लोभ) से सदैव दूर रहना चाहिए। जिस व्यक्ति ने इन पंच विकारों को त्याग दिया वह व्यक्ति महान हो जाता है। संत रैदास, संत, संतोष और सदाचार को ही जीवन का आधार मानते हैं—

संत संतोष अरू सदाचार, जीवन का आधार।
रैदास भए नर देवते, जिन तियागे पंच विकार॥

सत्संगति का जीवन में बड़ा महत्त्व है। आचार्य शुक्ल जी 'कुसंगति के ज्वर' को सबसे भयानक मानते हैं। दुराचारी व्यक्ति की संगति व्यक्ति को पथ-भ्रष्ट कर देती है। संत रैदास ऐसे व्यक्ति से जो सत्य नहीं बोलता, विश्वासघात करता है, भूलकर भी बात न करने की सलाह देते हैं—

जो नर सत्य न भाषहिं अरू करहिं विश्वासघात।
तिन्ह हुं सौ कबहुं भूलिहिं, रैदास न कीजिए बात॥

इसके विपरीत वे सज्जन (साधु) व्यक्ति के गुणों का विस्तार से वर्णन करते हैं कि साधु को सांसारिक मोह-माया में लिप्त नहीं होना चाहिए, उसे निर्वैर होकर समस्त अवगुणों को छोड़कर ईश्वर-भक्ति करनी चाहिए, साधु में अहं का भाव न हो, वह मिथ्या-भाषी न हो, उसे परोपकारी होना चाहिए, उसे क्षमाशील तथा तृष्णा रहित होना चाहिए। संत रैदास द्वारा श्रेष्ठ मनुष्य के जितने गुणों का उल्लेख किया गया है, निःसंदेह वह समस्त गुण संपूर्ण मानवता के आभूषण हैं–

रैदास सोई साधु भलो, जऊ जग महि लिपत न होय।
गोविंद सों रांचा रहइ अरू जानहि नहीं कोय।
रैदास सोइ साधु भलो, जउ मन अभिमान न लाय।
ओगुन छोड़हि गुन गहेय सिमरई गोविंद राय॥

* * *

रैदास सोई साधु भलो, जउ अपनह आपु न जताय।
सतवादी, सांचा रहइ, मनन हरि चरनन मंह लाय।
रैदास सोई साधु भलो, जो पर उपकार कमाय।
जइसोइ कहहं तहसोई करहि, आपा नाहिं जताय॥

इन गुणों से विभूषित मानवश्रेष्ठ की संगति करने से ही व्यक्ति का मन निर्मल हो सकता है तथा पापमुक्ति संभव है–

रैदास सोई साधु भलो, निर्मल जाके बैन।
जिह करि दरस और परस सों मन उपजहिं सुख-चैन॥

कोई ऊँचे कुल में पैदा होकर महान हो जाए, यह कोई आश्चर्य की बात नहीं है किंतु कोई साधारण आय वर्ग तथा सामाजिक दृष्टि से हेय समझे जाने वाले कुल में उत्पन्न होकर महान हो जाए यह अपने आप में आश्चर्य की बात है। संत रैदास इस तथ्य का एक जीवंत उदाहरण है। उनकी इस महानता का एक ही रहस्य है और वह है उनकी 'श्रम के प्रति आस्था।' निष्क्रियता व्यक्ति को हर स्तर पर तोड़ देती है इसलिए संत रैदास व्यक्ति को सदैव नेकनियत से कर्मशील रहने का उपदेश देते हैं–

रैदास स्रम करि खाइए जौ, लौ पार बसाय।
नेक कमाई जो करहूँ कबहुं न निहफल जाय।।
स्रम को ईसर जानिके, जऊ पूजाहिं दिन-रैन।
रैदास तिन्हाहि संसार में, सदा मिलिहिं सुख-चैन॥

लेकिन उनकी ये कर्मनिष्ठा, कभी भी उनकी पूजा, उपासना में बाधक नहीं हो पाई। जो व्यक्ति हाथ से काम करता हुआ जिह्वा से उनका नाम लेता रहे, ऐसे श्रेष्ठ व्यक्ति को ईश्वर घर आकर मिलते हैं–

जिव्हा सो ओंकार जप, हत्थन सौ कर कार।
राम मिलिहिं घर आईकर, कहि रैदास विचार॥

काम करते हुए भी व्यक्ति के मन में अभिमान न आने पर तथा वह काम करते रहते हुए भी किसी प्रकार के फल की इच्छा न रखे। इससे बड़ा त्याग और क्या हो सकता है। इसी को तो गीता में 'निष्काम कर्मयोग' कहा गया है–

सौ बरस लौ जगत मंहि, जीवत रहि करू काम।
रैदास करम ही धरम है, करम करहु निहकाम॥
धरम हेतहिं कीजिए, सौ बरस लौ कार।
रैदास करमहि धरम है, फल माहि नहीं अधिकार॥

इस निष्काम कर्मयोगी संत ने, गृहस्थ जीवन का निर्वाह करते हुए जीवन भर काम किया और 'परम पद' प्राप्त किया। डॉ. शिव प्रसाद गोयल ने ठीक ही लिखा है कि आधुनिक युग में संत रैदास की विचारधारा का अपना विशिष्ट महत्त्व है। लौकिक दृष्टि से जब बड़े से लेकर छोटे तक सब प्राणी कर्त्तव्य विमुख हो रहे हैं तब लोक-परलोक की निंदा स्तुति से दूर अपनी सती साध्वी पत्नी के साथ मामूली सी झोपड़ी में बैठे हुए जूते सी-सीकर जीविका चलाने वाले मस्त फ़कीर और तन्मय भक्त रैदास का कर्त्तव्य-परायण होकर गृहस्थ-जीवन व्यतीत करते हुए आत्मोद्धार के लिए भक्ति पथ अपनाने का संदेश किसे नहीं मोह लेता? अभ्युदय से लेकर निश्रेयस की ओर ले जाने वाली उनकी वाणी सचमुच अनुकरणीय है। उनका जीवन लौकिक और आध्यात्मिक सभी दुःखों को दूर करने के लिए रामायण के समान प्रभावशाली औषध है–समाज के लिए भी और व्यक्ति के लिए भी। कहना न होगा कि संत रैदास ने सदाचार के शाश्वत सिद्धांतों का प्रचार किया। भारत की पराधीनता इन्हें भी खली तथा इन्होंने इस पराधीनता को पाप बताते हुए कहा कि पराधीन व्यक्ति को सब ही हीन समझते हैं तथा ऐसे व्यक्ति से कोई भी प्रीत नहीं करता। पराधीन व्यक्ति का कोई भी धर्म नहीं होता इसलिए हम सब भारतीयों को जाति, धर्म आदि मतभेदों को छोड़कर इस परतंत्रता से मुक्त होने का प्रयास करना चाहिए।

पराधीनता पाप है, जान लेहू रे मीत।
रैदास दास प्राधीन सों कौन करैं हैं प्रीत॥
पराधीन को दीन क्या, पराधीन बेदीन।
'रैदास' दास प्राधीन कौ, सबहिं समझे हीन।

इन पंक्तियों में संत रैदास के मन में छिपी विद्रोह की चिंगारी स्पष्ट परिलक्षित होती है। सत्य भी है ऐसा संघर्ष जीवी व्यक्ति किसी भी प्रकार की परतंत्रता को कहाँ स्वीकार कर सकता है। संत रैदास एक ऐसे स्वराज की कल्पना करते थे, जहाँ पर प्रत्येक व्यक्ति को अन्न मिले तथा सब मनुष्य बराबर हों, किसी प्रकार की ऊँच-नीच न हो, सब लोग प्रसन्न रहें। कुल मिलाकर यह एक साम्यवादी, समाजवादी व्यवस्था की कल्पना करते हैं।

ऐसा चाहौं राज्य में, जहाँ मिले सबन को अन्न।
छोट बड़ों सभ सम बसै, 'रैदास' रहें प्रसन्न॥

उपर्युक्त समस्त, विवेचन के उपरांत निष्कर्षतः कहा जा सकता है कि संत रैदास का जीवन और काव्य उदात्त मानवता के लिए आवश्यक सदाचारों के शाश्वत सैद्धांतिक मूल्यों का अक्षय भंडार है जिसमें से प्रत्येक वर्ग और स्थिति तथा मानसिक स्तर का व्यक्ति अपने लिए सुंदर-सुंदर मोतियों का चुनाव सुगमता से कर सकता है।

उन्होंने हिंदू-मुसलमानों में भावात्मक एकता स्थापित करने के प्रयास किए। छुआछूत तथा वर्ण व्यवस्था का विरोध कर सामाजिक स्वास्थ्य के लिए अचूक औषधि तैयार की। 'जीव हत्या' को पाप घोषित कर माँसाहार जैसी प्रवृत्ति को समाप्त करने का प्रयास किया तथा अंहिसा के वैदिक सिद्धांत का प्रचार किया। वहीं पर मानव मात्र को पूजा के साथ-साथ श्रम के प्रति आस्था का भी उपदेश दिया। इससे भी बड़ी बात जो उस युग के किसी और संत कवि के काव्य में दिखाई नहीं देती, वह है उनकी स्वातंत्र्य चेतना। उन्होंने तत्कालीन समाज में व्यापक सामाजिक, आर्थिक तथा राजनैतिक शोषण के विरुद्ध आवाज़ उठाई थी और एक ऐसे समाज की कल्पना की थी जिसमें ये सब विषमताएँ न हों। प्रत्येक व्यक्ति श्रम करके जीविकोपार्जन करे तथा हिंदू तथा मुसलमान सब मिलकर भारत की इस पवित्र भूमि पर रहें तथा इसके सर्वांगीण विकास के लिए कार्य करें। इन संपूर्ण तथ्यों पर गंभीरता से विचार करने के उपरांत हम कह सकते हैं कि संत रैदास के काव्य का वैचारिक आधार बहुत दृढ़ तथा उसकी भावात्मक पृष्ठभूमि बहुत ही विस्तृत तथा सामाजिक महत्त्व की है जिसकी प्रासंगिकता सामयिक संदर्भों में आज भी असंदिग्ध है।

सम्पर्क : प्रिंसीपल,
विजयसिंह पथिक राजकीय कॉलेज,
कैराना, मुजफ्फर नगर (उ.प्र.)

मीरा तो मीरा

डॉ. नीरा गर्ग

दुधमुहीं मीरा को अलौकिक गुणों से नवाज़ कर न हम अपना भला कर सकते हैं न उस पीड़ा को समझने का प्रयास ही कर सकते हैं जिसकी वह दीवानी हैं मीरा को आज फिर गाना होगा–**'हे री मैं तो दरद दीवानी, मेरा दरद न जाने कोय'।** बाल मीरा के हाथ में कृष्ण की मूर्ति थमाकर एक वैष्णव परिवार की माँ ने कह दिया--यह कृष्ण ही तेरा पति है। नित्य कृष्ण के गुणगान, आराधना, साधुओं के आने-जाने से कृष्ण-महात्म्य और उनके माधुर्य से परिचित होने वाली मीरा के मन पर बाल–मनोविज्ञान से एक ऐसी छाप बैठती गई जो जीवन भर फीकी नहीं पड़ती। मनोवैज्ञानिक कहते हैं कि बचपन में एक बार जो सहज भाव से कह दिया जाता है, बच्चा वह आजीवन जीता है। मीरा भला इस सत्य से कैसे अलग हो सकती थी? उसकी सहज उत्सुकता को बच्चा समझकर कृष्ण की अनेकानेक कथाएँ, उनके चमत्कार, मीरा को कृष्णानुरक्त करते चले गए होंगे। वह जितना जानना चाहती होगी उससे अधिक बताया जाता होगा। दास–दासी, घर–परिवार सभी तो उस मीरा को कृष्ण की, गिरधर की, गोपाल की, बंसी बजैया साँवरे की, नित्य रासलीला और राधा के एकाधिकार की बात भी पता चली होगी, तब बाल–मन ने सोचा सखी होकर, राधा का यह एकाधिकार मैं तोड़ दूँगी। कृष्ण सबका रहे छिगुनी उँगली पर गोवर्धन को धारे है और सभी सखा (सह अनुभूति) अपनी–अपनी लाठी–लकुटी से अपने--अपने तौर पर कृष्ण को पर्वत उठाए रखने में मदद कर रहे हैं। न कोई बड़ा है न कोई छोटा है। भले–बुरे सब साथ हैं, अपने में आवश्यक और पूरे हैं, कृष्ण के प्यारे हैं। ऐसी सुखद कल्पना कि इन्द्र जैसे देवता को ठेंगा दिखाए वह साँवरा, वह भी सामूहिक रूप से। मीरा को विशालता, व्यापकता और माधुर्य ही माधुर्य से भर देती होगी। उस बेचारी राजपूत बालिका को युद्धरत वंश में कहाँ अपनों का साथ मिलता होगा? माँ भी तो जल्दी ही साथ छोड़ गई। मीरा, पिता, ताऊ, सभी को तो युद्ध के लिए जाते देखती होगी। नित्य की हलचल में मीरा का बचपन एक खुशहाल स्वाभाविक परिस्थितियों का बचपन नहीं था। मीरा अपने अंदर ही रमती

गई होगी। वह कृष्ण के साथ मिलकर उन परिस्थितियों से अपने ढंग से लड़ रही होगी जिसे लड़कपन की बात कहकर कोई समझने को भी तैयार न होगा।

आज से चार सौ वर्ष पहले का माहौल जहाँ लड़कियों का जन्म ही सबसे बड़ा दोष था, माँ का भी और बेटी का भी, ऊपर से उस घर में जहाँ राजनैतिक संघर्ष जीवन–मरण का प्रश्न था। कौन से ऐसे बंधन नहीं होंगे जो मीरा पर न लगे होंगे? तब मीरा की शिक्षा भी कृष्ण थे, मीरा का आनन्द भी कृष्ण थे, खेल भी कृष्ण थे, आत्मविश्वास भी कृष्ण थे और संवेदनशील बालिका के अंगूठा भी कृष्ण थे (छोटे बच्चे जब उसके मन की न हो तो अंगूठा चूसते अपने ही संसार में रमने लगते हैं)। मीरा अपने वातावरण से, अपने एकांत से लड़ रही थी कृष्ण को साथ लेकर, पिता राजनैतिक संघर्ष में फँसे उसे खेलो-खेलो कहकर धकिया देते होंगे दास-दासियों के समूह में। मीरा उस राज-युद्ध में शत्रु से लड़ती होंगी, गोवर्धन-धारी, गिरधर फिर भी मोहना, के साथ। पिता-चाचा-ताऊ, सैनिक सबके कठोर हाव-भाव वाले चेहरों के बीच एक साँवरा ही तो था जो नारी-पुरुष, बाल-वृद्ध, छोटा-बड़ा के भेद को नकार कर सबमें अपने को शामिल कर मुस्कुराता–मुस्कुराता बड़े से बड़ा युद्ध करता था। उस युग में तो स्त्रियाँ मोक्ष और साधु-संगति की भी अधिकारी नहीं थी। वे शूद्रों के समकक्ष थीं।

इन्हीं परिस्थितियों में मीरा बड़ी होती गई वैष्णव संस्कारों के साथ। मीरा का मन–मोहना अब मीरा के व्यक्तित्व में अपनी मुस्कान के साथ घुलता गया होगा। मात्र बारह वर्ष की मीरा का विवाह मुगलों से टकराने के लिए सिसौदियों के भोजराज से हुआ। यह विवाह भी कोई आम विवाह तो नहीं था, युद्ध के नगाड़ों को मीरा शहनाई मान ले इतनी नादान भी नहीं थी। राजनैतिक समझौता ही इन शादियों का उद्देश्य हुआ करता था। और भी अनेक विवाह इसी नीति के तहत भोजराज के हुए होंगे, कहा जाता है मीरा नौवीं रानी थी। कृष्ण के चारों ओर घूमकर नृत्य करने वाली गोपी भी आठ होती हैं। उसके साथ रानी भी आठ थीं, मीरा को इनमें अपना स्थान ढूँढ़ना था, ऐसे पर्दों के बीच से होकर जहाँ अपने ही पति से मिलने के लिए रात का इंतजार करना होता था। अपने ही साँवरिया से मिलने के लिए जुगत ढूँढनी होती थी और लंबा सा घूँघट पति की तो बात ही क्या, सास-ननद से भी करना होता था। गहनों का बोझ इतना कि खुल कर साँस भी न आए। हवा भी चेहरे का स्पर्श करने के लिए भारी भरकम कपड़ों, गहनों और पर्दों को भेदकर ही आ सकती थी। मीरा की क्रांति सबसे बड़ी यही है कि वह ऐसे वातावरण के प्रति संवेदनशील थी, संवेदनशील तो थी ही वह खुलकर गोपियों की भांति खुली हवा में साँस लेना चाहती थी और उसके लिए अनेक विरोधों के बावजूद हठकी थी, शाकाहारी संस्कारों के साथ।

बीसवीं शताब्दी के नर-नारियों की यह कल्पना से बाहर की बात है कि मीरा

को अपने पति के दर्शन करने के लिए वैसे ही जतन करने पड़ते होंगे जैसे आज के रूढ़िग्रस्त पर्दानशीन परिवारों में किसी औरत को अपने पर पुरुष से मिलने के लिए करने पड़ते होंगे। मुक्त-व्यवहार, सखा-भाव को आदर्श मानना अपने ही पति के प्रति किसी भयंकर आंदोलन से कम नहीं था। मेरी भावना की पुष्टि करता है मीरा का यह पद...

मीरा लागो रंग हरी, औरन अंटक॥
चूड़ो म्हांरे तिलक अरु माला, सील बरत सिंणगारो।
और सिंगार म्हांरे दाय न आवै, यो गुर ग्यान हमारो।
कोई निन्दो कोई बिन्दो म्हें तो, गुण गोविन्द का गास्यां।
जिण मारग म्हांरा साध पधारै, उण मारग म्हे जास्यां।
चोरी न करस्यां जिव न सतास्यां, काँई करसी म्हारों कोई।
गज से उतर के खर नहि चढ़स्यां, ये तो बात न होई॥
आली सहेल्या रली करॉं हे, पर घर गवण निवारि।
झूठा माणिक मोतिया री, झूठ जगमग जोति।
झूठा आभूषणा रे, झूठा दिखणी चीर।
साँची पियाजी री गूदड़ी जामे निरमल रहे सरीर।
छप्पन भोग बुहाइ दे हे, इन भोगनि में दाग।
लूण अलूणो ही भलो हे अपणे पियाजी को साग।
देखि विराणै निवांण कूं हे, क्यूं उपाजवै खीज।
कालर अपणो ही भलो हे, जामें निपजै चीज।
छैल विराणो लाख को हे, अपणे काज न होइ।
ताके संग सीधारताँ हे, भला न कहसी कोइ॥
वर हीणों अपणों भलो हे, कोढ़ी कुष्टी कोइ।
जाके संग सीधारताँ है, भला कहै सब लोइ॥
अबिनासीं सूँ बालवाँ हे, जिनसूँ साँची प्रीत।
मीराँ कूँ प्रभु मिल्या हे, एही भगति की रीत॥

वह भले ही अपने ही पिया की (भोजराज) की दीवानी थी 'वर हीणो अपनो भलो हे, कोढ़ी कुष्टी होई' पर उस भोजराज का आदर्श था (उस समय के हर राजपूत का) 'बरस अठारह क्षत्रिय जीवे, आगे जीवन को धिक्कार।' भोज की मृत्यु ने मीरा को एकमात्र आश्रय, कृष्ण प्रभु की ओर किया।

क्षत्राणी मीरा कैसे कहे—हे भोजराज, तुम युद्ध विरत हो जाओ। यहाँ तो भोजराज को पाने की (विवाह) शर्त ही यह थी कि पिता, भाई, चाचा सब युद्ध-रत हो जाएँगे। लौकिक पति की दर्द-दीवानी मीरा भूल गई कि युद्ध-काल में प्रेम को सूँघना भी मना है, अलौकिक की आड़ में भी मना है। मीरा ने इस युद्ध में भाई छाड्या, छाड्या

सगा सूंया, ये सगा-सूंया निश्चित रूप से सौतन या सासरे की अन्य स्त्रियाँ तो न होंगी क्योंकि मीरा की अपनी माँ और बहन तो थी ही नहीं। ये सगा–सूँया युद्ध की भेंट चढ़ रहा था भोजराज, जिसके सहारे चित्तौड़ में रहना था। मीरा तड़प कर कहती है–पिया म्हारे नैणां आगा रहज्यो जी।

मीरा विशाल नैयनों वाले (व्यापक दृष्टिवाले) कृष्ण तक लौकिकता की राह से होकर ही गई थी राजन्य परिवार में सभी स्त्रियाँ यही दुःख झेल रही थीं। वह बेजान सम्पत्ति जैसी थी। जिन्हें पति के साथ समाप्त हो जाना था। जो जीने की चाह रखे, वही लोक-लाज को छोड़ने वाली थी। मीरा का अपराध था कि वह प्रेम चाहती थी। चाहती थी और मुँह खोल कहना भी जानती थी। वह अपने जीवन से प्रेम करती थी यही सबसे बड़ा अपराध था उसका। अन्य सौतें, दास-दासी भोजराज के शव के साथ जल मरे और मीरा उद्घोषणा कर रही थी–

भजन करस्याँ, सती न होस्यां
मन मोहनां घण नामी।

ऐसी जिजीविषा को देख, मोहन की रट को सुनकर लोक-मर्यादा पर चलने वाली सास-ननद ने कुछ और ही समझ लिया हो तो क्या आश्चर्य? उन्होंने सामंती युग की मान्यता, वीर भोग्या वसुंधरा के अनुरूप मीरा के आगे राणा का प्रस्ताव रख दिया होगा।

यही प्रस्ताव मीरा के विष, साँप की पिटारी और सूली ऊपर सेज रहे होंगे। मीरा कह उठी होगी–

...छैल विराणो लाख को है, अपणे काम न कोई।

और क्रोधित होकर कहा होगा।

...थारे देसों में राणा साध नहीं है, लोग बसै सब कूड़ो

उन साधुओं की संगत में बैठे उन्मुक्त जीवन की चाह जो राजवंश की मर्यादा को तहस-नहस करती है। इसके लिए मीरा सारे प्रलोभन ही नहीं त्यागती बल्कि घोषणा करती है–

नहिं सुख भावै थारो देस रंगरूड़ो।
थारे देसां में राणा साध नहीं है लो बसै सब कूडो॥
गहणा गाँठी राणा हम सब त्यागा, त्याग्यो छे बाँधन जूड़ो।
मीराँ के प्रभु गिरधर नागर वर पायो छै पूरो॥

मीरा के वर नागर (सभ्य, मोहना) ही नहीं पूरे (पूर्ण रूप से उसके अपने) भी हैं। वह गज से उतर कर के 'खरि नहिं चदस्याँ ये तो बात न होई' कह कर घृणित प्रस्तावों को ठुकराती तो है ही राणा को खरि भी कह देती हैं। अब निन्दा या स्तुति को छोड़कर राजवंश में ऐसी अपूठी चाल चलना क्रांति नहीं तो क्या है? नारी के लिए तो संन्यास भी वर्जित था। एकमात्र गृहस्थाश्रम, कभी पिता, कभी

पति तो कभी स्वामी के अधीन। पुत्र प्राप्ति का तो अवसर ही नहीं था जो मीरा को जबरदस्ती इस संसार में घसीट लेता।

मीरा ने नश्वरता के दर्द को अपनी आत्मा तक झेला था और मुक्ति की नहीं, मीरा सिर्फ कृष्ण प्रेम की दीवानी थी, फ़तवों की नहीं। आज का विद्वत् वर्ग उन्हें संत और भक्त सिद्ध करने की जद्दोजहद में लगा है। भारत में तो कोई व्यक्ति जिस कुल में पैदा होता है उस कुल का धर्म और विश्वास उसके स्वाभाविक रूप से हो जाते हैं। जब तक कि वह घोषणा न करे कि 'मैं तुममे से एक नहीं हूँ'। मीरा वैष्णव कुल के संस्कार लेकर जन्मी थी। मोहना की मोहिनी की भगतिन थी। उन्मुक्त नृत्य, गान और मानवीय प्रेम की साधिका थी। वह भक्तिन श्रद्धावान थी, मोहन रूप बावरी थी। इसलिए संत (दोनों हाथ जोड़े यानी विनम्र—वामन आप्टे संस्कृत हिंदी कोश) थी। गिरधर गोपाल की भक्तिन ही इतना माधुर्य अपने अंदर समेट सकती थी कि विष का प्याला, अमृत हो जाए कोई रोष नहीं कोई कड़वाहट नहीं। न खंडन है न मंडन है सिर्फ मीरा ही मीरा श्याममय मीरा। मीरा की सौतन कृष्ण—पत्नियाँ नहीं थीं, गोपियाँ भी नहीं थीं, राधा थी प्रेम की साकार मूर्ति जिसके प्रेमाधीन तीन लोक तारन-तरन थे। मीरा सामंती शासन की बेड़ियों को तोड़, सांसारिक बंधनों और नश्वरता की दीवार तोड़ अपने रसीले मनमोहन की रसीलड़ी थी।

सम्पर्क : प्रवक्ता
हिन्दू गर्ल्ज़ कॉलेज,
सोनीपत (हरियाणा)

कबीर लिए मुराड़ा हाथ

इन्द्र सिंह ठाकुर

जिस युग में कबीर अवतरित हुए थे, उसके कुछ ही वर्ष पूर्व भारतवर्ष के इतिहास में एक अभूतपर्व घटना घट चुकी थी। यह घटना इस्लाम जैसे एक सुसंगठित सम्प्रदाय का आगमन था। इस घटना ने भारतीय धर्म, मत और समाज को बुरी तरह से झकझोर दिया था। इस देश की अपरिवर्तनीय कही जाने वाली जाति-व्यवस्था को पहली बार एक असहनीय ठोकर लगी थी। सारा भारतीय वातावरण संक्षुब्ध था। बहुत से पंडित जन इस संक्षोभ का एक कारण खोजने में व्यस्त थे और अपने-अपने ढंग से भारतीय समाज और धर्म-मत को सम्भालने का प्रयत्न कर रहे थे। हिंदी साहित्य के इतिहास में यह काल भक्तिकाल के नाम से जाना जाता है। भक्ति साहित्य की काव्यमयी अमरवाणी समाज व मानवता को जीवन की वास्तविकता व भक्ति की ओर आकर्षित कर रही थी। अन्य काव्य पण्डित की तरह ही इस समय का संत समाज अपनी वाणी में लोकभाषाओं का प्रयोग करते हुए जनमानस की आर्त्तवाणी को ईश्वरीय करुणा के लेप से शीतलता प्रदान कर रहा था।

इस काल खण्ड में कबीर उन संतों में से हैं, जिनकी वाणी का अध्ययन विविध दृष्टियों से और पर्याप्त विस्तार से किया गया है। अपनी वाणी में क्रांति चेतना के धनी कबीर ने मध्यकालीन भक्ति आंदोलन को नवीन दिशा भी दी है और दृष्टि भी। इनका संत-स्वरूप ऐसी काल धारा में अवतरित हुआ, जहाँ वैमनस्य, बाह्याचार, आडम्बर, जाति-पांति जैसे कतिपय अवरोध जनमानस की जीवन धारा को विशृंखलित कर रहे थे। यहाँ कहना उचित होगा कि कबीर का समय विविध धर्म-साधनाओं और मनो-भावनाओं का चौराहा था, जो प्रायः उनके लिए बंद थे। किंतु कबीर भगवान की ओर से ही सबसे न्यारे बनाकर भेजे गए संत थे। वे भगवान के नृसिंहावतार की मानो प्रतिमूर्ति थे। नृसिंह की भान्ति नाना असंभव कहे जाने वाली परिस्थितियों के मिलन-बिंदु पर अवतरित हुए थे। वे एक ऐसे मिलन-बिन्दु पर अवतरित हुए थे, जहाँ एक ओर ज्ञान निकल जाता था, तो दूसरी ओर अशिक्षा, जहाँ एक ओर योगमार्ग निकल जाता तो दूसरी ओर भक्तिमार्ग, जहाँ एक ओर निर्गुण भावना, तो दूसरी ओर

सगुणसाधना निकल आती थी। वे उसी प्रशस्त चौराहे पर खड़े थे। वे दोनों ओर देख सकते थे और परस्पर विरुद्ध दिशा में गए मार्गों के दोष-गुण उन्हें स्पष्ट दिखाई दे जाते थे। अपनी ओजस्वी वाणी द्वारा कबीर वहाँ कहते हैं–

पखा पखै के कारनैं, सब जग रहा भुलान।
निरपख होइ कै हरि भजे, सोई संत सुजान।।

कबीरदास की वाणी वह लता है जो योग के क्षेत्र में भक्ति का बीज पड़ने से अंकुरित हुई थी। अपना अस्तित्व बनाए रखने के लिए विभिन्न विचारधारायें संघर्ष कर रही थीं। एक टूट जाती थी, तो दूसरी झुकती न थी, दूसरा मार्ग झुक जाता था, पर टूटता न था। एक के लिए समाज की ऊँच-नीच की भावना मजाक और आक्रमण का विषय थी, दूसरे के लिए मर्यादा और स्फूर्ति का। एक को अपने ज्ञान पर गर्व था, दूसरे को अपने अज्ञान का भरोसा, एक के लिए पिण्ड ही ब्रह्माण्ड था, दूसरे के लिए समस्त ब्रह्माण्ड भी पिण्ड, एक का भरोसा अपने पर था, दूसरे का राम पर, एक प्रेम को दुर्बल समझता था, दूसरा ज्ञान को कठोर, एक योगी था, दूसरा भक्त। उत्तर और दक्षिण के इन भक्तों के मौलिक अंतर से जनता में शंका का भाव पैदा हो गया था।

कबीर उक्त विचारों में भटकते हुए जीवों की विचित्र स्थिति देख करुणा के आँसू से कातर नहीं हो जाते थे, अपितु और भी कठोर होकर उसे फटकार देते थे। वे प्रह्लाद की भांति सर्वजगत के पाप को अपने ऊपर ले लेने की वांछा से विचलित नहीं होते थे, अपितु और भी कठोर तथा शुष्क होकर सुरत और विरत का उपदेश देते थे। कबीर कहते हैं कि संसार में भरमाने वालों पर दया कैसी, मुक्ति के मार्ग में अग्रसर होने वालों को आराम कहाँ। करम की रेख पर मेख न मार सका तो संत कैसा–

ज्ञान का गेंद कर सुर्त का डंड कर
खेल चौगान मैदान माँही
जगत का भरमाना छोड़ दें बालके
आया जा भेष–भगवंत पाही।

विरोधी के अस्त्र से विरोधी को घायल करने की कला में कबीर उस्ताद हैं। गगन और पवन के बल पर आतंक जमाने वाले से यह छोटा सा प्रश्न कितना सहज और फिर भी कितना तिलमिला देने वाला है, ''गगना पवना दोनो बिनसैं कहँ गया जोग तुम्हारा''।

कबीर सत्य के जिज्ञासु हैं और कोई मोह-ममता उन्हें अपने मार्ग से विचलित नहीं कर सकती थी। वे अपना घर जलाकर हाथ में मुराड़ा लेकर लिकल पड़े थे

एक क्रांति की मशाल लिए, जिसमें वही उनका साथी हो सकता था, जो उनके हाथों अपना भी घर जला सके—

हम घर जारा आपना, लिया मुराड़ा हाथ
अब घर जारो तासु का, जो चलै हमारे साथ।

वाणी रूपी क्रांति की मशाल थामे कबीर कहते हैं कि किसी भी चीज़ को समझने के लिए निष्पक्षता आवश्यक है। ध्यान देने वाली बात है कि निष्पक्षता का अर्थ पक्षहीनता नहीं होता, यह पक्षहीनता भी वैसी ही अन्धी होती है जैसी पक्षधरता अन्धी होती है।

पक्षधरता सत्य के मार्ग की सबसे बड़ी बाधा है। जो पक्षधार है, वह चीज़ को पक्ष—केंद्रित होकर देखता परखता है। इसी तरह सत्य के मार्ग की बहुत बड़ी बाधा पक्षहीनता भी है—जिसे बिना पंखों की उड़ान भी कहा जाता है। कबीर ने अपनी वाणी द्वारा जहाँ भी चोट की उसमें कोई पक्षपात नहीं है। उनकी वाणी हित साधक है बाधक नहीं। कबीर ने मुँह देखी बात कभी की ही नहीं, वे अपने विचारों में इतने कट्टर व क्रांतिकारी और स्पष्ट थे कि वर्ण, आश्रम और षड्दर्शन किसी की बखिया उधेड़ने में उन्होंने संकोच नहीं किया—

कबीर कानि राखी वर्षाश्रम षटदर्शनी।
भक्ति विमुख जो धरम ताहि अधरम करि गायो॥

विचारों में विभक्त समाज को देखकर कबीर क्रांति की मशाल को बुझने नहीं देते। अपने विचारों द्वारा जनमानस को अपनी ओर आकृष्ट करने वाले मतावलंबियों को देख कबीर कहते हैं कि—"मैं कहता सुरझावन हारी तू रखता उरझाय रे"।

कबीर अपनी वाणी में व्यवहारवादी दिखाई देते हैं। अतः किसी भी व्यक्ति, वस्तु, आस्था, विश्वास और विचारधारा की कसौटी वे व्यवहार को मानते हैं। जब भी उनके द्वारा वाणी निःसृत हुई, अनुभव और विवेक द्वारा निर्मित हुई। भक्तिकाल में संतों का उदय एक ऐसे समय में हुआ जबकि भारतीय धर्म और समाज बिखराव के कगार पर खड़े थे। ऐसी स्थिति में कबीर ने शुद्ध सहज और यथार्थ धर्म व समाज की स्थापना की बात की। यूँ तो बात एकदम मामूली थी परंतु यदि हम तत्कालीन परिस्थितियों के परिप्रेक्ष्य में इसे तौलें तो निश्चय ही यह क्रांति में सूत्रपात से कम नहीं थी। जिसकी स्पष्ट छाप उनकी साखियों में द्रष्टव्य होती है।

कबीर ने देखा कि धार्मिक परंपराओं को लोग एक अनचीन्हे बोझ की तरह ढो रहे हैं, जिसमें कतिपय निरर्थक परंपराएँ अड्डा जमाए हुए हैं, धर्म का वास्तविक स्वरूप लीक से हट गया है, इसकी वास्तविक महत्ता को समझ कर इन्होंने कहा कि—पत्थर पूजने से हरि मिले तो मैं पहाड़ को पूज लेता। मूंड मुड़ाकर संन्यासी बनने की रीति चल पड़े तो भेड़ का भी संन्यासी बनना प्रारंभ हो जाए—

अपनी वाणी के द्वारा कबीर यही बताना चाहते हैं कि बाह्य-आडम्बरों में उलझने की अपेक्षा मन की शुद्धि की ओर ध्यान देना अधिक आवश्यक है। कबीर की क्रांति चेतना से न तो हिंदू बच सके न मुसलमान। जहाँ भी उन्होंने आडम्बर और कर्म-काण्ड देखा वहीं टूट पड़े। उन्होंने कहा कि ईश्वर मंदिर और मस्जिद में नहीं है। मानव के हृदय में स्थित है, आवश्यता है मन शुद्धि की–

माला फेरत जग मुआ गया न मन का फेर।
कर का मनका डार कै मन का मनका फेर।।

× × × × ×

कांकर पाथर जोरी कै मस्जिद लई बनाय।
ता चढ़ि मुल्ला बांग दे, क्या बहिरा हुआ खुदाय।।

हिंदू-मुस्लिम धर्म के नाम पर वैमनस्य को अपनी वाणी द्वारा कहते हैं–

हिंदू कह मोहि राम पियारा, तुरक कहे रहिमाना।
कबीरा लड़ि-लड़ि दोऊ मुए, मरम काहु न जाना।।

संत कबीर एक कवि होने के साथ-साथ स्पष्ट वक्ता, कटु आलोचक और एक तीक्ष्ण व्यंग्यकार भी थे। उनकी दृष्टि बहुत गहरी और वाणी बहुत सशक्त थी, इसलिए उन्होंने अपनी वाणी के सहारे एक सामाजिक और धार्मिक क्रांति का आह्वान किया। इस प्रकार कहा जा सकता है कि भक्तिकाल में संत कबीर में कोई साम्प्रदायिक संकीर्ण मताग्रह नहीं था। तत्कालीन समाज में व्याप्त दंभ और पाखंड के प्रति इनके मन में वितृष्णा का भाव था। संत परम्परा में कबीर ऐसे संत हैं, जो उग्र स्वभाव के संत हैं। जो पाखंड के लिए मात्र निषेध से काम नहीं लेते बल्कि उनके विरोध में अपनी वाणी का प्रखर स्वर विशेष रुप से मुखरित करते हैं। इनकी ओजस्वी वाणी में निर्भीकता के साथ जो वर्चस्व गूँजता है, वह पाठकों व श्रोताओं को चकित व आतंकित करता है।

धर्म, दर्शन, उपासना, आचार और विचार सबमें समन्वय द्वारा कबीर ऐसे मार्ग का सन्धान करते हैं जो मानवमात्र के लिए कल्याणकारी होने के साथ-साथ स्वीकार्य हो सके। वस्तुतः धार्मिक-समन्वयवाद, मानव-कल्याण के लिए मानवतावाद, जीवन में सच्चरित्रता का आदर्शवाद और स्वानुभूति पर आश्रित सत्य का प्रचार इनका जीवन-ध्येय था।

भक्ति के संदर्भ में इनकी वाणी संबंधी प्रासंगिकता पर दृष्टि डाली जाए तो भी प्रखर चेतना दृष्टिगोचर होती है। भक्ति-भाव से ओत-प्रोत होकर कबीर भगवान का आह्वान करते हैं। जिस प्रकार अपनी मर्यादा की रक्षा के लिए नारी अपने स्वामी

पर भरोसा करती है, उसी प्रकार भक्त भी भगवान से शरण की याचना करता है। भक्त के रुप में कबीर की वाणी है–

मैं तो तुम्हारी दासी हों सजना तुम हमरे भरतार।
दीन दयाल दया करि आवों समरथ–सिरजनहार।।

अतः कबीर उच्चकोटि के साधक, भक्त और मानवतावादी संत थे। संत की जो व्याख्या कबीर ने की है, वह उनके चरित्र पर पूरी तरह घटित होती है–

निर्वैरी निहंकामता, साँई सेती नेह।
विषया सूँ न्यारा रहै, संतनि का अंग एह।।

कबीर का भक्त और संत रूप जितना उभरा है, उतना ही कवि रूप। अतः कहा जा सकता है कि कबीर का व्यक्तित्व भक्त, संत और कवि की त्रिवेणी में जनमानस को नवीन पथ का संधान करता है, जिसमें इन्होंने क्रांति का आह्वान किया है।

सम्पर्क : राजकीय महाविद्यालय
बासा (गोहर), जिला–मण्डी (हि.प्र.)

क्या तेरा साहिब बहरा है

डॉ. अरुणा पाठक

संत कबीर के अंतः-बाह्य व्यक्तित्व का समन्वित आकलन करते हुए विद्वान् लेखक और आलोचक आचार्य हज़ारी प्रसाद द्विवेदी ने एक स्थल पर लिखा है--

'वे सिर से पैर तक मस्तमौला, स्वभाव से फक्कड़, आदत से अक्खड़, भक्त के सामने निरीह, वेशधारी के आगे प्रचंड, दिल के साफ, दिमाग के दुरुस्त, भीतर से कोमल, बाहर से कठोर, जन्म से अस्पृश्य, कर्म से वंदनीय थे। युगावतार की शक्ति और विश्वास लेकर पैदा हुए थे और युग-प्रवर्तक की दृढ़ता उनमें वर्तमान थी, इसलिए वे युग-प्रवर्तन कर सके।'

अपने व्यक्तित्व एवं कृतित्व की दृष्टि से निश्चय ही संत कबीर युगावतार और युग-प्रवर्तक का महत्त्व रखते थे और आज भी रखते हैं।

इनके जन्म-मृत्यु पर बहुधा शोध कार्य हो चुका है। अतः इस विषय पर न आकर इनकी समकालीन परिस्थितियों पर प्रकाश डालना आवश्यक है।

संत कबीर का उद्भव जिस युग और वातावरण में हुआ था; राजनीतिक, धार्मिक, सामाजिक, सांस्कृतिक आदि हर स्तर पर वह विघटनकारी परिस्थितियों और प्रवृत्तियों वाला युग था। राजनीति के मूल अधिष्ठाता भारतीय नरेश आपस में तो अपने ईर्ष्या, द्वेष का बदला चुकाने में मग्न रह कर दुर्बल एवं क्रमशः क्षीण हो ही रहे थे, उस पर बाह्य इस्लामी आक्रमणों का दबदबा और घात-प्रतिघात भी निरंतर वृद्धि पा रहा था। उसके बढ़ते दबाव और प्रभाव को रोकने वाला कोई न था। धर्म के नाम पर आडम्बर-पाखंड को ही धर्म समझा जाता था। भारत में मूल रूप से वैष्णव, शैव, शाक्त, श्रोत, स्मार्त आदि अनेक धार्मिक सम्प्रदाय; कई प्रकार से वाममार्गी और बाह्याचारों पर विश्वास करने वाले सम्प्रदाय तो सक्रिय होकर आपस में लड़-झगड़ कर एवं धर्म के सत्स्वरूप को अपने कार्यों से विकृत कर ही रहे थे। अपने-अपने धर्म, धार्मिक सम्प्रदायों, पंथ, मान्यताओं, देवी-देवताओं और भगवानों, अल्लाओं को श्रेष्ठ सिद्ध करने की झोंक में धार्मिक उन्माद, पारस्परिक, साम्प्रदायिक दंगे-फसादों का आयोजन भी होने लगा था। राजनीति और धार्मिक क्षेत्रों के समान सामाजिक

वातावरण भी पथभ्रष्ट एवं अराजकतापूर्ण हो रहा था। कट्टर वर्ण व्यवस्था या जातिवाद ने तो समाज को विभाजित कर ही रखा था, तरह-तरह की कुरीतियाँ भी सामाजिक व्यवहारों में घर कर गई थी। ऊँच-नीच, छुआछूत और अपने-पराये का भेदभाव चरम विकास पर था।

इन सबने कबीरदास के व्यक्तित्व और कृतित्व दोनों को निश्चय ही प्रभावित किया। यह कबीर की चारित्रिक दृढ़ता एवं सहनशीलता की अदम्य शक्ति ही थी कि वे किसी भी प्रकार की अवमानना से घबराए या निराश नहीं हुए बल्कि हर बार वे सुदृढ़ एवं प्रखर होकर सामने आए। यह कबीर के व्यक्तित्व एवं कृतित्व का कमाल ही था कि इस ज्ञान के अनवरत बढ़ रहे प्रभाव के क्षेत्रों में वे इस्लामिक बाह्यचारों को ललकारते हुए, चौड़े चौराहे पर खड़े होकर उन्होंने कुछ इस प्रकार कहा—

कांकर पाथर जोड़ि कै, मसजिद लई चिनाय।
ता चढ़ मुल्ला बांग दे, बहरा हुआ खुदाय।।

मूर्ति पूजा को बेकार बताते हुए उन्होंने कहा—

पाथर पूजै हरि मिलै तो मैं पूजूं पहार।
ताते यह चाकी भली, पीसि खाय संसार।

संवेदना के स्तर पर वह दुःखी एवं पीड़ित मानवता की अंतः वेदना को स्वर, स्वरुप एवं आकार देने वाला है—फिर चाहे वह पीड़ा राजनीति-जन्य हो, धार्मिक-उन्मादों का परिणाम हो या फिर सामाजिक रुढ़ियों की उपज हो। प्रेम के बारे में कबीर का कहना है—

पोथी पढ़ि-पढ़ि जग मुआ, पंडित भया न कोय।
ढाई आखर प्रेम के पढ़े सो पंडित होय।।

साक्षर न होने के कारण कबीर ने स्वयं अपनी वाणी को लिपिबद्ध नहीं किया; बल्कि जब वे बोल रहे होते, तब उनके सत्संग में उपस्थित पढ़े-लिखे शिष्य उसे लिपिबद्ध करते जाते। शिष्यों ने ही उनकी जन-जन में प्रचलित पदों का लेखन एवं संकलन किया। कहा जाता है कि अपनी यात्राओं के क्रम में जब सिक्ख पंथ या सम्प्रदाय के आदि संस्थापक गुरु नानक देव काशी पहुँचे तो कई दिनों तक संत कबीर से सत्संग करते रहे। उन्होंने अपनी यात्रा डायरी में अपने बाला मरदाना नामक परम शिष्यों से कबीर वाणी का संकलन भी किया। वह संकलन 'आदि ग्रंथ' में आज भी संकलित है और सर्वाधिक प्रामाणिक स्वीकारा जाता है।

डॉ. श्यामसुन्दर दास प्रभृति विद्वानों के अनुसार कृतित्व के स्तर पर संत कबीर की वाणी का संकलन 'बीजक' कहलाता है। सन् 1928 ई. में डॉ. श्यामसुन्दर दास

ने 'काशी नागरी प्रचारिणी सभा' के तत्त्वाधान में कबीर जी की प्रामाणिक वाणी का संकलन सम्पादन किया था। इनके अनुसार बीजक के तीन भाग किए गए।

साखी–अर्थात् साख्यात अनुभव। कबीर के दोहे 'साखी' के अंतर्गत ही आते हैं। कबीर ग्रंथावली में 809 साखियाँ हैं, जिन्हें आठ शीर्षकों–नियम, मानवी स्वभाव, पाखंड, गुरुदेव, परमात्मा-परिचय, आदर्श-व्यवहार में प्रस्तुत किया गया है। इसमें उन्होंने व्यावहारिक जीवन, प्रेम-तत्त्व आदि के संबंध में समय-समय पर जो कुछ भी प्रत्यक्ष अनुभव किया और कहा। उनका संकलन है।

सबद–या शब्द अर्थात् शास्त्रीय राग-रागनियों पर आधारित गेय पद। इन्हें केवल 'पद' भी कहा जाता है। गेयता इनकी प्रमुख विशेषता है। हिंदी के गीति काव्य के विकास में कबीर रचित इन गेय पदों (शब्दों) का विशेष महत्त्व स्वीकारा जाता है। इन पदों में ब्रह्म, जीव, जगत्, माया आदि के बारे में कबीर जी ने अपनी तात्त्विक एवं व्यावहारिक अभिव्यक्ति प्रदान की है।

कबीर क्योंकि निर्गुणवादी, ज्ञानमार्गी साधक और सर्जक थे; इस कारण उनके इन शब्दों में ज्ञान-चिंतन की प्रचुरता है। ज्ञान-तत्त्व के चिंतन और भजन का प्रभाव इस प्रकार के प्रत्येक पद में स्पष्ट देखा-परखा जा सकता है। कबीर ग्रंथावली में 403 पद हैं। ये पद 16 रागों में विभक्त हैं।

रमैनी–कबीर वाणी में जो विशिष्ट प्रकार का गहन गूढ़ चिंतन है; उसका संकलन रमैनी की रचनाओं में मिलता है। कबीर ने वाममार्गियों, बाह्याचारों को प्रधानता देने वालों को फटकारने के लिए कई प्रकार की गूढ़-गम्भीर उक्तियाँ कही हैं, जो उलटवासियाँ कहलाती हैं, जिनका वास्तविक एवं तात्त्विक विवेचन करते समय बड़े-बड़े विद्वानों के छक्के छूट जाते हैं। वे सब इसी के अंतर्गत आते हैं।

इसका उदाहरण–

नाव मैं नदिया डूबी नदिया डूबी जाय।

नदिया में नाव को डूबते हुए सभी ने देखा सुना है पर जब नाव में नदिया डूबने लगे, तब अचरज होना आवश्यक है। अब बैठ कर करते रहिए अपने इस आचरण का निराकरण।

इस प्रकार यह कहा जा सकता है कि इस प्रकार की तात्त्विक गूढ़ उक्तियों का संकलन है–रमैनी।

वास्तव में कबीर के कृतित्व की परख उसकी संख्या नहीं बल्कि गुणवत्ता और प्रभाव द्वारा ही संभव हो सकती है। अपनी कृतियों में एक ओर तो संत कबीर उन सब बातों, परम्पराओं, रूढ़ियों, अंधविश्वासों का खंडन करते हुए दिखाई देते हैं, जिन्हें वे आम जीवन और समाज के लिए नितांत अनुपयोगी, मानवीय रिश्तों में दरार लाने वाला और विभाजक स्वीकार करते हैं। इसी ओर वे सच्चरित्रता, प्रेम, भाईचारा, सत्य,

अहिंसा, इंद्रिय-निग्रह आदि उदात्त मानवीय तत्त्वों का मंडन या प्रतिष्ठापन करते हुए दिखाई देते हैं। व्रत-उपवास, रोजा-नमाज़, आगम, तीर्थयात्रा, हज, नदी-स्नान आदि का तथा मंदिर, मस्जिद में होने वाले बाह्याचारों का खंडन करना संत कबीर के कृतित्व की व्यापकता का एक सर्वाधिक उज्ज्वल पक्ष है।

संत कबीर–दार्शनिक आयाम

कबीर ने सुकुमार क्षणों से ही विभिन्न जातियों, धर्मों, सम्प्रदायों के साधु-संतों, आदि के संसर्ग में आकर उनसे सत्संग करना आरंभ कर दिया था। इस सत्संग से गृहीत उपयोगी तत्त्वों के आधार पर ही कबीर एवं अन्य सभी संतों ने अपना 'दर्शन' या 'संत-दर्शन' का ढांचा खड़ा किया। इसी कारण कबीर आदि संतों की दार्शनिक चेतनाओं और उनके विविध आयामों में किसी भी प्रकार की पुराणपंथी या मुल्लावादी कट्टरता के दर्शन कतई नहीं होते हैं।

संत कबीर ने अपनी वाणी में स्थान-स्थान पर जो ब्रह्म, जीव, माया और जगत् पर अपने विविध प्रकार के विचार व्यक्त किए हैं, उनके 'आध्यात्मिक दर्शन' तत्त्व के अंतर्गत उन विचारों में अलग-अलग, देखा-परखा उचित एवं सहज उपयुक्त होगा। क्रम से वे मूल दार्शनिक तत्त्व इस प्रकार हैं–

1. ब्रह्म 2. जीव 3. माया 4. जगत

ब्रह्म–संत कबीर भक्तिकाल की निर्गुणवादी भक्तिधारा के प्रमुख एवं प्रतिनिधि, साधक और कवि स्वीकारे जाते हैं। इससे स्पष्ट है कि वे जिस 'राम' की ब्रह्म के रुप में उपासना करते हैं। वह 'दाशरथी राम' नहीं बल्कि सब में घट-घट में रमण करने वाला निर्गुण, निराकार और निर्विकल्प है अर्थात् वह सतोगुण, रजोगुण, तमोगुण और इनसे विनिर्मित पंच भौतिक सृष्टि के तत्त्वों में बंधने वाला नहीं, बल्कि एक परम व्यापक और अत्यंत सूक्ष्म तत्त्व है, इस कारण उसे निर्गुण कहा जाता है। इस राम में राम, रहीम, अल्ला, ईश्वर आदि इसका कुछ भी नाम हो सकता है। वह संपूर्ण एवं एक है। ज्ञान साधना के बल पर उसे केवल अपनी अंतरात्मा में अनुभव किया जा सकता है। इस प्रकार कबीर का ब्रह्म अनुभूति-जन्य है और इसी कारण वह दशरथ का बेटा राम नहीं है।

'दशरथ-सुत तिंहू लोक बखाना, राम नाम का माना है आना' संत कबीर का वह घट-घट बासी, अविनाशी ब्रह्म एक है। सभी जातियों, धर्मों और सम्प्रदायों द्वारा अपनाए गए साधना भक्ति के सभी मार्ग उस एक ब्रह्म की ओर ही जाते हैं, उसी तक पहुँच कर समाप्त हो जाते हैं। उससे बाहर कुछ नहीं।

जीव–कबीर जी के दर्शन का दूसरा तत्त्व है जीव, जिसे आत्मा या आत्म तत्त्व भी कहा एवं स्वीकारा जाता है। अन्य सभी साधकों के समान संत कबीर भी जीव को उस परब्रह्म परमेश्वर का अंश स्वीकार करते हैं। जीव अजर, अमर एवं अविनाशी

तत्त्व है। कबीर जीव या आत्मा के प्रेम-भाव की संपूर्णता एवं सफलता दाम्पत्य-भाव में देखते हैं। जैसे लौकिक जीवन में सर्व समर्पित पत्नी ही पति के प्रेम की अधिकारिणी बन जाती है, उसी प्रकार सर्व समर्पित आत्मा ही परब्रह्म की अनुकम्पा एवं मिलन की अधिकारिणी हो सकती है। जीव या आत्म-तत्त्व का यही रूप संत कबीर की आध्यात्मिक दर्शन सम्बंधी चेतना और समूची साधना का मूल आधार है।

जल में कुंभ कुंभ में जल है, बाहर-भीतर पानी।
फूटा घट घटहिं समाना, यह तत कहे ज्ञानी।।

माया—संत कबीर ने माया तत्व का अस्तित्व स्पष्ट रूप से स्वीकार किया है। यों माया उस शक्ति को भी कहा जाता है जिसके द्वारा ब्रह्म स्थूल-सूक्ष्म, सृष्टि की सर्जना किया करते हैं और उसे 'विद्यामाया' का नाम एक शक्ति के रुप में ही दिया गया है परंतु संत कबीर की वाणी और साधना पद्धति में दार्शनिक स्तर पर माया के जिस रूप का अनेकशः चित्रण हुआ है। उसे 'अविद्या माया' कह कर अभिहित किया गया है। इसी माया के प्रभाव से जीव-जागतिक पदार्थों एवं तत्त्वों को ही सत्य नित्य एवं सब कुछ माना करता है और इस प्रकार जागतिक गलियारों में भटक और अटक जाया करता है, इसी कारण कबीर ने माया को 'महाठगनी' कहकर सम्बोधित किया है—

माया महाठगनी हम जानी।

मंदिर में मूर्ति, पण्डे की पण्डाइन, विष्णु की लक्ष्मी, ब्राह्मणी, इन्द्र की इन्द्राणी, अपार धन सम्पदा और करनी कौड़ी आदि जितने भी रूप हैं, कबीर के अनुसार ठगने वाले, भरमाने वाले हैं और इस कारण माया ही हैं। कबीर ने यह माना है कि जब तक मनुष्य की चेतना लौकिक स्तर पर माया के बंधन से छुटकारा नहीं पा लेती, तब तक पारलौकिक मुक्ति भी संभव नहीं है।

जगत—मानव-जीवन के हमारे अस्तित्व के आस-पास जो कुछ भी अपने विविध एवं विभिन्न रंग-रूपों में दिखाई दे रहा है, वह सब जगत ही है। है तो सही; पर कबीर मानते हैं कि यह माया-जन्य विभ्रम है, अन्य कुछ नहीं। यह सब अस्थायी और मिथ्या है।

पानी केरा बुदबुदा, अस मानस की जाति।
देखत ही छिप जाएगा, ज्यूं तारा प्रभाति।।

इस संसार-सागर में मनुष्य एक बुलबुला है। कबीर ने अन्य संतों के समान जगत को जीव की माया का एक पड़ाव माना है जिसके आकर्षणों से लगकर यात्री जीव अक्सर भटक जाया करता है।

कबीर का दार्शनिक पक्ष अपने हर स्तर और पक्ष से एकाकी न होकर अनेक धर्मों-जातियों, दार्शनिक वादों के समन्वय का प्रभाव और देय है। मानव धर्म की व्यापकता के संदर्भ में इन्होंने शुद्धाचरण, व्यवहार की पवित्रता, आचार-विचार की शुद्धता सभी प्रकार की क्षणिक भौतिक विषय-वासनाओं का परित्याग और ऐसा करके स्थाई पर लोकगत मुक्ति की साधना ही को इस धार्मिक दर्शन के पक्ष का सारभूत तत्व एवं तथ्य कहा जा सकता है। भक्ति-भाव इन्होंने वैष्णवों से और योग-मार्ग नाथों और हठमार्गी योगियों से ग्रहण किया। इन दोनों के सहज समन्वय से ही कबीर का दर्शन विकसित हो सका। इन्होंने निष्काम भक्ति और निश्चय साधना पर विशेष बल दिया। अनवरत प्रेम, दासत्व समर्पण, मन की निर्मलता और आडम्बरहीनता, आचरण, व्यवहार की पवित्रता, निष्कपटता, अनवरत प्रभु नाम का स्मरण आदि वे सभी मुख्य बाते हैं, जिन्हें कबीर की समूची दार्शनिक चेतना का आधार कहा जा सकता है। दार्शनिक चेतनाओं के विनिर्माण ने जहाँ नाथ और हठमार्गी सम्प्रदायों का प्रभाव है, वहाँ वैष्णवों की प्रेम-भक्ति और सूफियों की इश्कमिजाजी का स्पष्ट प्रभाव भी रेखांकित किया जाता है।

सम्पर्क : प्रवक्ता
बी.एस.एम. गर्ल्ज़ कॉलेज,
नवांशहर (पंजाब)

नानक और कबीर का आंखिन देखा

सुशील बाला

भक्तिकाल वह स्वर्णिम काल है जिसमें हिंदी साहित्य स्रोतस्विनी, अध्यात्म व भक्ति की पुनीत व प्रबल धारा की निर्मलता से आप्लावित हो उठी और इसकी पावनता की अलौकिक आभा से विकीर्णित ज्ञानालोक की रश्मियों ने तत्कालीन परिवेश को स्नात कर दिया। इस पुण्य सलिला के प्रवाह को आध्यात्मिक, मानवीय, नैतिक, सामाजिक आदि मूल्यों का जलदान कर वेगमयी बनाने वाला स्रोत था–हमारी महान निर्गुण व सगुण हिंदी काव्य धारा। निर्गुण काव्य धारा का अवलोकन करते ही सर्वप्रथम संत कबीर और गुरु नानक–वाणी सर्वाधिक द्युतिमान् नक्षत्रों की भांति झिलमिला उठती है। कबीर उत्तर व मध्य भारत में अज्ञान के तिमिराच्छन्न वातावरण में ज्ञान की मशाल लेकर अवतरित हुए और गुरु नानक ने उत्तर–पश्चिम को अज्ञानाधंकार से मुक्त कर सच्चे ज्ञान के प्रकाश से ज्योतित कर दिया।

इन दोनों महान संतों की कथन शैली यद्यपि भिन्न थी तथापि इनका ध्येय एक था, समान था–जीवात्मा का परमात्मा से साक्षात्कार। इस महत् लक्ष्य-प्राप्ति के मार्ग में किसी भी प्रकार का अवरोध इन्हें स्वीकार्य नहीं था। इन अवरोधों को दूर करने के लिए इन्होंने जो प्रयास किये वे तत्कालीन विकृत चरमराते ढाँचे पर कुठाराघात के रूप में सामने आते हैं। इस विकृत ढाँचे का ढहना ही नव-निर्माण की संभावना का मूल था। क्रांति के मूल में यही नव-निर्माण का भाव निहित रहता है। संत कबीर और गुरु नानक की वाणी में भी जर्जर, अनुपयोगी, खण्डहर बन चुकी रूढ़ियों, गली-सड़ी मान्यताओं, निरर्थक नियमों, विकृत मूल्यों, अंधविश्वासों, दूषित मनोवृत्तियों, टूटी आस्थाओं पर प्रहार के साथ-साथ सत्य की दृढ़ता पर आधारित उपयोगी प्रगतिशील नियमों, आस्थाओं, विश्वासों, सद्वृत्तियों के नव निर्माण का आह्वान है–चाहे वह साधना के क्षेत्र में हो या समाज के क्षेत्र में अर्थात् इन संतों की वाणी आध्यात्मिक प्रतिपाद्य के साथ सामाजिक मूल्यों व आदर्शो से सम्पृक्त है।

जीवात्मा को परमात्मा से मिलाने का बीड़ा उठाने वाले इन संतों ने जब तत्कालीन समाज को एक परमात्मा की आराधना की अपेक्षा अनेक आराध्य देवों के नाम पर विभाजित देखा तो उन्हें निराकार एकेश्वर की सत्ता का उद्घोष करना पड़ा–

गोबिन्दे तू निरंजन तू निरंजन तू निरंजन राया।
तेरे रूप नहीं, रेख नाहीं, मुद्रा नाहीं माया।।

(कबीर)

ओंकार सतिनामु करता पुरखु निरभउ निवैरू।
अकाल मूरति अजूनी सैभं गुरु प्रसादि।।

(नानक)

या

साहिब मेरा एको है एको है भाई एको है

(नानक)

इसी एक परमसत्ता को सृष्टि का रचयिता तथा रचना को उसकी संतान घोषित कर हर प्रकार के भेदभाव को नकार दिया–

साईं के सब जीव हैं कीरी कुंजर दोय

(कबीर)

एक जोति ते सब जग उपज्या कौन भले कौन मंदे।

(नानक)

जब प्रत्येक जीव का जनक एक है तो फिर किसी भी प्रकार का भेद-भाव आधारहीन हो जाता है परंतु कबीर और नानक के समय का समाज तो धर्म, जाति, वर्ण, अर्थ आदि कितने ही आधारों पर विभक्त था तो फिर ऐसी विकट परिस्थितियों में प्रभु-प्रेमी, ये भक्त कवि प्रभु की सर्वश्रेष्ठ कृति मानव की यह दुर्दशा देखकर कैसे चुप रह सकते थे? इसलिए मानव चेतना को जागृत करने के लिए उन्हें सांस्कृतिक उत्थान के अग्रदूत का कर्त्तव्य निर्वहन स्वीकार करना पड़ा और मानव-मानव के बीच की प्रत्येक विभाजक-रेखा पर प्रहार करना पड़ा क्योंकि किसी भी प्रकार का भेद-भाव उनके मूल आध्यात्मिक उद्देश्य के मार्ग का अवरोध था, जिसे हटाने के उपरांत ही लक्ष्य प्राप्ति संभव थी।

आध्यात्मिक लक्ष्य-प्राप्ति के लिए इन महापुरुषों ने प्रभु-मिलन हेतु मार्गदर्शक के रूप में सच्चे गुरु की अनिवार्यता पर बल दिया। गुरु को गोबिन्द से भी उच्च पद पर प्रतिष्ठित किया क्योंकि–

गुरु करता, गुरु करणै जोगु, गुरु परमेसुर है भी होगु।
कहु नानक प्रभु इहैं जनाई, बिनु गुरु मुक्ति न पाइये भाई।।

(नानक)

उनके अनुसार सच्चा गुरु शिष्य को केवल देता है, उससे प्रतिदान में कुछ भी नहीं लेता। इसीलिये वह वंदनीय है–

सिष तो ऐसा चाहिये, गुरु को सरबस देय।
गुरु तो ऐसा चाहिये, सिष ते कछु न लेय।।

(कबीर)

या

घालि खाय कछु हत्थों देहु।
नानक राह पछाणहु सेहु।।

(नानक)

इस प्रकार साधना-मार्ग में सफलता-प्राप्ति हेतु सच्चे गुरु की अनिवार्यता तथा गुरु की कसौटी का निर्धारण कर इन महान आध्यात्मिक पथिकों ने विभिन्न सम्प्रदायों के सर्वेसर्वा बन धर्म के तथाकथित ठेकेदारों को खुली चुनौती देकर मानवता को उनके क्रूर पंजों से मुक्त कराने का सत्प्रयास किया।

धर्म के आधार पर विभिन्न सम्प्रदायों में विभाजित तत्कालीन समाज, जो साम्प्रदायिकता के आधार पर एक-दूसरे से विद्वेष-भाव रखता था, को एकेश्वर की आराधना के द्वारा मानव-एकत्व का संदेश देना निश्चय ही उनकी क्रांति-चेतना को द्योतित करता है।

तत्कालीन धार्मिक क्षेत्र में अनेक विकृतियों का आक्रमण हो चुका था। धर्म बाह्यमुखी साधनों पर आश्रित हो चुका था। लोगों की भक्ति-साधना केवल कर्मकाण्ड तक सीमित हो चुकी थी। तीर्थाटन, मूर्तिपूजा, तंत्र-मंत्रों जैसे अंधविश्वासों में उलझे लोग इन्हीं को मोक्ष-प्राप्ति का साधन मान संतुष्ट हो चुके थे। वास्तविकता से विमुख हुये लोगों को इन्होंने ईश्वर की 'घट-घट' व्याप्ति से परिचित कराया–

काइआ अंदरि वसतु असंखां
गुरुमुखु साचि मिलै तां वेखां।

संत दादू भी यही कहते हैं–

यहु मसीत यहु देहरा, सतगुरु दीया दिखाइ।
भीतर सेवा बंदगी, बाहर काहे जाई।।

इसी संदर्भ में इन महात्माओं ने थोथे निरर्थक कर्मकाण्डों की निंदा की। उस समय के समाज में कुत्सित विचारों और बाह्याडम्बरों का प्राबल्य था। धर्म, समाज, राजनीति

आदि सभी क्षेत्रों में व्याप्त असत्य, अनाचार, भेद-भावों के विरुद्ध इन संतों के मन में उत्पन्न प्रतिक्रिया ही उनकी क्रांतिकारिता के रूप में प्रस्फुटित हुई है। इसलिए वे मूर्तिपूजा का विरोध 'पहाड़ पूजने' या 'चक्की की श्रेष्ठता' सिद्ध करके करते हैं तो कहीं माला फेरने की निरर्थकता सिद्ध करते हैं–

माला तो कर मैं फिरै, जीभ फिरै मुख मांही।
मनवा तो चहुं दिसि फिरै, ये तो सुमिरन नाहीं।।

(कबीर)

मन को मथुरा और काया को काशी घोषित कर तीर्थों की व्यर्थता की ओर इंगित करते हुए कबीर स्पष्ट करते हैं।

मथुरा जावै द्वारका, भावै जावै जगन्नाथ।
साध संगति हर भगति बिन, कुछ न आवै हाथ।।

गुरु नानक ने भी बाह्य स्नान से निर्मलता व स्वच्छता को स्पष्ट शब्दों में नकार दिया है–

सूचे एहि न आखीअहि, बहनि जि पिंडा धोई।
सूचे सेई नानक जिस, मनि वसिआ साई।।

बाह्य वेश-परिवर्तन से भी ईश प्राप्ति संभव नहीं क्योंकि हृदय-शुद्धि प्रभु-प्राप्ति के लिए अनिवार्य है। जब तक आंतरिक शुद्धि नहीं होगी तब तक ईश-कृपा भी असंभव है फिर चाहे कितनी बार माला फेरी जाये या तीर्थाटन किया जाये या अन्य कोई बाह्य कर्मकाण्ड किया जाये–

पंडित होइ के आखन गारे, लम्बी माला जपता है।
अंतर तेरे कपट कतरनी, सो भी साहब लखता है।।

पितृ-तर्पण करने वालों को पश्चिम दिशा में खेतों को जल देने का अभिनय कर जहाँ गुरु नानक ने व्यावहारिक जीवन में प्रभावोत्पादक ढंग से क्रियात्मक संदेश दिया, वहीं कबीर ने इस पाखंड का इन शब्दों में पर्दाफाश किया–

जीवित पित्र कूं अन्न न ख्यावैं।
मूंवां पाछै प्यंड या भरावैं।।

नानक ने बाह्य कर्मकाण्ड की आलोचना इस प्रकार की है–

गलि माला तिलकु ललाटं, दुइ धोती वसत्र कपाटं।
जे जाणसि ब्रह्मं करमं, सभि फोकट निसचउ करमं।।

जिस प्रकार इन संतों ने हिंदू समाज में व्याप्त बाह्याडम्बरों की धज्जियाँ उड़ाईं उसी प्रकार मुस्लिम समाज की धार्मिक कुप्रवृत्तियों की ओर संकेत कर सत्य-मार्ग का वरण करने हेतु प्रेरणात्मक संदेश दिए। कबीर ने रोज़ा, अज़ान आदि संबंधी दोहों में इसी ओर इंगित किया है–

कंकड़ पत्थर जोरि कै, मस्जिद लई बनाय।
ता चढ़ि मुल्ला बांग दे, बहरा भया खुदाय।

जीवहत्या का विरोध उन्होंने इन शब्दों में किया है।

दिन में रोजा रखत है रात हनत है गाय।
यह तो खून वह बन्दगी कैसी खुशी खुदाय।।

वास्तव में कबीर और नानक जैसे अलौकिक व्यक्तित्वों ने विभिन्न सम्प्रदायों में व्याप्त बाह्याडम्बरों को नकारकर सहज धर्म की प्रतिष्ठा का मार्ग प्रशस्त किया। उनके द्वारा की गई आलोचना किसी सम्प्रदाय विशेष की आलोचना नहीं थी अपितु वह वास्तविक धार्मिक मूल्यों की प्रतिष्ठा का प्रयास थी। उनका दृष्टिकोण तो सर्वधर्म-समभाव से सम्बद्ध था।

'खालिक खलक खलक में खालिक सब घट रह्यौ समाय।' नानक इस संदेश को प्रसारित करने वाले संत समाज को विभिन्न जातियों में बँटा हुआ कैसे देख सकते थे? एक परम पिता परमात्मा की संतान में जन्म से ब्राह्मणत्व व शूद्रत्व के भेद को वे किस प्रकार मान्यता दे सकते थे?

एक जोति सब उत्पन्ना का बामन का शूदा।
(कबीर)

अतः वर्णाश्रम-धर्म पर आधारित विकृत हो चुकी जाति-व्यवस्था पर उन्होंने प्रहार किये। गुरु नानक ने किसी भी जाति-भेद को स्पष्ट शब्दों में अस्वीकार कर दिया–

जाणहु जोति न पूछहु जाति।
आगै जाति न है।।

वहीं कबीर ने जाति-भेद पर तीखा आघात करते हुये तथाकथित उच्च जातियों को आड़े हाथों लिया–

जो तू बाह्मन बाह्मनी जाया
आन बाट है काहे नहीं आया?

इस प्रकार के अकाट्य तर्क इन संतों की क्रांति-चेतना का ही प्रमाण हैं। गुरु नानक ने तो ब्राह्मणत्व की कसौटी भी निर्धारित की है–

सो ब्राह्मणु जो ब्रह्म बीचारै,
आपि तरै सगले कुल तारै।।

'न को हिंदू, न कों मुसलमान' कहकर भारतीय समाज के दो मुख्य समुदायों में एकता लाने का सफल प्रयत्न कर साम्प्रदायिक सद्भाव स्थापित करने वाले श्री गुरु नानक ने 'नानक उत्तमु नीचु न कोई' का महान् वक्तव्य देकर जाति-भेद को तो नकारा ही, साथ ही 'जित्थे नीच संभालियन तित्थै नदरि तेरी बखसीस' के कथन द्वारा भारतीय समाज के दलित व शोषित वर्ग को सम्मान दिया। यहाँ तक कि स्वयं को उन्हीं (दलितों) में से एक घोषित किया—

नीचां अंदरि नीच जाति नीवी हूं अति नीचु।
नानक तिन कै संगि साथि वडिआ सिंउ किआ रीसु।।

किसी भी जाति के लिए इससे बड़ा और क्या सम्मान हो सकता था कि स्वयं गुरु नानक जैसा महापुरुष स्वयं को उससे सम्बद्ध करे। इससे भी आगे बढ़कर नानक ने समाज में निम्न कहे जाने वाले जाति-वर्ग में आत्म-सम्मान का भाव भरने का भी प्रयास किया—

जै जीवै पति लथी जाइ।
सभु हरामु जेता किछु खाइ।।

स्वयं उच्च जाति से संबंधित होकर भी गुरु नानक द्वारा जाति भेद-भाव का इतना कड़ा विरोध व पद-दलित जातियों को आत्म-सम्मान से सराबोर कर समानता के धरातल पर खड़ा करने का प्रयास निस्संदेह एक क्रांतिकारी पग था। डॉ. रामधारी सिंह दिनकर के शब्द इस संबंध में द्रष्टव्य हैं—"गुरु नानक का सामाजिक आचार भी क्रांतिकारी और मनुष्य-मनुष्य के बीच समता का समर्थक था।"

गुरु नानक ने वैयक्तिक जीवन में भाई मरदाना को अपना आजीवन साथी बना 'सरब जोति रूप तेरा देखिआ' पर आधारित मानव-समता के संदेश का आचरण कर इसे मात्र मौखिक उपदेश ही नहीं रहने दिया अपितु क्रियात्मक व प्रेरणात्मक संदेश बना दिया।

इसी प्रकार महात्मा कबीर द्वारा जाति-भेद का जोरदार शब्दों में खण्डन उनके निम्न जाति से संबंधित होने की प्रतिक्रिया कदापि नहीं था क्योंकि वे तो ईश्वर-प्रेम में आकण्ठ लीन एक संत थे, जिनकी दृष्टि में संतों की जाति का नहीं, ज्ञान का महत्त्व था। यूं भी उनका स्वाभिमान व आत्मविश्वास प्रबलतापूर्वक उनकी वाणी में दिखाई देता है—

तू बाह्मन मैं कासी का जुलाहा बूझहू मोर गियाना।

यही आत्मविश्वास अग्रलिखित पंक्तियों में परिलक्षित होता है–

मैं कहता हूँ आँखन देखी, तू कहता कागद की लेखी।
मैं कहता सुरझावन हारी, तू राख्यो उरूझाई रे।।

(कबीर)

आचार्य हज़ारी प्रसाद द्विवेदी अपने ग्रंथ 'कबीर' में लिखते हैं–"जहाँ कबीर में लापरवाही और मस्ती थी, वहाँ अक्खड़ आत्मविश्वास की भावना भी थी। अपनी इन विशेषताओं के बल पर ही उन्होंने हिंदू और मुसलमान दोनों की विषाक्त परम्पराओं पर वज्रपात किए और पूरे स्वाभिमान से कुत्सित रूढ़ियों का विरोध करते हुए पूरे आत्मविश्वास के साथ यह बताया कि जिस शरीर को सुर, नर, मुनि ने ओढ़कर मैला कर दिया था, उसे कबीर ने बड़े यत्न से ओढ़ा और जैसा का तैसा रख दिया।"

पद-दलित जनों को सम्मान का अधिकारी घोषित करने वाले मानवतावादी मूल्यों के प्रतिष्ठापक नानक की उदारता प्रताड़ित, शोषित यहाँ तक कि संतों, कवियों द्वारा निंदित, नारी की शोचनीय दशा देखकर मूक रह जाती–ऐसा किस प्रकार संभव था? उन्होंने अपमानित नारी को सम्मान की अधिकारिणी बनाया। स्त्री को गौरवशाली पद पर प्रतिष्ठित किया–

सो किउ मंदा आखीए जितु जंमहि राजान्।

स्त्री को गृहस्थ जीवन का आधार बताकर उसे पुरुष के समान अधिकार देना गुरु नानक का एक अन्य क्रांति-सूचक पग था।

हालाँकि कबीर का नारी संबंधी दृष्टिकोण गुरु नानक की भाँति उदार नहीं कहा जा सकता। यहाँ तक कि उनकी 'एक कनक अरू कामिनी दुर्गम घाटी दोय' या 'एक कनक अरू कामिनी विष फल कीए उपाइ' 'या जोरू जूठणि जगत की' जैसी उक्तियों में नारी-निंदा का भाव झलकता है परंतु फिर भी वास्तविकता यह है कि इसके पीछे उनका उद्देश्य वासनाजन्य विलासिता का विरोध करना था।

नारी की झांई परत अंधा होत भुजंग।
कबिरा तिन की कहा गति नित नारी के संग।।

इन पंक्तियों में प्रत्यक्षतः कबीर का नारी के प्रति अत्यंत कठोर न संकीर्ण दृष्टिकोण दिखाई देता है किंतु गहनता में जाने पर इस कठोरता के नेपथ्य में कामासक्त विलासी लोगों को दी गई चेतावनी स्पष्ट सुनाई देती है। यहाँ कठोरता के उच्च स्वरों में मुखरित होने का कारण है–

काम-वासना में लिप्तता के कुपरिणाम की भयंकरता को निर्दिष्ट करना। उस विलासपूर्ण वातावरण में आकण्ठ डूबे हुये, पूर्णतया आसक्त लोगों को चेताने के लिये

उन्हें कटुता व कठोरता का सहारा लेना पड़ा क्योंकि पंचविकारों में प्रथम विकार 'काम' ईश्वर-प्राप्ति के मार्ग की सबसे बड़ी बाधा है। जहाँ 'काम' है वहाँ 'राम' नहीं। जहाँ 'राम' है वहाँ 'काम' नहीं–'कामी, क्रोधी, लालची इनसे भक्ति न होय'। वास्तव में उन्होंने आचरण की शुद्धता पर बल दिया। गृहस्थ का उन्होंने विराध नहीं किया। यदि नारी-निंदा करना ही उनका गंतव्य होता तो वे कभी पतिव्रता स्त्री को भी आदर न देते और न ही स्वयं को प्रभु रूपी प्रियतम की 'दुल्हन' या 'विरहिनी' के रूप में प्रकट करते किंतु कबीर ने ऐसा अपनी वाणी में अनेक स्थानों पर किया है–

पतिवरता मैली भली, काली कुचिल कुरूप।
पतिवरता के रूप पर, वारों कोटि सरूप।।

या

हरि मोर पीव मैं हरि की बहुरिया।

ऐसे अन्य उदाहरणों के आधार पर हम कह सकते हैं कि कबीर का ध्येय नारी-निंदा नहीं अपितु जीवों को वासना के प्रति उदासीन करना तथा आचरण की शुद्धता व उच्च चरित्रता का संदेश देना था।

आचरण की शुद्धता व सच्चरित्रता के संदेश में जहाँ नैतिक आदर्श व मूल्य निहित हैं वहीं इन संतों की वाणी में तत्कालीन राजनीतिक स्थिति की विकृतियों के प्रति रोष की भी निर्भीकतापूर्ण अभिव्यक्ति है। कबीर ने काज़ी या कोतवाल जैसे अधिकारियों के भ्रष्ट आचरण का संकेत इस प्रकार किया है–

को अस नगर कोतवलिया।
माँसु पसारि गीध रखवारिया।।

नानक ने तो और भी स्पष्ट शब्दों में राजनीतिज्ञों के भ्रष्ट आचरण को अनावृत किया है–

राजे सींह मुकद्दम कुत्ते। जाइ जगाइन बैठे सुते।।
चाकर नहदा पाइन्हिं धाउ। रतु पिनु कुति हो चटि जाहु।।
हक पराइआ नानका। उसु सूअर उसु गाई।।

का संदेश देकर नानक ने जहाँ श्रम के महत्त्व का निर्देशन किया वहीं भ्रष्टाचार को भी निषिद्ध घोषित कर दिया।

राजतंत्र के समय में गुरु नानक ने लोक-कल्याणकारी लोकतंत्र के पक्ष में विचार प्रस्तुत किये–

राजा तख्त टिकै, गुणी मै पंचाइण रठ।।

राजनैतिक क्रांति-चेतना का इससे बड़ा प्रमाण और क्या हो सकता है? भारत पर बाबर के आक्रमण के समय गुरु नानक का उदार हृदय संवेदना से इतना अभिभूत हो उठा कि परम सत्ता से भी प्रश्न कर उठा--

खुरासान खसमाना कीया हिंदुस्तान डराइआ।
आपै दोसु न देई करता जमु करि मुगलु चढ़ाइआ।।
एती मार पई कुरलाणै तैं की दरदु न आइआ?

स्पष्ट है कि इन संतों में राजनीतिक क्रांति-चेतना भी पूर्ण वेग से प्रस्फुटित हुई है। इसके पीछे भी उनका मंतव्य ऐसे परिवेश के निर्माण का मार्ग प्रशस्त करना था, जिसमें मानव ईश्वर-भक्ति की ओर प्रवृत्त हो सके।

इन महान महात्माओं के योगदान संबंधी हिंदी के सुप्रसिद्ध विद्वानों के मत उल्लेखनीय हैं। डॉ. नगेन्द्र ने गुरु नानक को 'मानववाद और सर्वधर्म-समभाव' का प्रणेता स्वीकार करते हुए कहा है--"लोकनायक के रूप में उन्होंने समस्त उत्तर-भारत में सामाजिक चेतना जगाकर जन-जागृति का मंत्र फूंका और अन्याय तथा अत्याचार के विरुद्ध जनता को संगठित किया; आध्यात्मिक गुरु के रूप में उन्होंने निराश जनता की चेतना में आत्मविश्वास और ईश्वर-विश्वास की भावना की पुनः प्रतिष्ठा की। गुरु नानक व्यक्ति नहीं थे, संस्था शब्द भी उनके संपूर्ण कृतित्व का अर्थ वहन नहीं कर सकता। वे एक समग्र देशकाल की चेतना के प्रतीक थे।"

इसी प्रकार डॉ. धर्मपाल मैनी श्री गुरु नानक क्रांति-चेतना के परिणामों की अभिव्यक्ति अग्रलिखित शब्दों में करते हैं--"जातिगत कट्टरता एवं धार्मिक साम्प्रदायिकता में फँसी जनता को इस संकीर्णता से ऊपर उठाकर मानवता का पाठ पढ़ाया। धर्म, अर्थ, कर्म, जाति, सम्प्रदाय, प्रदेश, भेष आदि अन्यान्य आधारों पर किए मानव के भेद को दूर कर समाज में मानव-मानव एकता और समता का स्वर निनादित किया। यही कारण है कि उस समय के भारतीय समाज में क्रांतिकारी परिवर्तन आ गया, जिसके कारण पतनोन्मुख समाज एक बार फिर उठ खड़ा हुआ। इसलिए गुरु नानक की अंतर्दृष्टि एवं सामाजिक देन को अद्भुत कहा जा सकता है।"

संत कबीर की क्रांतिकारिता पर डॉ. पारसनाथ तिवारी अपने विचार व्यक्त करते हुए कहते हैं--"सच्ची बात है कि हिंदी साहित्य में कबीर से बड़ा मानवता-वादी कोई नहीं हुआ। उन्होंने तत्कालीन भारतीय समाज में प्रचलित समस्त अन्धविश्वासों, रूढ़ियों तथा मिथ्या सिद्धांतों द्वारा प्रचारित सामाजिक विषमताओं का मूलोच्छेद करने का बीड़ा उठाया और निर्ममतापूर्वक सभी पाखण्डों पर प्रहार किया।"

डॉ. शुकदेव सिंह ने कबीर को हिंदू-मुस्लिम साम्प्रदायिकता के खिलाफ आवाज़ उठाने वाले पहले संत, विचारक और कवि माना है।

डॉ. हृदयपाल सिंह तोमर ने आधुनिक युग में कबीर वाणी की प्रासंगिकता को स्वीकारते हुए कहा है--हमें यदि सही मार्ग कोई दिखा सकता है तो कबीर। कबीर

के रास्ते पर चलकर ही हम एक कल्याणकारी राष्ट्रीय चरित्र का निर्माण कर सकते हैं।

इस प्रकार स्पष्ट है कि कबीर और गुरु नानक दोनों ही महात्माओं की कथन-शैली चाहे भिन्न-भिन्न थी। कबीर जहाँ कटु व प्रहारक वृत्ति के साथ पदार्पण करते हैं तो वहीं नानक व्यंग्य में भी मधुरता व सहजता के साथ प्रविष्ट होते हैं। दोनों महापुरुषों की वाणी की क्रांति-चेतना का केंद्र परमार्थ है, अध्यात्म है। जो कुछ भी उनकी वाणी का विषय बना उसका उत्स अध्यात्म है, प्रभु-मिलन का ध्येय है, ईश-भक्ति है। इसी से सामाजिक, नैतिक, धार्मिक आदि मूल्य व आदर्श निःसृत हुए। उन्होंने युग पुरुषों के रूप में मानव को हर प्रकार की संकुचित परिधि से निकालकर 'वसुधैव कुटुम्बकम्' का विशाल व्योम दिया। शाश्वत व सार्वभौम सत्य की प्रतिष्ठा करने वाली उनकी वाणी की क्रांति-चेतना आधुनिक संदर्भों में भी पूर्ण प्रासंगिक है। धार्मिक, सामाजिक, नैतिक, राजनैतिक आदि सभी विषयों से संबंधित समाधान प्रस्तुत करने की क्षमता उनकी वाणी में निहित है। इसीलिए उनकी वाणी आज भी ऐसे प्रकाश-स्तम्भ की भूमिका निभा रही है, जिसकी सीमा में पहुँचकर कोई भी ज्ञान के प्रकाश का वरण कर सकता है, साथ ही भविष्य के लिए मार्गदर्शन पाने का अधिकारी भी बन जाता है।

संक्षेप में कहा जा सकता है कि वास्तविक सत्य को विस्मृत कर पथभ्रष्ट हुए जन-समाज को लम्बी सुषुप्ति से जागृतावस्था में लाकर उचित मार्ग पर अग्रसर होने को प्रेरित करना कोई सरल कार्य नहीं था किंतु सत्य की ठोस भूमि पर खड़े होकर कबीर और नानक जैसे ईश्वर-भक्तों व निर्भीक महापुरुषों ने इसी सत्य–शक्ति के बल पर इतने आत्मविश्वासपूर्ण इस कर्त्तव्य का निर्वहन किया कि तत्कालीन समाज तो इन युग-चेताओं के सम्मुख नतमस्तक हुआ ही, साथ ही आने वाला प्रत्येक युग उनका ऋणी हो गया।

सम्पर्क : प्रवक्ता
श्री लाल बहादुर शास्त्री,
आर्य महिला कॉलेज,
बरनाला (पंजाब)

युग-चेता-समदर्शी : कबीर

डॉ. जय प्रकाश शर्मा

साहित्य और समाज का संबंध अन्योन्याश्रित है। साहित्य को समाज का दर्पण कहा जाता है। इसी को थोड़ा और विस्तार दें तो साहित्य समाज का गत्यात्मक दर्पण है। यदि समाज को हम एक सदेह इकाई मान लें तो साहित्य उसकी वाणी है। प्रायः माना जाता है कि साहित्य की विषय-वस्तु युगीन परिस्थितियों और परिवेश से ही अपनी अभिव्यक्ति के माध्यम और साधन लिए होती है। किंतु भक्तिकाल की समग्र परिस्थितियों तथा साहित्यिक अभिव्यक्तियों को विवेचित करने पर हमें उपर्युक्त मान्यता से असहमत होने का प्रभावशाली कारण मिल जाता है। चाहे इस काल के काव्य में भक्ति की प्रधानता के कारण इसे भक्ति काल की संज्ञा से अभिहित किया गया हो, परंतु इस काव्य का अन्वेषक दृष्टि से विचारपूर्ण अध्ययन किया जाए तो भक्ति के साथ-साथ युग-चेतना तथा क्रांति-भावना की एक समृद्ध परम्परा हमें उपलब्ध होती है।

जिन राजनीतिक परिस्थितियों में विदेशी और देशी का निरंतर संघर्ष चल रहा था। हिंदुओं और मुसलमानों के बीच शासित और शासक का भेद ही नहीं, मनों में वैमनस्य का आधार भी था। देश के मूल निवासियों को शासन के शोषण, अत्याचार और अपमान को सहना पड़ रहा था। जिस भक्तिकाल को आचार्य शुक्ल पौरुष से हताश जाति का आश्रम मानते हैं। जिस युग में 'धर्म' अपनी सारी आस्थाओं और आदर्श पद्धतियों से छिटककर कर्मकाण्ड, बाह्याडम्बर, बहुदेववाद तथा अनेक क्लिष्ट और अस्पष्ट सिद्धांतों की ओर दिशाहीन बढ़ रहा था। विधर्मियों द्वारा बलात् धर्मान्तरण किया जा रहा था। उन सारी विपरीत, विषम परिस्थितियों में भक्ति काव्य के माध्यम से जो समन्वय, आस्था और विश्वास का संदेश प्राप्त हुआ है, वह निःसंदेह युग को दिशा देने का महायज्ञ तो था ही, जगत के अनंत भविष्य तक के लिए मार्गदर्शक भी कहा जा सकता है। भक्ति काव्य की एक अनुपम विशेषता यह भी है कि उन भक्त-संत कवियों ने कहीं भी सप्रयास अपने कथ्य को अलंकृत करने का यत्न नहीं किया। इन कवियों की भाव-भूमि नितांत निजी अनुभूतियों पर आधारित

है तथा युगीन यथार्थ को इन्होंने पूरी ईमानदारी और निर्भीकता से व्यक्त किया है। इसीलिए आध्यात्मिकता, लौकिक यथार्थ तथा सरस काव्यात्मकता का अद्‌भुत समन्वय भक्तिकाव्य की ही विशिष्टता है।

किसी भी युग के साहित्य का एक धर्म यह भी बनता है कि युगीन अनाचार, अव्यवस्था और अन्याय के विरुद्ध लोकमत को प्रचारित करे। जिस युग में ब्राह्मणवादी वैचारिकता के वर्चस्व और जगत के प्रति नकारात्मक दर्शन की आध्यात्मिक भावना के कारण 'ब्रह्म सत्यं, जगत् मिथ्या' का सिद्धांत प्रतिष्ठित-प्रचलित था; ठीक उस समय चार्वाक के खाओ, पिओ, करो आनंद के सिद्धांत में निश्चित रूप से विद्रोह की भावना परिलक्षित होती है। इसी प्रकार आठवीं शताब्दी में जब नायक का धीरोदात्त, उच्चकुल-उद्‌भव होना अनिवार्य माना जाता था, शूद्रक ने 'मृच्छकटिकम्' के नायक को इस परम्परा से हटकर प्रस्तुत किया था। यह भी साहित्यिक परम्पराओं के प्रति विद्रोह ही कहा जा सकता है। संतों और भक्तों से प्रायः किसी क्रांति या विद्रोह की अपेक्षा नहीं की जाती। भक्ति काव्य तो वैसे भी निर्गुण-सगुण ब्रह्म को आत्म निवेदन तथा नवधा भक्ति का शांतिदायक काव्य है। जहाँ विद्रोह और आक्रोश के लिए अवसर नहीं है।

हम यदि निर्गुण धारा के ज्ञानमार्गी संत कवियों के सामाजिक परिप्रेक्ष्य को देखें तो ये सभी संत समाज के दलित, उत्पीड़ित, शोषित, उपेक्षित और कमेरे समुदाय से आए हैं। तद्‌युगीन विकट जातीय भेदभाव तथा छुआछूत की भावना के कारण आजकल की तरह इनका मंदिरों में प्रवेश शायद नहीं रहा होगा। अपनी आस्था को इसीलिए इन कवियों ने निर्गुण ब्रह्म के प्रति निवेदित किया है। सद्‌गुरु के द्वारा दिए गए सद्-ज्ञान से ईश्वर प्राप्ति का मार्ग वास्तव में व्यक्ति के रूप में 'आत्म-संस्कार' का मार्ग है किंतु इन संतों ने आत्म-संस्कार तक ही अपने को सीमित नहीं किया। उन्हें यह आभास था कि व्यक्ति और समाज की सत्ता परस्पर आश्रित और आधारित हैं। इसीलिए समाज को सुधारना या संस्कारित करना भी अपरिहार्य है।

मध्यकालीन भारत में हिंदु-मुस्लिम वैमनस्य तथा अपने-अपने धर्म की श्रेष्ठता के झगड़े, सामाजिक समरसता और एकता की भावना के लिए प्रबल आघात थे। जातीय श्रेष्ठता के आग्रह, वंश-परम्परा में महानता का दर्द, वर्ग-वैषम्य, धार्मिक अनुदारता, संकीर्ण मानसिकता, बहुदेववाद, असीम अवतारवाद आदि के कारण तद्‌युगीन समाज पूरी तरह जड़ हो चला था। कबीर ने हिंदुओं और मुसलमानों के बीच वैमनस्य समाप्त करने तथा समन्वय स्थापित करने के लिए अनूठा प्रयास किया। उनके जन्म और पालन-पोषण से संबंधित लोक मान्यताओं को सही मानें तो दोनों धर्मों के कुसंस्कारों का विरोध करने का प्राकृतिक अधिकार कबीर को प्राप्त था इसीलिए मुल्ला और पंडित दोनों ही उनकी प्रताड़ना से नहीं बच सके। वे उनसे प्रश्न करते हुए कहते हैं--

ना जाने तेरा साहब कैसा है।
मसजिद भीतर मुल्ला पुकारै, क्या साहब तेरा बहिरा है?
चिंउंटी के पग जेवर बाजे, सो भी साहब सुनता है।
पंडित होय के आसन मारै, लंबी माला जपता है।
अंतर तेरे कपट कतरनी, सो भी साहब लखता है।

उस युग के बाह्याचार, संप्रदायवाद और ऊँच-नीच के भेदभाव को कबीर ने अमानवीय, निरर्थक और प्रकृति-विरुद्ध माना तथा इन कुरीतियों के विरोध में एक सशक्त वातावरण निर्मित किया। सामाजिक कुप्रथाओं के निवारणार्थ कबीर ने किसी राजनीतिक भय अथवा सामाजिक दबाव को नहीं माना। आज के दलितवाद के बड़े-बड़े नारों के बीच भी कबीर जैसी ईमानदारी और निष्कपटता दिखाई नहीं पड़ती। कबीर ने सारे ज्ञान और महानता का आधार प्रेमपूर्वक सामाजिक जीवन शैली को मानते हुए कहा कि–

पोथि पढ़ि पढ़ि जग मुआ, पंडित भया ना कोए।
ढाई आखर प्रेम का पढ़े सो पंडित होए।।

कबीर के युग में धर्म के नाम पर अनेक रूढ़ियाँ और कर्मकाण्ड प्रचलित थे। इनके पीछे कोई आध्यात्मिक या वैज्ञानिक आधार नहीं था। परिणामस्वरूप कबीर ने बड़े तर्क-पूर्ण ढंग से इन मिथ्या कर्मकाण्डों की आलोचना की थी। हिंदुओं में एकादशी व्रत के अवसर पर किए जाने वाले भोजन और आचरण पर व्यंग्य करते हुए कबीर ने कहा है–

हिंदू करत एकादशी साधैं दूध सिंघाड़ा सेती।
अन्न को त्यागे मन नहीं हटके पारत करैं लगोती।

इसी प्रकार माँस-भक्षण की प्रवृत्ति का विरोध करते हुए कबीर ने ईद के मौके पर पशु-हत्या का विरोध करते हुए कहा है–

बकरी पाती खात है, ताकी काढ़ी खाल।
जे नर बकरी खात हैं, तिनको कौन हवाल।।

सामाजिक कुरीतियों और अंधविश्वासों की भर्त्सना करते हुए कबीर केवल आलोचना और विरोध तक सीमित नहीं होते। उन्होंने समाज को, यहाँ तक कि सारे विश्व को नए जीवनादर्श भी दिए। कबीर ने सारे जग को एक ज्योति से उत्पन्न मानकर सारी विषमताओं को झुठला दिया है। 'एक नूर तैं सब जग उपज्या, कौन भला, कौन मन्दा' कह कर कबीर ने समरस भाव पर आधारित विश्व-परिवार की कामना

प्रकट कर दी है। भारत में मनु द्वारा स्थापित वर्णाश्रम व्यवस्था, समाज और संस्कृति की नियामक रही है। यद्यपि यह कर्म आधारित वर्गीकरण था, किंतु मध्य काल तक आते-आते वर्ण-व्यवस्था संकीर्ण जातीय-भेद तथा उच्चता-नीचता के विकारों से ग्रस्त हो चुकी थी। इसका निर्धारण भी कर्म की अपेक्षा जन्म से होने लगा था। ब्राह्मण का सामाजिक आचरण चाहे कितना ही अपवित्र क्यों न हो उसे सम्मान का अधिकारी माना जाता था। जब कि शूद्र का सार्वजनिक व्यवहार कितना ही सदाचारी और पवित्र क्यों न हो, उसे जन्म के आधार पर नीच और हेय समझा जाता था। कबीर ने जन्म के आधार पर इस जाति-व्यवस्था का घोर विरोध किया। कबीर समाज में जन्म और जाति के नाम पर फैली विषमता के स्थान पर सभी के समान अधिकारों के समर्थक थे। ब्राह्मणों की धार्मिक श्रेष्ठता पर प्रहार करते हुए कबीर कहते हैं–

जो तू बामन, बामनी जाया
और रास्तै क्यूँ नही आया।

इसी प्रकार उन्होंने मुसलमानों को भी नहीं बख्शा। उनके धार्मिक दंभ को तोड़ते हुए कबीर ने मुसलमानों के 'खतना' संस्कार को आधार बनाकर कहा है कि यदि पवित्रता का इतना ही गर्व है तो फिर यह रस्म जन्म लेने के बाद क्यों की जाती है यथा–

जो तू तुरक तुरकनी जाया।
भीतर खतना क्यूँ न कराया।।

धर्म के नाम पर किए जाने वाले पाखंड को कबीर कभी स्वीकार नहीं कर सके। मुसलमान मस्जिद पर चढ़कर 'अजाँ' देते हैं। अल्लाह को जोर-जोर से पुकारते हैं। कबीर को यह बड़ा अजीब लगता है क्योंकि कबीर तो यह मानते हैं कि चींटी के पैरों के जेवरों की ध्वनि को भी उनका 'साहिब' सुन लेता है, फिर इतने ऊँचे स्वरों में उसे पुकारने का क्या औचित्य है। इसीलिए इस प्रवृत्ति पर व्यंग्य करते हुए कबीर कहते हैं–

कांकर पाथर जोरि कै, मस्जिद लयी बनाय।
तां चढ़ि मुल्ला बांग दै, क्या बहिरा हुआ खुदाय।।

यहाँ तक कि उनकी जिज्ञासा इस से भी आगे जाती है। उनका मानना है कि जिन देशों में मस्जिद है, उन देशों का खुदा तो मस्जिद में मिल जाएगा किंतु जहाँ मस्जिद नहीं है वहाँ के बारे में क्या कहोगे। यथा–

जो रे खुदाय मसीत बसतु है।
अवर मुलुक किहि केरा।।

'रोजा' मुसलमानों की एक पवित्र प्रथा है। परंतु उस युग में शायद यह प्रथा भी विकृत हो चुकी थी। दिन में अल्लाह के नाम रोजा रखने और रात को गाय का माँस खाने वाले लोगों को प्रताड़ित करते हुए कबीर ने कहा है–

दिन को रोजा रखत हो, रात हनत हो गाय।
यह तो खून वह बंदगी, कैसी खुशी खुदाय।।

कबीर ने मुल्ला-काज़ियों की झूठी विद्वता पर भी अपने तर्क-प्रहार किए हैं। 'मुल्ला' अपने को परमज्ञानी और खुदा का पाक-अनुयायी मानकर अन्य मनुष्यों से श्रेष्ठ समझता है परंतु कबीर को लगता है कि उसका ज्ञान अधूरा है। वह काज़ी से प्रश्न करते हुए कहते हैं–

काजी कौन कितेब बखानै।
पढ़त पढ़त केते दिन बीते, गति एकै नहिं जानै।।

धार्मिक पाखंड चाहे किसी भी धर्म या संप्रदाय का रहा हो, कबीर की आलोचना से नहीं बच पाया। उन्होंने मुसलमानों और हिंदुओं को समान रूप से प्रताड़ित किया है। उस युग में हिंदू धर्म अनेक मत-मतांतरों और विचारधाराओं में बँट चुका था। बुद्ध धर्म की भी अनेक शाखाएँ हो चुकी थीं। जिन बुराइयों के प्रतिकार के लिए इसका आरंभ हुआ था, अब वही कुरीतियाँ इसमें भी प्रविष्ट हो चुकी थीं। धर्म स्थल पाखंड और दुराचार के केंद्र बनने लगे थे। कबीर ने विभिन्न संप्रदायों के इस पाखंड और अनाचार का खुलकर विरोध किया। मूर्ति-पूजा को निरर्थक मानते हुए कबीर ने कहा है–

पाहन पूजै हरि मिलै, तो मैं पूजूं पहार।
ताते यह चाकी भली, पीस खाय संसार।।

वे हिंदु और मुसलमान दोनों की ही मिथ्या रूढ़ियों का पर्दाफाश करते हैं। कबीर का परमात्मा न तो मस्जिद में रहता है और न ही मंदिर में। वे तो अपने निर्गुण ब्रह्म को सर्वव्यापी मानते हैं। इसीलिए कहते हैं–

हिंदू अंधा, तुरकौ काना, दुवौ ते ज्ञानी सयाना।
हिंदू पूजै देहूरा, मुसलमान मसीत।
नामा वही सेवियै जहाँ देहूरा न मसीत।।

कबीर अपनी बात को जिस बेखौफ़ अंदाज़ में कहते हैं वह वास्तव में श्लाघ्य है। कबीर के इसी क्रांतिकारी व्यक्तित्व को आचार्य हज़ारी प्रसाद द्विवेदी ने पूरा सम्मान देते हुए कहा है–"सच पूछा जाए तो जनता कबीरदास पर श्रद्धा करने की अपेक्षा

प्रेम अधिक करती है इसलिए इनके संत रूप के साथ कवि रूप बराबर चलता रहता है। वे केवल नेता और गुरु नहीं हैं, साथी और मित्र भी हैं। वे आगे लिखते हैं—हिंदी साहित्य के हज़ार वर्षों के इतिहास में कबीर जैसा व्यक्तित्व लेकर कोई लेखक उत्पन्न नहीं हुआ। महिमा में वह व्यक्तित्व केवल एक ही प्रतिद्वंद्वी जानता है—'तुलसीदास।'

कबीर के व्यक्तित्व के बारे में द्विवेदी जी ने स्पष्ट कहा था कि वे सिर से पैर तक मस्तमौला थे। यहाँ तक कि उनके व्यक्तित्व का यह गुण न तो किसी के संग-साथ की परवाह करता है और न ही अपने लिए कुछ संचित, सुरक्षित रखने की चिन्ता। वे जिस राह पर चले हैं, अपनी सारी चिंताओं के घर को जलाकर चले हैं। साथ आने के इच्छुकों को भी पहले चेतावनी देने की मुद्रा में कहते हैं—

हम घर जारा आपुना, लिया मुराड़ा हाथ।
जो घर जारौं आपना, तो चलौं हमारे साथ।।

कबीर की भौतिक आवश्यकताएँ बहुत सामान्य हैं। वे किसी प्रकार के संचय में विश्वास नहीं करते। उनकी परमात्मा से याचना इसी बात की द्योतक है। किसी भी समाज के लिए यह याचना आदर्श और अनुकरणीय हो सकती है—

साईं इतना दीजिए, जामैं कुटुम्ब समाई।
मैं भी भूखा ना रहूँ, साधु न भूखा जाई।।

कबीर जिस युग में रहे थे वह विचार और व्यवहार के स्तर पर बहुत विकसित युग नहीं था। कवि या कलाकार के पास प्रचार-प्रसार के इतने विकसित साधन भी नहीं थे। आज तो हम ज्ञान-विज्ञान के अतिरिक्त धर्म-अध्यात्म के प्रवचन संचार-क्रांति के कारण सरलता से अपने घरों में ही सुन सकते हैं। सामाजिक विद्रूपताओं के निराकरण के प्रयास शासन और संविधानों द्वारा भी किए जाते हैं। संविधान में दलितों को दिया जाने वाला आरक्षण या छुआछूत विरोधी नियम इसी प्रकार के शासकीय उपचार हैं किंतु कबीर के युग में शासन किसी तरह की धर्म-निरपेक्षता से कोई सरोकार नहीं रखता था। आज के युग में हम धर्म और राजनीति का षड्यन्त्रपूर्ण गठबंधन भी देखते हैं लेकिन क्या इस सारे विकास में कबीर की तरह निष्कपट, निर्भय और निरपेक्ष भाव से समाज के सत्यों को व्यक्त कर सकने वाला संत दिखाई पड़ता है? क्या समाज को समरसता के संस्कार देने की आत्मिक इच्छा कहीं भी दिखाई पड़ती है? कबीर न तो बुलेट प्रूफ, वातानुकूलित, आलीशान गाड़ियों में घूमे थे और न ही अपने प्रवचनों के लिए महानगरों में विशाल समारोह आयोजित करने की स्थिति में थे। उन्होंने यदि मूर्ति-पूजा और धार्मिक पाखंडवाद का विरोध किया था तो यह किसी की धार्मिक भावनाओं को आहत करने के उद्देश्य से नहीं अपितु धर्म को आडंबर के अंध गर्त में जाने से बचाने और उसे तर्क-सम्मत व्यक्ति-समाज के विकास का

साधन बनाने के उद्देश्य से किया। उन्हें न तो हिंदुओं से शत्रुता थी और न ही मुसलमानों से बैर। वास्तव में कबीर हिंदू-मुसलमान, पंडित-मौलवी, सवर्ण-अवर्ण की सीमाओं में बांधे ही नहीं जा सकते। वे या तो परम ब्रह्म से साक्षात्कार करने वाले अनन्य संत हैं या फिर अपने युग के सर्वोत्तम मानवतावादी विचारक हैं। द्वेष से जलते हुए समाज को जिस कबीर ने सामान्य संवाद में वाणी के महत्त्व को समझाते हुए जब यह कहा कि–

ऐसी वाणी बोलिए, मन का आपा खोए।
औरन को शीतल करे, आपहुँ शीतल होए।

तो पारस्परिक विद्वेष को मिटाने का एक सहज मार्ग भी दिखा दिया। उनकी प्रताड़ना और खंडन-मंडन की प्रवृत्ति किसी दुराग्रह या पूर्वाग्रह से ग्रस्त नहीं है। विशुद्ध ज्ञान-परीक्षित अनुभव में जो ठीक लगा, समाज और व्यक्ति के लिए कल्याणकारी लगा, वही कबीर ने कह दिया। उनको न तो किसी धार्मिक प्रतिष्ठा की चिंता थी और न ही कोई लोक-प्रतिष्ठा का मोह था। जिन परिस्थितियों में रहे-जिए, उनके यथार्थ को अपने ही सहजीवियों में कह दिया। न कोई प्रचार, न आडंबर, न छपने की चाह, न बिकने की लालसा, फिर भी आज के विकसित समाज की इक्कीसवीं सदी जाति-बिरादरी, धर्म-संप्रदाय के नाम पर हिंसा का तांडव करती सामाजिकता और कठमुल्ले धर्माचार्यों के लिए कबीर एक विराट् आलोक-स्तम्भ हैं। छद्म वैश्वीकरण की भावना को कबीर की इन पंक्तियों का अनुकरण करना चाहिए–

कबीरा खड़ा बाजार में, मांगे सबकी खैर।
ना काहू से दोस्ती, ना काहू से बैर।।

वास्तव में अपनी इसी भावना के कारण कबीर आज भी सर्वप्रिय हैं, सर्वहितकारी, परम समदर्शी और सच्चे युगचेता। कबीर से पहले और उनके बाद भी धार्मिक पाखंडों पर इतने तीखे आक्रमण किसी कवि ने नहीं किए। समन्वय का जो रूप कबीर में मिलता है उसका सबसे बड़ा प्रभाव यह है कि उनके युग से लेकर वर्तमान तक विरोधी धर्मावलम्बी श्रद्धापूर्वक उनके उपदेशों का सम्मान करते हैं। यहाँ राजकुमार वर्मा का 'कबीर की सामाजिक चेतना' से संदर्भ में दिया गया वक्तव्य उद्धृत करना अधिक समीचीन होगा, जिसमें उन्होंने कहा है "कबीर अनुभूति संपन्न कवि और संत होते हुए भी समाज की अनिश्चित परिस्थितियों के प्रति उदासीन न रह सके और वे भक्ति आंदोलन के प्रमुख प्रवर्त्तकों में होते हुए भी समाज सुधार में अग्रणी बने।" कबीर ने मानव से बढ़कर, जीव-मात्र के प्रति करुणा का संदेश दिया। व्रत-उपवास, तीर्थाटन-तप-साधना सबसे हटकर आचरण और व्यवहार की शुद्धता को महत्त्व दिया। कबीर की इसी सामाजिक सुधार युग-चेतना और निर्भीकता को सम्मान देते हुए वैष्णव भक्त नाभादास ने कहा है–

भक्ति विमुख जो धर्म सु सब अधरम करि गायो।
योग यज्ञ व्रत दान भजन बिनु तुच्छ दिखायो।।
हिंदू तुरक प्रमान रमैनी सबदी साखी।
पक्षपात नहिं बचन सबन के हित की भाखी।।
आरूढ़ दशा है जगत पर मुख देखी नाहिन भनी।
कबीर कानि राखी नहीं वर्णाश्रम षट दर्शनी।।

यदि कबीर के मानवतावादी रूप को मूल्यांकित करते हुए संक्षेप में कहें तो कबीर ने अपने समय की सारी चुनौतियों का सामना करते हुए समाज को जो चेतना और दिशा दी, वह सदैव वंदनीय और अनुकरणीय है।

सम्पर्क : प्रवक्ता
वैश्य स्नातकोत्तर महाविद्यालय,
भिवानी (हरियाणा)

मीरा के संतत्व को नकारना असंभव

ओमीश परुथी

मीरा के काव्य में एक अद्भुत सामंजस्य दृष्टिगोचर होता है। एक ओर यह काव्य सगुण-साकार उपास्य गिरधर के प्रति मीरा के अनन्य प्रेम से आप्लावित है, चिर विरहिणी की वेदना से स्पंदित है; तो दूसरी ओर इसमें संत कवियों की शब्दावली में गुरु व नाम स्मरण की महिमा, संसार की क्षणभंगुरता, विषय-विकारों की व्यर्थता तथा बाह्याचारों की निस्सारता भी व्यक्त हुई है। मीरा-पदावली के सम्यक् अध्ययन से ज्ञात होता है कि उसकी विषय वस्तु, भाव व अभिव्यंजना शैली संत काव्य से प्रभावित है।

मीरा जिस युग में काव्य-सृजन कर रही थी, वह संतमत के उत्थान का काल था। कबीर व रैदास सरीखे प्रतिनिधि संत कवि तब तक अपनी वाणी के माध्यम से जनमानस में प्रतिष्ठित हो चुके थे। अतः लोकलाज को त्यागकर 'संतों के ढिक' बैठने वाली मीरा का उनके मत से प्रभावित होना सहज व स्वाभाविक था–

साध संत हिरदै बसै, हथलेवा को लाग्यो पाप। [1]

× × ×

मेरो मन लागो हरि सूं, अब न रहूंगी अटकी। [2]
गुरु मिल्या रैदास जी, दीन्हीं ग्यान की गुटकी।

इन पंक्तियों में मीरा ने संत कवि रैदास को अपना गुरु बताया है। यद्यपि अब यह तथ्य विवादास्पद है, तथापि मीरा की संत कवि रैदास आदि के प्रति श्रद्धा व आस्था को अवश्य व्यक्त करता है। अतएव मीरा का संतमत से प्रभावित होना सहज था। हिंदी साहित्य के कई विद्वानों ने मीरा के काव्य पर इस प्रभाव को लक्षित किया है। 'हिंदी साहित्य का बृहत् इतिहास' के अंतर्गत डॉ. भोलानाथ तिवारी ने तो यहाँ तक लिखा है कि संतमत से प्रभावित कृष्ण-धारा के कवियों में मीरा का नाम सर्वोपरि है। "मीरा पर संतमत और संत साहित्य का प्रभाव विचार, शब्द तथा प्रतीक विधान आदि सभी रूपों में दृष्टिगत होता है, उनमें प्रेम, सतगुरु के कारण विरह की उत्पत्ति, ज्ञान तथा आत्मा-परमात्मा की एकता आदि से सम्बद्ध सारे विचार

संतों के हैं।''[3]

मीरा पर संतमत के प्रभाव को रेखांकित करते हुए डॉ. बच्चन सिंह लिखते हैं—''उनमें एक ओर निर्गुण पंथ का योग, अनहद नाद, शून्य महल, सुरत, त्रिकुटी है तो दूसरी ओर सूरदास के विनय के पदों की तरह के पद भी हैं।''[4] मीरा के काव्य में संत कवियों की शब्दावली के प्रयोग को देखकर कतिपय समीक्षकों—डॉ. पीताम्बर दत्त बड़थवाल तथा डॉ. पद्मावती शबनम ने मीरा की भक्ति को निर्गुणोपासना की परिधि में समेट लिया है। वे लिखती हैं—''मीरा ने इसी पद्धति को अपनाया। उनकी सगुण भावना निर्गुणोपासना की प्रतीक मात्र थीं।''[5] लेकिन यह मत उत्साहातिरेकजन्य अधिक, तथ्यपरक कम है। मीरा पर निस्संदेह संत कवियों का प्रभाव तो देखा जा सकता है, लेकिन मात्र इसीलिए उसे निर्गुणोपासक कहना उचित नहीं। सत्य तो यह है कि सगुण, साकार उपास्य की साधिका होते हुए भी मीरा के हृदय में संतमत के प्रति आस्था थी जो सहज रूप से उसके काव्य में व्यक्त हुई है।

मीरा के काव्य पर संतमत के प्रभाव का आकलन करने से पूर्व इस मत की विचारधारा से अवगत होना उपादेय होगा। संतमत में आराध्य के रूप में निर्गुण, निराकार ब्रह्म मान्य है, मूर्तिपूजा व कर्मकाण्डीय प्रक्रिया में संत कवियों का विश्वास नहीं था, इसीलिए भक्ति के सहज, सरल रूप को अपनाते हुए उन्होंने बाह्याचारों का विरोध किया है। गुरु को उन्होंने अत्यधिक महत्त्व दिया है। कबीर ने तो गुरु को गोविंद से पहले माना है जो प्रभु साक्षात्कार का मार्ग प्रशस्त करता है। इसके अतिरिक्त उन्होंने इस जगत को मिथ्या मानते हुए माया के सभी रूपों की भर्त्सना की है। साधक हेतु सदाचार को अनिवार्य माना है। अतः मानव को अहंकार, ईर्ष्या, द्वेष, काम, क्रोध व मोह से बचने के लिए सावधान किया है। ज्ञानमार्गी होते हुए भी संत कवियों ने अपनी साधना पद्धति में प्रेम को पर्याप्त महत्त्व दिया है।

संतमत के परिप्रेक्ष्य में मीरा-काव्य का अध्ययन करने पर उसमें कई ऐसे पद मिलते हैं जिन पर इस मत का प्रभाव स्पष्ट लक्षित होता है। भले ही मीरा सगुणोपासिका थी, लेकिन गुरु-महिमा को उसने संतमत के अनुरूप ही अंकित किया है। सर्वप्रथम संत कवियों की भांति गुरु को 'सतगुरु' कहकर सम्बोधित किया है। मीरा के लिए 'सतगुरु' वह 'खेवटिया' है जो भवसागर से पार लगा देगा—

सत की नाव खेवटिया सतगुरु, भवसागर तर आयो। [6]

गुरु की ही कृपा से उसे रामनाम रूपी अमूल्य वस्तु प्राप्त हुई है, जिसने उसके जीवन को बदल दिया है—

वस्तु अमोलक दी मेरे सतगुरु, किरपा करि अपनायो। [7]

गुरु ने मीरा का ऐसा सच्चा मार्गदर्शन किया कि उसके मन के सारे संशय दूर हो

गए। अब वह 'परम गुराँ के सरण' में ही बनी रहेगी। उन्हीं के उपदेशानुसार जीवनयापन करते हुए जन्म-मरण के बंधन से मुक्त हो जाएगी। [8] कबीर ने गुरु के शब्द बाण से शिष्य के हृदय में प्रभु-प्रेम जागृत होने की बात कही है।[9] मीरा ने भी गुरु के शब्दों का शिष्य पर विलक्षण प्रभाव दर्शाते हुए लिखा है–

जनम जनम का सोया मनुवाँ, सतगुर सब्द सुण जागा। [10]
माता पिता सुत कुटुम कबीला, टूट गया ज्यों तागा।।

संत कवियों ने नाम-स्मरण की महिमा बताई है। मीरा के काव्य में भी प्रभु-नाम स्मरण पर बल दिया गया है। मीरा ने अपने कई पदों में नाम-स्मरण का गुणगान किया है। इस संदर्भ में मीरा के साथ-साथ कबीर की पंक्तियाँ भी दृष्टव्य हैं, जिससे इस प्रभाव को आंका जा सकता है–

राम रसाइन प्रेम रस पीवत, अधिक रसाल। [11]

—कबीर

राम नाम रस पीजै मनुआ, राम नाम रस पीजै। [12]

—मीरा

मेरा मन सुमिरै राम को, मेरा मन रामहि आहि। [13]

—कबीर

मेरो मन रामहिं राम रटै रे।

राम नाम जप लीजे प्राणी, कोटिक पाप कटै रे। [14]

—मीरा

मीरा की दृष्टि में प्रभु-नाम का स्मरण अमृत से भरे कटोरों का पान है। प्रभु नाम में वह शक्ति है जिससे प्राणी के जन्म-जन्म का 'पुराना लेखा-जोखा' मिट जाता है। संत कवि गुरु नानक साहिब ने राम नाम को भवसागर पार कराने वाला जहाज कहा है। मीरा ने भी अपने काव्य में ऐसे ही विचार व्यक्त करते हुए लिखा है–

राम नाम की जहाज चलास्याँ, भवसागर तिर जास्याँ। [15]

संतों ने धर्म के कर्मकाण्डीय रूप को अस्वीकार करते हुए बाह्याचारों का खंडन किया है। मीरा मूर्तिपूजा व अर्चना तो करती थी लेकिन अन्य बाह्याचारों को उसने भी व्यर्थ बताया है। उसने लिखा है कि केवल स्नान करने अथवा तिलक लगाने से मन पवित्र न होगा। मन में मैल के रहते हुए भक्ति सफल नहीं हो सकती।[16] तीर्थयात्रा करने अथवा काशी जाकर करवत लेने को भी व्यर्थ बताते हुए उसने लिखा है–

कहा भयो तीरथ व्रत कीन्हें, कहा किये करवत कासी।
कहा भयो भगवा पहरयाँ, घर तज भये संन्यासी।
जोगी होय जुगति नहिं जानी, उलटी जनम फिर आसी। [17]

मीरा ने मानव जन्म को दुर्लभ व अमूल्य बताया है। मानव को पुण्यों के प्रताप से ही इस जीवन की प्राप्ति होती है, अतः इसे व्यर्थ न गँवाना चाहिए–

नहिं ऐसो जन्म बारंबार।
का जानूँ कुछ पुण्य प्रगटे, मानुसा अवतार।
बढ़त छिन-छिन घटत पल-पल, जात न लागै बार।
बिरछ के ज्यूँ पात टूटे, बहुरि न लागै डार। [18]

संतों की भाँति मीरा ने भी विषय-विकारों को त्याज्य कहा है। जब तक मन में काम क्रोध, मोह आदि विकार रहेंगे, जीव को प्रभु का साक्षात्कार नहीं हो सकता, इसीलिए मीरा ने काम को 'कूकर', मोह को 'चंडाल' तथा क्रोध को 'कसाई' कहा है।[19] संत कवि कबीर ने इस शरीर की क्षगभंगुरता को रेखांकित करते हुए मानव को अहंकार से बचने की सीख दी है–

कबीर कहा गरबियो, इस जोवन की आस।
केसू फूले दिवस दोइ, खंखर भये पलास।। [20]

मीरा ने भी संसार की नश्वरता को उजागर करते हुए मानव को इस शरीर पर गर्व करने से बचने की सीख दी है–

इस देही का गरब न करना, माटी में मिल जासी।
यो संसार चहर की बाजी, साँझ पड़याँ उठ जासी।। [21]

मानव को कुसंगति त्याग कर सत्संग करने की प्रेरणा देते हुए मीरा कहती है–

तज कुसंग सतसंग बैठ नित, हरि चरचा सुण लीजै।

× × × × ×

काम क्रोध मद लोभ मोह कूँ, चित से बहाय दीजै। [22]

संत काव्य की एक प्रमुख विशेषता रहस्यवाद भी है। कबीर के काव्य में इसका भव्य रूप दिखाई देता है। मीरा के काव्य में भी रहस्यवादी अनुभूतियों की व्यंजना हुई है। उसके पदों में–''तुम मोरे हूँ तोरे,' 'तुम बिच हम बिच अंतर नाहीं' 'म्हारा पिया म्हारे हीयड़े बसताँ, णा आवाँ णाँ जाती' 'रोगी अंतर बैद बसत है' आदि पंक्तियाँ इसकी परिचायक हैं।

मीरा के काव्य मे सपाटबयानी व विद्रोह की वैसी ही वृत्ति दिखायी देती है जिसके लिए संत काव्य के प्रतिनिधि कवि कबीर जाने जाते हैं। यद्यपि मीरा मध्ययुगीन सामंती व आभिजात्य परिवेश में पोषित हुई थी, लेकिन यही परिवेश जब उसके प्रभु-प्रेम में बाधक बना तो उसने साहस व निर्भयतार्पूक उसका विरोध किया। न तो कुल की मर्यादा को और न सामाजिक बंधनों को उसने अपनी साधना के मार्ग की बाधा बनने दिया। राणा की धमकियों ने उसकी विद्रोह की वृत्ति को और भी उग्र बना दिया। किसी ने उसे 'कुलनासी' कहा तो किसी ने 'बावरी' लेकिन उसने किसी की परवाह नहीं की। निम्नांकित पंक्तियाँ उसकी विद्रोहात्मकता की परिचायक हैं–

लोकलाज कुल की मरजाद यामैं एक न राखूँगी। [23]

× × × ×

लोका कहैं मीरा भई बावरी, सास कहैं कुलनासी रे। [24]

× × × ×

राजकुल की लाज गमाई, सांच्या संग मैं भटकी। [25]

मीरा की विद्रोहात्मकता व कबीर की इस वृत्ति की समानता को दर्शाते हुए डॉ. विद्यानिवास मिश्र लिखते हैं–"मीरा का विद्रोह कबीर के विद्रोह की तरह साधन है, साध्य नहीं। इन दोनों का साध्य है ऐसे भाव की प्राप्ति जो समस्त सुविधाओं, द्वैतों और भेदों से ऊपर उठा दे, सर्वात्मवाद में प्रतिष्ठित कर दे। दोनों को साध्य प्राप्ति की गहरी बेचैनी है, इसीलिए जितने भी अवरोधक कारण हो सकते हैं, उन्हें तोड़कर उनके आगे निकल जाने का उत्साह उतना अधिक है।"[26]

मीरा की विचारधारा व काव्य की विषयवस्तु ही नहीं, उसका अभिव्यंजना पक्ष भी संत काव्य से प्रभावित है। उसके पदों के विन्यास पर कबीर की शैली का प्रभाव लक्षित किया जा सकता है। इस संदर्भ में आचार्य विश्वनाथ त्रिपाठी का मत उद्धरणीय है–"मीरा के पूर्व कबीर गेय पद लिख चुके थे। विद्यापति, सूरदास, तुलसीदास थोड़ा आगे-पीछे लगभग समकालीन थे। इन सबके गेय पदों में सबसे ज्यादा कबीर की भाषा में गद्यात्मकता या सुविन्यस्त वाक्य-गठन मौजूद है। इसीलिए कहा जा सकता है कि मीरा के गेय पदों मे जो सुविन्यस्त वाक्य-गठन मौजूद है, शैली रूप में वह विशेषता उन्हें परंपरा से प्राप्त हुई थी।"[27] मीरा की भाषा पर भी संत-शब्दावली का प्रभाव है। मीरा ने भी ईश्वर को 'रमैया' व 'रमइया' कह के संबोधित किया है। 'सुरत', निरत', 'गगन मंडल' 'सूनौ','सेज' आदि अनेक पारिभाषिक शब्दों का प्रयोग भी मीरा के काव्य में सहज रूप से हुआ है, इस संदर्भ में निम्नलिखित पंक्तियाँ द्रष्टव्य हैं–

गगन मंडल पै सेज पिया की किस बिध मिलना होय। [28]

× × ×

सुरत निरत का दिवला संजोले, मनसा की कर ले बाती।
प्रेम हटी का तेल मँगा ले, जगे रह्या दिन ते राती। [29]

पिय बिन सूनौ म्हाँरो देस। [30]

सागर सूख कमल मुरझाना, हंसा कियो पयाना।
भोंरा रह गये प्रीत के धोके, फेर मिलन को जाना।। [31]

मीरा के काव्य में प्रयुक्त ऐसे शब्दों के संदर्भ में आचार्य परशुराम चतुर्वेदी का कथन है–''मीरा की साधना का तीसरा रूप उनके निर्गुण संप्रदाय या संतमत विशिष्ट सुरति शब्द योग को अपनाने के संबंध में रचे गए पदों द्वारा भी लक्षित हुआ जान पड़ता है, वे 'त्रिकुटीमहल' में बने हुए 'झरोखे से झाँकी लगाती हैं और 'सुने महल' में सुरत जमा कर 'सुख की सेज बिछाती' हुई दीख पड़ती हैं। 'सुमिरण थाल' को हाथ में लेकर तथा 'सेज सुखमणा' पर सुशोभित होकर अपने लिए 'सुभ घड़ी' मानती हुई जान पड़ती हैं, वे अपने 'पिया की सेज' का 'गगन मंडल' में होना बतलाती हैं। 'बिन करताल पखावज' की सहायता के भी अपने घर के भीतर 'अनहद की झंकार' सुना करती हैं। इष्टदेव 'आदि अनादि साहब' 'निरंजन' अथवा 'ब्रह्म' के साथ एकाकार हो जाने की चेष्टा में अपनी सुरत के झकोला खाने की चर्चा करती हैं।''[32]

मीरा के काव्य की भाषा का रूप संत कवियों की भाषा के समान मिश्रित है–प्रमुखतया उसमें राजस्थानी व ब्रजभाषा की शब्दावली प्रयुक्त है, गौण रूप से गुजराती व पंजाबी के शब्द भी मिलते हैं। संत-कवियों के समान ही अलंकारों के प्रति उन्हें विशेष मोह नहीं। सपाटबयानी उसके काव्य की विशिष्टता है।

अंत में कहा जा सकता है कि मीरा संतमत से पर्याप्त प्रभावित थी। मीरा ने संत काव्य की भाँति सद्गुरु की अनुकम्पा व महिमा का गान किया गया है। प्रभु स्मरण व सदाचार पर बल दिया गया है। इस संसार की नश्वरता को रेखांकित करते हुए विषय-विकारों व मायाशक्ति को त्याज्य बतलाया गया है। संतों के समान ही बाह्याचारों का खंडन किया गया है। गिरधर की अनन्य उपासिका होते हुए भी मीरा ने निःसंकोच भाव से 'राम', 'रमैया', 'सुरत' व 'निरत' आदि शब्दों का प्रयोग किया है। उसकी रहस्यानुभूतियाँ भी संत कवियों के अनुरूप हैं। संक्षेप में, मध्ययुग की यह अमर साधिका सगुण व निर्गुण के बीच की सम्मोहक कड़ी है।

संदर्भ

1. मीरा मुक्तावली; सं. डॉ. रामगोपाल शर्मा 'दिनेश', पृ. 71
2. वही, पद 10, पृ. 3

3. हिंदी साहित्य का बृहत् इतिहास सं. पं. परशुराम चतुर्वेदी चतुर्थ, पृ. 407
4. हिंदी साहित्य का दूसरा इतिहास; डॉ. बच्चन सिंह, पृष्ठ 143
5. मीरा व्यक्तित्व और कृतित्व, पृ. 188, डॉ. पदमावती शबनम
6. मीरा मुक्तावली, पद 8 पृ. 2
7. मीरा मुक्तावली, पद 8 पृ. 2
8. मीरा मुक्तावली, पद 10, पृ. 3
9. कबीर-ग्रंथावली, सं. माता प्रसाद गुप्त, पृ. 2
10. मीरा मुक्तावली, पद 16, पृ. 4
11. कबीर ग्रंथावली, सं. माताप्रसाद गुप्त, पृ. 32
12. मीरा मुक्तावली, पद 86, पृ. 19
13. कबीर ग्रंथावली, पृ. 8
14. मीरा मुक्तावली, पद 83, पृ. 19
15. वही, पद 15, पृ. 4
16. वही पद 99, पृ. 23
17. मीरा मुक्तावली, पद 5, पृ. 2
18. वही, पद 6, पृ. 2
19. वही, पद 99, पृ. 23
20. कबीर वाङ्मय : खण्ड 3, सं. जयदेव सिंह, डॉ. वासुदेव सिंह, पृ. 104
21. मीरा मुक्तावली, पद 5, पृ.2
22. वही, पद 86, पृ. 19
23. मीरा मुक्तावली, पद 43, पृ. 10
24. वही, पद 20, पृ. 5
25. वही, पद 10, पृ. 3
26. लागौ रंग हरी : श्याम रसायन; डॉ. विद्यानिवास मिश्र, पृ. 58
27. मीरा का काव्य : आ. विश्वनाथ त्रिपाठी, पृ. 96
28. मीरा मुक्तावली, पद 66, पृ. 15
29. वही, पद 11, पृ. 3
30. वही, पद 66, पृ. 15
31. मीरा मुक्तावली, पद 58, पृ. 13
32. मध्यकालीन प्रेम साधना, परशुराम चतुर्वेदी, पृ. 134

सम्पर्क : प्रवक्ता
हिन्दू कॉलेज,
सोनीपत (हरियाणा)

घूंघट के पट खोल रे

सरोज शर्मा

मीरा हिंदी-साहित्य में क्रांतिकारी चेतना की कवयित्री है। समाज में उपेक्षित कहलाए जाने के बावजूद हिंदी साहित्य में नारी के अंतर्मन की पीड़ा को उन्होंने काव्य में व्यक्त किया। मीरा बाई का नारी जाति के लिए यह संदेश है कि वह घुट-घुट कर न जिए अपितु अपने अस्तित्व की रक्षा करती हुई समाज में अपनी वाणी को मुखरित करे।

मीरा के काव्य में क्रांति चेतना

हिंदी साहित्य के मध्ययुग में नारी को साधना के मार्ग की बाधा कहा गया। निर्गुण एवं सगुण—दोनों संतों की वाणियों में नारी के उपेक्षित रूप का वर्णन मिलता है। कबीर ने कहा—

नारी नसावे तीन गुन, जो नर पासे होय।
भक्ति मुक्ति निज ध्यान में, बैठ सके न कोय।।

संतों ने नारी को कामिनी, डाकिनी, राक्षसी, कूकरी, नाहरी, नागिन, विषबेल, अग्निज्वाल, दुर्गम घाटी कहा। इतना ही नहीं उसे दासी, चेरी, लौण्डी, काल की खान, ठगिनी एवं बाधिन कहा। साथ ही संतों ने नारी के कुमारी, पत्नी एवं माता रूप की प्रशंसा की, पतिव्रता रूप की सराहना की।

पतिव्रता मैली भली, गले कांच की पोत।
सब सखियां में यो दिये, ज्यों रवि ससि की ज्योत।।

भक्त कवि चरणदास ने अपनी बानी में कहा—

पर नारी के आपनी दोनों बुरी बलाय।
घर बाहर की आग ज्यों, देवै हाथ जलाय।।

कबीर ने कहा—

नारि पराई आपनी, भोगे नरक जाय।
आग आग सब एकसी, हाथ दिए जरि जाय।।

बारहवीं से पंद्रहवीं शताब्दी तक की राजनीतिक परिस्थितियों के परिणामस्वरूप संतों ने समाज के नियमन के हेतु सामाजिकों को नारी विमुख करने का प्रयास किया। डॉ. शैल कुमारी का कथन अत्यंत महत्त्वपूर्ण है। उन्होंने कहा, "जब धर्म आध्यात्मिकता की ओर झुकता है तो उस काल में नारी निंदा की वस्तु बन जाती है।" उन्होंने नारी-निंदा को अनुचित बताते हुए कहा कि "भक्ति-मार्ग में स्त्रियाँ यदि पुरुषों के लिए कण्टक रूप हैं तो स्त्रियों के लिए पुरुष भी पुष्प रूप नहीं हैं।" संतों ने नारी को भक्ति का अधिकार तो दिया परंतु समवेत स्वर में उसे अध्यात्म पथ की बाधा कहा है।

समाज द्वारा अत्यधिक उपेक्षित कहलाए जाने के बावजूद भी हिंदी साहित्य में मीरा बाई क्रांति चेतना लाने में समर्थ कवयित्री के रूप में परिलक्षित होती है। मीरा ने सगुण एवं निर्गुण ईश्वर की उपासना की। उनके काव्य में शून्य महल, इड़ा, पिंगला, गगन, महल, सुरत, निरत आदि शब्दों का प्रचुर प्रयोग है।

सुन्न महल में दियरा बरत है
आसन सो मत डोल रे
घूंघट के पट खोल रे
तोहे पीव मिलेंगे।।

संत साहित्य का आविर्भाव विषम परिस्थितियों में हुआ। इसलिए उन्होंने युग-चेतना को काव्य का विषय बनाया। यह जागरूक एवं सचेत कवियों का काल था। सजग प्रहरी बन कर उन्होंने समाज को नया रूप देना चाहा।

मीरा के पदों की शैली, विषय वस्तु एवं भाव व्यंजना में चेतना का स्वर मुखरित हुआ। इसीलिए मीरा की पदावली को 'नव विकसित' काव्य कहा गया। मीरा ने पूर्व परंपरा को नया मोड़ दिया। तत्कालीन नारी बंधनों में जकड़ी थी, पुरुष के इशारे पर चलती थी, समाज द्वारा निर्धारित मान्यताओं पर ही जीती थी। इस स्थिति में मीरा ने अपनी वाणी से क्रांति का बिगुल बजाया। अपने प्रिय के लिए वह तड़पती है पर घुटन में जी नहीं सकती। अतः ठोक बजा कर घोषणा कर देती है—

मेरो तो गिरधर गोपाल दूसरो न कोई।
जा के सिर मोर मुकुट मेरो पति सोई।।

अन्यत्र वह कहती है—

माई री मैंने लीनो गोबिन्द मोल।

मीरा सबल एवं शक्ति संपन्न व्यक्तित्व की स्वामिनी है। वह अपनी अनुभूतियों को प्रकट करने में संकोच नही करती, उनके काव्य में वर्तमान का बोध अधिक लक्षित होता है। दो वर्ष की अवस्था में मीरा की माँ उसे छोड़ कर परलोक सिधारी। वह पितामह राव दूदा के पास भक्तिमय माहौल में कुछ समय रही। 1573 में कुंवर भोजराज से विवाह हुआ। 1580 में पति की मृत्यु का दुःख झेलना पड़ता। इसके चार वर्ष पश्चात् पिता रत्नसिंह, तदुपरांत श्वसुर की मृत्यु हुई। मीरा को मायके एवं ससुराल में सांत्वना देने वाला कोई नहीं रहा। सास-ससुर, ननद, देवर ने अत्याचार किए। मीरा कहती है–

हेली म्हासु हरि बिन रहयो न जाय ।
सास लड़े मेरे ननद खिजावे, राणा रह्या रिसायै।।

पारिवारिक प्रताड़नाओं के कारण मीरा का अंतर्मन आंदोलित हो उठा। अंततः मीरा ने निर्णय लिया कि लक्ष्य प्राप्ति के लिए उसे जहाँ भी जाना पड़ेगा वह किसी के रोके न रुकेगी। परिवार के सदस्यों से तंग आकर मीरा ने तुलसीदास को पत्र लिखा और मार्गदर्शन मांगा।

स्वस्ति श्री तुलसी कुलभूषण दूषण हरण गोसाई।
बारहि बार प्रणाम करहूँ अब हरहू सोक समुदाई।।
घर के स्वजन हमारे जेते, सबंह उपाधि बढ़ाई।
साधु संग अरू भजन करत मोहे, देत कलेस महाई।।
मेरो माता पिता के सम हो, हरि भक्तन सुखदाई।
हमको कहा उचित करिबौ है, सो लिखिए समुझाई।।

तब इस पत्र के उत्तर में 'तुलसीदास' ने लिखा

जाके प्रिय न राम वैदेही।
तजिए, ताहि कोटि बैरी सम जदपि परम सनेही।।

रविदास के बारे में मीरा कहती है–

म्हारो गुरु रैदास जी, दीन्ही ज्ञान गुटकी एवं 'काशी नगर मा मनै गुरु मिल्या रोहीदास'

राजघराने में पली मीरा ने चर्मकार रैदास की शिष्या बनने में संकोच नहीं किया। महलों एवं राजभवनों की सुदृढ़ दीवारें उसे संतों की कुटिया में जाने से रोक न सकीं। अट्टालिकाओं में रहने वाली राजकुमारी का शूद्रजातीय संतों के साथ निस्संकोच रूप से मिलना, सांस्कृतिक परिस्थितियों का नूतन विकास है। मीराबाई की विकसित चेतना

व्यापक बोध से युक्त है। उसमें अद्भुत साहस, धैर्य एवं सहजता है। इसी कारण वह अपनी आत्मा की आवाज़ एवं हृदय के क्रंदन को व्यक्त करती है।

ऐसी लगन लगाइ कहाँ तू जासी।
तुम देखे बिन कलि न परत है, तलफि तलफि जिव जासी।
तेरे खातिर जोगण हूंगी, करवत लूंगी कासी।
मीरां के प्रभु गिरधर नागर, चरण कंवल की दासी।

मीरा अपने प्रिय के लिए अत्यंत उल्लसित हो जाती है। भावनाओं के आवेग एवं अनुभूतियों के प्रवाह को निर्बाध रूप में व्यक्त करती है।

अंखियां तरखां दरसण प्यासी।
मग जोवां दिण बीतां सजणी, णैण पड्या दुखरासी।
डारा बैठ्या कोयल बोल्या, बोल सुण्या री गासी।
कड़वा बोल डोक जन बोल्या करस्याँ म्हारी हाँसी।
मीरां हरि के हाथ बिकाणी, जणम जणम री दासी।

मीरा ऐसी आदर्श नारी है। जो शक्तिशाली विद्रोहियों के स्वर को अपने काव्य में प्रस्तुत करने की क्षमता रखती है।

जोगियारी प्रीतड़ी है दुखड़ा रो मूल।
हिल मिल बात बणावत मीठी, पीछै जावत भूल।
तोड़त जेज करत नहिं सजनी, जैसे चबेली के फूल
मीरां कहै प्रभु तुमरे दरस बिन, लगत हिवड़ा सूल।

मीरा के व्यक्तित्व की सबलता, शक्तिमत्ता एवं स्पष्टवादिता ने उसकी वाणी को पर्याप्त सहजता प्रदान की है।

मीरा परंपरा का एक नया मोड़, युग का व्यापक बोध, व्यक्तित्व की नूतन सहजता का आदर्श प्रस्तुत करती है। मीरा का माधुर्य भाव 'प्रथम दृष्टिजन्य प्रणय, है। इसलिए वह कहती है–

'जब नंद नंदन दिखाई पड़ता है तब उसे लोक परलोक में कुछ भी नहीं सूझता।'

वह गिरधर के हाथों बिक गई है। कुटुम्ब, परिवार, समाज और लोक ये सारे विधि निषेध हो गए।

भली कहौ कोई बुरो कहो, मैं सब लहू सीसि चढ़ाई।
मीरा कहे प्रभु गिरिधर के बिन, पल भरि रहयो न जाई।।

रमैया बिन नींद न आवे।
नींद न आवे विरह, प्रेम की आंच डुलावे।।
× × ×
होली पिय बिन लागे खारी।
सूनो गांव देस सब सूना सूनी सेज अटारी।।

मीरा ने विरह अनुभूतियों की तीव्रता को द्योतित किया है। पपीहे की आवाज़ उसकी पीड़ा को बढ़ाती है।

रे पपइया कब को वैर चतारयो ?
मैं सूती थी अपने भवन में पिय पिय करत पुकारयो।
दाझयां ऊपर लूण लगायो हिबड़े करवत सारयो।
× × ×
सूनी सेज जहर ज्यूं लागे।

भक्ति के क्षेत्र में मीरा सगुण और निर्गुण, भक्ति और रहस्यवाद, श्रद्धा और प्रेम के अंतर की खाइयों को पाटती हुई माधुर्य भाव के उज्ज्वल मधुर क्षेत्र का अनुसंधान करती है। वह संतों और भक्तों की भावना का, सर्वस्व ग्रहण करती हुई किसी संप्रदाय में बंधी नहीं। मीरा ने काव्य लिखने का प्रयास नहीं किया। उसकी अंतरात्मा की पुकार स्वयं काव्य बन गई।

मीरा ने नारी जाति को संदेश दिया कि वह अपनी वाणी को निःसंकोच व्यक्त करने का साहस रखे। घर-परिवार एवं समाज की उपेक्षाओं एवं प्रताड़नाओं को न सहती हुई अपने अस्तित्व की रक्षा करें, वर्तमान में मीरा की वाणी समाज के उन्नयन में बहुत सहायक है।

सम्पर्क : प्रवक्ता
सनातन धर्म महिला महाविद्यालय,
हांसी (हिसार) हरियाणा

हम घर जाल्यां आपणां

डॉ. सुधा मल्होत्रा

मानक हिंदी कोष के अनुसार 'क्रांति' शब्द क्रम् (गति) + क्तिन् प्रत्यय लगकर बना है जिसका अर्थ है किसी को लाँघकर अथवा किसी को अभिभूत करके उससे आगे बढ़ने या उस पर विजय प्राप्त करने की क्रिया या भाव। दूसरे अर्थ में, कोई ऐसा बहुत बड़ा परिवर्तन, जिससे किसी चीज़ का स्वरूप बिल्कुल बदल जाए।

'संत' शब्द 'सत्' अर्थात् सत्य, आत्मा, ईश्वर, सच्ची सत्ता, सनातन अस्तित्व आदि अर्थों का बोधक है।

जिस काव्य में सच्ची सत्ता या सत्य अस्तित्व का वर्णन या जिसमें ईश्वर की निर्गुण-सगुण लीलाओं का दिव्य वर्णन हो, वह सत्यम् शिवम् सुन्दरम् का आर्ष काव्य, भारतीय सांस्कृतिक साधना का ध्येय लिए हैं।

राष्ट्र भाषा हिंदी का भक्तिकालीन साहित्य प्राच्य एवं नव्य मूल्यों की परंपरा एवं आधुनिक चेतना का पारदर्शी सौंदर्य लिए हुए है।

जो काव्य सांस्कृतिक एवं सभ्यतामूलक मूल्यों के वैभव से समृद्ध है, वहीं जन मानस के हृदय में स्थान पाता है। इस दृष्टि से देखा जाएं तो पूरे हिंदी साहित्य में से भारत के जन-जन के मन में जो काव्य रचा बसा है, वह हिंदी का भक्तिकालीन संत काव्य ही है।

पढ़े-लिखे से लेकर अनपढ़ तक, हिंदुस्तान में ऐसा कौन बाल, वृद्ध, तरुण, स्त्री या पुरुष है, जिसे क्रांतदर्शी कबीर के दोहे याद न हो?

इस संसार में जीते तो सब हैं, परंतु जीता तो वह है जो हर घट में बस जाता है जो मरकर भी नहीं मरता, सदा ज़िंदा रहता है, अमर हो जाता है।

ऐसी ही स्थिति काव्य की है। जो काव्ययुगीन मूल्यों, युगीन स्थितियों को लेकर चलता है वह उस युग विशेष तक ही जनता के हृदय का हार बन पाता है। परंतु जो काव्य देश की आध्यात्मिक संस्कृति एवं नैतिक मूल्यों के साथ-साथ युगीन परिस्थितियों की खरपतवार काटकर नव मूल्यों का बीजारोपण करने की क्षमता रखता है, वह सदा के लिए जनता के हृदय में छा जाता है।

हिंदी साहित्य का भक्तिकालीन संत काव्य, ऐसे ही पारम्परिक मूल्यों और नव्य क्रांतिकारी मूल्यों से ओत-प्रोत था। इसलिए वह काल हिंदी साहित्य का 'स्वर्णयुग' कहलाया। स्वर्ण की कांति सब धातुओं में अपूर्व एवं कभी धूमिल नहीं होती, कभी फीकी नहीं पड़ती। स्वर्ण सबसे बहुमूल्य भी होता है और सबको प्रिय होता है। ठीक इसी प्रकार भक्तिकालीन संतकाव्यों की वाणी क्रांतदर्शी चेतना से संपन्न है।

इस काल के कवियों ने राजनीतिक, सामाजिक, आर्थिक, साहित्यिक एवं भगवद् भक्ति आदि सभी क्षेत्रों में अपनी क्रांति चेतना का परिचय दिया। उन्होंने भक्ति के क्षेत्र में अवतरित होकर जप, माला, छापा, तिलक, तीर्थ, व्रत, भोग लगाना आदि बाह्याडंबरों का पाखंड विखंडन करके, सत्य, अहिंसा असंग्रह, शरीर-श्रम, अस्वाद, सर्वधर्मसमानत्व, अभेद-भावना आदि व्रतों की साधना द्वारा जनसामान्य को भगवद्भक्ति के सीधे सच्चे प्रशस्त मार्ग की ओर उन्मुख किया। उन्हें भगवद्भक्ति की सच्ची राह दिखाई। सब क्षेत्रों में उन्होंने आमूल-चूल परिवर्तन किए।

1. भक्ति के क्षेत्र में : बाह्याचारों का वारण (निषेध)

क) माला फेरत जुग भया, फिरा न मन का फेर।
ख) माला, तिलक पहिरि मनमाना लोगनि राम खिलौना जाना।
ग) चली है कुलबोरनी, गंगा नहाये।
घ) मेरो तेरो मनुआं, कैसे इक होई रे।
ङ) अमीरी के खिलाफ—मन लागो मेरो यार फ़कीरी में
च) लाडू पेड़ा लापसी पूजा चढ़े अपार
छ) पत्थर पूजे हरि मिले, तो मैं पूजूं पहाड़
ज) काकर पत्थर जोरि के मस्जिद लई बनाय।

इन दोहों, साखियों से स्पष्ट हो जाता है कि 14वीं शताब्दी के अंत में एक ऐसा निर्भीक संत आया जिसने ज़बरदस्त क्रांतिकारी चेतना लेकर हिंदी के भक्ति साहित्य में अवतरित होकर जनता जनार्दन को अनायास ही अपने पीछे चला लिया। कबीर के युग में नाथपंथी, हठयोगी, कनफटे साधु, सिद्ध आदि अनेकों प्रकार के योग की जटिल साधनाओं में जनता-जर्नादन की भावना को भ्रमित करने वाले साधुओं का जमघट भक्ति को जटिल साधनाओं से गुमराह कर रहा था। उन्होंने षट्चक्रों, दस द्वारों, इंगला-पिंगला आदि की कठिन साधना के वात्याचक्र में से अपने देश की जनता को निकाल कर उन्हें भक्ति के सीधे सच्चे मार्ग की राह बताई।

प्रेमचंद के अनुसार—"जनता और नारी हमेशा बहादुर को पसन्द करती है" कबीर ऐसे ही लोकप्रिय क्रांतदर्शी संत थे, जिन्हें जनता ने सहज स्वीकार भी किया। अन्यथा यहाँ स्पष्ट बोलने वालों को सूली, गोली, जहर ही मिला। कबीर को न सामाजिक प्रताड़ना, न शारीरिक यातना, न लोकापवाद, न पंडित, मुल्ला, काज़ी आदि के विरोध

का तथा न ही मरण का भय था। उन्होंने बेलाग, बाह्याचार विवर्जित, विशुद्ध भक्ति के मार्ग को लोगों के सामने रखा।

2. सामाजिक क्षेत्र में क्रांति चेतना

भक्तिकालीन क्रांति-चेतना जिसमें मानवता की स्थापना का बिगुल बजाकर कबीर ने हिंदू-मुस्लिम ऐक्य की स्थापना का स्तुत्य प्रयास किया। कर्मकाण्डों का विरोध करते हुए वे कहते हैं–

जो तू बामन बामनी जाया, भीतर खतना क्यों न कराया।

वर्णाश्रम व्यवस्था का विरोध कर ब्राह्मण, शूद्र के भेद को उस युग में समाप्त करने का प्रयास किया। कबीर ने कहा–ये रूढ़ियाँ, परंपराएँ, अंधविश्वास खुदा के दिए हुए नहीं हैं, मानव-मानव एक समान है–

अव्वल अल्लाह नूर उपाया, कुदरत दे सब बंदे

जन चेतनाओं में जागृति का प्रयास करते हुए सामंती युग में सामंतों का विरोधी बनकर अपनी बात बेधड़क होकर कहना क्रांति की सर्वप्रथम चिंगारी थी। आचरण की पवित्रता को महत्त्व देकर दिखावे के इस युग को 14वीं सदी के संतों का एक प्रकार से आह्वान था, चेतावनी थी। वे कहते हैं–

डर लागै अरू हांसी आवै। अजब ज़माना आया रे।
धन दौलत ले माल खज़ाना, बेस्या नाच नचाया रे।
मुट्ठी अन्न साधु कोई मांगे। कहै नाज नहिं आया रे।
कथा होय तहँ स्रोता सोवैं। वक्ता मूँड पचाया रे।
होय जहाँ कहि स्वांग, तमासा। तनिक न नींद सताया रे।
भंग तमाखू सुलफा गांजा। सूखा खूब उड़ाया रे।
गुरु चरनामृत नेम न धारै। मधुवा चाखन आया रे।
उलटी चलन चली दुनिया में तातें जिय घबराया रे।
कहत कबीर सुनो भई साधो का पाछे पछताया रे।

गरीबों का शोषण करके धन एकत्रित करने वाले अमीरों को काल का भय दिखाकर दया, ममता, करुणा में धर्म खोजने का प्रयास किया–

जब लगि दया धरम नहिं मन मैं, मुखड़ा क्या देखे दर्पण मैं ?

उस युग में 'ठाकुर' लोग किसानों से अत्यधिक लगान वसूलते थे। तत्कालीन

समाज में किए जाने वाले शोषण, अत्याचार आदि के बारे में कबीर के विचार जन चेतना में क्रांति का बीज प्रस्फुटित करते प्रतीत होते हैं—

नगर एक तहाँ ज़ी धरम हता बसै जु पंच किसान
×　　　　　　×　　　　　　×
गांई कु ठाकुर खेत कु नेपै काइथ खरच न पारै।
जोरि जेवरि खेत पसारै, सब मिलि मोकौ मारै हो रामा।

3. आर्थिक क्षेत्र में क्रांति की चेतना

सभी संत कवि स्वयं हाथ से परिश्रम करके 'हाथ में काम मुँह में राम' ज्ञान, भक्ति, कर्म, का सुंदर सामंजस्य दिखाते रहे, ऐसा अन्यत्र कहीं नहीं मिलता और कबीर का तो जीपन ही उनका काव्य था।

आर्थिक दृष्टि से कबीर ने तत्कालीन युग में व्यापारियों के व्यवहार पर भी कटूक्ति की—

मोहिं अैसे बनिज. सों कबनु काज। जिहि घट मूल नित बढ़ै ब्याजु।
×　　　　　　×　　　　　　×
बनिज खुंटानि पूंजि टूटि। दह दिसी टांडौ गयौ फूटि।
कहै कबीर यहु जनभि बांदि। सहज समानौ रहि लादि।

कबीर ने मानवतावादी दृष्टिकोण, प्रेम, कर्म पर बल देकर सामंतीकरण से समाज को मुक्त करने का प्रयास किया।

4. साहित्यिक क्षेत्र में क्रांति चेतना

कबीर ने शास्त्राभ्यास की अपेक्षा स्वानुभूति पर ज़ोर देते हुए कहा—

पोथी पढ़-पढ़ जग मुआ, पंडित भया न कोय।
ढाई आखर प्रेम का, पढ़े सो पंडित होय।।

तुलसी ने जहाँ 'नाना पुराण निगमागम सम्मत' रामकथा को अपने काव्य का प्रतिपाद्य विषय बनाया, वहाँ कबीर आदि संत कवियों ने अपनी क्रांतदर्शी प्रतिभा से शास्त्रसम्मत हरिभक्ति पथ को छोड़ स्वानुभूति को प्रश्रय किया—

मेरा तेरा मनुवां कैसे इक होई रे,
मैं कहता आंखिन की देखी, तू कहता कागद की लेखी,
मैं कहता सुरझावन हारी, तू राखो उरझाई रे।।
हरिजी यहै बिचारिया, साषी कहौं कबीर।
भौ सागर में जीव है, जे कोई पकड़े तीर।।

यह सब झूठी बंदिगी, बरियां पंच निवाज।
साचै मारे झूठ पढ़ि, काज़ी करै अकाज।।

5. धार्मिक क्षेत्र में क्रांति चेतना

किसमें हिम्मत है पांच वक्त की नमाज़ पढ़ने और काज़ी की आलोचना करने की? सत्य मार्ग के राही कबीरादि संत-कवि ही, अपनी क्रांतिकारी चेतना से ऐसा कह सकते हैं। जीवहत्या के लिए भर्त्सनापूर्ण वाणी की इस दीप्ति ने पूरे हिंदू-मुस्लिम भारतीय समाज को झकझोर कर रख दिया और नव्य चेतना से युक्त सत्यमार्ग पर चलने के लिए प्रेरित किया–

काजी मुलाँ भ्रमियाँ, चल्या दुनी कै साथि।
दिल थैं दीन बिसारिया, करद लई जब हाथि।।

वे तो स्पष्ट कहते हैं :

पकरि समसरे मैदान में पैसिये,
देह परजंत करू युद्ध भाई
काट सिर बैरियां, दाव जहां का तहाँ
धुरत निस्सान तहाँ गगन धाई।

माँसाहारियों को हरि-भक्ति पथ से विमुख दर्शाकर वे नरक की यातना झेलने के लिए तैयार रहें, ऐसा चित्र प्रस्तुत कर देते हैं :

जोरी कीयां जुलम है, मांगे न्याव खुदाइ।
खालिक दरि खूनी खड़ा, मार मुहे मुहि खाइ।।
पापी पूजा बैसि करि, भषै मांस मद दोइ।
तिनकी दष्या मुकति नहीं, कोटि नरक फल होइ।।

हरि-कृपा बिन सत्गुरु की प्राप्ति नहीं और गुरु-कृपा बिना भ्रम निवारण कौन करे ''गुरु बिन कौर बतावे बाट' सख़्ती से मिथ्याचारियों का पर्दाफाश करने का साहस कबीर का ही है, जिन्होंने अपने युग के जन-जन को ऐसी क्रांतिकारी चेतना दी कि पूरे भारतीय समाज को भक्ति के क्षेत्र में नीर-क्षीर विवेक मिल गया और उन्होंने कबीर की वाणी को बड़े प्रेम पूर्वक, अपने हृदय में धारण कर लिया और मिथ्याचरण को समझ गए। वे भारतीय समाज के सच्चे गुरु थे। उन्होंने गुरु-धर्म निभाया :

कबीर दुनिया देहुरै, सीस नवाँवण जाई।
हिरदा भीतर हरि बसै, तूँ ताही सौ ल्यो लाइ।।
मन मथुरा दिल द्वारिका, काया कासी जाँणि।

दसवां द्वारा देहुरा, तामै जोति पिछांणि।।
जप तप दीसै थोथरा, तीरथ व्रत बेसास।
सूवै सैंबल सेविया, यौंजग चल्या निरास।
साई सेती साँच चलि, औरां सूँ सुध भाइ।
भावै-लंबे केस करि, भावैं धुरड़ि मुडाइ।।
कबीर मन निर्मल भया, जैसे गंगा नीर।
पाछे-पाछे हरि फिरें, कहत कबीर-कबीर।।
कबीर माला, मन की और संसार भेष।
माला पहरयां हरि मिलै, तो अरहट कै गलि देष।।

कबीर वास्तव में सच्चे संत थे। निर्वैरी, निष्काम, प्रभु से नेह करके विषय वासनाओं से दूर, लोगों के हित के लिए सच्ची स्पष्ट बात कहने वाले कबीर दास ने जगत में जो क्रांति की लहर फहराई, वह अब तक किसी कवि द्वारा नहीं की गई, इसलिए क्रांति के प्रतीक कबीर की क्रांति चेतना हर युग में प्रासंगिक है।

हम घर जाल्या आपणां, लिया मुराड़ा हाथि।
अब घर जारौं तासु का, जै चलै हमारे साथि।।

सम्पर्क : प्रवक्ता
हिन्दू कन्या महाविद्यालय,
जीन्द (हरियाणा)

संतों की लेखनी का कुरीतियों पर कटाक्ष

सुषमा शर्मा

पूर्व मध्यकाल का संत-साहित्य चिंतन की दृष्टि से निर्गुण दर्शन की व्यवहारिक मीमांसा प्रस्तुत करने वाला साहित्य था तथा ब्रह्म की उपासना पद्धति को आडंबर हीन बना कर मध्ययुगीन चेतना का अंश बनाना संत काव्य का मुख्य आदर्श था। इसी मूल उद्देश्य की प्रथम रश्मि कबीर के काव्य के रूप में प्रज्ज्वलित हो उठी।

परिपाटी का अनुसरण करने वाले लोग बहुसंख्यक होते हैं और स्वभावतः परिपाटी का निर्धारण करने वाले की मंशा चाहे अच्छी रही हो परंतु कभी-कभी समाज में स्थापित मूल्य, मान्यताएं एवं परंपराएँ अपना मूल्य खो देती हैं तब भी गतानुगतिकतावश लोग उन्हें छोड़ना नहीं चाहते। समय की माँग होती है कि परिवर्तन लाया जाए परंतु जिन लोगों को स्थापित मान्यताओं से अधिकार मिले हुए होते हैं, वे क्यों चाहेंगे कि बदलाव आए? परंतु यह एक शाश्वत सत्य है कि परिवर्तन की माँग जब तीव्रतम हो जाती है तो क्रांतियाँ भी होती हैं। क्रांति करने वाला व्यक्ति स्वयं भगवान अंशुमाली की तरह सत्य एवं निर्माल्य की किरणें विकीर्ण करने वाला कबीर सरीखा हो तो रूढ़ियों, अन्याय, अत्याचार, झूठ एवं पाखण्ड का अंधकारपूर्ण झीना आवरण कब तक सत्य को छुपाए रखेगा ?

मध्ययुगीन भारत का यह एक सामान्य दृश्य था जिसमें एक ओर थे वर्चस्व से संपन्न शक्तिशाली व्यक्ति तो दूसरी ओर थे हीनता की ग्रन्थि से ग्रसित कुण्ठित व्यक्ति, जिन्हें समाज ने मानव होते हुए भी मानवता की गरिमा से वंचित कर दिया था। उनका आत्म-सम्मान भी इतना कम कर दिया था कि वे गिर कर उठना भी लगभग भूल चुके थे। विरोध करने की शक्ति भी समाप्तप्राय थी। परंपरा-प्रिय भारतीय समाज वर्ण-व्यवस्था की सबसे बुरी स्थिति से गुज़र रहा था।

वर्ण व्यवस्था यूं तो बुरी नहीं है और ऐसा भी नहीं है कि यह किसी समाज में नहीं है। दुनिया के हर समाज में, जहाँ साम्यवाद नहीं है, वहाँ वर्ण व्यवस्था मौजूद है। समाजशास्त्रीय दृष्टिकोण से देखें तो कबीर के जीवन काल में भारतीय समाज, मूल्य-मूढ़ता की स्थिति में था। सामंती समाज-व्यवस्था अपनी सार्थकता खोती जा

रही थी और व्यापार के सहारे पूँजीवादी व्यवस्था स्वरूप ग्रहण करने लगी थी। सामंती समाज में संपत्ति का स्वामी, भूस्वामी वर्ग होता है। संस्कृति और शिक्षा का काम पुरोहित वर्ग के हाथ में रहता है। समाज के शेष सदस्य खेती, कारीगरी इत्यादि कर्मों के द्वारा श्रेष्ठ वर्ग की सेवा करते हैं। भारतीय समाज ने, चाहे वह इस्लाम के प्रति आस्थाशील हो या हिंदुत्व के प्रति, इस चातुर्वर्ण व्यवस्था को सदा स्वीकार एवं अंगीकार किया है। एक नज़र देखने पर लगता है कि मुस्लिम आक्रांताओं ने हिंदू धर्म की वर्ण व्यवस्था पर कठोर आघात किया, जिससे उसकी जड़ें खोखली हुईं। मुस्लिम धर्म में भी कबीर जिस जुलाहा जाति में हुए, वह सबसे निम्न जाति थी और शेख़ सबसे अधिक अधिकार-संपन्न थे।

ऐसे में कबीर ने वर्तमान की मूल्य-मूढ़ता, व्यक्ति की स्वार्थ से बाहर न आने की अक्षमता, लोगों के वर्तमान की प्रश्न-संकुलता के प्रति व्यापक अज्ञान और मनुष्य की मनुष्य के प्रति निःस्पृह उदासीनता को, समाज के व्यापक संबंधों से लेकर स्वयं अपने संबंधों तक बहुत पीड़ा से अनुभव किया है।

महात्मा कबीर का सानी मिलना कठिन है। निर्लिप्त, फक्कड़ जुलाहा, गृहस्थी का निर्वाह करते हुए भी सबसे अलग। कमल पत्र पर जल की बूंद के समान। लोभ, लालच से मुक्त, भय से, कुंठा से, हीनता की किसी भी ग्रन्थी से मुक्त, स्वच्छ एवं स्पष्ट दृष्टि वाले कबीर से मानों कुछ भी छुपा हुआ नहीं था। समाज की विषमताओं को लेकर वे विद्रोही थे। आक्रोश नहीं था, वह विद्रोह था। किसी एक के प्रति नहीं, बल्कि गलत राह चलने वाले किसी भी व्यक्ति को वे नहीं छोड़ते थे।

कबीर से पहले भी समाज के सुधारक हुए। वर्ण-व्यवस्था तथा समाज की परंपराओं एवं रूढ़ियों के विरुद्ध बहुतों ने कहा परंतु वहाँ आक्रोश था--एक कमज़ोर व्यक्ति का नपुंसक क्रोध, बल्कि क्रोध की बड़बड़ाहट-परंतु विद्रोह में सार्थक विरोध होता है। एक चकनाचूर कर देने वाली चोट होती है। ऐसा सात्त्विक विरोध ही परिवर्तन लेकर आता है कि जहाँ जवाब देना असंभव हो जाए। व्यंग्यकर्त्ता अधरोष्ठों में हंसता है, स्वयं विचलित नहीं होता। कबीर की शक्ति निहित है उनके विचारों की सार्थकता में, उनकी सत्य के प्रति निष्ठा एवं निरपेक्ष, स्वच्छ दृष्टि में। जिस व्यक्ति ने अपनी आत्मा को साक्षी बनाकर दुनिया को देखा है, उसे किसी अन्य व्यक्ति की आवश्यकता भी नहीं रह जाती। न पुराण, न कुरान, न संप्रदाय, न धर्म। ऐसा व्यक्ति अक्सर अकेला हो जाता है। विवेक की राह में साथी बनने के लिए अपना घर जलाकर मुराड़ा बांधकर चलना होता है न?

जो घर जारे अपना चले हमारे साथ--

सो कौन चले? कबीर को अपेक्षा भी नहीं है।
सिहों के नहिं लेंहड़े साधु न चले न जमाति।

वे न निराश हैं, न हतोत्साहित क्योंकि वे जानते हैं कि अकेली आवाज़ भी बड़े से बड़े व्यक्ति को चुप रहने पर विवश कर देगी।

कबीर में बेपनाह मस्ती है। आत्मानुभव से उन्हें जो खरा दिखा, उसको उन्होंने आगे बढ़कर अपनाया; लेकिन जो खोटा लगा उसे केवल छोड़ा ही नहीं, तोड़ने की सक्रियता भी दिखाई। वास्तव में स्वतन्त्रता आत्म उत्तरदायित्व का ही दूसरा नाम है। इसके बिना न क्रांति आती है न मस्ती। कबीर ने खुद ही को इतना बुलंद कर लिया कि स्व और ईश्वर में कोई भेद नहीं रहा। फिर भी पाँव ज़मीन से नहीं उखड़ने दिए। कबीर ने अर्थहीन जीवन-मूल्यों को नकारा है। स्वानुभव पर उनकी अडिग आस्था थी। किसी व्यक्ति का अनुभव दूसरे के काम का नहीं। गांधी जी ने भी स्वानुभव तथा मौलिकता पर ज़ोर दिया था। उन्होंने भी कोई संस्था नहीं बनाई बल्कि कांग्रेस जो उनके इशारे पर चलती थी। स्वतन्त्रता के बाद गांधी जी की पहली सलाह थी कि 'कांग्रेस को तोड़ दो'। महात्मा गांधी जिस प्रकार भारतीय जनता के हृदय पर छा गए थे, कबीर भी अपने समय की प्रताड़ित जनता के नायक थे। कबीर की वाणी में एक ओज है, एक ऐसी गम्भीरता है और जीवन में ऐसी पवित्रता है, जो उन्हें महान बना देती है।

कबीर से अधिक सशक्त कवि एवं समाज-सुधारक मिलना कठिन है। उन्होंने जिस मत की स्थापना की वह आज देश के विभिन्न भागों में सजीव रूप में मिलता है। इनके उपदेशों ने परत-दर-परत रूढ़ विचारों की काई को खुरचकर समाज को स्वच्छ करने में कोई कसर नहीं छोड़ी। उस युग के कबीर और हमारे इस युग के गांधी में आश्चर्यजनक समानता दीख पड़ती है। गांधी जिस तरह हिंदू-मुस्लिम एकता चाहते थे, उसी तरह कबीर भी इन दोनों को एक बनाने को आकुल थे; गांधी जिस तरह के बाहरी आडंबरों के विरोधी थे उसी तरह कबीर पाखण्ड के विरुद्ध थे; गांधी जिस तरह अहिंसा, तप, सत्य, पवित्रता के पक्ष में थे, कबीर भी जीवन की पवित्रता और सत्य पर बल देते थे; गांधी जिस तरह जाति-पांति के भेदभाव को बुरा समझते थे, उसी तरह कबीर भी—

जाति-पांति पूछे नहिं कोई,
हरि को भजे सो हरि का होई।

का संदेश देते थे। गांधी जिस तरह हाथ से काम करना आवश्यक समझते थे, उसी तरह कबीर भी ताना-बाना बुनते थे। कबीर का यश उनके जीवन-काल में ही फैल गया था।

कबीर, गुरु नानक देव, दादू दयाल, रैदास तथा मीराबाई सभी संत प्रेम का प्याला पी चुके थे। उनका रोम-रोम आनंद में झूमता था। वे लाल की लाली देखने चले थे और जब उसकी लाली देखी तो स्वयं भी लाल हो गए। प्रेम में भक्ति तथा समाज सापेक्षता के जुड़ने से सोने में सुहागे की कहावत याद आती है।

मूलतः सभी संत भक्त ही थे। उन्होंने विभिन्न साधनाओं को जटिल मानते हुए भक्ति को सरलतम मार्ग के रूप में अपनाया। कठिन मार्गों के अन्वेषण में अंततोगत्वा, थकित मस्तिष्क इष्ट की प्राप्ति का भी दायित्व स्वयं इष्ट पर ही सौंप कर चिंता-मुक्त होता रहा है। संतों की भक्ति में शास्त्रीयता से अधिक अंतर्भावना, कथन से अधिक अनुभूति, उनकी वाणी में जैसे संपूर्ण समाज की पीड़ा समाविष्ट होकर मुखरता का मार्ग खोज रही थी। संत रैदास की वाणी में भी हमको यही व्यग्रभाव एक सीमा तक दिखाई देता है। रैदास ने भक्ति को सब साधनों में श्रेष्ठ, त्राण के लिए सरलतम उपाय माना है स्थान-स्थान पर भक्ति तथा भक्तों का अभिनंदन किया है—

धन्य हरिभक्ति त्रिलोक्य यश पावनी।

रविदास का कथन जिसमें उन्होंने कहा है कि जिस कुल में एक भी वैष्णव भक्त हो जाएगा वह वर्ण-विचार से ऊपर उठकर ईश्वर का प्रिय हो जाएगा। भक्ति के भावुक रूप के अतिरिक्त, प्रकारांतर से वर्ण व्यवस्था से ऊपर उठकर, सामाजिक न्याय की प्रतिष्ठापना दृष्टिगोचर होती है। भक्ति-मार्ग जैसे दीन-हीन शोषितों की सामाजिक रूप में, हीनता-ग्रन्थि खोलने की कुंजी बन गया था। रैदास ने स्वयं के लिए भी अनेक स्थलों पर नीच जाति का होते हुए भी भक्ति के माध्यम से पूज्य हो जाने का संकेत दिया है। इनकी भक्ति ने उन दीन-हीन व्यक्तियों को प्रकाश की किरणें प्रदान कीं, जो रोशनी खो चुके थे। उन्हें आवाज़ दी, जो गूंगे कर दिए गए थे। आशाओं का आलोकित मार्ग इन्हीं संतों ने आम जन को दिखाया है। रैदास का भक्ति-मार्ग सहज, सरल तो था ही, इनके स्वभाव में भक्त का संतोष एवं शांति थी। समाज की पुनः स्थापना के लिए एकमात्र मार्ग धर्म ही था और उन्होंने कटुवाणी या फटकार का सहारा न लेकर कोमलता, सहजता एवं आत्मविश्वास से अपनी बात कही, जो लोगों के हृदय में घर कर गई। आज स्वयं को रैदासी कहलाने वाले लोग अधिक संख्या में हैं यह उनकी सहजता का ही चमत्कार है।

सभी मध्ययुगीन संतों में सांस्कृतिक, राष्ट्रीयता संबंधी विचारों में समानता देखने को मिलती है। कबीर, रैदास, मीराबाई, गुरु नानक देव तथा दादू दयाल आदि संतों ने अपने पदों में मानवता को सर्वोपरि स्थान दिया है क्योंकि संत कवि भारतीय समाज के सच्चे प्रतिनिधि थे। इनका काव्य जनसाधारण के हृदय की पुकार था। यही कारण है कि इनकी कथनी और करनी में एकरूपता नज़र आती है। जन्म से कोई छोटा या बड़ा नहीं होता बल्कि अपने कर्मों से होता है। कबीर यही कहते हैं, तो गुरु नानक देव जी ने जपुजी साहब में ऐसा ही कहा है। रविदास की कथनी भी यही है। दादू दयाल ने खंडन-मंडन का मार्ग न अपनाकर सीधी सरल माधुर्यपूर्ण भाषा में अपने विचार रखे हैं। मीरा ने भी व्यक्ति की स्वतन्त्रता एवं गरिमा को प्रतिष्ठित

किया है। दूसरों को सुधारने की अपेक्षा उन महानुभावों ने निज को सुधारने पर बल दिया, क्योंकि हम दूसरों के लिए परिस्थितियाँ और अवसर जुटाने की व्यग्रता में स्वयं को सामान्य धरातल तक भी उठाने में असमर्थ रहते हैं। उनका विचार है आज जो हो रहा है, वह कल हो चुका है और कल फिर होगा। हमारी नियति किसी भी विशेष दिशा में बढ़ना नहीं है वरन् जीना और इसी जन्म में अपने विकास को परम पद तक पहुँचाना है। अतः इन संत-चिंतकों की जीवन में पैठ गहरी थी। उन्होंने जीवन की पुस्तक को डूब कर पढ़ा था। उनकी चिंता यथार्थ है। उनकी सोच, उनके विचार, किसी कल्पना पर आधारित नहीं हैं बल्कि असली मानव जो इस धरती की तपन और शीत, दुःख और सुख भोग रहा है उसकी हार्दिकता को प्रकट करने वाले हैं। उनकी क्रांति एक सच्चे, धरती से जुड़े मानव की क्रांति है, जो उन्हें जाज्वल्यमान सितारे की तरह जगमगाहट एवं तेज प्रदान करती है।

सम्पर्क : प्रवक्ता
हिन्दू कन्या महाविद्यालय,
जीन्द (हरियाणा)

पाखण्डों पर विस्फोटक आघात

रीता सिहाग

हमारे भक्तिकाल के प्रमुख कवियों की विशेषता है कि उन्होंने अपने जीवन से लेकर अपनी रचनाओं तक में संस्कृति की रचना-प्रक्रिया को आत्मसात किया है। अपने युग और परिवेश के सामाजिक, आर्थिक, धार्मिक और राजनीतिक जीवन को व्यक्त करने में इनकी मूल प्रक्रिया को व्यंजित किया गया है।

समाज का आधार उसकी संस्कृति एवं रीति-रिवाज़ होते हैं। समाज में रहने वाला प्रत्येक व्यक्ति इन सांस्कृतिक मूल्यों को धरोहर के रूप में प्राप्त करता है। समाज की पहचान और प्रगति उसकी संस्कृति, रीति-रिवाज़ों, प्राचीन परंपराओं से होती है। समाज के मूल्य जब बेड़ियाँ बनकर उसे स्थिर कर देते हैं तब समाज की इन बेड़ियों को तोड़ने के लिए क्रांति का जन्म होता है। क्रांति के मार्ग पर चलकर प्रलयंकारी स्वर उत्पन्न करना आवश्यक है।

कबीर 'ज्ञान के हाथी' पर चढ़े पर सहज का दुलीचा डाले बिना नहीं, भक्ति के मंदिर में प्रविष्ट हुए पर 'खाला का घर' समझ कर नहीं, बाह्याचार का खण्डन किया पर निरूद्देश्य आक्रमण की मंशा से नहीं, राम को आग्रह पूर्वक पुकारा पर बालकोचित मचलन के साथ नहीं—सर्वत्र उन्होंने एक समता रखी।

कहै कबीर मन मनहिं मिलावा,
अमर भये सुख सागर पावा।

हमारे सांस्कृतिक जीवन में व्यक्ति की श्रेष्ठता का आधार धर्म विशेष को मानना या किसी देवी-देवता विशेष की पूजा करना नहीं रहा है, इसका निर्णय व्यक्ति का व्यक्तित्व उसका आचरण के आधार पर किया जाता है। पौराणिक परंपरा में वेद-शास्त्र, तीर्थ-व्रत, कर्मकाण्ड तथा छुआछूत का प्रचलन था। कबीर ने इन सबका विरोध तथा खण्डन किया है। कबीरदास जैसा क्रान्तिकारी विचारधारा वाला व्यक्ति समझौते का मार्ग नहीं अपना सकता। कबीर आचार-विचार, धार्मिक मतों के आधार पर समन्वय करने वाले व्यक्ति नहीं थे, अपितु बाह्याडम्बरों, रूढ़ियों का खण्डन करने वाले व्यक्ति हैं।

कहां तोहि खोजिये ए राम।
मंदिर वेद पुरान जग्य जप तप मैं तो नहिं ठाम।।

कबीर के समय समाज में जाति-पाति के आधार पर भेदभाव निरंतर बढ़ता जा रहा था। स्वयं कबीर ने इस भेदभावपूर्ण व्यवहार को सहन किया। ऊँची जाति वाले नीच जाति वालों को अपने घर, चौपाल में नहीं आने देते थे। ब्राह्मण जाति तो शूद्र जाति वालों की छाया देखना भी पाप समझते थे। इस बढ़ते हुए भेदभाव को मिटाने के लिए कबीर ने चेतावनीपूर्ण शब्दों में कहा है—

बड़े गए बड़ापने रोम रोम हंकार।
सतगुरु के परचय बिना चारों वर्ण चमार।

जाति मनुष्य द्वारा बनाया गया एक मापदण्ड है। जिसके आधार पर किसी भी व्यक्ति को छोटा-बड़ा, ऊँच-नीच माना जाता है।

हिंदू समाज के पतन का पूर्ण भार ब्राह्मणों पर ही है। ब्राह्मणों द्वारा बताए गए धर्म ने ही रूढ़ रूप ग्रहण करके समाज को पतन की राह दिखाई है। वे अपने थोड़े और अधूरे ज्ञान के बल पर भोली-भाली जनता को अंधविश्वासों एवं रूढ़ियों के बंधन में बांधते जा रहे थे। कबीर ने ब्राह्मणों की शास्त्रोक्त बातों का खण्डन किया—

एक बूँद एक मल मूतर एक चाम और गूदा।
एक जोति से सबै उत्पना को बांभन को शूदा।

निराकार ईश्वर के उपासक कबीर ने हिंदुओं में प्रचलित मूर्ति-पूजा और अवतारवाद की भावना का कड़ा विरोध किया है। कबीर का मत है कि मंदिर में मनुष्य द्वारा स्थापित पत्थर की मूर्ति भगवान नहीं हो सकती। मूर्ति-पूजा करने वाले अंधविश्वासी व्यक्ति उस पत्थर के भगवान को जो भोग लगाते हैं, उसका उपहास उड़ाते हुए कबीर कहते हैं—

लाडू लावर लापसी पूजा चढ़े अपार।
पूजि पुजारा ले चला दे मूरति के मुख छार।

कबीर मन से होने वाली उपासना को ही सच्ची भक्ति मानते हैं। हाथ में माला फेरने की अपेक्षा अपने मन को सांसारिक विषय-वासनाओं से विमुख करके अंतःकरण में विद्यमान ब्रह्म की ओर उन्मुख करना चाहिए।

अपने इष्ट को प्रसन्न करने के लिए पशुबलि दी जाती थी। सृष्टि के कण-कण में, प्राणी मात्र में ईश्वर की झलक देखने वाले कबीर ने धार्मिक अनुष्ठानों के अंतर्गत की जाने पशुबलि की घोर निंदा की है। जो जीव स्वयं भगवान का अंश है भला उसकी बलि से वह प्रसन्न कैसे हो सकता है।

कुकड़ी मारे बकरी मारे, इक हक करि बोलै।
सवै जीव सांई के प्यारे, उबरहुगे किस बोलै।।

कबीर कहते हैं सांसारिक जीवन में जीव इंद्रियों से प्रेरित होकर भटकता रहता है। इंद्रियों रूपी पांच विकारों से मानव अपने जीवन के अमृत में जहर घोलता है। व्यक्ति का बावला मन काम से प्रेरित होकर तन-धन का अभिमान करता है। कबीर के अनुसार सत्गुरु की प्रेरणा से प्राप्त ज्ञान के आधार पर व्यक्ति इन कुप्रवृत्तियों से मुक्त होता है। कबीर ने सत्य मार्ग से विचलित होकर झूठ को ग्रहण करने वालों की संगत को अस्वीकार किया है। कबीर ने दुर्जनों से दूर रहने वालों की संगत को अस्वीकार किया है। उनका मानना है, जिस व्यक्ति की जैसी संगति होती है वह वैसा ही कर्म करता है उसे वैसा ही फल प्राप्त होता है। कबीर मानव को चेतावनी देते हुए कहते हैं सांसारिक मोह-माया, कुसंगति को त्याग ईश्वर में ध्यान लगा तभी मुक्ति की प्राप्ति हो सकती है अन्यथा संसार में आना व्यर्थ है।

कबीर दुनिया देहुरै, शीश नवांवण जाइ।
हिरदा भीतर हरि बसै तू ताही सौं ल्यौ लाइ।।

कबीर ने मानव धर्म के आधार पर अपनी प्रेम-साधना के मार्ग पर चलने के लिए विभिन्न धर्म-संप्रदायों में प्रचलित कर्म-काण्डों तथा आचारों का विरोध किया है। जप-तप, नियम-संयम और पूजा-अर्चणा करके भी व्यक्ति जीवन का सही मार्ग नहीं पाता, जिस प्रकार कागज़ पर लिखे धर्म-ग्रंथों से मूल तत्व को ग्रहण नहीं किया जा सकता।

कबीर की वाणी का मूल उत्स समाज था। युगीन वातावरण का सूक्ष्मता के साथ पर्यवेक्षण करते हुए कबीर ने समाज से सुधार की आवश्यकता को अनुभव किया। प्राचिन रूढ़ियों से ग्रस्त जनता को अंधविश्वासों के पंक से निकाल उचित मार्ग की ओर उन्मुख किया। कबीर का कार्य द्विपक्षीय रहा। एक ओर उन्होंने सामाजिक विषमता, रूढ़ियों के प्रति विध्वंसक क्रांतिकारी रूख अपनाया, कुरीतियों और मिथ्या आचरणों पर कठोर प्रहार किये और दूसरी ओर स्वस्थ समाज के निर्माण हेतु आदर्श जनता के समक्ष रखे।

फलतः समाज और धर्म को विनाश से बचाने के लिए आधुनिक युग में भी कबीर के समान क्रांतिकारी चेतना जागृत करने वाले सच्चे समाज-सुधारकों की आवश्यकता है।

सम्पर्क : प्रवक्ता
सनातन धर्म महिला महाविद्यालय,
हांसी (हिसार) (हरियाणा)

कबीर की वाणी : क्रान्ति का वटवृक्ष

डॉ. अंजु कपूर

भक्तिकालीन साहित्य के अंतर्गत निर्गुण भक्ति काव्य में ज्ञानमार्गी संत कवियों का योगदान भुलाया नहीं जा सकता। इन संतों ने भक्ति को सर्वसुलभ बना छोड़ा। व्यक्ति को सहज एवं दुःखों से मुक्त करवाने में संतों की वाणियों का योगदान संपूर्ण साहित्य जगत में अपना स्थान अलग बनाए हुए है। इन्होंने जीवन-जगत, आत्मा-परमात्मा, नश्वरता विषय-वासना, दुःख, विरह, रहस्य, समाज तथा जीव-ब्रह्म के संबंध को लेकर जो कुछ भी लिखा है उससे मानव समाज का आज-तक उद्धार होता आया है।

संतों की रचनाओं के प्रधान विषय 'सत्' व परमतत्व रूपी राम के स्वरूप का दिग्दर्शन, उसके प्रति प्रकट किये गये उपदेश, विविध प्रकार के उद्‌गार, आत्मनिवेदन, नामस्मरण की साधना, सात्विक जीवन का महत्त्व तथा उसके लिए दिये गए उपदेश आदि कहे जा सकते हैं। उन्होंने सांसारिक बातों में मोहासक्त लोगों का भी वर्णन किया है और उनके साम्प्रदायिक एवं सामाजिक भेद-भावों की आलोचना की है। उन्होंने आदर्श संत को 'सत्' का प्रतीक माना है और अपने पथ-प्रदर्शक सत्गुरु को भी वही महत्त्व दिया है। 'संत' शब्द अपने मूल अर्थ में 'सत्य' को ही द्योतित करता था, जिसके अंतर्गत सगुण-निर्गुण सभी प्रकार के भक्त-कवि सम्मिलित होते थे। आज भी अपने सामान्य रूप में यह शब्द उसी अर्थ को व्यक्त करता है, किंतु आचार्य रामचन्द्र शुक्ल ने हिंदी साहित्य के इतिहास-लेखकों को अर्थ की एक नई दिशा में प्रेरित किया है और यह शब्द इतिहास में निर्गुणोपासक भक्तों के लिए ही रूढ़ हो गया है।

भक्तिकाल के संत कबीर अपनी वाणी में एक नई क्रांति चेतना लेकर अवतरित हुए। संत कबीर एक युगदृष्टा और युग प्रवर्तक की युगांतरी प्रतिभा लेकर साधना और काव्य रचना के क्षेत्र में आए। कहा जा सकता है कि 15वीं शताब्दी में कबीर सबसे भक्तिशाली और प्रभावशाली व्यक्ति थे। वे ऐसे समय में पैदा हुए थे, जिसे हम विविध धर्म साधनाओं और मनो-भावनाओं का चौराहा कह सकते हैं। वे मुसलमान होकर भी मुसलमान नहीं थे। वे हिंदू होकर भी हिंदू नहीं थे। वे साधु होकर भी

साधु नहीं थे। वे योगी होकर भी योगी नहीं थे। वे कुछ भगवान की ओर से ही सब से न्यारे बनाकर भेजे गए थे। संत कबीर जितने बड़े और पहुँचे हुए भक्त थे, उतने ही बड़े और महान समाज-सुधारक भी थे। ऐसे विद्वानों और आलोचकों की इस देश में कमी नहीं, जो कबीर को संत, भक्त, साधक और कवि से भी पहले, बल्कि इन सबसे बढ़कर प्रमुखतः समाज-सुधारक ही मानते हैं। उनका मानना है कि प्रबल सामाजिक चेतना ही कबीर जी की प्रमुख एवं उल्लेख्य विशेषता है। इसके अभाव में इनका व्यक्तित्व और कृतित्व व्यर्थ है। समाज में क्रांति लाने की जिस प्रबल प्रतिभा का परिचय उन्होंने अपनी वाणी में दिया है अन्य कोई युगीन कवि तो क्या आज तक का कोई कवि नहीं दे सका। यह एक अटल तथ्य है कि कबीर एक प्रबल समाज-सुधारक और क्रांति लाने वाले थे। उन्होंने अपने सद् प्रयत्नों से समाज को एक नई-दिशा प्रदान की लेकिन इससे उनके संत और भक्त रूप का महत्त्व कम नही हो जाता।

वास्तव में कबीर का उदय जिस युग में हुआ, जिन परिस्थितियों में जन्म लेने के बाद उन्हें पलना, बढ़ना और रहना पड़ा; उनके भावुक और जागरूक व्यक्तित्व पर उस सबका बड़ा ही गहरा प्रभाव पड़ा। उस सबने शैशव के सुकुमार क्षणों से ही कबीर को परंपरा-विरोधी और बाह्याचारों के प्रति विद्रोही बना दिया। उनके युग का धर्म और समाज अनेक तरह से विकृत होकर अनीतियों-कुरीतियों का शिकार हो रहा था। धर्म का सत्स्वरूप विलुप्त होकर धार्मिक आडंबरों एवं पाखण्डों का बोल बाला होता जा रहा था। अध्यात्म-साधना का मार्ग भी कई तरह प्रदूषित होकर संकीर्ण मत-वादों, संप्रदायों और पंथों में बँटकर पारस्परिक कलह का क्षेत्र बन रहा था। उस पर अनेक प्रकार के हठवादी और वाम मार्गी संप्रदाय अनेक प्रकार की चमत्कार पूर्ण सिद्धियों के योग में जन-मानस को भरमाकर सुरा-सुंदरी के सेवन जैसे व्यभिचारों की राह पर चलाने लगे थे। समाज भी धर्म की तरह ही वर्णों, जातियों, उपजातियों, छोटे-बड़े वर्गों, छुआछूत और ऊँच-नीच के भेद-भावों से भरकर कलह एवं अनाचार का अखाड़ा बन रहा था। कहीं भी सुव्यवस्था और शांति नहीं थी। धर्म-जातिवाद दोनों के नाम पर वैमनस्य एवं कलह का ज़ोर था। ऐसे युग में कबीर ने जन्म तो ब्राह्मणी के गर्भ से लिया; परंतु पोषण और कर्म संस्कार मुस्लिम जुलाहा-परिवार से पाए। इस दृष्टि से कहा जा सकता है कि हर क्षेत्र में समन्वय करने के जन्मजात संस्कार उनके रक्त में विद्यमान थे। आगे चलकर उन्होंने जो धर्म और समाज क्षेत्र के बाह्याचारों, कुरीतियों-कुनीतियों का विरोध किया; उस सबकी भूमिका उन संस्कारों में से ही खोजी और प्राप्त की जा सकती है।

संत कबीर ने हर क्षेत्र में क्रांति लाने का प्रयास किया। इसका विवेचन करने से पहले उनके काव्य की विशेषताओं का अवलोकन करना आवश्यक हो जाता है। संत कबीर भक्ति धारा के प्रमुख एवं प्रतिनिधि साधक और कवि स्वीकारे जाते हैं।

इससे स्पष्ट है कि वे जिस 'राम' की ब्रह्म के रूप में उपासना करते हैं, वह 'दाशराथि राम', नहीं बल्कि सब में, घट-घट में रमण करने वाला निर्गुण, निराकार और निर्विकल्प है अर्थात् वह सतोगुण, रजोगुण, तमोगुण और इनसे निर्मित पंचभौतिक सृष्टि के तत्त्वों में बंधने वाला नहीं बल्कि एक परम व्यापक और अत्यंत सूक्ष्म तत्व है, इस कारण उसे निर्गुण कहा जाता है। उसका कोई रंग रूप, शक्ल-सूरत, एवं स्थूल दृश्य स्वरूप नहीं है, इस कारण वह निराकार है। वह अजन्मा, अनदि और अपने आप में पूर्ण है। राम-रहीम, अल्लाह-ईश्वर आदि उसका कुछ भी नाम हो सकता है। वे संपूर्ण एवं एक है। इसी कारण वह दशरथ का बेटा राम नहीं है :

दशरथ-सुत तिहूं लोक बखाना, राम-नाम का माना है आना।

कबीर मानते हैं कि संसार में जितने भी बाह्य स्तर पर आकर्षक एवं प्रभाव स्वरूप हैं, पदार्थ हैं, वे सभी माया के रूप और इस कारण भटकने वाले हैं। यों देखने-सुनने में ये सभी रूप मधुर और सुहाने प्रतीत होते हैं; पर उनका वास्तविक प्रभाव जाने-अनजाने विष-भक्षण जैसा ही हुआ करता है। इसी कारण कबीर जी ने माया को 'महाठगिनी' कहकर संबोधित किया है :

माया महाठगनी हम जानी।

'मंदिर में मूर्ति, पण्डे की पण्डाइन, विष्णु की लक्ष्मी, ब्राह्मणी, इन्द्र की इन्द्राणी, अपार धन-संपदा और करनी कौड़ी आदि जितने भी रूप हैं, कबीर के अनुसार ठगने वाले, भरमाने वाले हैं और इस कारण माया ही हैं। जोगियों के साथ घूमने वाली जोगिनें भी माया हैं।' कबीर जी कहते हैं कि इनके बहकावे में आकर व्यक्ति भटक कर आवागमन के चक्कर और जन्म-मरण के बंधन से कभी छुटकारा नहीं पा सकता। गुरु से प्राप्त ज्ञान ही वह साधन है, जिससे माया के वास्तविक स्वरूप एवं तथ्य को पा कर प्रेम-भक्ति और सत्संग की राह पर चलते हुए मनुष्य मुक्ति का अधिकारी हो जाया करता है। कबीर जी ने यह माना है कि जब तक मनुष्य की चेतना लौकिक स्तर पर माया के बंधन से छुटकारा नहीं पा लेती, तब तक पारलौकिक मुक्ति भी संभव नहीं है।

कबीर ने अन्य संतों के समान जगत को जीव की माया का एक पड़ाव माना है, जिसके आकर्षणों में पड़कर यात्री (जीव) अक्सर भटक जाया करता है। भटकाव और भ्रम के कारण इस नश्वर जगत को ही शाश्वत सत्य एवं नित्य मान लिया करता है; जब कि वास्तविक स्थिति, एवं दशा सर्वथा भिन्न है, कुछ और ही है कबीर के शब्दों में :

रहना नहीं देश वीराना है।
यह संसार कागद की पुड़िया, बूंद पड़े घुल जाना है।

यह संसार झाड़ और झांगड़ आग लगे बड़ जाना है।।
यह संसार धूल और झाखड़, हवा लगे उड़ जाना है।
कहत कबीर सुनो भई साधो, सतारु नाम ठिकाना है।।

'गुरु बिन गति नहीं' जैसी उक्तियाँ कबीर जैसे संतों की देन ही मानी जाती हैं। वे इस कारण महत्त्वपूर्ण हैं कि वह ज्ञान का दाता है, उस ज्ञान का दाता कि जो उच्च जानकारी तो देता ही है, योग-साधना का मार्ग भी प्रशस्त करता है। कबीर ने तो गुरु को ईश्वर वत् बल्कि उससे भी बढ़कर महत्त्वपूर्ण माना है। गुरु का महत्त्व प्रतिपादन करने वाली उक्तियों से कबीर-साहित्य भरा पड़ा है। एक साखी प्रस्तुत है; जिसमें मार्गदर्शक के गुरु-महिमा गायी गई है :

सतिगुरु मिलिआ मारगु दिखाइआ।
जगत पिता मेरे मन भाइआ।।

इसी प्रकार कबीर ने 'गुरु कुम्हार सिष कुम्भ है, गाढ़ी-गाढ़ि काढ़े खोट, जैसी उक्तियाँ भी कही हैं और ईश्वर से बढ़कर गुरु को बताने के लिए यह भी कहा है कि :

गुरु गोविन्द दोउ खड़े, काकू लागे पाय।
बलिहारी गुरु आपने, गोबिन्द दियो बताय।।

संत कबीर के काव्य सौष्ठव पर प्रकाश डालने से पहले एक अन्य बात का ध्यान बहुत ही आवश्यक है। वह यह कि संत कबीर अपने मूल स्वभाव से और व्यवहार से भी, न तो कवि थे और न काव्यकार ही। इस कारण उन्होंने काव्य-सृजन के लिए काव्य-सृजन नहीं किया। ऐसा करना न तो उनका उद्देश्य था और न प्रयोजन ही। वे मूलतः भक्त थे, संत और साधक थे, प्रभु-प्रेमी थे और सहज स्वभाव वाले सुधारक भी थे। इस कारण भक्ति-भाव, प्रेम-भाव, आत्मविश्वास और समाज-सुधार के भावावेश में उनके मुख से जो भी स्वर स्वरित एवं मुखरित हुआ, अपने सहज अटपटे रूप में वही उनका काव्य है।

कबीर काव्य का वास्तविक सौष्ठव किसी पहाड़ी के किनारे अंतराल को चीरकर झर उठने वाले झरने के कल-निनाद श्रवण के समान अनुभूति-प्रवण बनकर ही अनुभव किया जा सकता है। वह सहसा खिल उठने वाला वह बनैला फूल है, जो खिलकर अपने आस-पास के समूचे वातावरण को भी स्वतः ही सुवासित बना दिया करता है।

अंततः हम कह सकते हैं कि कबीर सच्चे अर्थों में क्रांति की चेतना को लाने वाले थे। हर कोई व्यक्ति, वह चाहे नेता हो, धार्मिक संत-भक्त हो, या फिर कुछ

और। जब तक स्वयं को मोह-माया से मुक्त न कर ले, लोभ-स्वार्थ-सकीर्णता को तिलांजलि न दे, पाँचों इंद्रियों को वश में कर, मन को ब्रह्म में लीन न कर ले तब तक वह समाज के दुःख दर्द से परिचित नहीं हो सकता। कबीर में उपर्युक्त सभी निहित थे। जाति-पांति, ऊँच-नीच, छूआछूत आदि की मिसाल तो वे स्वयं ही थे। निम्न श्रेणी की जनता को आम जीवन में राजा की तरफ़ से व धार्मिक रूढ़िवादिता की ओर से पिसता देखा था कबीर ने। जन साधारण के शोषण को खुली आँख से देख चुके थे कबीर। मुस्लिम आक्रमण और अत्याचार को समाज पर होते हुए देखा था। हिंदी-मुस्लिम दोनों में बढ़ती कट्टरता, धार्मिक संशम-भ्रम, जाति-पांति, बाह्याडम्बर, अनाचर, सामाजिक अंध विश्वास, जादू टोना, तन्त्र-मन्त्र, व्रत-उपवास-रोजा, नमाज, मंदिर, मस्जिद, पण्डित, मौलवी, राजा-सामंत, अमीर उमरे, वैष्णव, शाक्त, शैव, वर्णाश्रम व्यवस्था, वेद उपनिषद, कुरान-शास्त्र, कर्मकाण्ड, विधि-विधान आदि ऐसा कौन सा क्षेत्र था, जिस पर कबीर ने अपनी साखियों एवं पदों के माध्यम से करारी चोट न की हो। फटकार लगाते हुए, व्यंग्य करते हुए, किसी संप्रदाय से बिना कतराये जो जी में आया निडरता के साथ कह डाला। वे स्वयं अनपढ़ थे, जाति से जुलाहे थे पर थे युगचेता संत। फक्कड़ संत के गुण उनमें निहित थे।

कबीर ऐसे महामानव थे जिन्होंने मध्ययुग के अंधकारमय वातावरण में ज्ञान का प्रकाश फैलाकर मानवता का मार्ग-निर्देशन किया और समाज को नई दिशा दी।

सम्पर्क : प्रवक्ता
आर.आर बावा डी.ए.वी. कॉलेज,
बटाला (पंजाब)

शोषितों के मसीहा : नानक

डॉ. सुभाष चंद्र सचदेवा 'हर्ष'

गुरु नानक देव ने तत्कालीन समाज में विद्यमान मिथ्या रीति-रिवाज़ों[1] सारहीन कर्मकाण्ड[2] एवं पाखण्डवाद का खण्डन[3] करके जिस सामाजिक क्रांति का उन्मेष किया, उसी वैचारिक क्रांति के सौजन्य से अनेक विद्वानों एवं इतिहास वेत्ताओं ने गुरु नानक देव की तुलना जर्मन के समाज सुधारक मार्टिन लूथर से की है।[4] इस दृष्टि से मिस्टर पेन, डॉ. इन्दु भूषण बैनर्जी एवं श्री गोकुल चन्द नारंग आदि के नाम विशेष रूपेण उल्लेखनीय हैं।

गुरु नानक सही अर्थों में ग़रीबों एवं सामाजिक दृष्टि से शोषित जनता के मसीहा थे। कठोर शासकों के अत्याचार का शिकार बनी हुई दीन-हीन जनता की शोचनीय स्थिति को देखकर उनका भावुक हृदय द्रवित हो उठा। 'श्री गुरुं ग्रन्थ साहिब' में संकलित उनकी वाणी के अनेक ऐसे उद्धरण प्रस्तुत किए जा सकते हैं, जो उनकी साधारण जनता के प्रति करुण एवं वैचारिक क्रांति से उद्‌भूत हुई सहानुभुति को मुखरित करते हैं।[5] उनकी यह करुणा की भावना तब पराकाष्ठा पर पहुँच जाती है, जब वे करुणा-वरुणालय परमेश्वर को उलाहना देते हुए कहते हैं कि 'अत्याचारों से त्राहि-त्राहि कर रही सामान्य जनता की दशा को देखकर क्या तुम्हें (परमेश्वर को) दया नहीं आती?[6] स्पष्ट है कि गुरु नानक असहाय एवं अत्याचारग्रस्त जनता के सच्चे हितैषी संत थे और लोक सेवार्थ हर संभावित क्रांति के पक्षधर थे।

गुरु नानक देव ने अपने युग की परिस्थितियों का मूल्यांकन करके यह अनुभव किया कि मानवता के नाते पुरुष के समान होने पर भी स्त्री जाति के अधिकारों पर कुठाराघात हो रहा है। गुरु नानक का क्रांतिकारी मन इस अन्याय को सहन नहीं कर सका और अमृतमयी वाणी के सौजन्य से उनके हृदय के ये उद्‌गार व्यक्त हुए कि स्त्री एवं पुरुष एक ही परम ज्योति के दो मूर्तिमान स्वरूप हैं।[7] स्त्री के बिना पुरुष और पुरुष के बिना स्त्री का अस्तित्व ही नहीं हो सकता, दोनों परस्पर एक दूसरे के पूरक हैं। भारतवर्ष के मध्यकालीन इतिहास में एक ऐसा युग आया जब नारी की अस्मिता एवं उज्ज्वल चरित्र पर अन्यायपूर्ण प्रहार किए गये। स्वयं

कष्ट सहन करके भी संतान को अपार वात्सल्य देने वाली माता, अपना सर्वस्व समर्पित करने वाली बहन जैसी देवियों की शोचनीय स्थिति होना समूचे भारतीय समाज हेतु एक लज्जास्पद बात थी। इस सारी स्थिति का अवलोकन करके गुरु नानक ने नारी को फिर से भारतीय-समाज में प्रतिष्ठा दिलाने के लिए क्रांति का बिगुल बजाया। उन्होंने नारी को पापमयी एवं अपवित्र मानने वाली विचारधारा का खुलेआम खण्डन किया।[8]

श्री गुरु ग्रंथ साहिब में संकलित 'आसा-दी-वार' में नारी की गौरवमयी स्थिति को रूपायित करते हुए गुरु नानक कहते हैं कि 'नारी माता के रूप में हमें जन्म देती है, अतः इस दृष्टि से नमस्कार करने योग्य है। धर्मपत्नी के रूप में जिसकी पुरुष से सगाई एवं विवाह होता है; (सुख-दुःखदि में) जो पुरुष की सच्ची मित्र है और जिससे पुरुष की संतान-परंपरा द्वारा वंशवृद्धि का मार्ग प्रशस्त होता है। एक धर्मपत्नी के मर जाने पर पुरुष को वंशक्रम चलाने हेतु फिर से जिस नारी को (पत्नी के रूप में) अपनाना पड़ता है तथा जो बड़े-बड़े यशस्वी राजाओं को जन्म देने वाली है, ऐसी (पूर्व वर्णित गुणों से युक्त) नारी जाति को अपवित्र कहना कदापि उचित नहीं है।[9]

गुरु नानक के समकालीन वेदादि[10] शास्त्रों के विद्वत्‌गण एवं पण्डितों का एक ऐसा वर्ग विद्यमान था, जो शास्त्रज्ञान में निष्णात होने पर भी आध्यात्मिक ज्ञान एवं अनुभव से सर्वथा वंचित था। ऐसे तथाकथित पण्डितों का मार्गदर्शन करते हुए गुरु नानक ने कहा कि 'केवल वेदादि शास्त्रों को पढ़ने एवं उन पर व्याख्यान देने से ही आध्यात्मिक ज्ञान की प्राप्ति नहीं होती, इस आंतरिक वस्तु (आत्मा) का भेद जानने के लिए अनुभव प्राप्त एवं योग्य आध्यात्मिक गुरु की शरण लेनी चाहिए।[11] अतः सच्चा पण्डित अथवा बुद्धिमान वही है, जो वेदादि शास्त्र एवं गुरु से प्राप्त हुए ज्ञान पर मनन करता है (मन को प्रबोध प्राप्त कराता है) और फिर इस आध्यात्मिक ज्ञान का अनुभव अपनी आत्मा में करता है।[12]

प्राचीन काल में भारतवर्ष में केवल वही लोग 'ब्राह्मण' कहलाते थे, जो जन्म से भले किसी भी जाति से हों, परंतु जिनमें ब्रह्मज्ञान (आध्यात्मिक बल) का उत्कर्ष पाया जाता था।[13] शनैः शनै भारतीय समाज की विचारधारा में परिवर्तन आना प्रारंभ हुआ, कर्म की अपेक्षा जन्म से ही ब्राह्मणादि वर्णों का अस्तित्व स्वीकार किया जाने लगा। गुरु नानक ने जन्मगत वर्ण-व्यवस्था का विरोध करके कर्म के आधार पर ब्राह्मणादि भेदों को अंगीकार किया। गुरु नानक ने स्पष्ट शब्दों में घोषणा की है कि ब्राह्मण केवल उसे ही कहा जा सकता है जो ब्रह्म को जानता है अथवा ब्रह्मज्ञान से संपन्न है।[14] गुरु नानक द्वारा कर्म को आधार मानकर की गई ब्राह्मण की यह परिभाषा पूर्णतः युक्तिसंगत एवं तर्क के अनुकूल है। सभी मनुष्यों में जन्म की दृष्टि से पूर्णतः समानता है, क्योंकि सभी प्राणी, चाहे वे जन्म से ब्राह्मण हों या शूद्र, माता

के गर्भ से ही उत्पन्न होते हैं, शुभाशुभ कर्म का अनुष्ठान ही उन्हें उत्कृष्ट एवं निकृष्ट बनाने में समर्थ है।

भारतीय समाज में तीर्थयात्रा का महत्त्व युगों-युगों से स्वीकार किया जाता रहा है। भारतीय मनीषियों ने संसार रूपी समुद्र (भवसागर) से पार कराने में सक्षम सभी साधनों को तीर्थ की संज्ञा दी है।[15] इस दृष्टि से गंगा-यमुना आदि स्थावर एवं सत्संगति, नामस्मरण तथा ज्ञान आदि जंगम तीर्थ अभिहित किए गए हैं। गुरु नानक ने अनुभव किया कि लोग केवल गंगा-यमुना आदि स्थावर तीर्थों में स्नान करके ही अपने कर्त्तव्य की इतिश्री मान लेते हैं, ब्रह्मज्ञान, नामस्मरण एवं सत्संग आदि वास्तविक तीर्थों में उनकी रुचि घटती जा रही है। अतः तीर्थयात्रा का वास्तविक लक्ष्य आध्यात्मिक-उत्थान को निर्धारित करके गुरु नानक ने ब्रह्मज्ञान (गुरु ज्ञान),[16] नाम-स्मरण[17] एवं सत्संग[18] आदि जंगम तीर्थों को वरीयता प्रदान की। उनकी इस क्रांतिकारी चेतना से अनुप्राणित होकर कोटि-कोटि साधक आत्मोद्धार के इन ज्ञान, नामस्मरण एवं सत्संग आदि उत्कृष्ट साधनों में प्रवृत्त होने लगे।

निष्कर्षतः गुरु नानक ने कालावधि से कलुषित हुए भारतीय समाज के उन महनीय जीवन-मूल्यों को पुनः संजीवित किया, जिनकी आज के प्रसंग में भी महती उपादेयता है। हमने यहाँ 'स्थाली पुलाक' न्याय से मात्र कतिपय पक्षों को ही उजागर करने का प्रयास किया है, तदर्थ हम क्षमाप्रार्थी हैं।

संदर्भ

1. देकै चउका कढ़ी कार। उपरि आइ बैठे कूड़िआर।।
   मतु भिटै वे मतु भिटै। इहु अनु असाडा फिटै।।
   तनि फिटै फेड़ करेनि। मनि जूठै चुली भरेनि।।
   कहु नानक सचु धिआईए। सुचि होपै ता सचु पाईए।''
   (सलोक महला-पहला, 'श्री गुरुग्रंथ साहिब,' पृ. 472)
2. जोग न खिंथा, जोग न डंडे, जोग न भस्म चढ़ाइए।।
   जोग न मूंदी मूंड मुंडाइए। जोग न सिंगी वाइए।।
   (सूही महला-पहला, घर-1, 'श्री गुरु ग्रंथ साहिब,' पृ. 730)
3. माणस खाणे करहिं निवाज, छुरी वगाइनि तिनगलि ताग। तिन घरि ब्राह्मण पूरहि नाद, उन्हां भि आवहि उही साद।। कूड़ी रासि कूड़ा वापार, कुड़ बोलि करहि आहार।। सरम धरम का डेरा दूर, नानक कूड़ रहिआ भरपूर।।
   (आसा-दी-वार, महला-पहला, 'श्री गुरु ग्रंथ साहिब, पृ. 471-72)
4. (i) Guru Nanak can be compared with Martin Luther, the famous social reformer of German.

   (A talk on 'Sikhism' by Dr. Jasbir Singh Ahluwalia, All India Radio, Delhi, 3-11-1992)

   (ii) इस दृष्टि से डॉ. इन्दुभूषण बैनर्जीकृत 'Evolution of the khalsa' तथा डॉ. गोकुल चन्द्र

नारंग लिखित 'Transformation of Sikhism' भी अवलोकनीय हैं।

5. पाप की जंज लै काबलों धाइआ, जोरी मंगे दान वे लालो।
सरमु धरमु दुई छप खलोए, कूड़ फिरै परधान वे लालो।।
खून के सोहिले गावी अहि नानक, रतु का कुंगू पाए वे लालो।।
(तिलंग महला-पहला,' श्री गुरु ग्रंथ साहिब, पृ. 722-723)

6. आपै दोसु न देई करता जमु करि मुगलु चड़ाइआ।
ऐती मार पई करलाणे तैंकी दरदु न आइंआ।।
('आसा महला-पहला,' श्री गुरु ग्रंथ साहिब, पृ. 360')

7. धन पिरू ऐहि न आखीअनि बहनि इकठे होइ।
ऐक जोति दुइ मूरती धन पिरु कहीऐ सोइ।।
(सलोक महला-2, श्री गुरु ग्रंथ साहिब, पृ. 788)

8. "Guru Nanak rehabilitated woman in Indian society. She gained social equality and religious freedom. Guru Nanak rejected the idea that woman was potentially evil or unclean." ('The Message of Sikhism,' by Harbans Singh, Introduction, P.xviii)

9. भंडि जमीऐ भंडि निमीऐ भंडि मंगणु विआहु।
भंडहु होवै दोसती भंडहु चलै राहु।
भंडु मुआ भंडु भालीऐ भंडि होवै बंधानु।।
सो किउ मंदा आखीऐ जितु जंमहि राजान।।
(आसा-दी-वार' सलोक महला-पहला, श्री गुरु ग्रंथ, पृ. 473)

10. 'पण्डित' संस्कृत भाषा का शब्द है, जिसका सामान्य अर्थ है आध्यात्मिक तत्त्व का विचार करने वाली अथवा सत्य और असत्य का विवेचन करके सत्य को ग्रहण करने वाली बुद्धि (पण्डा) से संपन्न व्यक्ति।
देखें–'पण्डा आत्मविषया बुद्धि येषां ते पण्डिताः
पण्डा सद् असद् विवेचिनी बुद्धिः येषां ते पण्डिताः।।

11. ''पण्डित पढ़हि वखाणहि वेदु। अंतरि वसतु न जाणहि भेदु।
गुरु बिनु सोझी बूझ न होइ। साचा रवि रहिआ प्रभु सोइ।।''
(आसा महला-पहला, श्री गुरु ग्रंथ साहिब, पृ. 355)

12. (क) सो पंडितु जो मन परबोधै। राम नामु आतम महि सोधै।
(गउड़ी सुखमनी महला-5, वही, पृ. 274)
(ख) सुणि पंडित करमाकारी। जितु करमि सुखु ऊपजै भाईसु आतम ततु बीचारी।।
(सोरठि महला-पहला, घर पहला, अष्ट पदीआ चउतुकी, वही पृ. 635)

13. जन्मना जायते शूद्रः संस्काराद् द्विजोच्यते।
वेदपाठी भवेत्विप्रः ब्रह्म जानाति इति ब्राह्मणः।।
(वज्रसूचीमुखोपनिषद्)

14. (क) ब्रह्मणु ब्रहु गिआन इसनानी हरिगुण पूजैपाती।।
(मारु-महला-पहला, श्री गुरु ग्रंथ साहिब, पृ. 992)
(ख) सो ब्राह्मण ब्रह्मु जो निंदे हरि सेती रंगिराता।
(सिरी रागु महला-3, वही, पृ. 68)
(ग) ब्रह्मु बिंदे सो ब्राह्मणु कहीऐ जि अनदिनु हरि लिव लाए।

(गूजरी की वार महला-3, वही पृ. 512)
(घ) 'ब्रह्मु विंदै तिसदा ब्रह्ममतु रहै ऐक सबद लिव लाइ।।
(सलोक महला-3, वही, पृ. 649)
(ङ) ब्रह्मु विंदहि ते ब्राह्मणा जे चलहि सतिगुर भाइ।।
(विलावल की वार, महला-4, वही, पृ. 849-50)

15. देखें–तीर्थ का लक्षण–
तरति येन निमित्तेन तत् तीर्थम्।

16. (क) तीरथु सबद बीचारू अंतरि गिआन है।
(धनासरी महला-पहला छंत, श्री गुरु ग्रंथ साहिब, पृ. 687)
(ख) गुर गिआनु साचा थानु तीरथु दस पुरब सदा दसाहरा।
(धनासरी महला-पहला छंत, वही, पृ. 687)

17. (क) बोलहु भाई हरि कीरति हरि भवजल तीरथि।
(धनासरी महला-4, वही, पृ. 669)
(ख) तीरथि नावण जाउ तीरथु नाम है।
(धनासरी महला-पहला छंत, वही, पृ. 687)

18. जेते रे तीरथ नाए अहं बुद्धि मैल लाऐ घर को ठाकुर इक तिल न माने। कदि पावउ साधसंगु हरि हरि सदा आनंदु गिआन अंजनि मेरा मनु इस नानै।।
(धनासरी महला-5, घर-6, अष्टपदी, वही पृ.687)

सहायक ग्रन्थ सूची

1. श्री गुरु ग्रंथ साहिब–मुख्य स्रोत (दमदमी बीड़ के आधार पर पृष्ठांकन)
2. वज्रसूचीमुखोपनिषद्

आंग्ल-भाषारचित ग्रंथ

3. 'The Message of Sikhism', by Harbans Singh.
4. Evolution of the Khalsa' by Dr. Indu Bhushan Banerjee
5. 'Transformation of Sikhism' by Dr. Gokul Chand Narang
All India Radio (आकाशवाणी), Delhi
6. 'A Talk on Sikhism,' by Dr. Jasbir Singh Ahluwalia, on 3-11-1992

सम्पर्क : प्रवक्ता
हिन्दू गर्ल्ज़ कॉलेज,
सोनीपत (हरियाणा)

भक्तिकालीन संतों की वाणी में क्रांति चेतना : पुनर्व्याख्या की आवश्यकता

डॉ. अजमेर सिंह काजल

भक्तिकालीन संतों की वाणी में क्रांति चेतना की पड़ताल करने के लिए युगीन परिस्थितियों व माहौल की जानकारी लेना आवश्यक है। बिना परिस्थितियों व माहौल को समझे हम संतों के साथ न्याय नहीं कर सकते। भक्तिकालीन संतों की वाणी पर अनेक गंभीर निष्कर्ष दिए गए हैं लेकिन फिर भी संतों की वाणी को जिस दृष्टि से समझने की आवश्यकता थी, वैसा बहुत कम हुआ है। अधिकतर विद्वान उन्हें उसी सामाजिक-सांस्कृतिक व्यवस्था में फिट करते हैं, जिसके खिलाफ उन्होंने विद्रोह किया था। ऐसी स्थिति में संत दर्शन के साथ न्याय नहीं हो पाया है। प्रस्तुत अभिव्यक्ति संतों को यथार्थ सामाजिक रूप में कहने का प्रयास है। सगुण अवतारवाद का पोषक है तो निर्गुण ईश्वर को किसी व्यक्ति, स्थान में बांधने की अपेक्षा उसकी तार्किक व मानवीय अभिव्यक्ति करता है।

क्रांति ऐसी शक्ति का प्रवाह है जो समाज में आमूल-चूल परिवर्तन कर दे और चेतना जागृति की अवस्था है जैसे कोई सुप्त व्यक्ति जाग जाए। अतः क्रांति चेतना का अर्थ है ऐसी जागरण स्थिति का जन्म होना जिससे व्यवस्थागत समाज में आमूल-चूल परिवर्तन लक्षित हों। संतों ने सामाजिक-सांस्कृतिक तथा अन्य विषयों पर जो चिंतन किया व संदेश दिया, उससे समाज की मानसिकता में एक परिवर्तनकामी धारा प्रवाहित हुई। इसी स्थिति को यहाँ क्रांति चेतना के रूप में अभिव्यक्त किया जा रहा है।

संत समाज के अंतिम व्यक्ति के हित की बात करने वाले तथा धर्म की पवित्रता के नाम पर जिंदा सामाजिक दुर्व्यवहारों के विरोध में मुखर रहने वाले इंसान थे। परंपरागत स्थितियों को नए अंदाज़ में प्रस्तुत करने वाले संतों ने अपने सत्य आचरण से रूढ़ समाज को नूतन बनाने के अथक प्रयास किए। उन्होंने बहुदेववाद, अवतारवाद, मूर्तिवाद को सिरे से नकारकर तर्क का आश्रय लिया। पूरा युग धर्म पर अवलम्बित

था और धर्म में समानता का विरोध था तो संत किस मुंह से उसका समर्थन करते क्योंकि वे स्वयं इसी अपमान को झेलकर बड़े हुए थे। आचार्य हज़ारी प्रसाद द्विवेदी लिखते हैं–'साधारण जनता का सादगी में जीवन व्यतीत करने वाले संतों का एक ऐसा वर्ग था, जिसने सभी अत्याचारों एवं दुर्व्यवहारों के विरोध में अपना झंडा ऊँचा किया। इन संतों में अधिकतर निम्न जाति के लोग थे जो समाज और राज्य की तरफ़ से तिरस्कृत थे।'[1] संतों के सामाजिक आधार पर डॉ. रामविलास शर्मा लिखते हैं 'इसका सामाजिक आधार जुलाहों, कारीगरों, किसानों और व्यापारियों का भौतिक जीवन है। संत साहित्य भारतीय संस्कृति की आकस्मिक धारा नहीं है। यह देश की विशेष परिस्थितियों में उत्पन्न हुई थी।...यह इस देश का सबसे विराट सांस्कृतिक आंदोलन था, जिसकी जड़ें दूर-दूर गाँवों तक पहुँची थीं।'[2]

संतों के विषय में डॉ. रांगेय राघव ने कहा है 'जब संसार में कार्ल मार्क्स नहीं था, जब संसार में द्वंद्वात्मक भौतिकवाद का चिंतन नहीं था तब भी मनुष्य अन्याय के प्रति लड़ता था और यह संघर्ष मध्यकाल के संतों में हमें दिखाई देता है। वे सब निम्न जातियों की मुक्ति के लिए उठे हुए स्वर थे।'[3] संत बहुसंख्यक जनता के वास्तविक प्रतिनिधि थे जिनके सामाजिक सरोकार थे। वे जिन सरोकारों के लिए जीए-मरे, आज वे भारतीय शासन-व्यवस्था के विभिन्न विधि-विधानों में दिखाई देते हैं। संतों के सामाजिक सरोकारो के संबंध में डॉ. ओमप्रकाश लिखते हैं 'संतों का मुख्य विद्रोह जातिप्रथा के प्रति था। इसके साथ ही ब्राह्मणों को समाज में विशेष सम्मान मिलना भी सहन नहीं था। पाप की व्याख्या, शास्त्रों का प्रमाण, आचार के आडंबरी रूप, चरित्रहीन विद्वत्ता, परंपरा-पालन आदि के प्रति संत-साहित्य में पर्याप्त अनादर मिलता है। आर्थिक विषमता एवं राजनैतिक दासता के प्रति असंतोष को उत्तेजना नहीं मिल सकी। किसी बात को सहसा स्वीकार कर लेने की अपेक्षा बुद्धिवाद एवं तर्क के द्वारा उसको धुन लेने में संत लोग सिद्धहस्त थे। चिंतन स्वातंत्र्य की जो लहर यूरोप में पंद्रहवीं शताब्दी के उपरांत आई थी उसका पूर्ण आभास हमारे देश में द्वादश शताब्दी में ही मिलने लगता है, किसी न किसी रूप में हम उसका संबंध बौद्ध चेतना से जोड़ पाते हैं।'[4]

तत्कालीन समाज में शूद्रों-अछूतों को सगुण भक्ति का अधिकार नहीं था लेकिन अधिकतर संत शूद्र-अछूत वर्ग से थे। कबीर व रैदास के घोषित गुरु रामानंद ब्राह्मण होने के नाते सगुण भक्त थे लेकिन कबीर-रैदास नहीं। सवर्ण जाति की मीराबाई ने विवशता में रैदास को अपना गुरु बनाया। मध्यकाल का ब्राह्मण धर्म पूरी तरह से जड़ताओं की कैद में था इसलिए क्या रामानंद ने उस समय अपवित्र जातियों के संतों को शिष्य असल में बनाया था? उस समय धर्मान्तरण पर चर्चा हो रही थी और अनेक निम्नस्तरीय जातियाँ मुसलमान बन चुकी थीं। यदि उस समय संतों

से संबंधित समाज मुसलमान बन गया होता तो वर्तमान भारत में हिंदू धर्म अल्पसंख्यक होता। अतः रामानंद ने संतों को अपना शिष्य बनाकर संतों के समाज को मुसलमान बनने से रोका था। रामानंद का यह 'रोकीकरण' ठीक स्वामी दयानंद के 'शुद्धिकरण' से मेल खाता है। आर्य समाज ने अछूतों के लिए एक भी मंदिर का दरवाजा नहीं खुलवाया लेकिन उन्हें ईसाई धर्मान्तरण से रोक कर रखा। यदि रामानंद व स्वामी दयानंद चाहते तो उपेक्षितों व संतों के बृहद् समाज को सामाजिक न्याय दिलवाने के लिए आंदोलन चला सकते थे लेकिन उन्होंने ऐसा न करके समाज पर अपने प्रभाव का उपयोग अपने वर्गीय हितों के लिए किया।

भक्तिकालीन संतों की वाणी की सामाजिक व्याख्या के तहत डॉ. धर्मवीर कहते हैं 'दलित जातियों के संतों ने समाज और अध्यात्म के दोनों स्तरों पर अपना संघर्ष खड़ा किया। उन्होंने सामाजिक क्षेत्र में बड़ा काम यही किया कि श्रम और श्रमिक को प्रतिष्ठा दिलाई...अध्यात्म के क्षेत्र में उन्होंने ईश्वर, भक्ति और मंदिर पर कब्जा करना चाहा था लेकिन उनके अध्यात्म पर कब्जा करने में खुद अध्यात्म दो फाड़ हो गया।'[5]

संतों एवं उनकी सामाजिक सत्ता के प्रति तथाकथित पवित्र ग्रंथों में कोई सम्मान नहीं था। इसलिए उन्होंने सामाजिक स्वाभिमान के लिए अस्पृश्यता के विरुद्ध संघर्ष करते हुए अवतारवाद के चक्कर में पड़े समाज को मुक्ति हेतु पुकारा और कहा 'दस अवतार निरंजन कहिए सौ अपना न कोई'। डॉ. अयोध्या सिंह उपाध्याय 'हरिऔध कबीर के बारे में लिखते हैं 'कबीर भारतीय समाज और दर्शन के लिए खतरनाक विस्फोट हैं। कबीर का चिंतन आग की तरह जलता है। इसके सामने वेद और ब्राह्मणवाद भस्म हो जाते है'।[6] डॉ. अयोध्यासिंह उपाध्याय 'हरिऔध' की स्थापना पर विचार करते हुए डॉ. धर्मवीर कहते हैं 'कबीर खुद अपने जैसे श्रमिकों और कारीगरों का धर्म खड़ा करना चाहते थे...बौद्ध धर्म तो अंत में पुरी तरह ब्राह्मण विद्वानों के हाथ में चला गया था। इस बार कबीर सौ प्रतिशत शूद्रों और अन्त्यजों का धर्म स्थापित करना चाहते थे।'[7] यदि कबीर के श्रमिक समाज को उस समय थोड़ी भी शिक्षा का अधिकार मिला हुआ होता तो बाद में नानक के सिख धर्म से पहले इस देश में कबीर का गुरुधर्म स्थापित हो गया होता। डॉ. अम्बेडकर के साथ तुलना करते हुए वे पुनः कहते हैं, यदि कबीर भारत में मुसलमानी आक्रमण की देन थे तो डॉ. अम्बेडकर ईसाइयत के प्रभाव का परिणाम हैं। कबीर के समय में कबीर मुकाबले का बहुश्रुत और ज्ञानी-ध्यानी व्यक्ति पैदा नहीं हुआ तो डॉ. अम्बेडकर ने अपने युग में अपने बराबर के पढ़े-लिखे किसी दूसरे व्यक्ति को जन्म नहीं लेने दिया। कबीर का जन-समाज अनपढ़ था तो डॉ. अम्बेडकर का जन-समाज निरक्षर था। यह भी अचरज की बात नहीं है कि कबीर डॉ. अम्बेडकर के आध्यात्मिक गुरु थे और वे खुद कबीरपंथी समुदाय में पैदा हुए थे। इस प्रकार कबीर का चिंतन कहीं लुप्त

नहीं हो गया था, बल्कि वह डॉ. अम्बेडकर के रूप में पूर्ण रूप से सुरक्षित है। डॉ. अम्बेडकर ने कबीर के इस चिंतन को और भी व्यापक आयाम देकर बौद्ध धर्म की महान वेद विरोधी परंपरा से जोड़ दिया है।'[8]

वेद-शास्त्र, जाति व्यवस्था, अस्पृश्यता और पांडित्य ने संतों को अपमानित किया। उन्हें गंगा स्नान से रोका गया, तब उन्होंने कहा 'मन चंगा तो कठोती में गंगा'। उन्होंने युगीन लड़ाई को जीवन के साथ लड़ा और युगीन नायक बन गए। वर्ण व्यवस्था के आधारों पर चोट करते हुए एवं उनमें तार्किकता व मानवीयता विरोधी व्यवहारों पर संतों व सगुणोपासकों के अंतर को साक्षात् देखिए—

रविदास बाह्मण मत पूजिए जऊ हौवे गुनहीन,
पूजंहि चरन चंडाल के जऊ हौ वे गुन परवीन।

—रैदास

धर्म के नाम पर समाज में फैली बर्बरतापूर्ण व्यवहारों एवं राम के नाम पर मची लूट को ललकारते हुए संत कहते हैं—'भाई रे, राम कहां है मोहि बताओ'—रैदास

मध्ययुग में कोई भी व्यक्ति अपना पेशा बदलने की सोच भी नहीं सकता था। यही कारण है कि संतों ने अपने पेशे व जाति का उद्घोष किया है, उनमें कर्म के प्रति हीनता भाव नहीं था। उन्होंने वर्ण-व्यवस्था के प्रति विद्रोह करते हुए कहा था 'थोथा पंडित थोथी बानी।' यह बात सही है कि कोई भी कार्य गंदा नहीं होता, देखने वाले की मानसिकता गंदी होती है लेकिन कार्यों पर जातिगत बंधन निंदनीय हैं। क्या कारण हैं कि भंगी पुरोहित नहीं हो सकता और ब्राह्मण झाड़ू नहीं लगा सकता—

रैदास जो अति पवित्र हैं सोई सूदर जान।

यदि मूर्तिपूजक, संतों के विद्रोह को सकारात्मक हस्तक्षेप मानकर अपनी सामाजिक दुर्भावनाओं को तिलांजलि देकर संत व्यवस्था को अपनाते तो भक्तिकाल वास्तव में ही स्वर्णकाल हो गया होता। संत उपेक्षित समाज के हिस्से थे और सामाजिक व्यवहारों से दुःखी थे और यह एक ऐतिहासिक सत्य है कि दुःखी लोग कभी चैन से नहीं बैठते, दुःख निवारण के साधन तलाशते हैं।

मध्यकाल में बाहरी आक्रमणों के दौर में एक शासन व्यवस्था स्थापित होने की प्रक्रिया में सवर्ण हिंदू जनता को मूर्तिपूजा करके एक अवतार के प्रकट होने की आशा थी। ऐसा न होने पर समाज व्यथित था। लेकिन उपेक्षित समाज दो तरह से मारा गया। एक तो आंतरिक व्यवस्था में उनका धर्म द्वारा दमन जारी था, दूसरे बाहरी शासकों ने उन्हें हिंदू समझकर उत्पीड़ित किया। प्रश्न उठता है कि क्या शूद्र-अछूत

आज के ओबीसी-दलित हिंदू हैं? यदि हिंदू हैं तो उनका उत्पीड़न क्यों हुआ? और इसी दोहरे उत्पीड़न के विरोध में संत-साहित्य प्रस्फुटित हुआ।

संत शम्बूक और एकलव्य की परंपरा में आते हैं जिनकी गर्दनें, अंगूठे किसी न किसी बहाने काटे गए हैं। संतों को आगे बढ़ने, सर्वव्यापक होने व ख़्याति से वंचित करने हेतु समर्थों ने हर संभव प्रयास किए क्योंकि उनका सब कुछ दांव पर लगा था लेकिन संतों को कुछ भी नहीं खोना था। अंततः संत-साहित्य की क्रांति चेतना समर्थों के छल-बल को पार करती हुई अपने लक्ष्य की तरफ़ बढ़ चली। जिससे समाज में विकृत परंपराओं के विरुद्ध बोलने की हिम्मत पैदा हुई।

यह संतों की क्रांति-चेतना ही थी कि उन्होंने जाति व्यवस्था के परंपरागत चरित्र को तोड़ने के लिए संघर्ष किया—

जाति-पांति पूछे नंहि कोई, हरि को भजै सौ हरि का होई।

—कबीर

जड़ताओं में आकंठ डूबे समाज में, जहाँ द्विज लोग शूद्र, अछूत की छाया से भी दूर भागते थे, इसी में जन्मे संतों ने अपनी विद्रोही चेतना को सामाजिक इंजीनियरिंग हेतु प्रयोग किया और युग के नायक बन गए। जिस तरह से भारतीय समाज में उपेक्षित व पिछड़ी जातियाँ अपने प्रति होने वाले उत्पीड़न के विरुद्ध सड़कों पर उतरी हैं, मध्यकाल में संतों ने भी ठीक ऐसा ही किया था और व्यक्ति को उसके नैसर्गिक गुणों के आधार पर पहचानने की वकालत की थी। भारतीय संविधान की समाजवादी अवधारणा की तरह संत समतामूलक शासन-व्यवस्था की स्थापना के समर्थक रहे हैं—

ऐसा चाहूं राज मैं जहां मिलै सबन को अन्न,
छोट बड़ो सभ सम बसैं रैदास रहैं प्रसन्न।

—रैदास

संतों के ऐतिहासिक व्यक्तित्वों को किसी न किसी बहाने पूर्व जन्म में या तत्कालीन जीवन में ब्राह्मण धर्म एवं उसके चमत्कारी प्रकरणों के साथ जोड़ने की कोशिश की जाती रही है। कबीर की मृत्यु के बाद शव का फूल बनना, रैदास को पूर्वजन्म का ब्राह्मण बताना, कठोती में गंगा बहना, छाती काटकर जनेऊ निकालना इत्यादि घटनाएं दिखाती हैं कि संत अवतारी पुरुष थे। जो स्वयं अवतारवाद के अत्याचारों से दुःखी होकर इसके विरुद्ध आंदोलित रहे हों वे कदापि अवतार नहीं हो सकते। संत लौकिक जीवन के महान योद्धा थे लेकिन स्थापित मान्यताएँ यह मानने को तैयार नहीं थीं कि शूद्रों-अछूतों में जन्मे व्यक्ति भी महान हो सकते हैं। यह सब संतों की क्रांति-चेतना को भ्रमित करके उन्हें अवतार परंपरा में लपेटने तथा

संतों की ऐतिहासिक भूमिका को धूल-धूसरित करने की योजना का हिस्सा है।

'इस देश के सामाजिक इतिहास में क्रांति और प्रति-क्रांति की लड़ाई पुराने जमाने से चली आ रही है। वह व्यवस्था से, जाति व्यवस्था से या स्वयं आपसे निकलती है, लेकिन किसी भी रूप में यह प्रति-क्रांति है। अस्पृश्यता के विरुद्ध क्रांति जन्म लेती है। यह क्रांति अस्पृश्यता का नाश करती है, जाति-व्यवस्था पर कुठाराघात करती है या वर्ण व्यवस्था को कोसती है, लेकिन किसी भी रूप में यह क्रांति है।'[9]

राजेन्द्र यादव संतों के सामाजिक प्रभाव की स्थिति पर लिखते हैं 'मगर आउट साइडर वे हमेशा बने रहे। मुझे नहीं लगता कि भक्तिकाल के संतों का कोई खास प्रभाव सवर्ण समाज ने स्वीकार किया होगा।'[10]

संत साहित्य की क्रांति चेतना की जड़ें सिद्ध नाथ परंपरा में जुड़ती हैं और सिद्धों नाथों की जड़ें बौद्ध परंपरा से। वज्रयानी चौरासी सिद्धों में भी शास्त्र को मरुस्थल कहा है। ठीक इसी भांति संतों में भी शास्त्रों के प्रति नकार है। बुद्ध, कबीर, रैदास, नानक जैसे ऐतिहासिक व्यक्तित्वों को आधुनिकता की कसौटी पर देखें तो मालूम होता है कि ये अपने युग के तो क्रांतिकारी थे ही, वर्तमान में भी आधुनिक हैं। इन्होंने नवीनता, स्वतंत्रता एवं इंसानी मूल्यों के लिए संघर्ष किया।

संदर्भ ग्रंथ

1. आ. हज़ारी प्रसाद द्विवेदी, मध्यकालीन धर्म साधना, पृ. 216, साहित्य प्रकाशन, इलाहाबाद, 1970
2. डॉ. रामविलास शर्मा, परंपरा का मूल्यांकन, पृ. 46, राजकमल प्रकाशन, नई दिल्ली, 1981
3. डॉ. रांगेय राघव, संगम और संघर्ष, पृ. 92, किताब महल प्रकाशन, दिल्ली
4. डॉ. किरण नंदा, संत काव्य में विद्रोह का स्वर, (भूमिका) नचिकेता प्रकाशन, नई दिल्ली-55, 1983
5. डॉ. धर्मवीर, संत रैदास का निवर्ण संप्रदाय, पृ. 17, संगीत प्रकाशन, शाहदरा, नई दिल्ली, रिप्रिंट-1999
6. डॉ. धर्मवीर, कबीर के आलोचक, पृ. 73, वाणी प्रकाशन, नई दिल्ली-2, 1998
7. वही, पृ. 32,
8. वही, पृ. 41
9. डॉ. धर्मवीर, संत रैदास का निवर्ण संप्रदाय, पृ. 15
10. राजेन्द्र यादव, सत्ता विमर्श और दलित, हंस विशेषांक पृ. 4, अगस्त, 2004

सम्पर्क : रीडर
विधि विभाग, एम.डी.यू.
रोहतक (हरियाणा)

पग घुंघरू बांध मीरा नाची रे

रीता सचदेवा

हिंदी साहित्य के वैभवशाली भक्तिकाल में मीरा का उदय एक देदीप्यमान नक्षत्र के समान हुआ। जोधपुर के राठौर वंश की मेड़तिया शाखा के अंतर्गत राव दूदा के चतुर्थ पुत्र रत्नसिंह के घर कुड़की गाँव में मीरा का जन्म हुआ। इनका समय 15वीं शताब्दी के अंत से 16वीं शताब्दी के पूर्वार्द्ध तक माना जाता है। मीरा का लालन पालन इनके पितामह दूदा ने ही किया था क्योंकि पिता रत्नसिंह बाबर के विरुद्ध लड़ते हुए वीरगति को प्राप्त हुए और माँ तो तभी स्वर्ग सिधार गई थीं, जब मीरा अभी चार पाँच वर्ष की ही थी। बचपन से ही मीरा को श्री कृष्ण से लगाव हो गया था। इसलिए वे श्री कृष्ण से 'बालपना की प्रीति' की बात करती हैं। छोटी आयु में ही मीरा का विवाह मेवाड़ के प्रसिद्ध महाराणा सांगा के ज्येष्ठ पुत्र कुंवर भोजराज के साथ हुआ जो दुर्भाग्यवश अकाल काल कवलित हो गए। यहीं से प्रारम्भ हुई मीरा की उपेक्षा और प्रताड़ना की यात्रा जो उनके बदलाव की भूमिका बनी और जिसने जगाया उनमें क्रांति का भाव।

मीरा का क्रांतिकारी व्यक्तित्व उनकी रचनाओं में झलकता है। राग सोरठा का पद, राग मल्हार का पद, गीत गोविंद की टीका, मीरा की गरबी, स्फुट पद आदि उनकी रचनाएँ मानी जाती हैं जो उनके व्यक्तित्व की परिचायक हैं।

समाज में प्रचलित वे रिवाज़, रूढ़ियाँ एवं परंपराएँ, जो सामाजिक उन्नति में बाधक होते हैं, उनके विरोध में जो विद्रोह किया जाता है वह सामाजिक क्रांति है। उस युग में भी अनेक रूढ़ियाँ थीं जो समाज को कुचलती जा रही थीं, उसे पंगु बना रही थीं, उनके विरुद्ध मीरा ने क्रांति की। वस्तुतः मीरा के भीतर छिपे क्रांति के बीज तो उसके बाल्यकाल में ही दिखाई देते हैं जब वह विवाह का अर्थ भी नहीं समझी थी तभी उसके पति के रूप में कृष्ण का वरण कर लिया था। विधवा होने के पश्चात् वह कृष्ण भक्ति का संकल्प लेकर राजमहल से बाहर निकल आई, एक प्रकार से एक बहुत बड़ा जोखिम उठाकर आई थी वह और वह जोखिम था—सामाजिक प्रतिष्ठा खोने का, नैतिकता से हटने का परिणाम भोगने का। लेकिन मीरा ने इनकी

परवाह न करते हुए ये सब किया। उनकी इस यात्रा में नारी मुक्ति की छटपटाहट और नारी सम्मान की प्रतिष्ठा का प्रयत्न दिखाई देता है।

मध्ययुग में तो पति की मृत्यु पर सती होना अनिवार्य माना जाता था परंतु मीरा ने ऐसा नहीं किया। यह उस युग की बहुत बड़ी सामाजिक बगावत थी। मीरा के इस विद्रोह को सर्पदंश, विष तथा अग्नि में जला देने जैसे अनेक षड्यन्त्रों द्वारा कुचलने का प्रयास किया जाता रहा पर मीरा झुकी नहीं। सभी अवरोधों और व्यवधानों को तोड़ती, रौंदती, कुचलती हुई मीरा साधु-संतों के साथ गली-गली फिरती रही। उसने न पर्दा किया न सती हुई। यह समाज के विरुद्ध क्रांति ही तो थी।

हमारा ही नहीं उस युग में जब अध्यात्म और दर्शन के क्षेत्र में अनेक मत-मतांतरों और सम्प्रदायों की बाढ़ सी आई हुई थी, मीरा इन सबसे दूर रही। यह भी उनकी क्रांतिकारिता का परिचायक है। मीरा द्वारा संत रविदास को अपना गुरु बनाना भी उस समय के रुढ़िग्रस्त समाज के लिए एक चुनौती था। संत रविदास समाज के उपेक्षित वर्ग से थे परंतु मीरा तो सामाजिक भेदभाव से परे थी। वह तो समाज को एक सूत्र में बाँधने की बात करती थी जहाँ कोई ऊँच-नीच नहीं है। राजमर्यादा और लोकमर्यादा को तिलांजलि देकर मीरा का साधुसंगति करना, भजन-कीर्तन करना और इस सबके लिए अपने सगे-सम्बन्धियों का विरोध सहते हुए भी अपनी जीवन-शैली न बदलना उनके क्रांतिकारी व्यक्तित्व का प्रतीक हैं।

पग घुंघरू बांध मीरा नाची रे।
लोक कहे मीरा भई बावरी, सास कहे कुल नासी रे।।

अथवा

छोड़ दई कुल की कानि कहाँ करिहै कोई ?

राजस्थान में सुहागिनें गनगौर पूजन करती हैं। विधवा होते हुए भी मीरा सुहागिनों की तरह गनगौर मनाती हैं, सुहाग के पद गाती हैं अपने गोपाल के लिए—

रे साँवरिया म्हारे।
आज रंगीली गनगौर है जी, थारे चरणों में म्हारा सिर है जी।।

इस प्रकार मीरा ने नियमों और बन्धनों को तोड़ा। मध्ययुगीन रूढ़िग्रस्त समाज की नारी होते हुए भी वह दबी नहीं। युग को चुनौती दी, विद्रोह किया और समाज की रूढ़-परंपराओं को तोड़ा। अपनी निर्भीकता, निडरता और निर्द्वन्द्वता के कारण ही मीरा आज भी हमारे सामने जीवंत है।

सम्पर्क : प्रवक्ता
गीता विद्या मंदिर गर्ल्ज़ कॉलेज,
सोनीपत (हरियाणा)

कबीरा खड़ा बाजार में...

डॉ. शशि धमीजा

कबीरा खड़ा बाज़ार में लिए लुकाटि हाथ
जो घर जारै आपना चले हमारे साथ

अपना घर फूँक कर खड़े कबीर जिस स्वर में दूसरों को घर फूँकने का आह्वान करते हैं, ऐसा कोई अक्खड़, फक्कड, मस्तमौला, निर्भीक क्रांतिकारी ही कर सकता है। कबीर मध्यकाल के युगचेता थे, क्रांतिदूत थे। उन्होंने कुचक्रों, दुष्चक्रों में फँसे समाज के बीच कुछ ऐसी तान सुनाई कि सब जगह उथल-पुथल मच गई। एक हिलोर से आपने सारे बाह्य जगत को झंझोड़ कर रख दिया तो दूसरी हिलोर से भाव-जगत को झकझोर दिया। एक साथ बाहर और भीतर की क्रांति को जन्म देने वाले कबीर विलक्षण व्यक्तित्व के स्वामी बन कर, विलक्षण प्रतिभा लिए, विलक्षण जगत में विलक्षण कार्य करने के लिए ही अवतरित हुए थे।

एक दलित परिवार में पोषित होकर, मसि कागद छुए बिना अपनी ओज भरी वाणी से आपने जिस तरह धर्म और समाज के ठेकेदारों को ललकारा, उसके सामने अनेक रक्तरंजित क्रांतियाँ भी घुटने टेकती हैं। कबीर जिस क्रांति के पुजारी थे उस में खून की नहीं प्रेम की धाराएँ प्रवाहित होती हैं। कबीर जिस क्रांति के चाहवान थे उस में कुछ तोड़ा-फोड़ा नहीं जाता बल्कि समाज का रुख मोड़ा जाता है। कबीर जिस क्रांति के अभिलाषी थे उसमें आदर्श समाज के सपने पला करते हैं। कबीर जिस क्रांति के जिज्ञासु थे उसमें भाईचारे और एकता के फूल खिला करते हैं।

हम निःसंकोच कह सकते हैं कि कबीर अपने समय के सब से बड़े आलोचक थे। उन्होंने 'कागद की लेखी पर नहीं अंखियन की देखी' पर विश्वास किया। उन्होंने अपने समाज को, तत्कालीन राजनीति को ध्यान पूर्वक देखा, समझा और जान लिया था। समाज में जो उचित था उसका उन्होंने आदर किया परन्तु जो अनुचित था, कुरूप था उसे देख कर वह चुप नहीं रह सके। राजनीति, धर्म और समाज की सूक्ष्म से सूक्ष्म विकृति को भी वे नज़रअंदाज़ नहीं कर सके। उनकी कल्पना में एक आदर्श

समाज का प्रारूप तैयार हो चुका था और वह अपनी कल्पना को साक्षात् होता देखना चाहते थे। उनकी आलोचना का उद्देश्य मात्र निंदा करना या दूसरों को नीचा दिखाकर अपना महत्त्व प्रतिपादित करना कदापि नहीं था बल्कि वे तो समाज-सुधार का बीड़ा उठाए क्रांति का बिगुल बजा रहे थे। वैसे भी कबीर को निंदक 'आंगन कुटि छुवाए' ही अच्छे लगते हैं क्योंकि वही तो 'बिन पानी साबुन बिना' हमें शुद्ध और पवित्र करते रहते हैं। कबीर की निंदा भी एक महान क्रांति का प्रयोजन लिए थी—धार्मिक और सामाजिक क्रांति का। कबीर का कुछ भी व्यक्तित्व नहीं था। उनकी इच्छा, उत्साह और प्रयत्न सब जनकल्याण के लिए थे, मानवता के लिए थे।

वैसे भी, क्रांतियाँ व्यक्तिगत नहीं होतीं व्यक्तिगत विरोध होते हैं और ये विरोध क्रांति के महान उद्देश्यों को नहीं पा सकते। क्रांति के पिपासु सम्पूर्ण समाज और मानवता के कल्याण के लिए झण्डा उठाते हैं। वे अन्याय को मिटाकर न्याय के लिए तथा असत्य, अधर्म और अत्याचार को मिटा कर सत्य, धर्म और मानवता की स्थापना के लिए जूझते रहते हैं। क्रांति का लक्ष्य जनकल्याण है और इसका प्रयोजन शांति की स्थापना।

मानव स्वभाव से ही शांतिप्रिय है। इसलिए अनेक बार दुःख, दर्द, अपमान सहकर भी वह शांति बनाए रखने के लिए मौन हो जाता है। लेकिन हर असह्य पीड़ा हृदय की गहराइयों में किसी चिंगारी को जन्म देती है। ये चिंगारियाँ कुछ समय के लिए दब चाहे जाएँ मिटती कदापि नहीं। अन्याय और अत्याचार की शृंखला जब कठोर और विकराल हो जाती है तो भीतर कहीं ज्वालामुखी दहकने लगता है जो मानवता के प्रेमियों को क्रांति के लिए प्रोत्साहित करता है।

क्रांति जिस महान उद्देश्य को सम्मुख रख कर आरम्भ होती है, कई बार उस की लगाम अनियंत्रित हो जाती है। विजय-पराजय का प्रश्न मुख्य हो उठता है। भौतिक साधनों की प्राप्ति की अभिलाषा, राज्यों के विस्तार की लालसा, सत्ता का मोह क्रांति के महान् उद्देश्य को धूल में मिला देते हैं। क्रांति का कुशल नेतृत्व कोई निश्छल, निष्कपट, निःस्वार्थ व्यक्ति ही कर सकता है। 'घर जोड़ने की माया' क्रांतियों को असफल कर देती है। यह तो कोई कबीर जैसा 'घर फूँक जोगी' ही खांड की धार पर चलता हुआ क्रांति का सही मार्ग प्रशस्त कर सकता है। क्रांति आत्मोत्सर्ग से होती है। सिर दे कर धर्म की रक्षा हो सकती है और निजता को मिटा कर परमार्थ-पथ पर अग्रसर हुआ जाता है। कबीर ने जब तक स्वयं को नहीं मिटाया ईश्वरत्व को प्राप्त नहीं कर पाए।

'जब मैं था तब हरि नहीं, अब हरि हैं मैं नाहिं'—कह कर कबीर ने जिस संकरी गली की बात कही, क्रांति के बीज भी ऐसी संकरी गलियों में प्रस्फुटित होते हैं जिस में जनकल्याण के अतिरिक्त कोई दूसरा भाव समा नहीं पाता। 'अर्जुन की चिड़िया की आँख' की भांति जब कबीर को जन-पीड़ा के अतिरिक्त कुछ और दिखाई

देना बंद हो गया, त्रस्त मानवता की कराह के अतिरिक्त कुछ और सुनाई देना बंद हो गया तो उन्होंने अपना निशाना साध कर ऐसे व्यंग्य बाण छोड़े कि समाज का पूरा ढांचा लड़खड़ा गया। पत्थर हृदयों को पिघलाने के लिए ऐसी ही चट्टान-भेदी आवाज़ की आवश्यकता थी।

कबीर जिस युग में अवतरित हुए वह युग न केवल राजनीतिक दृष्टि से उथल-पुथल का युग था बल्कि सामाजिक कुरीतियों और धार्मिक रूढ़ियों ने भी निरीह जनता का गला दबोच रखा था। इनके विकराल रूप से संत्रस्त जनता त्राहि-त्राहि पुकार उठी थी और कबीर जैसा करुणासिक्त व्यक्तित्व उस पुकार को अनसुना न कर सका। कबीर अद्वितीय प्रतिभा के स्वामी तो थे ही, उन्हें जनता की पीड़ा को समझने में वक्त नहीं लगा। परिस्थितियों के झंझावात ने उन्हें ऐसा झकझोरा कि उनका तीसरा नेत्र खुल गया और प्रलयंकारी कबीर ने अपनी खुली आँख से देखा—

भारतीय प्रजा राजनैतिक अत्याचारों से त्रस्त हो चुकी थी। लोग तुगलककाल के स्मरण से थर्रा उठते थे। मोहम्मद तुगलक की नृशंसता का भय अभी छूटा न था कि फिरोजशाह तुगलक ने धर्मान्ध होकर असंख्य हिंदुओं को मौत के घाट उतार दिया। उसके पश्चात् भी जो शासक सत्तारूढ़ हुए वे क्रूर और विलासी थे।

इसके बाद तैमूर का आक्रमण भारतीय समाज का सबसे बड़ा दुर्भाग्य था। उसकी पाशविकवृत्ति ने न केवल लूटमार मचाई बल्कि हिंदुओं को काफ़िर कह कर शारीरिक यातनाएँ भी दीं। तैमूर का हमला हिंदुओं पर ऐसा वज्रपात था कि हिंदुओं की प्रतिष्ठा को गहरा आघात पहुँचा। देश में सब कहीं भय, आतंक और निराशा के बादल छा गए। अत्याचार, अनाचार, अशांति से आक्रांत हिंदू समाज को सिर छुपाने की जगह नहीं मिल रही थी।

लोधी वंश के हाथों में सत्ता आ जाने पर हिंदुओं पर होने वाले अत्याचारों में कमी नहीं आई। सिकंदर लोधी के समय तो हिंदुओं को काट-काट कर फेंक दिया जाता था। कहा जाता है कि वह एक दिन में पंद्रह-पंद्रह सौ हिंदुओं की हत्या करवाने से भी नहीं हिचका।

हिंदुओं और मुसलमानों के बीच ऐसी दीवारें खड़ी हो चुकीं थीं कि समाज का ढांचा उससे चरमराने लगा था। एकता के सूत्र खण्डित हो चुके थे। जातीय बन्धन लौह-शृंखलाओं से भी कठोर थे। वर्ण-व्यवस्था का आधार व्यक्तिगत न होकर जाति या जन्मगत हो गया था। नारी सम्मान खो रही था। भोग विलास में डूबे हुए समाज में नारी कई बार आक्रमणों का कारण बन जाती। अनेक बार स्वत्व-रक्षा के लिए उसे आत्मोत्सर्ग करना पड़ता। मुसलमान शासक सत्ता के मद में चूर ऐश्वर्यों में डूबे रहते और हिंदुओं के पास उनकी गुलामी के अतिरिक्त कोई चारा नहीं रहा।

कबीर का हृदय यह सब सहन नहीं कर पाया और विद्रोह में जलने लगा। परिस्थितियों ने कबीर का स्वर खण्डनात्मक कर दिया। उनकी वाणी में घृणा और भर्त्सना उभर आई लेकिन यह घृणा किसी व्यक्ति विशेष के लिए नहीं बल्कि सम्पूर्ण

व्यवस्था के लिए थी। कबीर इस व्यवस्था को तोड़ने के लिए विकल हो उठे। वे समता के पुजारी थे भला विषमता को कैसे सहन करते? वे मानवता के पक्षधर थे फिर अमानवीय व्यवहार कैसे वहन करते ? साधना पथ पर चलते हुए कबीर का सामना पहले समाज से हुआ इसलिए वे समाज-सुधारक पहले थे, संत या भक्त बाद में। शायद परिस्थितियों की भयंकरता ने ही उन्हें ईश्वरोन्मुख कर दिया होगा।

कबीर ने अपने सन्मुख जिस विषमता को पनपते देखा था उसके उन्मूलन के लिए भाईचारे का संदेश अनिवार्य था। भाईचारे की स्थापना के लिए 'एक पिता की संतान' की प्रतिष्ठा अनिवार्य थी। इसलिए 'साईं के सब जीव हैं, कीरी कुंजर दोए' कहकर आपने ऊँच-नीच का भेद समाप्त करने का संदेश दिया तथा 'जाति-पांति पूछे नहीं कोय' कह कर जाति-बन्धन अस्वीकार कर दिए। धर्म के नाम पर होने वाले संघर्षों को मिटाने के लिए एकेश्वरवाद की स्थापना की। अवतारों की विभिन्नता से खण्डित होती एकता को देख आपने बहुदेववाद और अवतारवाद का खण्डन किया।

कबीर जिस वातावरण में पैदा हुए उसमें सत्य की स्थापना से पहले असत्य को मिटाना अनिवार्य था। शिवम् की आवृत्ति के लिए अशिवम् का निराकरण आवश्यक था तथा सुंदरम् की प्रतिष्ठा के लिए असुंदरम् को मिटाना अनिवार्य था। समाज के पाँव में चुभे शूल को फूल से नहीं निकाला जा सकता था। इसलिए कबीर को वाणी में शूल भरने पड़े। जब सीधे से बात ना बनी तो वे उल्टबासियाँ ले आए। आखिर घी निकालने के लिए कबीर को उँगली टेढ़ी करनी ही पड़ी। इसी से उनकी वाणी में कर्कशता भर गई। उनका स्वर विद्रोहात्मक हो उठा।

कबीर स्वाभिमानी पुरुष थे इसलिए वे गिड़गिड़ाते नहीं ललकारते हैं। समाज के उच्च वर्ग को भी कुछ इस तरह पछाड़ते हैं—

जो तू बामन बामनी जाया
और राह वै क्यों नहीं आया?

कबीर न हिंदू से डरते हैं न मुसलमान से। दोनों की खबर लेते हुए कहते हैं—

अरे इन दोउन राह ना पाई।
हिन्दुअन की हिन्दुआई देखी तुरकन की तुरकाई।।

फिर लिखते हैं—

कहै हिन्दू मोहि राम पियारा, तुरुक कहै रहिमाना।
आपस में दोउ लरि लरि मुए, मरम ना काहू जाना।।

कबीर पाखण्ड-विखण्डन के लिए भी आँधी और तूफान का सहारा लेते हैं—

संतों भाई आइ ग्यान की आंधी रे।
भ्रम की टाटी समै उड़ानी माया रहै न बांधी रे।।

ढोंग और आडम्बर को कबीर ने कहीं नहीं छोड़ा। बनारस के संतों पर व्यंग्य-बाण कसते हुए वे कहते हैं–

ऐसे संत न मोको भावहिं, डाला सो पेडा गटकावहिं।
बासन मांज चरावहिं ऊपर, काठी धोइ जलावहिं।।
वसुधा खोदि करहिं दुई चूल्हे सारे माणस खावहिं।
कोई पापी सदा फिरहिं अपराधी मुखहु अपरस कहावहि।।

कबीर झूठे वैष्णवों को खरी-खोटी सुनाने से पीछे नहीं हटे। वे उनकी भर्त्सना करते हुए कहते हैं–

वैष्णव भया तो क्या भया, बूझा नहीं विवेक।
छापा तिलक बनाय कर, दग्ध्या लोक अनेक।।

कबीर अहिंसा के पुजारी थे और उनके समाज में हिंसा का बोलबाला था। पशुबलि का विरोध करते हुए हिंसकों को वे कुछ इस प्रकार लताड़ते हैं–

बकरी पाति खात है, ताकी काढ़ि खाल।
जे जन बकरी खात हैं, तिन का कवन हवाल।।

कबीर धर्म के नाम पर किए जाने वाले आडम्बरों के महाविरोधी थे। उन्होंने मुल्ला की 'अजा' और शेख की 'हज' पर व्यंग्यात्मक उक्तियाँ लिखीं–

–मसजिद भीतर मुल्ला पुकारै क्या तेरा साहब बहरा है?

–शेख सबूरी बाहरा क्यों हज करबै जाइ।

कबीर-युग के समाज में पर्दे की प्रथा थी। बहुत सी स्त्रियाँ अपने पति से पर्दा करती थीं।

कदाचित् वे दूसरों से पर्दा करना आवश्यक नहीं समझती थीं। कबीर उन पर व्यंग्य करते हुए कहते हैं–

घूँघट काढयां सती न कोई।

कबीर ने अपने युग के कुरूप ढाँचे को अनावृत किया। उनकी पैनी दृष्टि से कोई विद्रूपता छिप न सकी। चाहे वर्ण-व्यवस्था हो या फिर बाह्याडम्बर। सामाजिक कुरीतियाँ हों या धार्मिक रूढ़ियाँ। कबीर सब पर तीखे प्रहार करते रहे। तीर्थ स्थानों का अवमूल्यन करते हुए कहते हैं–

मथुरा जावै द्वारिका, जावै जावे जगन्नाथ।
साध संगत हरि भगति बिनु, कछू न आवै हाथ।

मुल्ला, पांडे, काजी को खरी-खरी सुनाते हैं–

पांडे कौन कुमति तोहि लागी?
तू राम न जपहिं अभागी।
वेद पुरान पढ़त अस पांडे खर चन्दन जैसे भारा।
राम नाम तत समझत नांही अति पड़ै मुखि धारा।
वेद पढ़यां का यह फल पांडे, सब घटि देखै रामा।

कबीर को समाज में जो अच्छा लगा कबीर ने उसे ग्राह्य मान कर उसकी प्रशंसा की तथा जो बुरा लगा उसे त्याज्य मान कर वे उसकी आलोचना करते रहे।

कबीर युग-पुरुष थे। महान साधक थे। समाज-सुधारक थे। उनका क्रोध प्रेम-भावना से उद्भूत है। उनकी आलोचना में उद्धार का प्रयत्न निहित है। दलितों के प्रति करुणा और दया का भाव ही इन्हें अत्याचारियों के विरुद्ध आवाज़ उठाने के लिए विवश कर देता है। उनकी जातीय एकता की इच्छा ही जाति भेद उत्पन्न करने वालों के प्रति उनको घृणा से भर देती है। दुर्बल को सताने वाला ही उनके तीखे बाणों का शिकार बना है। कबीर की आलोचना का मूलाधार प्रेम है उनकी सामाजिक भावना है–

दुर्बल को ना सताइए, जाकी मोटी हाय।

कबीर की नारी-निंदा को ले कर अनेक प्रश्न उठाए जाते हैं। नारी की निंदा के वाक्य 'कामी नर कौ अंग' में आए हैं जिससे स्पष्ट है कि निन्दनीय कामी नर है नारी नहीं। कबीर ने यह स्पष्ट भी कर दिया है जब वे कहते हैं–

नर नारी सब नरक है जब लग देह सकाम।

विषयानुरागी पुरुष की निंदा तो कबीर ने नारी से कहीं अधिक की है और दोनों की निंदा साथ-साथ होने से कबीर का भाव स्पष्ट हो जाता है। कबीर यदि नारी के विरोधी होते तो रहस्यानुभूति में स्वयं को साधिका या प्रेमिका के रूप में प्रकट न करते। वे तो स्वयं को नारी रूप में ही अभिव्यक्त करते हैं–

हरि मेरा पीव मैं हरि की बहुरिया।
राम बड़े मैं छुटक लहरिया।।

'सती कौ अंग, निहकर्मी पतिव्रता कौ अंग', में कबीर नारी की प्रशंसा करते हुए दिखाई देते हैं। कबीर नारी के मातृरूप की भी सराहना करते हैं। कहते हैं–

कबीर धनि ते सुंदरी जिन जायो बैसनो पूत

संक्षेप में कहा जा सकता है कि कबीर की वाणी में निंदा, घृणा, भर्त्सना, कर्कशता तत्कालीन समय की माँग थी। वास्तव में यह उनके कोमल हृदय का क्षोभ था, जो उनकी जन-कल्याण की भावना को ही परिपुष्ट करता है। कबीर की क्रांति समाज के दूषण-समाप्ति के लिए थी। कबीर की फटकार सन्मार्ग दिखाने के लिए थी। कबीर प्रगतिशील विचारक थे। युग-परिवर्तन उस समय की सबसे बड़ी अनिवार्यता थी। संसार की नश्वरता, माया से सावधानता, नारी-निंदा के पीछे उनका एक ही लक्ष्य था। विलासी समाज को कुमार्ग से हटा कर सन्मार्ग की ओर ले जाना। उन्होंने ईश्वर प्राप्ति से और पवित्र भावनाओं से स्वयं जिस आनंद को पा लिया था वे सबको उस अमृत-रस का पान करवाना चाहते थे।

कबीर हमारे लिए आज भी उतने ही प्रासंगिक हैं जितने मध्यकाल में थे। आज भी भारतीय संस्कृति की रक्षा के लिए उसी गर्जन की आवश्यकता है, जो कबीर वाणी में थी। आज भी परिस्थितियाँ किसी कबीर को खोज रही हैं जो साम्प्रदायिकता और सामाजिक कुरीतियों में भटके हिंदू समाज को सुपथ पर चला सकें।

सम्पर्क : प्रवक्ता
आर्य गर्ल्ज़ कॉलेज
अम्बाला (हरियाणा)

क्रांति चेतना के केतु कबीर

डॉ. सुरेंद्र कुमार मिश्र

यह सर्वविदित है कि सम्पूर्ण मानव समाज का हित साधने का प्रयास करने वाले भावों व विचारों के लिखित संकलन को साहित्य कहा जाता है। जिस समाज की सांस्कृतिक चेतना, संस्कार और विचार, भाव जिस प्रकार से समाहित होते हैं, उसका साहित्य वैसा होता है। हिंदी साहित्य के हज़ार वर्षों के इतिहास में कबीर जैसा व्यक्तित्व लेकर कोई लेखक उत्पन्न नहीं हुआ। हिंदी साहित्य के इतिहास में संत-साहित्य की अपनी विशिष्ट परंपरा रही है। संत-साहित्य हमारे साहित्य की एक अमूल्य विरासत है। कवि व संतों ने अपनी वाणी द्वारा जिस आध्यात्मिक, दार्शनिक, सांस्कृतिक एवं सामाजिक एकता का स्वर सुनाया है और पाखण्डों एवं कर्मकाण्डों के प्रति अपना आक्रोश भी स्पष्ट रूप से व्यक्त किया है। यह वास्तव में हमारी भारतीय संस्कृति एवं सभ्यता की अमूल्य निधि है। भारत में संत-साहित्य की अविरल धारा निरंतर प्रवाहित होती रही है। कबीर की काव्य प्रखरता ने उन्हें भारतीय साधना, साहित्य, संयत, संकल्प एवं संस्कार का ऐसा जाज्वल्यमान नक्षत्र बनाया, जिसमें इतना समय बीतने के बावजूद भी केवल प्रकाश ही नहीं, अपितु आज भी 'आंच' है। विश्व भर में बहुत से विचार, बहुत सी धाराएँ, बहुत से धर्म, बहुत सी जातियाँ, बहुत से सम्प्रदाय, बहुत सी शैलियाँ, ज्ञान-विज्ञान की अनगिनत प्रविधियाँ, जीवन एवं जगत की परंपराओं का उद्‌भव हुआ, किंतु मानवीय मूल्यों की सुरक्षा व संवर्धन की क्रांति चेतना का केतु फहराने वाले कवि कबीर की अनूठी प्रतिभा आज भी अद्वितीय है।

नई सहस्राब्दी के चार वर्ष बीतने के बाद भी हमारा भारतीय समाज केवल जातीय विषमताओं, क्षेत्रीय असमानताओं और विरूप सामाजिक संस्कारों से ही नहीं घिरा है, बल्कि धार्मिक गुरुओं, संकीर्ण मन विचारकों और स्वयंभू दैवी पैगम्बरों द्वारा स्थापित की गई समझ की संवेदनशील सीमाओं और कर्मकाण्डों की अनन्य परिपाटियों से उसी तरह से भी पूरी तरह ग्रस्त है, जिस प्रकार विज्ञान और संचार तकनीकी विहीन मध्ययुगीन समाज ग्रस्त था। जिन पाखण्डों एवं कर्मकाण्डों के बिना यह दुनिया एक दिन भी अस्तित्व में नहीं रह सकती, उन्हीं पाखण्डों को उखाड़ फेंकने और

तार-तार करने में लगातार अपनी साधना में लगे रहे और आज भी वे अपनी कविता के माध्यम से सक्रिय हैं। कबीर की वाणियों से न केवल दैनन्दिन कर्मकाण्ड के मंत्र बनाए गए, बल्कि वेद से लेकर वेदांत का सम्पूर्ण कृतित्व उनसे निःसृत हुआ माना जाता है। पुस्तकीय ज्ञान एक भ्रम है व मानवीय मूल्यों की सुरक्षा के लिए एवं ईश्वरानुभूति हेतु प्रेम के पाठ पर ज़ोर दिया जो आज भी उतना ही प्रासंगिक है–

पोथी पढ़ि-पढ़ि जग मुआ, पंडित भया न कोई।
ढाई आखर प्रेम का, पढ़े सो पंडित होई।।

कबीर जैसा फक्कड़ कवि, निराला संत, अटपटा दार्शनिक, बेलाग वक्ता, निर्गुण एवं सगुण का समन्वित विचारक, शताब्दियों से ऊपर उठा व्यक्तित्व एवं विद्रोहियों का खरा दोस्त ही विवेक एवं अनुभव की कसौटी में खरा उतर सकता है। सामाजिक चेतना जागृत करने और मनुष्य को मुक्ति दिलाने में कबीर के ओजस्वी विचारों ने सक्रिय सहयोग दिया। कबीरदास के पदों में जो महान प्रकाश पुँज है, वह बौद्धिक आलोचना का विषय नहीं है। वह संग्रहालय की चीज़ नहीं है, बल्कि जीवित प्राणवान वस्तु है। कबीर पर पुस्तकें लिखी गई हैं और लिखी भी जाएँगी, परंतु ऐसे लोग कम ही हैं जो इस साधना की गहराई तक जाने की चेष्टा करते हों। कबीर की कविता अपने निर्गुण पूर्वाग्रह के बावजूद अपनी सगुणता में व्यक्त एवं ग्राह्य है। यह उनका अंर्तविरोध नहीं है, बल्कि यह उनका अनूठा संतुलन है। यह सृजन का दृष्टि पर आरूढ़ होना है। यह सारे संशयों और प्रश्नाकुलता के बावजूद आस्था का अचूक 'एसर्शन' है। कबीर संप्रदायवाद, बाह्याचार और आपसी भेदभाव को उसके वास्तविक जीवन लक्ष्य से भटकाने का कारण मानते थे।

महान कवि कबीर ने वाणी ज्ञानामृत द्वारा मानव के आध्यात्मिक और लौकिक जीवन को सुखी बनाने के लिए बारम्बार सन्मार्ग एवं कल्याणकारी मार्ग की ओर संकेत किया। वर्गभेद और जातिभेद की तीखी आलोचना की। युग-युग से शोषित और परित्यक्त तथा अभिशप्त वर्ग का उद्धार कबीर के काव्य द्वारा किया गया। उन्हें पुरूपंथी विचारधारा पसंद नहीं थी। वे ईश्वर के निर्गुण, निराकार, निर्वैर, त्रिगुणातीत, अगम्य आदि के रूप में मानते थे। वे पंडितों से कहते थे कि उन्हें वेद, पुराण सबको छोड़कर उस एक निराकार, निरंजन ईश्वर की उपासना करनी चाहिए, जिससे उनके सम्पूर्ण भ्रम दूर हो जाएँ, अन्यथा पुस्तकों में ही सम्पूर्ण समय नष्ट हो जाएगा–

वेद किताब छाड़ि देउ पाण्डे, इ सब मन के भरमा।
कहहि कबीर सुनहु हो पाण्डे, ई तुम्हरे है करमा।।

व्याप्त पाखण्ड पर कबीर का करारा प्रहार उन्हें तार-तार करने की विशेष क्षमता

रखता है, जैसे—

दुनिया ऐसी बावरी, पाथर पूजन जाहि।
घर की चकिया कोऊ न पूजे, जा को पीसो खाहि।।

नहाये धोये क्या भया, जो मन मैल न जाए।
मीन सदा जल में रहै, धोये बास न जाये।।

कबीर जैसे संत ने न केवल समाज को एक नई दिशा ही दी, बल्कि सांप्रदायिक स्तर से उठकर अनेक सर्जजनहिताय कार्य किए तथा बाह्याडंबरों का डटकर विरोध किया। जातिभेद, वर्गभेद, वर्णभेद आदि के वे प्रबल विरोधी थे। उन्होंने कहा है कि—

जाति-पांति पूछै नहि कोई।
हरि को भजै सो हरि का होई।।

उन्होंने साधना के क्षेत्र में जाति-पाति का भेदभाव स्वीकार नहीं किया और भेदभाव, छुआछूत, ऊँच-नीच, जात-पात की जमकर आलोचना की। उन्होंने मानवीय मूल्यों से विच्युत समाज की खरी आलोचना की। कबीर ने धर्म के मर्म को भी समझाया—

हिंदू मुये राम कहि, मुसलमान खुदाई।
कहे कबीर सो जीवता, दुह में कदे न जाई।।

इस संसार में वही जीवित रहता है, जो दोनों को एक मानता है और द्वैत भाव में कभी नहीं पड़ता। कबीर की भक्ति साधना पूरी तरह विवेक से पुष्ट है। उनका विद्रोह रूप विवेक का सहचर है। विवेक ही उनके विद्रोह का आधार है। वे परम तार्किक कवि हैं। तर्क की प्रवणता से वह भगवान बुद्ध एवं संत सुकरात के साथ खड़े किए जा सकते हैं। विद्रोही कवि कबीर ने धर्म के ब्राह्य रूप, कर्मकाण्ड पर प्रहार किया। मंदिर, मस्जिद, मूर्ति पूजा, रोजा-नमाज, चोटी-दाढ़ी को बाह्याडंबर बताया। उन्होंने धर्म की अंतर्वस्तु मानवीय करुणा एवं परदुख, कातरता की पुनर्प्रतिष्ठा की। वर्णाश्रम व्यवस्था को उन्होंने तर्कहीन एवं अमानवीय बताया। मानव मात्र की एकता की प्रतिष्ठा व्यापक मानवीय संवेदना के आधार पर थी। तिलमिला देने वाले व्यंग्य की शैली में उन्होंने पंडितों और मौलवीयों की कागद लेखी यानि जड़ शास्त्रीय कर्मकाण्ड को तार-तार करने में कोई कसर नहीं छोड़ी। समाज में जो दलित, उपेक्षित, पिछड़े और पीड़ित थे, उनमें आत्मसंचार किया और दुर्बल, लाचार, दीन व्यक्ति के सताने वालों को भी चेतावनी देते हुए कहा—

दुरबल को न सताइये, जाकी मोटी हाय।
बिना जीव की साँस सौ, लोह भसम है जाय।।

आज का आदमी मुखौटा लगाए हुए है। वह दिखाता यह है कि मैं बिल्कुल निरपेक्ष हूँ, न जाति-पांति से, न वर्ण-वर्ग से, न धर्म और संप्रदाय से लेकिन उसका मंतव्य कुछ और होता है। राजनीतिक दल तो क्या, साहित्यकार भी इस प्रवृत्ति से अछूते नहीं हैं। कबीर ने इस मुखौटे या दिखावे का विरोध किया था। अनुश्रुति के अनुसार कबीर को वैष्णव माना जाता है, लेकिन उन्होंने वैष्णव का भी विरोध किया—

वैष्णव हुआ तो क्या हुआ, माल मेल्हीचार।
ऊपर कंचन बारहा, भीतर भरी भंगार।।

कथनी एवं करनी के अंतर को मिटाना कठिन कार्य अवश्य है परंतु उनका कहना था कि व्यक्ति को जो वह भीतर हो वही बाहर रहना चाहिए। वे मनुष्यवादी थे, इसलिए मैं मानता हूँ कि वे आज भी प्रासंगिक हैं, क्योंकि संकीर्णताएँ आज भी हमारे समाज में व्याप्त हैं। अपने ही आदर्शों पर चलना कठिन कार्य होता है। दुनिया में कम लोग हुए हैं, जिन्होंने तलवार की धार पर चलकर दिखाया है। कबीर निःसंदेह उनमें से एक व्यक्ति थे। उनकी जितनी दुनिया तर्क के साथ थे, उससे बड़ी दुनिया तर्क से परे हैं। कबीर तर्क और तर्कातीत दोनों के अद्भुत संगम हैं। इसीलिए उनका आकर्षण कोई मामूली आकर्षण नहीं है। यह दोनों दुनियाओं का आकर्षण है—एक जिसमें हम रहते हैं और दूसरी जिसका हम मात्र अनुमान लगा सकते हैं। इसलिए आज के समय में क़बीर जैसा निराला संत, फक्कड़ कवि, अक्खड़ गुरु, अटपटा दार्शनिक, बेलाग वक्ता, विद्रोहियों का खरा दोस्त और सब कुछ झाड़-फटकार कर चल देने वाला तपस्वी नहीं मिल सकता है।

आत्मज्ञान, अध्यात्म, जीवनदर्शन, धर्म, व्यवहार, भक्ति, विवेक, वैराग्य आदि पर आधारित सद्गुरु कबीर के दोहे एवं साखियाँ मानव जाति के लिए अनमोल धरोहर हैं, जो सदैव मानवीय मूल्यों की सुरक्षा के लिए प्रेरणा स्रोत रही हैं। कबीर का हमारे समय के लिए यही संदेश है कि सत्य को पहचानो। सत्य एवं एकता के मार्ग पर चलो। विवेक व अनुभव से काम लो। धर्मगुरु या बड़े आदमी को भी अपने विवेक एवं अनुभव की कसौटी पर कसो। इसके बाद ही उसे स्वीकार या अस्वीकार करो। निःसंदेह कबीर ने अपनी वाणी द्वारा जिस आध्यात्मिक, सांस्कृतिक एवं सामाजिक सामंजस्य का स्वर सुनाया और अप्रासंगिक, निराधार कर्मकाण्डों, पाखण्डों, अंधविश्वासों, जाति, वर्ग, वर्ण एवं कर्म भेद के प्रति आक्रोश व्यक्त किया। वह भारतीय संस्कृति की एक अविरल धारा एवं महत्वपूर्ण उपलब्धि है। कबीर आज भी ऐसी आवाज़ है जो सुनी जा रही है और सुने जाने की नितांत सामयिक आवश्यकता भी है।

सम्पर्क : प्रवक्ता
राजकीय स्नातकोत्तर महाविद्यालय,
हिसार (हरियाणा)

संत-वाणी के क्रांति बीज

डॉ. अशोक बत्रा

कोई संत भी हो और क्रांतिकारी भी; सुकोमल भी हो और प्रचंड भी; निष्काम भी हो और संसार के बारे में सशक्त टिप्पणीकार भी; निर्वैर भी हो और वाणी में स्फुलिंग भी रखता हो—ऐसा दुर्लभ विरोधाभास संत की वाणी में ही मिल सकता है। कारण स्पष्ट है—'न काहू से दोस्ती, न काहू से बैर'। न अपने मत या मठ को जमाने का मोह, न उसके नष्ट होने का ख़तरा। न अतीत की कोई ग्रंथि, न भविष्य की हाय-तौबा। अपने में पूर्णतया संतुष्ट! फिर क्यों न हों वे मनमौजी, अक्खड़, फक्कड़ और द्रोही! और यदि वे किसी के प्रति विनयी होना चाहें, किसी के पाँव की जूती के लिए अपनी खाल दे देना चाहें तो उन्हें कोन रोक सकता है! मनमौजी जो ठहरे!

कबीर को ही लें। वे उस 'जन' के लिए 'सपनेहूं बरराई कै जिस मुख निकसे राम', अपने 'तन का चाम' देने को तैयार हैं; स्वयं को 'राम का कुत्ता', 'राम का गुलाम', 'राम की बहुरिया' और यहाँ तक कि राम के हाथों बिकने को तैयार हैं, किंतु किसी पाखंडी पंडे, योगी या अवधूत को देखते ही भक्भक् जलने लगते हैं, उनकी नसों में लोहा पिघलने लगता है। वे भीषण आवेग, और अभिव्यक्ति की निरंकुशता के कवि हैं। उनके आवेग और अभिव्यक्ति में कोई दरार नहीं है। उनकी किश्ती बाढ़ के आलोड़न-विलोड़न में उठती ऊभ-चूभ लहरों में ठाठें मारती हुई चलती है। सुरक्षा, बचाव, किनारा या मंदगामिता जैसी बचाऊ मनोवृत्तियों से उनका तालमेल कम बैठता है।

प्रश्न उठता है कि कबीर की वाणी में ऐसा प्रचंड आत्मविश्वास कहाँ से आया? मीरा में ऐसा अदम्य साहस कहाँ से आया कि वह राजसी मान-मर्यादा को धूल में मिलाने का अक्षम्य खतरा उठाकर भी चमार जाति के संत रविदास के चरणों में माथा टेक दे और उसे अपना गुरु मान ले? कुंभनदास बादशाह के सामने ही यह पद सुना दे—

संत को कहा सकीरी सो काम।
आवत जात पन्हैया टूटै, बिसरि गयो हरि नाम।।

स्मरणीय है कि अधिकतर संत निम्न जाति तथा निर्धन परिवारों से थे। कबीर की माता उसकी निर्धनता पर सुबक-सुबक कर रोती थी। तुलसी को भिखारी-जीवन जीना पड़ा। रैदास गंगा के पथ पर जूते गाँठते थे। तथाकथित सभ्य समाज उनकी जबान से निकले अंगारों को छोड़िए, उनके किसी मृदु वचन को सुनना भी बर्दाश्त नहीं करता था। न उन्हें शास्त्र पढ़ने का हक था, न मंदिर जाने का। सब तरह से अधिकार-वंचित होने पर भी उनमें इतना प्रचंड साहस कहाँ से आया?

इस प्रश्न का उत्तर यहीं छिपा है। कहते हैं—'ध्वंस' में से ही 'सृजन' के अंकुर फूटते हैं। यद्यपि बहुश्रुत होने के कारण ये संत भारतीय अध्यात्म से परिचित थे, परंतु अपनी निरक्षरता तथा अधिकार-वंचित होने के कारण ये उस शास्त्रीय पठन-पाठन की पंडिताऊ परंपरा से बच गए जो प्रायः पाठकों की चेतना को जड़ीभूत कर डालती है। इसलिए इनके पास एक ही सहारा बचा—खुले आसमान में बरसती धूप और बारिश को नंगे सिर झेलने का। यही इनकी सबसे बड़ी शक्ति बना—'अनुभव-सत्य'। इन्हें 'शास्त्री' बनने की बजाय 'दृष्टा' या 'ऋषि' बनने का अवसर सुलभ हुआ। उन्होंने अपने जीवन को न 'शास्त्र' से 'पढ़ा', न 'लोक' से 'सुना', बल्कि 'खुली आँखों' से 'देखा'—"मैं कहता हौं आँखिन देखी।"

इसलिए कबीर अपनी वाणी को 'दोहे' नहीं 'साखी' कहते हैं—साक्षी, गवाह—अपनी अनुभूतियों के गवाह। यही स्थिति अन्य संत कवियों की है। उनकी वाणी में अनुभव की ताज़गी है। इसलिए उनकी वाणी पाठक को बहा ले जाती है, या झकझोर देती है। संत-हृदय का अनुभव पाठक का अनुभव बन जाता है।

कबीर आदि संतों की क्रांति-वाणी का एक बड़ा कारण था—उनकी साधना की सफलता। ये संत 'पथ के अन्वेषी' नहीं थे, बल्कि 'पहुँचे हुए थे', 'प्रबुद्ध' थे। तभी तो वे सत्य को हाथ में रखे हुए आँवले की तरह देख सके और उसके प्रति निर्द्वन्द्व समर्पण कर सके। कबीर स्पष्ट लिखते हैं—'साहिब सेवा माँहि है बेपरवाही दास।' बेपरवाही का कारण है—'साहब की सेवा' और 'मुनि जन महल न पावहीं, तहाँ किया बिसराम'—जिस महल को मुनिजन नहीं पा सकते, वहीं जाकर विश्राम किया है। बताइए। जिसने उस 'आलेख' को 'दोस्त' कर लिया हो, जहाँ तक मुनिजन पहुँच न पाते हों, वह वाणी को जानबूझकर या भयभीत होकर मीठा क्यों बनाए?

कबीर तथा अन्य संतों की वाणी में निहित प्राणघातक व्यंग्य-वर्षा का एक अन्य कारण है—उनका निःस्वार्थ-शुद्ध चरित्र। वे किसी मत या मठ की स्थापना के फेर में नहीं पड़े। उन्होंने अध्यात्म को धंधा नहीं बनाया। वे जीवन भर जुलाहा, चर्मकार आदि का व्यवसाय करते रहें तभी वे लंपट वेषधारियों पर ऐसी ढेलेबाज़ी कर पाए—

झीनी झीनी बीनी चदरिया।
सो चादर सुर नर मुनि ओढ़िन, ओढ़ि के मैली कीनी चदरिया।
दास कबीर जतन ते ओढ़िन, ज्यों की त्यों धर दीनी चदरिया।।

उनके लिए लोगों को खरी-खरी सुनाने का कारण मात्र इतना ही था कि सामने जो पाखंडी दिखाई दे रहे हैं, शायद उनकी दुत्कार सुनकर जाग जाएँ। कबीर का तो दृढ़ विश्वास था कि जो मनुष्य सुधरना नहीं चाहता, उसे सुधारने का प्रयत्न ही व्यर्थ है। इसलिए उन्होंने जब भी संबोधित किया, प्रभु-साधना के पथ पर आए 'साधु' को ही संबोधित किया। वे अपनी ऊर्जा को भटके हुए साधुओं पर तो खर्च करने को तैयार थे, परंतु अधूरे मन से। इसलिए बार-बार कहते हैं–

हरिजी यहै बिचारिया, साखी कहै कबीर।
भौसागर में जीव हैं, जे कोई पकड़े तीर।।

'जे कोई पकड़े तीर' में अधूरा मन व्यक्त हो रहा है। अगर कोई साधु फिर भी राह पर नहीं आता तो वे स्पष्ट कहते हैं–'करणगे सो भरणगे, तू क्यूं भया उदास।' 'तू क्यूँ भया उदास' में एक उदासीनता है। इसी से स्पष्ट है कि सामाजिक क्रांति उनका ध्येय नहीं है।

जहाँ तक कबीर का प्रश्न है, वे युगावतार की शक्ति को लेकर उत्पन्न हुए थे। उनमें क्रांति के बीज थे, विद्रोह के स्फुलिंग थे। इसलिए उन्होंने भटके हुओं को दुत्कारा। जो फिर भी न सुधरा, उसे रौंद डाला। परंतु उसे सुधारने के फेर में अपने 'राम जी' को छोड़कर उस भटके हुए के घर तक नहीं जा पहुँचे। समाज-सुधार उनकी मूल प्रेरणा न थी। वह तो उनके पथ की सजग प्रतिक्रिया-मात्र थी। संतों को क्रांतिकारी कहना कुछ अतिशयोक्ति करना है। न तो उनके पास क्रांति का कोई सुनियोजित सपना था, न वे सामाजिक क्रांति के फेर में पड़कर अपनी आध्यात्मिक ऊर्जा को क्षरित करना चाहते थे। उनके लिए क्रांति करना बिल्ली पालने जैसा था जिसके लिए फिर से मठ-मंदिर की जटिल गृहस्थी बिठानी पड़ती। जो संसार को मृगतृष्णा कहता हो, वह तृष्णाकुल मृग को भला क्यों सुधारने के फेर में रहेगा?

संतों की उग्र वाणी का एक अन्य कारण था–उनकी वैज्ञानिक दृष्टि और सत्य पर गहरी पकड़। उन्होंने भली-भाँति जान लिया था कि 'एक बूँद ते सृष्टि रची है को बामन को सूदा।' इसलिए, जैसे गैलीलियों ने जान का खतरा उठाकर भी यही कहना था–'क्या करूँ–मेरे कहने से सूरज पृथ्वी के चारों ओर नहीं घूमेगा। घूमेगी तो पृथ्वी ही।' ऐसी ही निर्द्वन्द्व तर्कक्षमता संतों में भी दिखाई देती है। तभी तो वे निर्मम प्रश्न करके सबकी जबान पर ताला लगा पाते हैं–

जे तू बामन बमनी जाया। आन बाट ह्वै क्यूं न आया।
जे तू तुरक तुरकनी जाया। भीतर खतना क्यूँ न कराया।।

कबीर के साहस का क्या कहना! वे लड़े तो शूरवीरों की तरह लड़े। उन-उन योद्धाओं से लड़े जो राष्ट्रीय या अंतर्राष्ट्रीय मल्ल थे—यानि हिंदुओं के शीर्ष पर बैठे ब्राह्मणों और मुसलमानों पर व्यंग्योक्तियाँ करना कोई खेल नहीं था। इसीलिए ह.प्र. द्विवेदी लिखते हैं—वे युगावतार की शक्ति लेकर पैदा हुए थे। अस्वीकार की प्रचंड शक्ति लेकर जन्मे थे। वे स्वयं जाति से पतित तथा कर्म से हीन होते हुए भी चुनौती के स्वर में कहते हैं—

तू ब्राह्मण मैं काशी का जुलाहा

कुछ आलोचकों का मत है कि कबीर की यह आक्रामक शैली दलित नेताओं जैसी है। वे उनकी वाणी में दलितों की टीस अनुभव करते हैं। खासकर जब वे अवधूतों, पंडितों, पंडों, ढोंगियों पर बरसते हैं तो अत्यंत निर्मम हो जाते हैं। उन्हें तिलक, छापा, माला, पूजा, तीर्थ-यात्रा, मूर्ति-पूजा—सबसे चिढ़ है। उन्हें वेद, शास्त्र व्यर्थ प्रतीत होते हैं। पोथी पढ़ने वालों को वे 'मुआ' ही कहते हैं। कबीर के ज़माने में वेद-शास्त्र पर चोट करना, कर्मकांडी ब्राह्मणों पर या पूरी वर्ण-व्यवस्था पर ही चोट करना था। उन्होंने संस्कृत को भी 'कूप जल' कहकर तिरस्कृत किया और जन भाषा को 'नीर' कहकर सम्मानित किया। इस कारण आज का दलित खेमा उन्हें दलित-चेतना का संवाहक मान लेता है।

यहाँ प्रश्न उठता है कि क्या संतों की वाणी में आई उग्रता दलित-दंश के कारण है? क्या उन्होंने समाज को दलित-अदलित, अवर्ण-सवर्ण जैसे किसी भेद में बाँटकर देखा है? क्या उनकी पक्षधरता या सहानुभूति दलित या वंचित वर्ग के प्रति रही है?

कबीर की वाणी का अनुशीलन करने पर एक ही साखी, पद या रमैनी ऐसी नहीं मिलती, जिसमें समाज को बाँट कर देखा गया हो; स्वयं को दलित होने के कारण निरुपाय बताया गया हो; बल्कि कबीर जब भी अपनी जाति का उल्लेख करते हैं, सगर्व करते हैं। उनमें जातिविषयक हीनता-ग्रन्थि तो है ही नहीं। हाँ, उच्च जाति वालों के लिए प्रचण्डता अवश्य है। इस निर्मम प्रचण्डता का कारण या तो सामने वाले का मिथ्या दर्प है, या 'एक नूर थैं सब जग कीया' का प्रबल आत्म-विश्वास। कबीर-वाणी में दलितों के पृथक वर्ग की परिचायक तो एक वाणी नहीं मिली, परंतु मानव-मानव की मूलभूत एकता बताने वाली असंख्य वाणियाँ मिली हैं। उनकी विभ्रांत मान्यता है कि—

खालिक खलक खलक मैं खालिक, सब घट रह्यौ समाई।
आला एकै नूर उपजाया, ताकि कैसी निंदा।
ता नूर थैं सब जग कीया, कौन भला कौ मंदा।।

उनका प्रसिद्ध वचन है—

एकै रुधिर एकै मल मूतर, एक चाम एक गूदा।
एक बूँद तें सृष्टि रची है, क बाहमन को सूदा।

वास्तव में कबीर ब्राह्मण और शूद्र को एक ही ज्योति से उपजा मानते हैं; इसलिए वे बार-बार समूची मानतवा की एकता की बात करते हैं। यदि उनमें हिंदू-जाति में निम्न स्थान पाने का दंश होता तो वे मुसलमानों के दर्प से न लड़ते। किंतु उन्होंने हिंदू-मुसलमान दोनों की साँझी खबर ली है—

देखो साधो जग बौराना।
हिंदू कहत राम हमारा, मुसलमान रहमाना।
आपस में दोऊ लरै मरत हैं; मरम कोई नहिं जाना।।

कबीर की पक्षधरता और प्रतिबद्धता किसी के प्रति है तो 'अनुभौ' सत्य के प्रति है, मानव-मानव की एकता के प्रति है। वे ब्राह्मण के इसलिए विरोधी हैं, क्योंकि उसने आडम्बर, कर्मकाण्ड, और झूठे फरेबों के द्वारा जगत को प्रपंचों में उलझा दिया है, क्योंकि वह वर्ण-व्यवस्था और जाति-व्यवस्था को अपने स्वार्थानुरूप ढालकर उसके शीर्ष पर जा बैठा है और भेदभाव का मिथ्या प्रचार करके समाज में अनावश्यक व्यंग्य, शोषण और विषमता का विष फैला रहा है। वह शूद्रों को पढ़ने का अधिकार तक नहीं दे रहा। इसलिए उसकी पोथियों और शास्त्र-ज्ञान के प्रति गहरा तिरस्कार है उनमें; इसलिए 'वेद' के प्रति और संस्कृत के प्रति चोट है। यह चोट अन्याय के विरुद्ध है, किसी खास जाति के विरुद्ध नहीं यदि कहीं 'ब्राह्मण' शब्द प्रयुक्त हुआ भी है तो वह ढोंगी कर्मकाण्डी का प्रतीक है, समूची ब्राह्मण जाति का नहीं। यदि कबीर को समूचे उच्च वर्ग से विद्वेष होता तो फिर वे 'राम', 'केसौ', गोविन्द जैसे शब्दों से भी बचते और "वैष्णवों की भूली नहिं साकत का गांम" बिल्कुल न कहते; वैष्णव वल्लभाचार्य हों या अन्य कोई संत; राम या कृष्णभक्त, आखिकार अधिकांश ब्राह्मण ही थे।

वास्तव में, कबीर अपनी वैज्ञानिक दृष्टि के कारण यह स्पष्ट जानते थे कि

ऊँच-नीच है मधिम बानी, एकै पवन एक है पानी।
एकै मटिया एक कुंभारा, एक सभन्हि का सिरजनहारा।।

सभी प्राणियों का सर्जनहार एक होने के कारण वे कभी भी उच्च जाति का तिरस्कार न कर सके; उन्हें अपने से नीचा न मान सके या इनको मारो जूते-चार जैसा जुनूनी, पार्थक्यधर्मी, वचन न कह सके। उन्हें सबकी समानता का राग अलापना था, इसलिए उस राग को बेसुरा करने वाले स्वर पर चोट करनी थी। इस प्रवृत्ति को दलितों की पक्षधरता कहना समीचीन नहीं है। वास्तव में कबीर को दलितों तक परिमित करना उनके ऋषितुल्य व्यक्तित्व को बौना बनाना है। वे सबके थे, किसी विशेष वर्ग के नहीं।

सम्पर्क : प्रवक्ता
हिन्दू कॉलेज,
सोनीपत (हरियाणा)

गुरु नानक वाणी में क्रांति की उर्मियाँ

डॉ. इन्द्र सिंह टिवाना, डॉ. सुरेश नायक

भारत ऋषियों-मुनियों, युगपुरुषों, पीरों, पैगम्बरों, अवतारों, तपस्वियों एवं मनस्वियों की तपोभूमि है जिन्होंने जीवन के विभिन्न क्षेत्रों में आदर्श-संस्थापन के द्वारा मानवता को एक नवीन दिशा प्रदान की है। पन्द्रहवीं-सोलहवीं शताब्दी में भारतवर्ष को कुछ ऐसे लोकनायक, समाज-सुधारक तथा क्रांतिकारी मिले जिन्होंने अपनी उदात्त काव्यमयी वाणी द्वारा निराश, पतनोन्मुख, पददलित, वंचित, पीड़ित, शोषित जनों के हृदय में आशा एवं आस्था की सुधा-वर्षा का महतीं कार्य सम्पन्न करके उन्हें संस्कारित एवं आत्मोन्नत किया।

यह मध्यकाल था जिसमें अलौकिक आत्म-ज्ञान एवं ईश-भक्ति-रंजित काव्यादर्श अपने चरमोत्कर्ष पर था। 'भक्तिकालीन काव्य भारतीय चिंतनधारा का सार तत्त्व, प्रतिकूलताओं में अनुकूलता और विभिन्नताओं में एकता के सामंजस्य का काव्य है।'[1] सुकरात का कथन है कि जब ईश्वर को धरती के जीवों से वार्तालाप करना होता है, तो वह कवियों की वाणी के माध्यम से अपना दिव्य-सन्देश प्रदान करता है। सुकरात का यह कथन युग-चेतना के मार्गदर्शक गुरु नानक देव पर पूर्णतः लागू होता है। 'सतिगुर नानक परगटिया मिटी धुंध जग चानणु होआ' के अनुसार गुरु जी की वाणी भारतीय अध्यात्मवाद में उच्चकोटि का काव्य है जिसमें आध्यात्मिक रस आस्वाद्य रूप में है ही, इसके साथ-साथ धर्म, नीति, सदाचार, दर्शन, समाज-सुधार, जनान्दोलन के अनेक पक्ष व्यंजित हुए हैं।

जिस युग में गुरु नानक का अवतरण हुआ वह युग शोषण, बर्बरता एवं अत्याचार का युग था। दीन-दुःखियों के आँसू पोंछने वाला कोई नहीं था। "मुगलकालीन भारत में जब कि उच्च वर्ग की जनता अपने शासकों का अनुकरण करती हुई विलासिता के रंग में डूबी हुई थी। मंदिर, तीर्थ और धर्म-स्थान व्यभिचार के केंद्र बन रहे थे...ऐसी स्थिति में निम्न वर्ग के अशिक्षित जन-समुदाय का अनैतिकता, अनाचार और अधःपतन की चरम सीमा तक पहुँच कर मटियामेट हो जाना स्वाभाविक था, किंतु संत-मत के विभिन्न उन्नायकों ने उन्हें एक ऐसा नेतृत्व प्रदान किया जिससे राष्ट्र का यह बहुसंख्यक वर्ग विनाश से बच सका।"[2]

गुरु नानक देव के मत के प्रमुख सिद्धांत मध्यकाल के अन्य भक्त-सुधारकों यथा कबीर, रविदास, नामदेव की विचारधारा से मेल खाते थे। इन भक्तों एवं संत कवियों की वाणी का 'गुरु ग्रन्थ साहिब' में संकलन इसी तथ्य की पुष्टि करता है परंतु भाई काहन सिंह नाभा, मैकालिफ एवं प्रिंसिपल तेजा सिंह प्रभृति विद्वानों के अनुसार गुरु नानक केवल सुधारक नहीं थे बल्कि क्रांतिकारी गुरु थे जिन्होंने समाज के जर्जर ढांचे को गिरा कर एक नवीन समाज-रचना का प्रयास किया।

मध्यकाल में, कृषि-प्रधान अर्थव्यवस्था के अंतर्गत एक ओर कृषक, कारीगर एवं श्रमिक-वर्ग था तो दूसरी ओर उनका शोषण करने वाले 'फ्यूडल'; जो उनके रक्त-शोणित-अर्जित का अपने हित के लिए उपयोग करने लगे थे। ''समाज के शिखर पर शहंशाह था, जो इस दौर में मुसलमान था। स्टेट 'फ्यूडल' था... इस वर्गगत एवं विचारधारागत प्रसंग में सिक्ख-लहर ने जन्म लिया। इस लहर के प्रवर्त्तक गुरु नानक थे।''[3] उनके योग्य नेतृत्व में इस लहर को एक संस्थागत रूप मिला। जो बीजवपन गुरु नानक द्वारा सम्पन्न हुआ, उसका पल्लवन उनके पश्चात् गद्दीनशीनों द्वारा लक्षित हुआ। छठे गुरु हरगोबिन्द साहब एवं दशम गुरु गोबिन्द सिंह के प्रयासों से इसे राजनैतिक फल भी लगे। इतना ही नहीं, 16वीं शताब्दी के अनंन्तर अनेकानेक क्रांतिकारी परिवर्तनों की पृष्ठभूमि में गुरु जी की शिक्षाओं को फलीभूत होते हुए देखा जा सकता है।

क्रांति-सूर्य के प्रथम रश्मि-पुंज का आलोक

जन-कल्याण का पावन उद्देश्य लेकर अवतरित हुए युग पुरुष गुरु नानक के दिव्य व्यक्तित्व में क्रांतिकारी पक्ष उनके बाल्यकाल से ही दृष्टिगत होता है। ''गुरु नानक देव जी अभी कोई बारह वर्ष के थे जब कुल-रीति के अनुसार जनेऊ-संस्कार की तैयारी की गई। वंश-पुरोहित यह रस्म अदा करने के लिए आया। सारा परिवार आमन्त्रित था। रस्म की सामग्री तैयार थी परंतु गुरु जी ने जनेऊ पहनने से स्पष्ट इनकार कर दिया।''[4] अपने इस 'अनपेक्षित-आकस्मिक' निर्णय से आश्चर्यान्वित जन-समूह को उन्होंने सदुपदेश दिया कि दया की कपास लेकर उन्हें संतोष का सूत कातना चाहिए। उस में जत की गाँठें एवं सत्य के बल देने चाहिए। यही जनेऊ धारण करने योग्य है :

दया कपाह सन्तोख सूत जत गंढी सत वट।
इह जनेऊ जीअ का हई तां पांडे घत।।

क्योंकि–

न इह तुटै न मल लगे, न इह जले न जाए।
धन्न सु माणस नानका जो गल चलै पाई।

(आसा दी वार, महला।)

इसी भांति, अल्पायु में ही पिता मेहता कालू द्वारा व्यापार के लिए दिए गए धन को साधु-सेवा के पुण्य-कर्म में लगाने का प्रयास कोई कम क्रांतिकारी नहीं है।

राजनीतिक क्षेत्र में क्रांति का निर्भीक-विद्रोही स्वर

गुरु नानक-वाणी का विस्तृत-व्यापक फलक वर्ग-भेद से ऊपर उठकर समष्टि-चेतना से सरोकार रखता है किंतु जीवन के संकीर्ण-अमानवीय पक्ष उनकी दृष्टि से ओझल नहीं हो पाए। "एक ओर पददलित निरीह कौम, दूसरी ओर हिंसक शासक! यह संघर्ष असमानता का द्योतक था। इसलिए गुरु साहब के व्यक्तित्व में जो विद्रोह का अंश था, वह दिलेरी तथा पूर्ण शक्ति से उनके साहित्य में व्यक्त हुआ।"[5] आप फ़रमाते हैं :

सच की बाणी नानकु आखै
सचु सुणाइसी सचु की बेला।।

(तिलंग)

सत्यतः यह एक निर्भीक सिंह-गर्जन था जिसके समकालीन जर्जर मुगल-शासन व्यवस्था धराशायी होने के लिए विवश हो उठी। गुरु जी ने सत्य को चुनौतीपूर्ण शब्दों में व्यक्त किया :

राजे शींह मुकद्दम कुत्ते।।
जाइ जगाइन बैठे सुतें।।

(वार मलार)

उपरोक्त संदर्भ में, अपनी सर्वप्रसिद्ध अभिव्यक्ति 'बाबरवाणी' में, गुरु जी ने न केवल बाबर की अनीतिपूर्ण शासन-प्रणाली का विरोध किया अपितु परमात्मा को भी चुनौती दी :

खुरासान खसमाना कीया हिन्दुस्तान डराइआ।।
आपै दोसु न देई करता जमु करि मुगलु चड़ाइआ।।
एती मार पई करलाणै तैं की दरद ना आइआ।।

(आसा दी वाह, महला।)

इस वर्गगत राजनैतिक व्यवस्था में, 'फ्यूडल' स्वरूप का पोषण-संरक्षण,

मायाग्रस्त मानसिकता से ग्रस्त एवं अहं-केंद्रित व्यक्तित्व के स्वामी बाबर एवं उसके समर्थकों द्वारा सम्पन्न हो रहा है। माया ने समाज को वर्गों में विभाजित कर दिया है। इस से बढ़कर क्रांतिकारी उद्घोष अन्य क्या हो सकता है कि अन्य धर्मों को नष्ट करने को कटिबद्ध बाबर गैरमुसलमान को तुच्छ एवं काफ़िर घोषित कर रहा हो, ऐसे में गुरु जी का यह कहना कि 'न कोई हिंदू न मुसलमान' कोई सामान्य घटना नहीं थी। ''मुसलमान तो उस समय का शासक था, जो सारे हिंदुस्तान को मुसलमान बनाने के लिए तलवार उठाए खड़ा था। उसके अस्तित्व को नकारना अपनी मौत को बुलावा देने के तुल्य था।''[6]

तिमिराच्छन्न धर्म-क्षेत्र में मानव-धर्म-प्रकाशन

गुरु नानक को सिक्ख-धर्म-प्रतिष्ठाता के रूप में देखते हुए उनके सर्व-धर्म-समन्वयकारी रूप का परिप्रेक्ष्य-अभीष्ट है। उनके हिंदू-मुस्लिम-ऐक्य-विधायक-रूप को भी समक्ष रखना अपेक्षित है। 'आपके युग में दो धर्म प्रधान थे, एक हिंदू तथा दूसरा इस्लाम। हिंदूधर्म प्रजा का था तथा इस्लाम शासकों एवं उच्च पदाधिकारियों का था। इन दोनों धर्मों में नेकी तथा इन्सानियत समाप्त हो चुकी थी। इसलिए गुरु जी ने इन धर्मों की आलोचना करते समय न तो यह देखा कि हिंदू धर्म उनका अपना धर्म है तथा इसलिए उन्हें इसकी आलोचना नहीं करनी चाहिए तथा न ही यह देखा कि इस्लाम राजाओं तथा हुक्मरानों का धर्म है तथा इस धर्म की आलोचना करते हुए उन्हें स्वयं किसी मुसीबत या संकट में फँसना पड़ सकता है।''[7]

गुरु नानक ने दोनों धर्मो में उत्पन्न विकृतियों को जन सामान्य के सम्मुख रखा। ''हिंदू अपना वैदिक धर्म भूलकर कर्मकांड के चक्रव्यूह में फंस चुके थे तथा मुसलमान इस्लाम धर्म से अधिक शरीयत का मुद्दई हो गया।''[8]

उन्होंने इस्लाम अथवा मुसलमानों की कहीं भी निंदा नहीं की अपितु उन्हें सच्चा मुसलमान बनने के लिए प्रेरित किया। उन्होंने कथन किया–

मुसलमान कहावन मुशकल,
जा होइ तां मुसलमान कहावै।

(माझ वार, महला।)

धर्म के जटिल तथा अमानवीय बन्धनों को देखकर तो उन्होंने एक प्रकार की बगावत ही कर दी। ''आपने समाज में जहाँ भी पाखण्ड देखा, उसकी वहीं बलवान शब्दों में भर्त्सना की। यदि सिद्धों में गए तो उन्हें सीधे मार्ग पर लाने का प्रयास किया, यदि योगियों में गए तो उन्हें सच्चे योग की युक्ति से परिचित करवाया।''[9] समाज को 'भेषधारी' योगियों के प्रति सचेत करते हुए उन्होंने सच्चे योग को धारण करने का उपदेश देते हुए कहा :

जोगु न देसि दिसंतरि भविऐ जोगु न तीरथु नाईये।।
अंजन माहि निरंजन रहीऐ जोग जुगति इव पाइऐ।।

(सूही महला। घरू।)

गुरु नानक के अनुसार बाह्य धर्माचारों को धर्म समझना महान भूल है। "संन्यास, वैराग्य, त्याग, व्रत-नियम, तपस्या इत्यादि को हिंदू धर्म का आवश्यक अंग माना जाता रहा है, परंतु गुरु जी ने इन सबका स्पष्ट शब्दों में खंडन किया तथा बतलाया कि ये मात्र शारीरिक व्यायाम हैं, इनका वास्तविक धर्म से कुछ लेना-देना नहीं।"[10] उनके अनुसार सांसारिक त्याग के बिना ही मोक्ष-प्राप्ति संभव है–

'हसंदिआं खेलंदिआं पैनंदिआं खावंदिआं विचे होवै मुकति।'

गुरु जी ने मूर्त्ति-पूजा, तीर्थ-यात्रा इत्यादि पर भी प्रश्न उठाए। कुछ उदाहरण इस संदर्भ में भी देखे जा सकते हैं–

अंदरहु झूठे पैज बाहरि दुनीआ अंदरि फैल।।
अठसठि तीरथ जे नावहि उतरै नाही मैल।

(गुरु ग्रन्थ साहब, पृष्ठ-20)

बिन गुरु सबद न छुटसि कोइ।।
पाखंडि कीनै मुकति न होई।।

(गुरु ग्रन्थ साहब, पृष्ठ-839)

ध्यातव्य है कि गुरु जी ने तीर्थ-व्रतादि का खण्डन किया तो उनका अभिप्राय अंधविश्वासों के खण्डन से था। हिंदू धर्म के मूलभूत सिद्धांतों के विरोध में, उनके उक्त दृष्टिकोण का मूल्यांकन नहीं किया जाना चाहिए। इसी प्रकार वेदों के पठन-पाठन एवं उनमें समाहित दर्शन का उन्होंने कोई विरोध नहीं किया किंतु उनके मतानुसार वेद को पढ़कर मिथ्याभिमान ओढ़ लेना अधर्म है। सीधी-सच्ची भावना का अर्पण करके प्रभु का अर्चन कहने वाले मानव के लिए, प्रभु की प्रतिमा के सम्मुख थाली में दीपक सजा कर आरती उतारने का क्या औचित्य? विशेषतः उस स्थिति में जब गगन रूपी थाल में सूर्य एवं चंद्र रूपी दीपक प्रज्जवलित किए विश्व-प्रकृति अपने नियंता की आरती का अलौकिक कृत्य स्वयं सम्पन्न कर रही हो। जगन्नाथपुरी में पंडितों एवं श्रद्धालुओं को गुरु जी ने यही सदुपदेश दिया–

गगन मैं थालु रवि चंदु दीपक।
बने तारिका मंडल जनक मोती।
धूप मलआनलो पवनु चवरू करे।

सगल बनराइ फूलंत जोति ॥1।

—(राग धनासरी, महला।)

हरिद्वार में सूर्य की ओर पीठ करके जल अर्पण करने एवं मक्का तथा काबा की ओर चरण करके सोने का साहस एक क्रांतिकारी के अतिरिक्त कौन दिखा सकता था?

सामाजिक क्रांति की महा-गाथा के संदर्भ

गुरु नानक के समाज में व्याप्त अनेक दोष-विषमताएँ दृष्टिगत कर उनका खुलकर विरोध किया। " 'आसा दी वार' का कर्त्ता सामाजिक कुरीतियों, अन्याय, ऊँच-नीच तथा असमानता के प्रति भली-भांति सचेत है। वह बुराइयों में ग्रस्त एवं भ्रष्ट व्यक्तियों की खूब डाँट-डपट करता है।"[11] समाज में निर्धन के अधिकारों को उपेक्षित करने तथा अभावग्रस्त वर्ग का दमन-शोषण करने वाले दो प्रमुख वर्गों—मुसलमान तथा हिंदू को समझाने के उद्देश्य से गुरु साहब ने कथन किया कि पराया हक मुसलमान को सूअर तथा हिंदू को गाय के समान है—

हक पराया नानका, उसु सूअर उसु गाइ।
गुरु पीरू हामां ता भरै, जो मुरदारू ना खाइ।
गली भिसति न जाइऐ, छुटै सचु कमाइ।
मारण पाहि हराम महि, होइ हलालु न जाइ।
नानक गली कूड़ीई, कूड़ो पले पाइ।

—(माझ वार महला।)

उन्होंने भूली-भटकी जनता को समझाया कि सभी मनुष्य समान हैं। जन्म या जाति के आधार पर कोई भी नीच या ऊँच नहीं है। यह भेद-दृष्टि मायाजनित भ्रम है—

सब को ऊँचा आखीऐ, नीचु ना दीसै कोइ।।
इकनै भांडे साजिऐ, इकु चानणु तिहु लोई।।

—(सिरी राग असटपदीआं महला।)

'हम नहीं चंगे, बुरा नहीं कोई' के कथनानुसार दूसरों में दोष-दर्शन की अपेक्षा आत्म-विश्लेषण पर बल देना चाहिए।

जब गुरु नानक के शिष्य संगत में आते-जाते अथवा गुरु के लंगर में जाते तो वे इकट्ठे बैठते, इकट्ठे खाते-पीते, इकट्ठे ही भजन किया करते। संगत में पहुँच कर सिक्खों में कोई ऊँच-नीच-भेद नहीं रह जाता था।

इससे पूर्व भी कुछ भक्त-कवियों ने जाति-प्रथा का खण्डन किया था। किंतु व्यावहारिक स्तर पर इतने विशाल पैमाने पर इसका प्रचार गुरु जी ने ही किया।[12]

जाति-प्रथा का खण्डन प्रायः सभी संत कवियों ने किया किंतु गुरु नानक का नाम लेने वालों में ऊँच-नीच लगभग नहीं के बराबर है। हम समझते हैं कि इसका सर्वाधिक महत्त्वपूर्ण कारण इस तथ्य में निहित है कि गुरु नानक ने उच्चकुलीन होते हुए भी तथाकथित निम्नश्रेणी को अपने गले लगा कर उन्हें समानता का अधिकार दिया है।

"जिस युग में नारी की निम्न सामाजिक स्थिति को प्रदर्शित करने के लिए लोकोक्तियाँ-दंतकथाएँ प्रचलित हों, उसे हेय समझा जाए, वहाँ गुरु साहब ने 'आसा दी वार' का एक पूरा शब्द नारीत्व के गौरव को अर्पित किया। जो लोग नारी को निंदनीय कहते थे, उनकी ताड़ना की गई है।"[13] नारी-जाति के प्रति आदर, सद्भाव एवं करुणा रखने वाले गुरु साहब ने "सामाजिक संरचना तथा विकास में नारी के योगदान को पहचाना तथा उसे पुरुष के समान अधिकार देने के लिए अपना स्वर बुलंद किया।"[14] उन्होंने दिग्भ्रमित लोगों को समझाया कि पीरों, पैगम्बरों, ऋषियों, मुनियों, महादानियों, महान योद्धाओं तथा राजाओं-महाराजाओं को अपनी कोख से जन्म देने वाली जननी निन्दनीय कैसे हो सकती है—

सो किऊँ मंदा आखीऐ, जितु जमहि राजानु।

(आसा दीवार महला।)

अंततः हम इस निष्कर्ष पर पहुँचते हैं कि बहुमुखी प्रतिभा के स्वामी गुरु नानक देव सच्चे प्रचारक, महान देशभक्त, समाज-सुधारक तथा क्रांतिकारी नेता थे जिन्होंने सदियों पूर्व समाजवादी सिद्धांतों पर आचरण करने का उपदेश दिया। मानवता के सम्मुख सदा यही चुनाव समस्या के रूप में उपस्थित हुआ है कि वह झूठ, फरेब, मुनाफाखोरी, निजी सम्पत्ति निर्मित करने के लोभ को पाले अथवा मानवीय न्याय, समता एवं करुणा का मार्ग ग्रहण करे। उसके इस चयन पर ही मानव का भविष्य तथा मानवता की नियति निर्भर है। गुरु नानक-वाणी सत्-असत् में से किसी एक के चयन में मनुष्य का मार्गदर्शन करने का सामर्थ्य रखती है तथा इसमें पूर्णतः सफल है।

संदर्भ-सूची

1. 'सामाजिक परम्पराओं के पोषक सूर', डॉ. रंजना सक्सेना, वीणा, अप्रैल, 2004, पृष्ठ सं. 29
2. सन्तकाव्य : उद्गम-स्रोत और प्रवृत्तियाँ, गणपतिचन्द्र गुप्त, लोकभारती प्रकाशन, इलाहाबाद, पृष्ठ सं. 238
3. सिक्ख इन्कलाब दा मोढी गुरु नानक, किशन सिंह, सेध प्रकाशन, नयी दिल्ली, पृष्ठ सं. 9

4. 'गुरु नानक-क्रांतिकारी', 'डॉ. के.सी. गुप्ता, पंजाबी दुनिया, नवम्बर, 1969, गुरु नानक अंक, पृष्ठ सं. 162-163
5. गुरु नानक दर्शन, दीवान सिंह, वारिस शाह फाउंडेशन, अमृतसर, 1996 पृष्ठ सं. 37
6. सिक्ख धर्म : संक्षेप जान-पहचान, बलदेव सिंह बल, सिरजना प्रैस, नयी दिल्ली, पृष्ठ सं. 14
7. गुरु नानक वाणी : साहित्यिक परिप्रेक्ष्य, ब्रह्मजगदीश सिंह, रूही प्रकाशन, अमृतसर, पृष्ठ सं. 82
8. सिक्ख धर्म : संक्षेप जान-पहचान, बलदेव सिंह बल, सिरजना प्रैस, नयी दिल्ली, पृष्ठ सं. 13
9. गुरु नानक : विचार एवं कला, डॉ. गुरदेव सिंह, लाहौर बुक शॉप, लुधियाना, पृष्ठ सं. 190-91
10. 'गुरु नानक : सुधारक अथवा क्रांतिकारी, कृपाल सिंह नारंग, पंजाबी दुनिया, गुरु नानक अंक, नवम्बर-दिसम्बर, 1969, पृष्ठ सं. 63
11. नानक वाणी चिन्तन, वजीर सिंह, लाहौर बुक शॉप, लुधियाना, पृष्ठ सं. 88
12. गुरु नानक : सुधारक अथवा क्रांतिकारी, कृपाल सिंह नारंग, पंजाबी दुनिया, गुरु नानक अंक, नवंबर-दिसंबर 1969, भाषा विभाग पंजाब, पृष्ठ सं. 63
13. नानक वाणी चिंतन, वज़ीर सिंह, लाहौर बुक शॉप, लुधियाना, पृष्ठ सं. 88
14. गुरु नानक वाणी : साहित्यिक परिप्रेक्ष्य, ब्रह्म जगदीश सिंह, रूही प्रकाशन, अमृतसर, पृष्ठ सं. 83-84

सम्पर्क : प्रवक्ता
पटेल मैमोरियल नेशनल कॉलेज,
राजपुरा (पंजाब)

क्रान्ति के जनक : कबीर

शुभलता

भक्तिकालीन साहित्य के अंतर्गत निर्गुण भक्ति काव्य में ज्ञानमार्गी संत कवियों का योगदान भुलाया नहीं जा सकता। इन संत कवियों ने भक्ति को सर्वसुलभ बनाया व्यक्ति के जीवन को सहज एवं दुःखों से मुक्त करवाने में इनकी वाणियों का योगदान संपूर्ण साहित्य जगत में अपनी अलग पहचान बनाए हुए हैं। इन्होंने जीवन-जगत, आत्मा-परमात्मा, नश्वरता, विषय-वासना, दुःख-विरह, समाज-जीव और ब्रह्म के संबंध को लेकर जो कुछ भी लिखा उससे मानव समाज का उद्धार होता चला आया है।

स्वामी रामानंद की शिष्य परंपरा में राम की उपासना सगुण व निर्गुण भाव दो प्रकार से हुई। निर्गुण भक्ति में अवतारवाद की उपेक्षा की गई तथा सगुणोपासना से ये दूर थे। निराकार ब्रह्मा के उपासकों ने अपना प्रसार ऐसी जनता में किया जो निम्न श्रेणी की समझी जाती थी, जिसे शास्त्रसम्मत धर्म में भागीदार बनने का अधिकार नहीं मिला था। इस प्रकार निर्गुण भक्ति के प्रवर्तकों ने उपेक्षित और अपमानित जनता में आत्म-गौरव का भाव जगाकर उस समय भक्ति आन्दोलन को पूर्णता प्रदान की। जो ईश्वर भक्ति के लक्ष्य को प्राप्त करने के लिए ज्ञान पक्ष को महत्ता प्रदान करते थे, वे ज्ञानमार्गी संत कहलाए। तुलसी सगुण मार्गी थे तो कबीर निर्गुण।

कबीर : जन्म एवं परिचय

संत निर्गुण काव्यधारा में मुख्य संत कबीर हैं। इनके जन्म के विषय में दोहा प्रसिद्ध हैं :

चौदह सौ पचपन साल गए, चन्द्रवार एक ठाठ गए।
जेट सुदी बरसायत को, पूरनमासी प्रगट भए।।

इसके अनुसार कबीर का जन्म संवत् 1455 को ज्येष्ठ पूर्णिमा को हुआ था। विधवा ब्राह्मणी के द्वारा लोक-लाज के भय से इन्हें लहरतारा नामक तालाब के पास फैंक दिया गया। नीरू व नीमा नामक जुलाहा दंपत्ति ने इनका लालन-पालन किया।

इनकी पत्नी का नाम लोई था। कमाल तथा कमाली इनके पुत्र-पुत्रियाँ थीं। गुरु रामानंद से इन्होंने दीक्षा ली।

कबीरदास को 15वीं शताब्दी का एक सशक्त एवं प्रभावशाली व्यक्ति कहा जा सकता है। कबीर ऐसे समय में पैदा हुए, जो विविध धर्म साधनाओं और मनोभावनाओं का चौराहा कहा जा सकता है। आचार्य हज़ारी प्रसाद द्विवेदी के अनुसार–"कबीर एक ऐसे ही मिलन बिन्दु पर खड़े थे, जहाँ से एक ओर हिंदुत्व निकल जाता है तो दूसरी ओर अशिक्षा जहाँ एक ओर से योग मार्ग निकल जाता है तो दूसरी ओर भक्ति मार्ग, जहाँ एक ओर से निर्गुण साधना है तो दूसरी ओर सगुण साधना। उसी प्रशस्त चौराहे पर वे खड़े थे। वे दोनों ओर देख सकते थे। परस्पर विरुद्ध दिशा में इन मार्गों के दोष-गुण उन्हें स्पष्ट दिखाई दे जाते थे।

महात्मा कबीर परम संतोषी, उदार, स्वतंत्र चेता, निर्भीक, सत्यवादी, अहिंसा व प्रेम के समर्थक, बाह्याडंबर विरोधी, क्रांतिकारी सुधारक थे। वे जन्मजात विद्रोही एवं आत्मविश्वासी व साहस संपन्न थे। हिंदू व मुसलमानों का प्रबल रोष उन्हें अपने पथ से विचलित न कर सका। न वे योगियों के प्रभाव से आहत हुए न ही सूफ़ी इन्हें अपने मत में मिला सके। वे सामाजिक एवं धार्मिक व्यवस्था पर तीव्रतम आघात करते रहे। वे युगावतार की शक्ति और विश्वास लेकर पैदा हुए। उनमें युग प्रवर्तक की दृढ़ता एवं क्षमता थी और उन्होंने ऐसा किया भी।

कबीर : समाज सुधारक रूप

कबीर भक्त, कवि सुधारक और युग नेता हैं। उनमें अंतःसंघर्ष के साथ-साथ लोक संघर्ष और निवृत्ति के साथ-साथ प्रवृत्ति है। अपने धार्मिक उपदेशों के द्वारा उन्होंने अपने युग में चेतना पैदा की। ईश्वर की उपासना के अधिकार की माँग वास्तव में आर्थिक, सामाजिक न्याय की माँग थी, जो विशाल जनसमूह को अपने अधिकारों से वंचित किए हुए थे। उस समय तमाम धार्मिक नेता मानव मुक्ति और मानव समानता पर ज़ोर देते थे इन्होंने तमाम सामाजिक कुरीतियों, अन्धविश्वासों, रूढ़ियों, सांप्रदायिक, कट्टरताओं, बाह्य विधि-विधानों और कर्मकांड के आडंबर पर खुलकर आक्रमण किया है। इन नेताओं द्वारा जनसमाज में होने वाले सामाजिक, आर्थिक व धार्मिक शोषण का खुलकर विरोध किया। कबीर काव्य में भी तत्कालीन समाज की मूलभूत समस्याओं का यथार्थ चित्रण है। निःसंदेह कबीर के समय में मुस्लिम शासन काफी दृढ़ता के साथ भारत में पाँव पसार चुका था और तलवार के बल पर अपने धर्म के प्रचार के लिए कटिबद्ध था, उस समय हिंदुओं का उच्च सत्ताधारी वर्ग संघबद्ध इस्लाम था मुकाबला करने की कोशिश कर रहा था, उस समय यहाँ ब्रह्मवादी, कर्मकांडी, शैव, वैष्णव, शाकत, स्मार्त आदि अनेक अनेक मत प्रचलित थे, जो स्मृति, पुराण, लोकाचार पर आधारित थे। बिहार में बौद्ध धर्म का प्रभाव

समाप्त होते ही वज्रयान संप्रदाय के रूप में बौद्ध सिद्धों का प्रभाव पड़ा, जो समाज की उपेक्षित और निम्न श्रेणियों से आते थे। सिद्धों और नाथों ने वर्णाश्रम व्यवस्था पर सीधी चोट की और कर्मकांड के जटिल विधि-विधानों पर निर्मम प्रहार किए। दक्षिण के आलवार भक्तों का आंदोलन अब रामानंद के नेतृत्व में उत्तर भारत में पहुँच चुका था, जिसमें ऊँच-नीच का कोई भेदभाव नहीं था। भक्ति के क्षेत्र में सबको समान अधिकार प्राप्त था। कबीर ने सर्वसाधारण के लिए एक सामान्य मार्ग का निर्देश किया :

पोथी पढ़ि-पढ़ि जग मुआ, पंडित भया न कोय।
ढाई आखर प्रेम के, पढ़े सो पंडित होय।।

कबीर ने जातिगत, वंशगत, धर्मगत, संस्कारगत, विश्वासगत और शास्त्रगत रूढ़ियों और परंपरा मायाजाल को छिन्न-भिन्न कर, बिना कतराए निडरता के साथ फटकार लगाते हुए कहा :

अरे इन दोउन राह न पाई,
हिन्दुअन की हिन्दुआई देखी, तुरकन की तुरकाई।।

* * *

दिन में रोज़ा रखत हैं रात हनत हैं गाय
यह तो खून वह बन्दगी, कैसे खुशी खुदाय।

हिंदुओं में प्रचलित छापा-तिलक, मूण्ड मुण्डवाना, व्रत-उपवास आदि अंधविश्वासों की खूब पोल खोली है।

मुण्ड मुण्डावत दिन गए, अजहूँ न मिलिया राम।

इस मनुष्य शरीर में ही सूर्य, चन्द्र इत्यादि विद्यमान हैं।

मन मथुरा दिल द्वारिका, काया काशी जाणि।
दस द्वारे का देहुरा, तामें ज्योति पिछाणी।।

कबीर द्वारा रचित साहित्य का भावपक्ष तात्कालीन समाज के सभी पक्षों एवं क्षेत्रों को एक साथ लेकर चला है। बनारस के ठग संतों का भंडा फोड़ते हुए वे कहते हैं--"साढ़े तीन गज की धोती पहने हुए, तिहरे तागे लपेटे हुए, गले में जयमाला डाले और हाथ में माला लिए हुई इन अभागों को हरि का संत नहीं कहना चाहिए, ये लोग तो बनारस के ठग हैं।" इसी प्रकार काजी, मुल्ला, मौलवियों द्वारा की गई न्याय व्यवस्था पर भी इन्होंने करारी चोट की है--ईश्वर, धर्म के स्वामी ने कभी अत्याचार करने की आज्ञा नहीं दी है। सत्य एवं न्याय के लिए वे बड़ी से बड़ी यंत्रणा

को सहने के लिए तैयार थे। उन्होंने युगानुरूप मानवीय आदर्शों की स्थापना की। 'साईं के सब जीव हैं कीरी कुंजर दोय' कहकर उन्होंने मानव मन की समानता का सिद्धांत प्रचारित किया। समाज प्राणवान एवं सुगंठित तभी होगा जब जाति, वर्ण, वर्गगत भेद न हों। जनता की धर्मांधता तथा शासकों की नीति के कारण हिंदू-मुस्लिम विरोध बढ़ रहा था। धर्म के सच्चे रहस्य को भूल कर कृत्रिम विभेदों के द्वारा उत्तेजित होकर दोनों ही जातियाँ धर्म के नाम पर अधर्म कर रही थीं। ऐसी स्थिति में सच्चे मार्ग-प्रदर्शन का श्रेय कबीर को है। यद्यपि उनके उपदेश धार्मिक सुधार तक ही सीमित हैं, तथापि नवयुग के समाज सुधारकों में कबीर का स्थान सर्वप्रथम हैं, क्योंकि भारतीय धर्म साधना के अन्तर्गत दर्शन, नैतिक आचरण एवं कर्मकांड तीनों का समावेश है।'' कबीर ने शताब्दियों की संकुचित चित्तवृत्ति को परिमार्जित कर समाज के प्रत्येक व्यक्ति को उदार बना दिया, यही उनकी विशेषता है। व्यक्ति को सहज जीवन जीने का उपदेश देते हुए कबीर ने कहा है कि मनुष्य को विषय-वासनाओं को छोड़ कर सत्संगति कर सुखमय जीवन बिताना चाहिए। मोह-माया के जाल में फँसकर मनुष्य दुःखों की अग्नि में जलता रहता है। इच्छाओं और तृष्णाओं की सुंदर लौ मनुष्य को अपनी ओर आकृष्ट किए रहती है और उसे जलाती रहती है—

माया दीपक नर पतंग भ्रमि-भ्रमि इव पड़न्त।
सतगुरु की कृपा भई, एक आध उबरन्त।।

रूढ़ियों व अंधविश्वासों के बोझ को व्यक्ति अज्ञानता वश ढोता रहता है। सच्चे गुरु द्वारा दिए गए ज्ञान के बिना ज़िंदगी में व्याप्त दुःखों की गठरी का बोझ उतर नहीं सकता। अतः सच्चे गुरु के माध्यम से व्यक्ति को अपना जीवन सफल बना लेना चाहिए :

हम भी पाहन पूजते होते रण के रोझ।
भली हुए जू गुरु मिल्या, तारया सिर तै बौझ।

परंपराओं का खंडन करते हुए वे कहते हैं—

पाछे लागा जाई था लोक वेद के साथी।
आगे थे सतगुरु मिल्या, दीपक दिया हाथ।।

समाज सुधारक वही हो सकता है, जिसे जीवन का वास्तविक अनुभव हो। कबीर दास जी ने 120 वर्ष का लम्बा जीवन जीया। समाज में रहते हुए जीवन को निकट से परखा। अपने बहुश्रुत ज्ञान के द्वारा उन्होंने जीवन को निकट से परखा। वे मानव को हर क़दम पर सचेत करते हुए कहते हैं कि जीवन नश्वर है। समाज में रहते हुए मात्र हमें अपने शरीर के सुख के लिए ही कार्य नहीं करने चाहिए अपितु

सुख-दुःख दोनों में हमें समान रूप से प्रभु को याद करना चाहिए। मानव को हर क़दम पर चेतावनी देते हुए वे कहते हैं कि–

कबीर कहा गरबियौ, इस जीवन की आस।
टेसू फूले दिवस चारि, खंखर भये पलास।।

व्यक्ति जीवन भर लोभ, मोह, स्वार्थ, दूसरों का हक छीन कर भी इस शरीर को संतुष्ट नहीं कर सकता। यही दशा पर व्यक्ति को दुःखी बनाए हुए हैं। अपना-पराया, पुत्र-पत्नी, घर आदि के पीछे, सुखों के ठाठ रचने में वह अपना पूरा जीवन लगा देता है, पर अंत समय में साथ कुछ नहीं जाता। शरीर की अस्थिरता को दर्शाते हुए वे व्यक्ति को सचेत कर रहे हैं–

यह तन काचा कुंभ है, लिया फिरै था साथि।
ढबका लगा फूटि गया, कछु न आया हाथि।।

अतः समाज-सुधारक कबीर मनुष्य को सत्संगति करने, साधुजनों का आदर करने का उपदेश देते हुए जीवन को सफल बनाने का उपदेश देते हैं। कबीर की वाणी, जनता की वाणी है। इसीलिए वह अनायास ही जनता के हृदय का हार बन सकी है और कबीर भारतीय जनता के सुख-दुःख के साथी बने हैं। वे न केवल नेता और गुरु हैं, साथी और मित्र भी हैं। आचार्य हज़ारी प्रसाद जी उनके अप्रतिम व्यक्तित्व और प्रभाव को लेकर लिखते हैं–''हिंदी साहित्य के हज़ार वर्षों के इतिहास में भी कबीर जैसा व्यक्तित्व लेकर कोई उत्पन्न नहीं हुआ। महिमा में यह व्यक्तित्व केवल एक ही प्रतिद्वंद्वी जानता है–तुलसीदास।'' कबीर की निम्न उक्तियाँ उनके काव्य और जीवन पर सटीक बैठती हैं :–

जिन ढूंढा तिन पाइयाँ। गहरे पानी पैठि।
मैं बघुश बूड़न डरा, रहा किनारे बैठि।।

सच तो यह है कि वे सुकरात की तरह सत्य और न्याय के लिए लड़े। उनकी वाणी मध्ययुग में एक अमर आलोक थी और प्रत्येक प्राणी आज भी उनसे आलोक पाता है। कबीर की भक्ति एक ऐसा राजमार्ग है, जिस पर स्पृश्यास्पृश्य, ब्राह्मण, शूद्र सभी चल सकते हैं।

जाति-पाति पूछे नहिं होई, हरि को भजे सो हरि का होई।

अतः समाज सुधारक कबीर मनुष्य को सत्संगति करने, साधुजनों का आदर करने, जीवन को सुखमय बनाने का प्रयास करते हुए कहते हैं :

कबीर संगत साध की, कदे न निरफल होई।
चंदन होसी बावना, नीम न कहसि कोई।।

उनकी वाणी में धार्मिक दृष्टिकोण की प्रधानता है। काव्यगत दृष्टिकोण। उन्होंने क़ागद मसि को छुआ तक नहीं और न ही कविता करने की प्रतिज्ञा की। उन्होंने बिना किसी लाग-लपेट के, आडंबर और कृत्रिमता के जन-जीवन की अनुभूतियों को सरल और सीधे ढंग से अभिव्यक्त किया है।

नैना अन्तर आव तू, नैन झांपि तोहि लेऊँ।
न मैं देखूं और को, ना तोहि देखन देऊँ।।

इस प्रकार हम कह सकते हैं कि साहित्य और धर्म के क्षेत्र में कबीर एक नवीन क्रांति के जनक थे और नवीन शैली के जनक एवं सफल कवि थे। कबीर का साहित्य आधुनिक समाज को सही दिशा दिखाने वाला है। वे एक युग चेता कवि और सच्चे समाज सुधारक थे।

सम्पर्क : प्रवक्ता
चौ. ईश्वर सिंह कन्या महाविद्यालय,
ढाण्ड-डडवाना
(कैथल) हरियाणा

कबीर और रैदास की वाणी में क्रांति चेतना का तुलनात्मक विवेचन

डॉ. सन्तराम देशवाल 'सौम्य'

यूं तो मध्यकाल में स्वामी रामानंद ने किया आध्यात्मिक आंदोलन का नेतृत्व और महाराष्ट्र के संत नामदेव ने हिंदी में भी अपनी वाणियों से निर्गुणीया संत-परंपरा का प्रवर्तन, लेकिन अपनी भक्ति, ज्ञान, विवेक एवं क्रांति चेतना का बिगुल बजा कर भक्त शिरोमणि कबीर व रविदास इस परंपरा के प्रवर्तक सिद्ध हुए। कोई कुछ भी कहे परन्तु सच यह है कि इन दोनों संत प्रवरों की वाणी में निहित क्रांति-चेतना लगभग बराबर है। यह अलग बात है कि कबीर के तेवरों में तीव्रता और स्वर में तल्खी रविदास से ज़्यादा है।

भक्ति काल की संत परंपरा न तो उपजी है भारतीयों की हारी मनोवृत्ति से और न ही उत्पन्न हुई है मुस्लिम प्रभाव से। इसके पीछे है प्राचीन भारतीय दर्शन एवं धर्म की एक अविच्छिन्न धारा। बौद्ध धर्म से चलकर नाथ और सिद्ध संप्रदाय में जो जीवन-तत्त्व उभरे, वे सभी हैं किसी न किसी रूप में संतों में।

नाथों की आचार-निष्ठा, विवेक-संपन्नता, अंध-विश्वास, विरोध, कर्मकांड की निरर्थकता को संतों ने सीधा अपनाया।

भक्ति आंदोलन उस समय उभरा, जब समाज में जाति-पांति का विभेद पराकाष्ठा पर था तथाकथित शूद्र समाज में बेहद निरादृत थे। सामाजिक ढाँचा जर्जरित हो चुका था। चहुं ओर था अव्यवस्था का आलम। विभेद, वैमनस्य, अन्याय, अत्याचार एवं अंतःसंघर्ष धुन की नाईं कर रहे थे समाज को खोखला। हिंदू समाज के अंत्यक पीसे जा रहे थे, चक्की के दो पाट्टों के बीच। हिंदू उन्हें नीच-कमीन-ढ़ेढ़ मान कर अपमानित-प्रताड़ित करते थे। मुसलमान उन्हें हिंदू मान कर करते थे उन पर घोर अत्याचार, और देते थे असीम यातनाएँ।

इन व्यथित कर देने वाली सामाजिक-धार्मिक परिस्थितियों से विचलित होकर प्रबुद्ध एवं चिंतक, जन परिवर्तन हेतु तलाशने लगे सामाजिक क्रांति की राह, खोजने

लगे क्रांति चेतना की पगडंडी। इन्हीं विचारकों-चिंतकों ने भक्ति-रथ पर आरूढ़ हो कर बजा दिया क्रांति चेतना का बिगुल, चला दिया समाज-सुधार का आंदोलन।

इस आंदोलन में ज़्यादा भागीदारी निभाई उस समय के निम्न वर्ग ने, क्योंकि ये लोग ही प्रताड़ित-पीड़ित थे। इस आंदोलन के पुरोधा बने संत प्रवर कबीर और रैदास।

इन संतों ने जन-सामान्य के दर्द के मर्म को समझ कर जनता की जनता के लिए बात की। अतः जनता ने इनकी वाणी को सिर माथे पर रखा। चूँकि उस समय जनता थी। धर्म-प्रवण और धर्म की भाषा ही ज़्यादा समझती थी। अतः इन संतों ने भारतीय धर्म-दर्शन के तत्त्वों को परोसा सहज लोक भाषा में, नए रूप में नई संवेदना के साथ।

संतों ने जहाँ निर्गुण-निराकार ईश्वर की उपासना की बात की, वहीं सामाजिक अन्याय-अत्याचार, प्रताड़ना-पीड़ा और धार्मिक कुरीतियों-कुप्रथाओं, आडंबरों-अंधविश्वासों के खिलाफ भी पुरजोर आवाज़ उठा कर ज़ोर दिया सामाजिक समरसता-एकता पर, समता-समानता पर।

उस समय ईश्वरोपासना की बात करना, इसके अधिकार की माँग करना, वस्तुतः सामाजिक-धार्मिक-आर्थिक न्याय की माँग थी, थोपे गए बंधनों को तोड़ने की माँग थी, अतः कबीर और रैदास ने ही नहीं, नानक, दादू, मीरा आदि सभी संतों ने इसी आधार पर मानव-मुक्ति, मानव-एकता, सामाजिक समता पर ज़ोर देते हुए रूढ़ियों-कट्टरताओं, सांप्रदायिक-विभेदों, कर्मकांडों-बाह्याचारों का डट कर किया विरोध।

संतों के स्वयं सामाजिक प्रताड़नाओं की पीड़ा को भोगा था। जाहिर है कि आत्मा-पीड़ा के आलोक में इन्होंने तत्कालीन समाज की पीड़ा को बखूबी समझ कर इसका व्यावहारिक समाधान प्रकट किया अपनी वाणियों में।

कबीर ने गर्व के साथ अपनी निम्न जाति को स्वीकारते हुए कहा है—

जाति जुलाहा मति को धीर, हरषि हरषि गुण रमै कबीर।

* * *

तू बांमन मैं काशी का जुलाहा...।

रैदास ने तो एक क़दम आगे बढ कर अनेकों वाणियों में स्वयं को छाती तान कर चमार, चमारा, खलास चमारा, चमरटा, ढ़ेढ़, नीच आदि कहते हुए भी स्वाभिमान, आत्मा-गौरव का अनुभव किया है, क्योंकि उनके ज्ञान, भक्ति और कर्म के कारण अपने आप को श्रेष्ठ समझने वाले ब्राह्मण तक उनको समादृत करते हैं—

जाति भी ओछी करम भी ओछा, ओछा कसब हमारा।
नीचै से प्रभु ऊंच कियो है, कह रैदास चमारा।।

वस्तुतः संतों ने जाति-भेद मिटाने हेतु एक ऐसी सुगम-सरल राह दिखाई, जिस पर तथाकथित ऊंच-नीच, स्पृश्य-अस्पृश्य, ब्राह्मण-शूद्र सभी चल सकते थे बिना किसी भेदभाव के।

कबीर ने उद्घोषणा की–

जाति-पांति पूछे नहिं कोई।
हरि को भजे सो हरि का होई।।

संत रैदास ने तो जाति-प्रथा को एक भयानक रोग मानते हुए कहा कि जन्म से कोई नीच नहीं है, कर्म से ही व्यक्ति पहचाना जाना चाहिए–

मानुषता कूं खात हइ, रैदास जात का रोग।

* * *

रैदास जन्म के कारनै, होत न कोऊ नीच,
नर कूं नीच करि डारि है, ओछे करम का कीच।

यही नहीं, रैदास ने जन्म के आधार पर ब्राह्मण को भी समादृत न करने की पैरवी करते हुए क्रांतिकारी शब्दों में कहा है–

रैदास ब्राह्मन मति पूजिए, जेउ होवै गुनहीन,
पूजहिं चरण चंडाल के, जेउ होवै गुण परवीन।

उधर, कबीर ने अपनी एक 'रमैनी' में ब्राह्मण की जन्म सिद्ध-जातिगत श्रेष्ठता पर तीखा व्यंग्य करते हुए कहा है–

जौं तुह ब्राह्मन बम्हनी के जाया,
और राह ते काहे न आया।

हिंदू-मुसलमानों की एकता के लिए भी संतों ने भरसक प्रयास किया, मगर दोनों धर्मों की बुराइयों का विरोध अवश्य किया। कबीर तो दोनों को लताड़ते हुए सीधे-सीधे कहते हैं–

अरे इन दोउन राह न पाई,
हिन्दुअन की हिन्दुआई देखी, तुरकन की तुरकाई।

रैदास का तेवर दोनों धर्मों को लेकर विद्रोही नहीं है। वे इनकी एकता की ओर ज़्यादा ध्यान देते हुए कहते हैं–

रविदास हमारो राम जोइ, सोइ है रहमान... ।

* * * * *

रविदास पृथक कैसे भये, हिन्दू-मुसलमान।

सच्ची भक्ति न सिर मुंडवाने से होती है, न माला डालने-जपने से। न तिलक लगाने से होती है, न तीर्थ-व्रत करने से। न काबा जाने से होती है, न मस्जिद में बांग देने से। इसीलिए पोगापंथी हिंदुओं को लताड़ते हुए कबीर ने कहा—

मूंड मुंडाए कै हुआ जो घोटम घोट,
मन को क्यों न मूंडिए जा में भरिया खोट।

रैदास ने भी बिल्कुल इसी अंदाज़ में कहा है—

कहा भयो जे मूंड मुंडायौ, बहु तीरथ ब्रत कीन्हैं।
स्वामी दास भगत अरू सेवक, जौ परम तत्त नहिं चीन्हैं।।

कबीर ने मूर्ति-पूजा, धर्म के नाम पर हिंसा, तीर्थ-व्रत-रोजा-नमाज़ आदि हिंदू-मुसलमानों के मिथ्याडंबरों-अंधविश्वासों-रूढ़ियों का ज़ोरदार विरोध करते हुए कहा—

पाथर पूजे हरि मिले, तो मैं पूजूं पहार।
ताते तो चाकी भली, पीस खाए संसार।।
कांकर पाथर जोरि के मस्जिद ली बनाय।
तां चढि मूल्ला बांग दे, क्या बहरा हुआ खुदाय।।

रैदास भी कहाँ पीछे रहने वाले थे। उन्होंने भी चेतावनी देते हुए कहा है—

थोथा मन्दिर भोग बिलासा, थोथी आन देव की आसा... ।
काबे अरू कैलास मंह, जिंह ढूंढण जांह,
रविदास पिआरा राम तउ, बइठहिं मन मांह।

क्रांति चेतना हेतु नैतिकता एक आवश्यक पहलू है क्योंकि नीति ही मनुष्य को कर्त्तव्याकर्त्तव्य का भान कराती है। नैतिक भावना से ओत-प्रोत होकर ही कबीर और रैदास ने अपनी वाणियों में सत्संगति, सदाचार, सत्यता, पवित्रता, परोपकार, दया, दान, अस्तेय, अपरिग्रह, त्याग, क्षमा अहिंसा, अभिमान हीनता, क्रोध-विसर्जन, निन्दा-त्याग, निष्काम कर्म आदि नैतिकता के नाना रूपों को शब्दांकित किया है।

कहना न होगा कि समाज में जो आचारिक एवं मानसिक विकार परिव्याप्त थे, उन्हें निर्मूल करके एक आदर्श मानव एवं आदर्श समाज की संस्थापना ही काम्य रहा है कबीर-रैदास सहित सभी संतों का। इसी के लिए ये सामाजिक जड़ता एवं असमानता को समूल नष्ट करना चाहते थे।

निःसंदेह, क्रांति चेतना का फलागम है एक आदर्श समाज, जिसमें सभी की एक जाति, एक वर्ग और एक धर्म हो। वह धर्म, वह वर्ग, वह जाति हो–मानव वर्ग, मानव धर्म, मानव जाति। संतों ने इसे ही कहा है–'हरि की जाति', 'हरि का बन्दा'।

दूसरे शब्दों में कह सकते हैं कि संतों ने मानवतावाद, मानवीय बंधुत्व, मानव-प्रेम हेतु समाज में व्याप्त मत-मतांतरों के खिलाफ तीव्र प्रतिक्रियाएँ व्यक्त कीं अपनी वाणियों में। रैदास ने स्पष्ट उद्घोष किया है–

बन खोजइ पिअ न मिलहिं, बन में प्रीतम नांह,
रविदास पिय है बसि रह्यो, मानव प्रेमहिं मांह।

रैदास तो स्वाधीन जीवन को सुख का पर्याय मानते हैं और पराधीन जीवन को साक्षात् नरक। इसीलिए ये ऐसा राज्य चाहते हैं, जहाँ न केवल सभी समान हों, बल्कि सभी को भरपेट भोजन भी मिले। तभी वे प्रसन्न रह सकते हैं–

ऐसा चाहौं राज मैं, जहाँ मिलै सबन को अन्न।
छोट बड़ो सभ सम बसैं, रविदास रहैं प्रसन्न।।

वास्तव में, आज से छः सौ वर्ष पूर्व ऐसे 'स्वराज्य' की संकल्पना करना, ऐसे राज्य की कामना करना, न केवल हमारे संविधान की पूर्व पीठिका प्रतीत होती है, बल्कि मार्क्सवाद की आधार-भूमि भी दिखाई देती है।

उधर, भारत की स्वतंत्रता के आंदोलन को आधुनिक काल में उपजा मानने वाले अंग्रेज़ीदा इतिहासकारों की आँखें खोलने के लिए संत रैदास की यह वाणी पर्याप्त होगी, जिसमें इन्होंने पराधीनता को मध्य काल में ही 'पाप' घोषित करके तीव्र विरोध किया है–

पराधीनता पाप है, जान लेहूं रे मीत।
रविदास पराधीन सों, कौन करै है प्रीत।।

मुझे यह कहने में कतई संकोच-शक नहीं है कि समता, स्वतंत्रता एवं मानव-बन्धुत्व की मानवतावादी चेतना जगाने में संत रैदास, कबीर से कई क़दम आगे हैं और इसकी साक्षी हैं रैदास की साखियाँ एवं पद।

कबीर को सामाजिक-धर्मिक कुप्रथाओं-कुरीतियों का उपहास करके आनंद आता था और इन पर व्यंग्य करके रस लेते थे, जब कि रैदास की वाणियों में है एक खास प्रकार की गंभीरता और साथ ही सरसता भी। वस्तुतः उनकी खंडनात्मकता भी कट्टरता से सर्वथा मुक्त है और इसीलिए कटुता से भी। ये भक्त और ज्ञानी पहले हैं, क्रांतिचेता सुधारक बाद में। उन्हें न किसी खंडन से मतलब है न मंडन

से। वे तो बस भक्ति के लिए मस्त हो कर गाते हैं–'भगति हेत गावै रैदासा...।' पदों की अपेक्षा उनकी साखियों में सामाजिक चेतना का स्वर ज़्यादा मुखरित हुआ है।

रही बात नानक, दादू और मीरा की क्रांति चेतना की। नानक ने मूर्तिपूजा, जाति-पांति, ऊँच-नीच, अंधविश्वास आदि का विरोध करते हुए हिंदू-मुस्लिम एकता और 'अकाल पुरुष' (ब्रह्म) की प्राप्ति हेतु सीधे-सादे उपदेश दिए, जिनमें सत्य के प्रति दृढ़ता, समर्पण भाव व सरलता है, वक्रता नहीं। दादू दयाल तो थे ही दया और प्रेम की प्रतिमूर्ति। इनमें संत-परंपरा की सभी विशेषताएँ तो हैं, लेकिन इनकी वाणियों में तल्खी के स्थान पर निष्पक्षता, गांभीर्य एवं सरसता दृष्टिगोचर होती है। उधर, मीरा तो थी ही प्रेम दीवानी। इसी प्रेम की डोर पकड़ कर इन्होंने उस युग में नारी-स्वातंत्र्य, नारी चेतना, नारी-अधिकार को भक्ति-रस में डुबो कर क्रांति चेतना का बिगुल बजाया।

आज के जातिवाद-धर्मवाद से ग्रसित, वर्ग-वर्ण-भाषा-क्षेत्र के नाम पर उत्तेजित, नैतिकता के पथ से पतित, अतिभौतिकतावाद से विमोहित, संवेदनहीनता से जड़ित, भ्रष्टाचार से थकित भारतीय समाज को ही नहीं, बल्कि संपूर्ण विश्व को पुनः आवश्यकता है क्रांतिचेता संतों के उपदेशों की। आवश्यकता है–यह बताने की कि संतों द्वारा प्रतिपादित चरित्र-बल, प्रेम-भाव, सम भाव, समानता, मानव-एकता आदि गुण ही किसी समाज की असली प्रगति कर सकते हैं।

आइए, संतों द्वारा सुकल्पित एक समन्वित धर्म, समन्वित संप्रदाय, समन्वित मत की सुस्थापना करके मानवाधिकार की संकल्पना को साकार करें और तर्क को त्याग कर संतों की वाणी का असली आनंद लें।

सम्पर्क : प्रवक्ता,
छोटू राम आर्य कॉलेज,
सोनीपत, (हरियाणा)

मीरा की वाणी में आलोकित क्रांति

डॉ. राजकला देशवाल

'भक्ति' शब्द की व्युत्पत्ति 'भज्' से मानी जाती है। यह भक्ति भावना आर्यों के दार्शनिक और आध्यात्मिक विचारों के फलस्वरूप क्रमशः श्रद्धा उपासना से विकसित होकर उपास्य के ऐश्वर्य में सम्मलित होने जैसे व्यापक भाव में परिणत हो गई थी, भक्ति की यह धारा पहले दक्षिण भारत में विकसित हुई और फिर उत्तर भारत की ओर बढ़ चली थी। अतः दक्षिण से आरंभ होकर यह भक्ति आंदोलन क्रमशः समस्त भारत के कोने-कोने में प्रसारित हो गया इसी समय को हिंदी साहित्य के इतिहास में भक्तिकाल के नाम से अभिहित किया जाता है। इस काल में उत्तर भारत में भक्ति धर्म ने अद्वैतवादी ज्ञान मार्ग, हठयोग तथा यंत्र इन तीन मतों से प्रभावित होकर तीन भिन्न स्वरूप धारण किए। जिस प्रकार पर्वत शिखर से उतरती हुई सरिता अपने प्रवाह मार्ग में गिरि प्रांत को कलरवित करती है, घने जंगलों में आँख-मिचौली खेलती हुई घुमावदार मार्ग से चक्कर काटती चलती है और समतल भूखंड में आकर प्रशस्त मार्ग पर धीरे-धीरे बहती हुई कमल, सेवाल तथा छोटी-बड़ी लहरियों में शोभा पाती है। इसी प्रकार भक्ति की स्रोतस्विनी ने भी ज्ञान के उच्च गिरिश्रृंग के संपर्क में आकर सगुण लीलारूपी निर्झर का रूप अपनाया, जिसमें मर्यादा पुरुषोतम भगवान राम तथा नट नागर श्री कृष्ण की सगुण लीला के सरस गीतों से समस्त मध्यदेश को मुखरित कर दिया। दूसरी ओर, योग मार्ग के गूढ़ कानन से चक्कर काटती हुई यह भक्ति धारा संत कबीर की दबंग वाणी में फूट पड़ी तथा बंगाल के शाक्त धर्म एवं तंत्र सम्मत पंचमकारों के स्थूल लौकिक जीवन के संपर्क में आकर यह भक्ति धारा समतल मैदान में बहने वाली मंदगामिनी सरिता की भांति मधुर बन गई। भक्ति के ये सभी रूप मीरा की वाणी में देखें जा सकते हैं।

भक्तिकाल में कबीर, नानक, धन्ना, दादू, रैदास और मीरा आदि संतों ने अपनी वाणी के द्वारा समाज में जहाँ भक्ति की सरस धारा को पांखडों का खंडन करते हुए गुरु महिमा, नाम स्मरण, अपने आराध्य सगुण व निर्गुण के प्रति अनन्य भाव का मंडन किया। संतों की खंडनात्मक वाणी के रूप में क्रान्ति चेतना प्रस्फुटित हुई।

भक्तिकाल की राजनैतिक, आर्थिक, सामाजिक व धार्मिक परिस्थितियों के परिपेक्ष्य में ही हम उनके द्वारा परिणत ज्ञानवती, भक्तिमती और कर्मवती वाणी का मूल्यांकन कर सकते हैं। ज्ञातव्य है कि तत्कालीन युग के सांस्कृतिक क्षय के कीटाणुओं के विरुद्ध संघर्ष भक्तिकाल के सभी संतों ने किया। निःसंदेह इस पुनीत कर्म में कबीर सबसे अग्रणी थे, परंतु मीरा का योगदान भी किसी प्रकार से कम नहीं था। उनके इस योगदान का अवलोकन करना अति अनिवार्य है। मीरा में यह संघर्ष उनके राजकीय परिवेश और नारी स्वरूप के अनुकूल ही पल्लवित हुआ, इसलिए उनमें विरोध का कोलाहल नहीं निरोध की दृढ़ता मिलती है।

मीरा के काव्य के सम्यक् विवेचन के लिए यह जान लेना अति अनिवार्य है कि उनकी काव्य चेतना सामन्ती परिवेश में पलकर लोक धरातल पर विकसित हुई। राजकुल में जन्म लेकर तथा राजकुल की वधू होकर मीरा का जीवन महलों में आबद्ध नहीं रहा, बल्कि व्यापक प्रेमानुभूति एवं भक्ति-भावना के कारण उनका व्यक्तित्व लोक के साथ समाहित हो गया। प्रथमतः उन्होंने राजकुल की मर्यादाओं को स्वीकारते हुए भक्तों व संतों का सत्संग कर अपनी भक्ति-क्षुधा शांत की, लेकिन जब राजकुल के नियम बाधक बनने लगे तो मीरा ने उन्हें तिलाँजलि दे डाली। कृष्ण प्रेम की उस प्रेम-दीवानी के आगे लोक और कुलाचार के कूल ढह गए। यद्यपि मीरा अपने आराध्य श्याम रूप में तन्मय हो अंतिम साँस तक उन्हें अपने प्राणों का नैवेद्य अर्पित करती रही इसलिए उनके काव्य में उनका भक्तिन रूप अत्यधिक प्रखर दृष्टिगत होता है। साथ ही संतों के सतत साहचर्य एवं निरंतर यात्राओं में रहने से मीरा का सीधा संपर्क लोक से जुड़ गया। फलतः उनका संतिन रूप भी उनके वाणी में अनुगूंजित हुआ है।

मीरा की पदावली का अध्ययन, चिंतन व मनन करने से स्पष्ट हो जाता है कि उनमें चिरंतन नारीत्व की आशा-आकांक्षा और व्यथा का स्वर तो है ही, लेकिन उस युग की नारी का मूक विद्रोह भी स्पष्ट ध्वनित होता है। मीरा का व्यक्तित्व बड़ा प्रखर, स्वतंत्र, दृढ और क्रांतिकारी था। मीरा की पदावली में एक ओर संतों की स्वच्छंदता, सांप्रदायिक भेदभावों, निर्गुण का ज्ञान, रहस्य साधना, समस्त प्रकार के साधु-संतों की संगति, निर्भय भ्रमण, नाथों संतों के सहज योग, सत्गुरु की महिमा तथा अंतः साधना की भक्ति संत-मत की ही द्योतक हैं।

उल्लेखनीय यह है कि लोक जीवन के संपर्क ने तो मीरा की काव्य चेतना को अतिशय प्रभावित किया ही था, साथ में, सामंती व्यवस्था के विरोध में भी उन्होंने अपने विद्रोहात्मक स्वर प्रदान करके अपनी क्रांति चेतना को प्रकट किया। इसका मुख्य कारण यह था कि उस समय की सामंती व्यवस्था चरमोत्कर्ष पर होने के कारण परंपरागत रूढ़ियों, जाति-भेद तथा वर्गगत विशिष्टता को आश्रय देती हुई व्यक्ति स्वातंत्र्य, व्यक्ति समत्व और नारी समानाधिकार इत्यादि लोकतांत्रिक मूल्यों का

प्रत्याख्यान कर रही थी। उस वर्ग भेद को पोषित करने वाली ह्रासोन्मुख सामंतवादी संस्कृति के विरुद्ध मीरा ने अपनी वाणी को बुलंद किया। मीरा जन संस्कृति की उत्कर्षमूलक चेतना की ज्वलंत प्रतीक थी। मध्ययुग के उस रूढ़िग्रस्त समाज को मीरा की यह चुनौती कुछ कम क्रांतिकारी नहीं लगती है—

चोरी करूं न मारगी, नहीं मैं करूं अकाज।
पुन्न के मारग चालतां, झक मारो संसार।[1]

'झक मारो संसार' में अनीतिमूलक संसार के विरुद्ध व्यक्ति स्वतंत्रता का स्वर कितनी तीव्रता से प्रस्फुटित है। यहाँ 'संसार' शब्द में जो आक्रोश व्यक्त है वह लोक के प्रति नहीं वरन् अपने राजकुल के स्वजनों तथा उनके अन्य समर्थकों के प्रति व्यक्त है। उन्हीं के उत्पीड़न व कटु व्यवहार से मीरा का जीवन दुःखी हो गया था।

मीरा ने उस समय की इस परंपरा को भी ठुकराया कि नारी धार्मिक क्षेत्र में गुरु के बिना पार नहीं उतर सकती। उन्होंने श्री कृष्ण के अतिरिक्त गुरु-सूव्य आराध्य नहीं माना। उनके इस कथन से यह बात स्पष्ट हो जाती है—

मेरो तो गिरधर गोपाल दूसरो न कोई।
दूसरा न कोई साधो सकल लोक जोई।।[2]

सामाजिक व्यवहार में उस समय की नारी को किसी प्रकार की स्वतंत्रता नहीं थी। नारी केवल घर की शोभा, पुरुष के वैभव और पुरुषार्थ की प्रदर्शनी मात्र थी, परंतु मीरा ने उस समय के सामंती मूल्यों को तिलांजलि दी और नारी स्वातंत्रय की चेतना को अपनी वाणी द्वारा व्यक्त किया—

राणा जी थारो देस लडो रंग रूढो।
थारे मुलक में भक्ति नहीं छै, लोग बसै सब कूडो।[3]

अर्थात् मीरा के अनुसार राणा का देस उनके रहने लायक नहीं और वे वहाँ के राज-बंधनों में नहीं रहना चाहती और कह उठती हैं—

हेली म्हासूँ हरि बिन रहयो न जाय।
सास लड़ै मेरी ननद खिझावै राणा रह्या रिसाय।।
पहरो भी राख्यौ चौकी बिठारयो तालो दियो जडाय।
पूर्व जन्म की प्रीत पुराणी सो क्यों छोड़ी जाय।।[4]

इस प्रकार मीरा ने नारी स्वतंत्रता का उद्घोष किया। इस संदर्भ में यह कथन दृष्टव्य है—"मीरा ने नारी और पुरुष के स्वातंत्रय-संबंधी इस सामाजिक भेद को दार्शनिक व्याख्या द्वारा अस्वीकृत तो किया ही साथ ही लौकिक व्यवहार में भी ध्वस्त किया।

इसके साथ सबसे बड़ी बात यह थी कि मीरा ऐसे सामंतीय मूल्यों को ठुकरा कर लोक जीवन के साथ एक रस हो गई। उस युग में इतना कर्त्तव्य किसी नारी को महनीय बनाने के लिए पर्याप्त था।''[5]

तात्कालीन समाज में व्याप्त वर्ग भेद को भी मीरा ने स्वीकार नहीं किया। इसी वर्ग भेद के मूल पर अपनी वाणी द्वारा क्रांतिकारी प्रहार किया और कहा–

राणा जी हो, जाति रो कारण म्हारे को नहीं।
लागो म्हारा हरि भगतां सूँ सनेह।।[6]

मीरा को सांसारिक पीड़ाएँ भी अत्यधिक झेलनी पड़ीं। इन्हीं सांसारिक पीड़ाओं को उन्होंने बालपन से अपने हृदय में छिपी हुई श्री कृष्ण के प्रति अगाध भक्ति की लहरियों में प्रक्षालन कर लिया था। इसीलिए तो वे राणा जी को स्पष्ट व सटीक शब्दों में कहती हैं–

राणा जी अब न रहूंगी तोरी हटकी।

आज भी पति की मृत्युपरांत स्त्रियों को उनके देवर या जेठ के साथ पुर्नविवाह करके रहने को ही अत्यधिक मर्यादा सम्मत समझा जाता है, परंतु मीरा को उस समय अपने ससुराल पक्ष का इस प्रस्ताव को ठुकराने में विरोध करना पड़ा और उन्हें पीड़ाएँ-यातनाएँ दी गईं, जो सहज ही उनके पदों से प्रस्फुटित हो जाती हैं–

राणा जी मैं गिरधर के घर जाऊँ।
मेरी उनकी प्रीत पुरानी उन बिना पल न रहाऊँ।।[7]

इस दृष्टिकोण से मीरा स्वकीया भी हैं और परकीया भी। परमार्थ की दृष्टि से वे स्वकीया हैं और लौकिक दृष्टि से वे परकीया हैं। लोक दृष्टि से उन्हें 'कुलनासी' 'बिगड़ी' और 'जग हाँसी' कहा गया था। परंतु मीरा ने इन सब बातों से ऊपर उठ कर, लोक-लाज की शृंखलाओं को तोड़कर लोक वर्जनाओं को ताक पर रख अपने हृदय की बात को सुना और साँवरे कृष्ण से मिलने को राधा की भाँति निकल पड़ीं। अपने जीवन को भक्ति के रंग में रंग कर सँवारा तथा अनेकानेक स्त्रियों के लिए भक्ति मार्ग को प्रशस्त किया। वे निर्भीक होकर कहती हैं–

श्री गिरधर आगे नाचूँगी।

* * *

लोक लाज कुल की मरजादा, यामें एक न राखूँगी।
पिव के पलंग जा पौढ़ूँगी, मीरा हरि रंग राचूँगी।।[8]

मीरा की वाणी में झूठे आडंबरों यथा तीर्थ, व्रत, ज्ञान कथा, काशी करवट और वैराग्य

धारण करने की अपेक्षा सच्ची अनन्य भक्ति, प्रेमा भक्ति की चेतना उपलब्ध होती है। उस समय में फैले मिथ्या-आडंबरों का विरोध एक क्रांतिकारी क़दम था, जिसे उन्होंने सहज ही अपनी वाणी द्वारा अभिव्यक्त करते हुए कहा—

तीरथ बरतां ज्ञान कथन्ता कहा लया करवत कासी।

* * * *

जोगी होय जुगत ना जाना उलटा जनम रा फाँसी।। [9]

उन्होंने यह भी कहा कि मन का मैल धोये बिना प्रभु को कैसे प्राप्त किया जा सकता है। वे मन में उपस्थित विकारों को भक्तिमार्ग में रूकावट मान कर त्याज्य बताती हैं—

यह विधि भक्ति कैसे होय।
मणा का मैल हियत न छुटी,

दियो तिलक सिर धोये।
काम कूकर लोभ डोरी बांधि मोह चंडाल।
क्रोध कसाई रहत घट में कैसे मिले गोपाल।। [10]

उन्होंने मानव मात्र को बहुत ही कड़े शब्दों में चेताते हुए मनुष्य जीवन को अनार के फूल समान चार दिवस का बताया और लोभवश मूल स्वरूप को न भुला कर प्रभु की बंदगी करने को कहा—

बन्दे बन्दगी मत भूल।
चार दिनां की करले खूबी, ज्यों दंड़िमदा फूल।।
आया था ए लोभ के कारण, भूल गंमाया मूल।
मीरा के प्रभु गिरधर नागर, रहना है वे हजूर।। [11]

सत्य ही कहा है कि मीरा ने अनंत अविनाशी का आश्रय लेकर भौतिक सांसारिक विवशता को, काल जनित पीड़ा को परास्त करने का प्रयत्न किया था। क्रूर काल के अतिरिक्त उनका रोष इस दुःखद संसार के प्रति भी था, जिसने सामाजिक नीतियों और झूठी प्रतिष्ठा के नाम पर उनके जीवन पथ को कांटों से भर दिया था और विष देकर मारने के षड्यंत्र रचे थे। यही कारण था कि मीरा सामंतीय समाज की उस अन्याय पूर्ण स्थिति के प्रति अडिग खड़ी हुई और उन्होंने कड़े-कठोर शब्दों में यह कहने में तनिक भी संकोच और भय की अनुभूति नहीं की कि मूर्ख सिंहासन विराजते और पंडित दर-दर मारे-फिरते हैं।

मीरा के विषय में यह भी वर्णन आता है कि वे एक बार गोस्वामी तुलसीदास जी से मिलने गई, लेकिन उन्होंने उन्हें स्त्री कह कर उनसे मिलने से इंकार कर दिया

था तो प्रत्युत्तर में मीरा जी ने कहला भेजा था–"अपने को पुरुष बताने का गर्व क्यों करते हो, मैं तो समझी थी पुरुष तो एक ही है, शेष प्रकृति है।" उनका यह कथन ऐकेश्वरवाद का अनुभूतिजन्य सत्य एवं क्रांतिकारी चेतना है। वे किसी संप्रदाय विशेष में दीक्षित नहीं हुईं, वे तो केवल गिरधर के हाथों बिक गईं थीं, जिसे लोगों ने बिगड़ना कहा था।

मीरा गिरधर हाथ बिकानी, लोग कहें बिगडी।[12]

इससे अधिक मीरा और क्या कहती, उनकी प्रेम पीड़ा स्वयं अपना मर्म कह देने में समर्थ है। इसी प्रेम के लिए किस भाँति वे राजेश्वर्य, आत्मीय स्वजनों को त्यागकर अपमान, अपयश की उपेक्षा कर वृंदावन की ओर चल पड़ी थीं। मीरा ने इस लोक में अपनी भक्ति वाणी की क्रांति रूपी लौ से अपने जीवन रूपी धूप को सुलगा-सुलगा कर सुगंध बिखेरी और निमग्न होकर हरिनाम उच्चरित किया था।

कहना न होगा कि करोड़ों-करोड़ों धर्माचार्यों के उपदेश उस प्रेम उन्मादिनी मीरा के एक एक शब्द पर बलिहारी हैं, कोटि-कोटि संप्रदायों की संपदाएँ उस 'दरद दिवानी' के एक-एक अश्रु पर न्यौछावर हैं। विशेष उल्लेखनीय यह तथ्य व सत्य है कि एक विधवा नारी के परिप्रेक्ष्य में भले ही वे राजकुल की वधू क्यों न हों, मीरा का संघर्ष एवं विरोध कितना मर्मातक रहा होगा। उन्होंने मायके और ससुराल को छोड़ कर वर्जनाओं से परिपूर्ण तात्कालीन समाज से जूझते हुए भक्तिकालीन संतों व भक्तों में अपनी वाणी रूपी क्रांतिकारी चेतना सरिता को प्रवाहमान किया। फिर भी मीरा के संदर्भ में यह कथन कितना समीचीन लगता है–"मीरा के काव्य की आत्मा खंडित, जर्जरित मर्यादाओं और ध्वस्त मूल्यों की अस्त-व्यस्त परंपराओं की ओर कभी नहीं भटकी। उन्हें जीवन भर संघर्ष का ही जीवन व्यतीत करना पड़ा। विवाह के क्षण से मृत्यु की घड़ी तक, लौकिक खिन्नताएँ, दुःख और असफलता उनकी संगी रहीं। आध्यात्मिक दृष्टि से भी वियोग उनकी साधना का अनिवार्य अंग था। इतना कुछ सहने पर उन्होंने बहुत कम उसके विषय में कहा। वास्तव में मीरा में विरोध के कोलाहल की अपेक्षा निरोध की दृढ़ता ही मुख्य स्वर है। उनके काव्य में कहीं भी आशंका और अविश्वास का खिन्न चित्कार नहीं है, सर्वत्र आस्था का पुलकित स्वर ही मुखरित है। लौकिक विषाद भी जैसे उनकी साधकता में घुल मिल गया है।"[13]

अतः मीरा की वाणी सदैव ही सामान्य जन की चेतना में वास करके उनका पथ आलोकित करती रहेगी।

संदर्भ

1. पृष्ठ 113, भक्तिमती मीराबाई : जीवन और काव्य, लेखक डॉ. लाल बहादुर सिंह चौहान

2. पृष्ठ 49, पद 17, भक्तिमती मीराबाई जीवन और काव्य, डॉ. लाल बहादुर सिंह चौहान
3. पृ. 69, पद 51, 52, वही
4. पृ. 69, पद 51, 52, वही
5. पृ. 88, मीरा व्यक्तित्व और कृतित्व, श्री शरण
6. पृष्ठ 144, भक्तिमती मीराबाई जीवन और काव्य, डॉ. चौहान
7. पृष्ठ 71, मीरा व्यक्तित्व और कृतित्व, श्री शरण
8. पृष्ठ 72, वही
9. पृष्ठ 74, मीरा व्यक्तित्व और कृतित्व, श्री शरण
10. पृष्ठ 88, वही
11. पृष्ठ 102, वही
12. पृष्ठ 56, वही
13. पृष्ठ 104, मीरा व्यक्तित्व और कृतित्व. श्री शरण

सम्पर्क : प्रवक्ता,
ताऊ देवीलाल राजकीय महिला महाविद्यालय
मुरथल (सोनीपत) हरियाणा

निर्गुण कवियों का समाज सुधारक रूप

डॉ. शीला मिगलानी

भक्ति काल की निर्गुण काव्यधारा ज्ञान और भक्ति मार्ग पर निरंतर आगे बढ़ने वाली संतों की वह धारा थी, जिसने स्वाभाविक रूप से जन-जीवन में डूबी अनुभूतियों और आध्यात्मिक विषयों का सुंदर संयोजन किया। उत्तरी भारत की निर्गुण काव्य परंपरा के प्रेरणा स्रोतों में प्रसिद्ध वैष्णव आचार्य रामानंद का नाम विशेष उल्लेखनीय है। स्वामी रामानंद सार्वभौम मानवतावाद की प्रतिष्ठा के लक्ष्य को लेकर चले और उन्होंने समाज के सभी तत्त्वों को एकता के सूत्र में पिरोने का सफल प्रयास किया। रामानंद ने जाति और वर्ग भेद से रहित, समत्व और भ्रातृत्व पर आधारित नई सामाजिक व्यवस्था का सूत्रपात किया। रामानंद के धार्मिक सम्प्रदाय में प्रत्येक जाति और धर्म के स्त्री-पुरुष सम्मिलित हो सकते थे तथा सभी एक साथ खान-पान और आराधना कर सकते थे। उनके शिष्यों में भी सभी जातियों के लोग थे। कबीर जुलाहा, रैदास चमार, धन्ना जाट, सदना कसाई, पीपा राजदूत थे। रामानंद पृथ्वी पर राम राज्य की स्थापना करना चाहते थे। यह कार्य व्यक्ति और समाज में परिष्कार लाने वाले कुछ महत्त्वपूर्ण सामाजिक सुधारों पर निर्भर है। ये सुधार हैं—समाज में जाति-पाति के बंधन की समाप्ति, पारिवारिक जीवन में बहु विवाह की प्रथा को रोक कर केवल एक विवाह की प्रथा का प्रचलन, शारीरिक शुद्धि, प्रेम और ईश्वर के प्रति आत्म समर्पण।

रामानन्द के शिष्यों में कबीर, पीपा, रैदास, धन्ना और सेन ,संत और कवि दोनों रूपों में प्रसिद्ध हुए। इनमें धन्ना, रैदास और कबीर का महत्त्वपूर्ण साहित्य हिंदी साहित्य जगत में अपना अलग स्थान रखता है। इन सब कवियों ने रामानंद के समाज सुधार के लक्ष्य को आगे बढ़ाया। निर्गुण कवियों में वैयक्तिकता कम और सामाजिकता अधिक है। इसका कारण यह है कि लगभग सभी संत पारिवारिक जीवन व्यतीत करने वाले गृहस्थी थे, नाथ पंथियों की भाँति योगी नहीं थे। उन्हें जीवन का पूरा अनुभव था। उन्होंने आत्म शुद्धि पर बल दिया, परंतु वे सदैव समाज को दृष्टि में रख कर चले हैं। नाथ संप्रदाय की साधना व्यक्तिगत और पद्धति शास्त्रीय है, संतों

की साधना सामाजिक और पद्धति स्वतंत्र है। वे एक ओर संत तथा कवि हैं, वही दूसरी ओर समाज सुधारक भी हैं।

भक्ति काल की सगुण एवं निर्गुण भक्ति काव्य धारा का परिवेश एक ही था, परंतु एक ही परिवेश के प्रति सगुणोपासकों एवं निर्गुणोपासकों का दृष्टिकोण भिन्न था। सगुणोपासकों का प्रयत्न यह था कि किसी प्रकार हिंदू समाज को विघटन और उत्पीड़न से बचाया जाए। इसलिए उन्होंने हिंदू समाज को पुनर्गठित करने की दिशा में प्रयत्न किए। सगुणोपासकों की समन्वय भावना भी मूलतः हिंदू समाज के विभिन्न घटकों को ही संगठित करने तक सीमित थी। निर्गुण उपासकों का दृष्टिकोण अपने परिवेश के प्रति अधिक व्यापक और प्रगतिशील था। उन्होंने समाज को हिंदू जनता तक सीमित न मानकर, हिंदू और मुसलमान दोनों धर्मों के लोगों को संगठन माना। अतः उन्होंने उदात्त मानव मूल्यों की प्रतिष्ठा द्वारा जाति संप्रदाय और धर्म के भेद को मिटाने का प्रयास किया और मनुष्य मात्र को समन्वय के सूत्र में गूँथने की चेष्टा की। मुसलमानों को भी हिंदुओं की ही भाँति भारतीय समाज का अभिन्न अंग माना। उन्होंने दोनों ही वर्गों की दुर्बलताओं पर प्रहार करके पूरे समाज को सुधारने की चेष्टा की तथा हिंसा, दुराचार, पाप और पाखंड के विरुद्ध आक्रोश व्यक्त किया। निर्गुणोपासकों के भेदभाव रहित मानवतावादी दृष्टिकोण का प्रभाव सगुणोपासकों पर भी पड़ा और उन्होंने अपने भक्ति मार्ग के अंदर निम्न और अछूत समझे जाने वाले भक्तों को भी सम्मिलित होने की छूट दी थी। तुलसी साहित्य में यह दुहरी प्रतिक्रिया साथ-साथ मिलती है। एक ओर वे वर्णाश्रम धर्म व्यवस्था की रक्षा में प्रयत्नशील दिखाई देते हैं और दूसरी ओर भक्ति का मार्ग निम्न से निम्न वर्गों के लिए उन्मुक्त करते नज़र आते हैं। तुलसी ने केवट, शबरी, निषाद आदि को राम भक्ति के क्षेत्र में अत्यंत गौरवमय पद प्रदान किया।

सगुणोपासकों के राम अपनी सारी शक्ति राक्षसों, मलेच्छों, अत्याचारियों के दमन में लगाते प्रतीत होते हैं और लोक रक्षण का विश्वास जगाते हैं। निर्गुणोपासकों के राम निर्गुण होने के नाते घट-घट वासी हैं। इसीलिए वे सभी की सद्वृत्तियों और सत् क्रियाओं के मूल स्रोत हैं। इस प्रकार संतों ने हिंदुओं तथा मुसलमानों को सद्भावना और सदाचार के सोपान पर समान रूप से ला खड़ा किया। संतों का महत्त्वपूर्ण उद्देश्य संप्रदाय निरपेक्षता और भावनात्मक एकता रहा।

संत अपने परिवेश की समस्याओं के प्रति जागरूक थे। उनके सामने सबसे बड़ी समस्या पारस्पारिक वैमनस्य और भेदभाव की थी। यह भेदभाव एक ओर हिंदू और मुसलमानों के प्रति था तथा दूसरी ओर हिंदू-हिंदू के मध्य था। इन दोनों के भेदभाव को समाप्त करने का एकमात्र सही उपाय था—निर्गुण की उपासना। निर्गुण की उपासना अनेक मत-मतांतरों को जन्म देने वाली सगुणोपासना की जड़े उखाड़ फैंकने का भी उपयुक्त साधना थी। संतों की निर्गुणोपासना अपने युग से प्रेरित थी

और उसकी सामाजिक प्रासंगिकता थी। भक्ति काल से पूर्व निर्गुणोपासना का ऐसा व्यावहारिक रूप नहीं मिलता जो हिंदू और मुसलमान सभी के लिए स्वीकार्य हो और भेदभाव को मिटाकर सच्चे मानवतावाद की प्रतिष्ठा का सही आधार बन सके।

निर्गुण कवियों की धर्म भावना की धुरी का आधार है—मानवतावाद। वस्तुतः इन्होंने मानव धर्म की ही स्थापना की है। उनके मानव धर्म के नकारात्मक और सकारात्मक दो पहलू हैं। नकारात्मक पहलू के अंतर्गत उन्होंने जाति-पांति, छूआछूत, सामाजिक विषमता, पाखंड, अत्याचार और अंधविश्वास आदि मानवता विरोधी प्रवृत्तियों के प्रति विद्रोह किया है। मानव धर्म के सकारात्मक पहलू के अंतर्गत उन्होंने प्रेम, अहिंसा, सत्य, करुणा आदि शाश्वत मूल्यों की प्रतिष्ठा की है। उस समय व्यवसाय की श्रेष्ठता और निम्नता के आधार पर किसी व्यक्ति की उच्चता और नीचता आँकी जाती थी। निर्गुण कवियों ने इसका डटकर विरोध किया। कबीर जी का कहना है—

तू बामन हौं काशी का जुलाहा, बूझौ न मोर ग्याना।

और इसी प्रकार—

जाति पाँति पूछै नहिं कोई।
हरि को भजे, सो हरि का होई।

उस समय धर्म ही युग चेतना का रूप और माध्यम था। ईश्वरोपासना के अधिकार की माँग वास्तव में आर्थिक, सामाजिक न्याय की माँग थी। यही कारण है कि उस समय के तमाम जन आंदोलनों का बाह्य रूप धार्मिक था, परंतु सभी उद्बुद्ध नेता धर्म के नाम पर मानव मात्र की समानता और एकता पर ज़ोर देते थे। उन सब ने उन तमाम सामाजिक कुरीतियों, अंधविश्वासों, रूढ़ियों, सांप्रदायिक कट्टरताओं, बाह्य विधि विधानों और कर्मकांड के आडंबरों पर खुल कर आक्रमण किया है। उस युग के नेता का उद्देश्य था किसी भी माध्यम से जन समाज में होने वाले किसी भी शोषण को, चाहे वह सामाजिक, धार्मिक या आर्थिक हो, समाप्त करना। निर्गुण कवियों ने जातिगत, वंशगत, धर्मगत, संस्कारगत, शास्त्रगत रूढ़ियों और परंपरा के माया जाल को बुरी तरह छिन्न-भिन्न किया है। एक ओर वे पंडितों को खरी खोटी सुनाते हैं तो दूसरी ओर मुल्लाओं की कड़ी आलोचना करते हैं। पंडितों को फटकारते हुए कबीर जी कहते हैं—

पत्थर पूज हरि मिले, तो मैं पूजू पहार।
ताते वह चक्की भली, पीस खाए संसार।।

मुल्लाओं की आलोचना करते हुए उनका कहना है—

कांकर पाथर जोरि के, मस्जिद लई बनाय।
ता चढ़ि मुल्ला बांग दे, बहिरा हुआ खुदाय।

एक ओर वे मंदिर तथा तीर्थाटन आदि की निस्सारता बताते हैं तो दूसरी ओर मस्जिद तथा हज, नमाज़ की निरर्थकता सिद्ध करते हैं—

अरे इन दोउन राह न पाई।
हिन्दुअन की हिन्दुआई देखी, तुरकन की तुरकाई।

दादू दयाल ने भी स्वीकार किया है कि राम-रहीम एक ही तत्व के निरूपक हैं—

अलह राम छूटा भ्रम मोरा,
हिन्दू तुरक भेद कछु नाही, देखूं दर्शन तोरा।

उस समय देश में धर्म की एक और धारा प्रवाहित हो रही थी, वह थी सूफ़ी साधना की धारा। सूफ़ी लोग इस्लाम के एकेश्वरवाद से संतुष्ट न थे और न ही उन्हें मुस्लिम धर्म के कर्मकांड पर विश्वास था। इस प्रकार उस समय धार्मिक आंदोलनों के रूप में जनता का आक्रोश अनेक धाराओं में फूटा और कबीर ने इन सबको आत्मसात् करके सर्व साधारण जनता के लिए एक सामान्य मार्ग अर्थात् प्रेम मार्ग का निर्देश किया—

पोथी पढ़ि पढ़ि जग मुआ, पंडित भया न कोय।
ढाई आखर प्रेम के पढ़ै सो पंडित होय।।

उत्तरी भारत में निर्गुणोपासक, सगुण उपासना और उसके माध्यमों—अवतारवाद, बहुदेववाद, मूर्तिपूजा आदि का ज़ोरदार खंडन करते दिखाई पड़ते हैं। सगुणोपासक भी निर्गुणोपासना का खंडन करते प्रतीत होते हैं। सूरदास की गोपियाँ उद्धव के रूप में एक अद्वैतवादी, हठयोगी संत का खंडन करती हैं तथा सगुणोपासना को श्रेष्ठ सिद्ध करना चाहती हैं, परंतु वास्तविकता यह है कि निर्गुण उपासना संतों की व्यापक धार्मिक और सामाजिक चेतना की कुंजी है। संतों ने धर्म को सांप्रदायिक सीमाओं से निकाल कर संप्रदाय निरपेक्ष, विशुद्ध मानवीय धरातल पर प्रतिष्ठित किया। संतों का निर्गुण ब्रह्म निराकार, निरंजन, अगोचर होते हुए भी मानवीय गुणों से संपन्न है। जिस व्यक्ति में मानवीय गुणों का उत्कर्ष होता है, संतों की दृष्टि में वह प्रत्यक्ष राम रूप हो जाता है। संतों का ब्रह्म कोई समाज निरपेक्ष, शुद्ध सैद्धांतिक सत्ता या तत्व मात्र नहीं है, वरन् उसकी व्यावहारिक सार्थकता है। वह मानवीय महत्ता का चरम रूप है।

संतों की नारी-विषयक धारणा नारी धर्म के नकारात्मक-सकारात्मक पहलुओं पर आधारित है। उनके नारी विषयक दृष्टिकोण पर नारी के प्रतिक्रिया मूलक दृष्टिकोण का प्रभाव दिखाई देता है। उन्होंने नारी को माया, ठगिनी आदि कहा है। इस कारण

संतों की नारी-भावना पर प्रश्न चिह्न लगाया जाता रहा है। वस्तुतः संतों की नारी विषयक धारणा गलत नहीं है। उन्होंने केवल कामिनी, कुलटा, कुलक्षिणी नारियों की भर्त्सना की है। पतिव्रता नारियों की केवल प्रशंसा ही नहीं की अपितु उन्हें अपनी एकनिष्ठ भक्ति के आदर्श रूप में स्वीकार किया है। नारी का मूल्यांकन उसके गुणों के आधार पर किया है—

पतिवरता मैली भली, काली कुचित कुरूप।
पतिवरता के रूप पर, वारौं कोटि सरूप।।

इस प्रकार नारी के पतिव्रता रूप की जमकर प्रशंसा की है और नारी के कुलटा, समाज के लिए कलंकित और साधना में बाधक रूष की निंदा की है।

निर्गुण काव्य धारा की धुरी हैं—कबीर। कबीर दास एक क्रांतिकारी, विचारक, सुधारक और संत थे। वे जन्म से ही हिंदू-मुस्लिम एकता के संस्कारों से युक्त थे। वे भेद में अभेद, अनेकता में एकता के दर्शन करते थे। उनका मानवतावाद इसी अभेद दर्शन की सुदृढ़ भित्ति पर टिका है। कबीर सुकरात थे जो सत्य और न्याय के लिए बड़ी से बड़ी यंत्रणा को सहने को तैयार थे। मध्य युग के गहन कुहासे में कबीर की वाणी ने अमर आलोक का काम किया और आज का मानव उससे बहुत कुछ प्रकाश पाता है। कबीर की मान्यता थी कि व्यक्ति समाज की इकाई और समाज का प्राण है। समाज का संगठन व्यक्ति के गुणों और आचरण पर निर्भर करता है। समाज की समरूपता तभी निश्चित है, जब समाज में किसी प्रकार का जाति, वर्ण और वर्ग भेद न हो। यद्यपि कबीर के उपदेश धार्मिक सुधार तक सीमित हैं तथापि भारतीय नवयुग के समाज सुधारकों में कबीर का स्थान सर्वप्रथम है।

निष्कर्ष रूप में संतों की महानता इसमें है कि उन्होंने सांप्रदायिकता, रूढ़िवाद, आडंबर और अंधविश्वास के गर्त में पड़ी हिंदू-मुस्लिम जनता को भक्ति, ज्ञान, योग की समन्वित सहज साधना का सम्बल प्रदान किया। सत्य, अहिंसा, प्रेम, करुणा आदि मानव मूल्यों की प्रतिष्ठा द्वारा सामाजिक उदार की सुचिन्तित योजना प्रस्तुत की, जिसके फलस्वरूप भेदभाव और संकीर्णता के दायरे टूटते चले गए और मानवीय समता, स्वतंत्रता और सौमनस्य के प्रसार का पथ प्रशस्त हुआ। संतों द्वारा प्रचारित धर्म मानव धर्म है। कर्मव्यता उनकी वाणी का सार है। आज जब सारा संसार वर्ग विद्वेष के विष से ग्रस्त है तथा युद्ध की विभीषिका संपूर्ण जगत को त्रस्त कर रही है, ऐसे समय में कबीर की यह घोषणा—'साईं के सब जीव हैं' जन मानव में नया विश्वास जगा रही है तथा शांतिपूर्वक जीवन यापन कर आशामय संदेश दे रही है।

सम्पर्क : प्रवक्ता,
चौ. ईश्वरसिंह कन्या महाविद्यालय,
ढाण्ड-डडवाना (कैथल) हरियाणा

कलम से रूढ़ियों पर प्रहार

शत्रुजीत सिंह

भारतीयों का जीवन प्राचीन काल से ही धर्मगत उत्कंठा से अनुप्रमाणित रहा है जिसमें नैतिक मूल्यों, आचारगत अभिव्यक्तियों तथा जगन्नियन्ता के प्रति समर्पण की भावना का सन्निवेश था।

धर्म का व्यवहारिक महत्त्व कर्त्तव्य का समुचित पालन था जिसके माध्यम से व्यक्ति लौकिक उत्कर्ष के साथ आध्यात्मिक उत्कर्ष करता था।

लेकिन मध्यकाल में जब एक तरफ़ हिंदू धर्म केवल कुरीतियों, पाखंडों, बाह्य आडंबरों, अंधविश्वासों और रूढ़ियों का नाम रह गया था तथा दूसरी तरफ़ इस्लाम हिंदू धर्म के लिए खतरा बन रहा था इसके साथ ही इस्लाम में भी अनेक विसंगतियाँ विद्यमान थीं। इस प्रकार एक ऐसा समाज उस समय विद्यमान था कि सामाजिक एवं धार्मिक क्रांति उस युग की आवश्यकता बन गई थी। इसी आवश्यकता और अपने युग की आकांक्षाओं को पूरा करने के लिए भक्ति आंदोलन का प्रार्दुभाव हुआ जिसमें संतों ने अपनी वाणी द्वारा लोगों में क्रांति चेतना जगाने का प्रयास किया।

ज्ञातव्य रहे कि वर्तमान समाज एवं तत्कालीन समाज में ज़मीन-आसमान का अंतर था। जिस काल में बोधन नाम हिंदू को केवल इसीलिए जीवित जलवा दिया गया था कि उसने यह कहने का प्रयास किया कि हिंदू धर्म की उतना ही सच्चा है जितना इस्लाम।

लेकिन उस युग में जब कबीर ने कहा कि–

दिन को रोजा रखत है रात हनत है गाय।
यह तो खून वह बन्दगी कैसे खुशी खुदाय।।

यह निश्चित रूप से सामाजिक एवं धार्मिक क्रांति का बिगुल बजाना ही था। जिस समय हिंदू धर्म का कोई भी व्यक्ति हिंदू धर्म की कुरीतियों, पाखंडों और धर्म के नाम पर हो रहे घोर अधर्म की ओर आँख उठाने की हिम्मत नहीं कर सकता था तो फिर कबीर ने कहा कि–

पाहन पूजे हरि मिले तो मैं पूजू पहार।
ताते यह चाकि भली पीस खाय संसार।।

अपने युग की आवश्यकताओं को समझ कर उन्हें पूरा करना ही क्रांति है। हिंदू मुस्लिम एकता तत्कालीन समय की आवश्यकता थी जिसके लिए नानक ने कहा कि–

बन्दे इक्के खुदाय के हिन्दू मुसलमान।
दावा राम रसूल कर लड़ते बेईमान।।

वहीं कबीर ने कहा कि–

वही महादेव वही मुहम्मद, ब्रह्मा आदम कहिये।
को हिन्दू को तुरक कहावै, एक जमीं पर रहिए।

छुआछूत, जाति-पांति एवं भेदभाव के विरुद्ध भी भक्तिकाल के संतों ने हमेशा विद्रोह किया।

कबीर ने कहा कि–

एक बूंद तै सृष्टि रची है,

कबीर ने कहा था कि व्रत-पूजा पाठ या कर्म-कांड से ईश्वर की प्राप्ति नहीं होती यदि मनुष्य को सत्य का साक्षात्कार हो जाए तो मक्का का अंतःप्रदेश उसी के हृदय में स्थित है। अपने मन को काबा, शरीर को मंदिर और ज्ञान को गुरु बनाओ। क्रोध, शंका और कपट का त्याग करो। धैर्य को पाँच बार की नमाज़ बनाओ तथा हिंदू और मुसलमानों का प्रभु एक ही है। नानक ने भी एकेश्वरवाद पर बल देते हुए हिंदु-मुस्लिम एकता के प्रयास किए। नानक ने कहा कि ईश्वर एक है जो सर्वव्यापक है इसलिए उसे मंदिरों तथा मस्जिदों की चार-दीवारी में बंद नहीं किया जा सकता है।

गुरु नानक ने जाति प्रथा का घोर विरोध कर मानव समानता पर बल दिया और अनेक उदाहरणों द्वारा यह स्पष्ट किया कि जाति प्रथा के बंधन बिल्कुल व्यर्थ हैं। उन्होंने ऊँच-नीच तथा जात-पात के भेदभाव को दूर करने के उद्देश्य से लंगर व्यवस्था स्थापित की जो निःसंदेह तत्कालीन समाज में एक क्रांतिकारी क़दम था।

इसी प्रकार भक्तिकाल के सामंतवादी युग में जहाँ स्त्रियों के लिए प्रचलित मान्यताओं को तोड़ना असंभव था उसी भक्तिकाल में मीरा हुई जिसने अपने आपको प्राचीन रूढ़ियों और परंपराओं में बाँधने से इंकार कर दिया तथा निर्भीकतापूर्वक कहा कि–

चोरी करूं न मारगी नहीं मैं करूं अकाज।
पुन्न के मार्ग चालता झक मारो संसार।।

भक्तिकाल के ही संतों में दादू भी उल्लेखनीय है जिन्होंने हिंदू और मुसलमानों में पाई जाने वाली बुराईयों का पुरज़ोर विरोध किया।

दादू के उपदेश जो कि ''दादूदयाल की वाणी'' और ''दादू रा दुहा'' नामक काव्यों में संकलित है, से पता चलता है कि उनके अनुसार आत्म-ज्ञान, संयम, नियम, साधु-संगति और हरि स्मरण आदि उपासना के सच्चे साधन हैं।

दादू ने मंदिर, मस्जिद, पंडित, मुल्ला, मौलवी, रोजा, छापा, तिलक, वेशभूषा आदि को भी निरर्थक बताया। दादू ने तीर्थयात्रा का भी विरोध किया और कहा कि जब प्रत्येक मनुष्य के मन में ही ईश्वर का निवास है तो फिर उसे ढूँढ़ने के लिए तीर्थ स्थानों में जाना निरर्थक है। अपनी पवित्र वाणी में दादू ने कहा कि मस्जिद में जाना, रोजे रखना और नमाज़ पढ़ना भी व्यर्थ है। दादू दयाल की वाणी में उन्होंने कहा कि सिर मुंडवा कर या जटा बढ़ा कर नाना प्रकार के वेश धारण करने से ईश्वर नहीं मिलता। उन्होंने कहा कि ईश्वर एक है और उसके दरबार में हिंदू मुसलमानों में कोई भेदभाव नहीं है। उन्होंने मूर्ति-पूजा का विरोध करते हुए दोनों धर्मों के आडंबरों का विरोध किया।

इस प्रकार भक्तिकाल के संतों द्वारा ऐसी विचारधारा स्थापित करने का प्रयास करना निःसंदेह क्रांति का ही रूप था जिसने जनमानस के मस्तिष्क पटल पर अमिट छाप छोड़ते हुए साकारात्मक परिवर्तन किया।

सम्पर्क : प्रवक्ता,
राजकीय स्नातकोत्तर महाविद्यालय,
लोहारू (हरियाणा)

नानक अवतरण : एक क्रांति का आविर्भाव

डॉ. राजपति

मानव जाति के अनुपम रत्न नानक का जन्म तलवंडी (पाकिस्तान) में सन् 1469 में हुआ। इस क्रांतिकारी समाज सुधारक का जीवन-दर्शन अपने समकालीन समाज के ही नहीं युगों-युगों तक मानव समाज के मार्ग-दर्शन की भरपूर सामर्थ्य रखता है। वस्तुतः नानक उस अनवरत शाश्वत अनंत चेतना की ही एक प्रबल उत्ताल तरंग का नाम है जो कभी उस असीम चेतन सागर से उठकर मानव के अज्ञानजनित दुःखों के कल्मष को धोने के लिए आई थी। नानक नाम की वही चेतन लहर सदियों पहले इस मानव समाज के तट पर अज्ञान, भ्रम, संशय, लोभ, लालच, अहंकार, विकार के कंकड़ों, सीपियों और घोंघों को समेटने और ज्ञान व प्रेम के उज्ज्वल मोती बिखेरने आई थी। प्रभु भक्ति और मानव प्रेम के उन उज्ज्वल मोतियों की चमक न फीकी पड़ी है और न फीकी पड़ेगी–

आदि सचु जुगादि सचु॥
है भी सचु नानक होसी भी सचु॥ (जपु जी साहिब)

नानक जैसी ईश्वरीय विभूति का किसी भी रूप में मूल्यांकन मानव की सीमित बुद्धि और सीमित वाणी के वश की बात नहीं; फिर भी किसी भी विषय की गहराई में जाने से पूर्व उसके बारे में बौद्धिक रूप से संतुष्ट होना जरूरी है। यदि हम अपनी दृष्टि को नानक से संबंधित किसी स्थान विशेष और युग-विशेष की सीमाओं तक सीमित न रखें और उन्हें 'सिक्खों के प्रथम गुरु' 'मध्ययुग के संत कवि' या 'सिक्ख धर्म के संस्थापक' जैसी परिधियों से बाहर निकल कर देखने–समझने का प्रयास करें तो पाएंगे कि वे उस आदर्श मानव धर्म के प्रवर्त्तक हैं, जिसमें आत्मिक उत्थान के लिए भक्ति, ज्ञान, योग, विवेक, वैराग्य, विनम्रता, निष्काम कर्म और आत्मसमर्पण हैं तो सामाजिक उत्थान के लिए परस्पर प्रेम, भ्रातृभाव, सदाचार, संयम और सहनशीलता जैसे सद्गुण भी हैं। यह धरा को स्वर्ग बनाने का राजमार्ग है। कोई इस पर चलकर तो देखे।

ज्ञान की मशाल हाथ में थामकर नानक ने अंधकार में भटकते मानव को जो प्रकाश-पथ दिखाया, उस पर चलने की ज़रूरत आज के मनुष्य को और भी ज़्यादा है। आज विज्ञानदत्त आधुनिकतम सुविधाओं से सज्जित होकर मनुष्य और भी अज्ञानी व अहंकारी हो गया है। उसने धरती को क़दमों तले रोंद दिया है, समुद्र की छाती को चीर दिया है, आकाश की ऊँचाईयों को नाप लिया है; लेकिन उसने जीवन के सच्चे सौंदर्य को खो दिया है। जीवन का वास्तविक सुख इन सुविधाओं में नहीं है, तृष्णाओं और लालसाओं का त्याग करने में है। सच्चा सुख विश्व-विजयी बनने में नहीं; आत्मविजयी बनने में है। भौतिक प्रगति के पथ पर सरपट दौड़ता मानव नहीं जानता कि आगे अंधी खाई है। उसके जीवन-मार्ग को युद्ध, आतंकवाद, शोषण-दमन, अत्याचार, भ्रष्टाचार, कुशासन, कूटनीति के अंधेरों ने घेरा हुआ है।

अगर मानव पीछे मुड़कर इतिहास से कुछ सबक सीखे और नानक जैसे संतों के सुझाए मार्ग पर चले तो वह धरती पर स्वर्ग के सुखों का सृजन कर सकता है। तब एक देश दूसरे देश को तबाह करने की नहीं सोचेगा, एक धर्म दूसरे धर्म से नफ़रत नहीं करेगा, धर्म-जाति और संप्रदाय के नाम पर खूनी दंगे नहीं होंगे। तब सभी राष्ट्र, सभी धर्म, सभी वर्ग, सभी जातियाँ एक दूसरे का सम्मान करेंगे। तब धरती के पाप-ताप, दुःख-दोष, ईर्ष्या-द्वेष, दंभ-पाखंड अपने आप समाप्त हो जाएँगे।

दूरदर्शी संत नानक ने अपने जीवन की प्रारंभिक अवस्था में ही उस भयंकर रोग के लक्षणों को पहचान लिया था, जो मानवता की जड़ों को खोखला कर रहा था। मात्र 28 वर्ष की अवस्था में ही वे यौवन के सब सुखों को त्याग कर घर की सब सुविधाओं को छोड़कर उन अंधेरों से जूझने के लिए निकल पड़े जो मानव की सुख-शांति को निगल रहे थे। निरंतर 24 वर्षों तक प्रकाश-पथ का यह राही ज्ञान की मशाल हाथ में थामे विषम परिस्थितियों से जूझते हुए, बाधक-अराजक तत्त्वों से लड़ते हुए निरंतर आगे बढ़ता रहा। स्थान-स्थान पर रुकता, शोषक और परपीड़क लोगों के ज्ञान-चक्षु खोल उनका हृदय-परिवर्तन करता, शोषित और पीड़ित जनता के जख्मों पर फाहा रखता और आगे बढ़ जाता। किसी उपयुक्त मशालची को मशाल दे जाता जो वहाँ ज्ञान की ज्योति जलाए रखे, प्रभु-प्रेम की धारा सूखने न दे और मानव-प्रेम की मिठास बनाए रखे। इस तरह 52 वर्ष की आयु तक इस अनोखे पथिक ने देश के कोने-कोने को अपने क़दमों से नापा-साथ में था एक मुस्लिम साथी मरदाना। इन दोनों ने मार्ग की सभी कठिनाइयों से जूझते हुए, सुविधाओं के अभाव में मौसम की मार भी झेलते हुए समूचे भारत ही नहीं, लंका, सिंगापुर, जकार्ता, चीन, तिब्बत, नेपाल, मक्का, मदीना, काहिरा, इजराईल, टर्की, इराक, ईरान, बुखारा, ताशकंद और अफ़गानिस्तान के अनेक नगरों की यात्रा की।

घायल मानवता के त्राण के लिए अपना पूरा जीवन अर्पित कर देने वाले इस युग पुरुष की महिमा का बखान करने का और उसके प्रति अपनी कृतज्ञता व्यक्त

करने का शब्दों की भाषा के अतिरिक्त कोई और साधन नहीं है, इसलिए अगर हम उन्हें कुछ शब्दों के श्रद्धा-सुमन अर्पित करना चाहें तो कह सकते हैं कि वे एक मौलिक चिंतक, मानव धर्म-संस्थापक, क्रांतिकारी समाज-सुधारक, दीन-दुखियों के रक्षक और अद्वितीय युग प्रवर्त्तक थे।

मध्ययुग में भारत का शासन-सूत्र मुसलमानों के हाथ में था। मुसलमान सूबेदार और अधिकारी स्वेच्छाचारी तो थे ही, कट्टर और धर्मान्ध भी थे। धर्म-परिवर्तन के लिए हिंदुओं को प्रलोभन भी दिए जाते और उन पर अत्याचार भी किए जाते। राजनीति की नृशंसता और धर्म की रूढ़िवादिता के कारण हिंदू समाज भी पतनोन्मुख था। वह जातियों-उपजातियों की संकीर्णताओं में बँधा हुआ था। निम्नवर्ण हिंदुओं पर सवर्ण हिंदुओं का अत्याचार मुसलमानों के अत्याचारों से भी बढ़ कर था। शुद्रों का जीवन पशुतुल्य था। स्त्रियाँ भोग-विलास की सामग्री थीं। देश की इन्हीं विषम परिस्थितियों के बीच गुरु नानक का आविर्भाव हुआ।

नानक जैसे महापुरुष कुछ विलक्षण शक्तियाँ लिये उत्पन्न होते हैं। प्रभु जिन महान आत्माओं को संसार में कोई बड़ी ज़िम्मेदारी देकर भेजते हैं, उन्हें सामान्य जन से अलग कुछ विलक्षण विशेषताएँ भी प्रदान करते हैं। ऐसे व्यक्तियों के जन्म और जीवन से जुड़ी कुछ अनोखी घटनाओं पर तर्कशील बुद्धिजीवियों को शंका होना स्वाभाविक है, किंतु सर्वशक्तिमान परमात्मा ऐसे महापुरुषों को निमित्त बनाकर अपना चमत्कार दिखला देता है। 15 अप्रैल सन् 1469 को तलवंडी में पिता मेहता कालू जी के घर माता तृप्ता की कोख से जब एक दिव्य बालक का जन्म हुआ तो उसके मुख पर अलौकिक मुस्कान थी। सारा कमरा एक दिव्य ज्योति से जगमगा उठा और कुछ अस्फुट आह्लादकारी वाणियाँ सुनाई दीं। नामकरण संस्कार के समय पुरोहित हरदयाल ने कहा 'इस बालक का आध्यात्मिक तेज समस्त संसार में व्याप्त होगा। यह मानव-प्रेम का पाठ जन-जन को पढ़ाएगा। बड़ी बहन नानकी के अनुकरण पर ही बालक का नाम नानक रखा गया।

बचपन में बालक नानक अपने साथियों के साथ प्रभु-कीर्तन का खेल खेलते। एकांत में होते तो घंटों अधमुंदे नेत्रों से चिंतन में डूबे रहते। अवसर मिलते ही साधुओं की संगति करते। बालक के ये लक्षण देखकर पिता को पीड़ा होती। संसारी पिता अपने पुत्र को सांसारिक दृष्टि से ही सफल देखना चाहते थे। एक बार जब चार दिनों तक नानक 'उन्मनी अवस्था' में ही पड़े रहे। न खाना, न पीना, चुपचाप रहना। उन्हें रोगी समझकर पिता किसी कुशल वैद्य को लेकर आए। वैद्य ने ज्योंही नाड़ी देखनी चाही, नानक ने बाँह-खींच ली और मुस्करा कर बोले—

वैदु बुलाइआ वैदगी पकड़ि ढंढोले बाँहि।
भोला वैदु न जाणई करक कलेजे माँहि॥

बालक की अलौकिक तेजयुक्त आँखों पर दृष्टि पड़ते ही वैद्य जी को दिव्य अनुभूति हुई और पिता को बोले कि 'आपका पुत्र महान है। यह बीमार नहीं है। यह दुःखी मानवता के घायल हृदय पर फाहा रखने के लिए जगत में आया है।

इस निराले बालक के युवावस्था की दहलीज पर पाँव रखते ही पिता की चिंताएँ बढ़ गईं। उसे किसी रोजगार में लगाने के प्रयास होने लगे। खूब सोच-समझकर, समझाकर, 20 रुपए देकर पुत्र को सौदागिरी करने शहर भेजा और नानक उस पूँजी से भूखे साधुओं को भोजन कराकर 'सच्चा सौदा' करके खाली हाथ पिता के सामने आ खड़े हुए। पुत्र के भविष्य के प्रति चिंतित पिता ने क्रोध में आकर उसे क्रूरता से पीटा। ऐसे ही अन्य अनेक प्रयासों में असफल होकर दुःखी मन से उसे 'किसी लायक' बनाने के लिए नानकी की ससुराल भेजा। वहाँ नानक को अपनी रुचि के अनुकूल काम मिल गया। वे नवाब के मोदीखाने में ग़रीबों को खाद्य सामग्री तौल कर देने लगे। 'हत्थ कार वल्ल ते दिल यार वल्ल' की संत वृत्ति के चलते काम करते-करते भी उनका ध्यान प्रभु-प्रेम में रमा रहता। तौलते-तौलते तेरह की संख्या पर पहुँचते तो आगे बढ़ते ही नहीं। 'तेरा-तेरा' (प्रभु सब तेरा ही है) कहते हुए न जाने कितना अन्न तौल देते। ईर्ष्यालुओं ने शिकायतें कीं, जाँच भी हुई, पर विधि का विधान देखिए कि जाँच में भंडार घर में दाना भी कम न मिलता। नानक अपने नौकरी-भत्ते भी मुक्त हस्त से दान कर देते। नानक के बहन-बहनोई ने उन्हें परमार्थ-पथ से हटाकर संसार में लगाना चाहा। उस जीवनमुक्त पुरुष को संसार के बंधनों में बाँधना-चाहा, जो लाखों मनुष्यों को बंधनों से छुटकारा दिलवाने आया था। प्रभु-प्रेम रूपी मानसरोवर में विहार करने वाले उज्ज्वल हंस को सांसारिक बंधनों की क्षुद्र तलैया में सीमित करना चाहा। नानक ने 'परमात्मा की मर्जी' समझ कर अपने विवाह प्रस्ताव का विरोध नहीं किया। वे लोगों को यह दिखाना चाहते थे कि गृहस्थी के बंधनों के बीच भी किस प्रकार सच्चा परोपकारी, धार्मिक और आध्यात्मिक जीवन जीया जा सकता है। 19 वर्ष की अवस्था में ही उनका विवाह बटाला निवासी बाबा मूला की कन्या सुलक्खनी देवी से हुआ। अपनी ईश्वरपरायण और मानव-कल्याण की वृत्ति के साथ-साथ आदर्श पति और दो पुत्रों के आदर्श पिता के कर्त्तव्यों का पालन करके नानक ने गृहस्थ और वैराग्य के सामंजस्य का अनुकरणीय आदर्श प्रस्तुत किया। अपने गृहस्थ आश्रम के दौरान नानक ने प्रभु को पाने के लिए संसार को त्यागने वाले संन्यासियों और प्रभु को भूले बैठे जगत के मोहग्रस्त प्राणियों के सामने आदर्श रखा कि किस प्रकार सांसारिक कर्मों को निष्काम भाव से करते हुए तटस्थ और साक्षी भाव से जल के बीच कमल की भाँति रहा जा सकता है।

नानक को परमात्मा ने किसी ऊँचे लक्ष्य के लिए धरती पर भेजा था। उनका जीवन उनके परिवार के निमित्त ही नहीं था। पीड़ित मानवता उन्हें अपने त्राण के लिए पुकार रही थी। सूर्य के तेज को एक घरौंदे तक सीमित कैसे किया जा सकता था? बेई नदी में स्नान के दौरान तीन दिन की जल-समाधि के बाद जब अंतर में अलौकिक प्रकाश लेकर लौटे तो अपने परिवार से करबद्ध प्रार्थना की कि प्रभु की आज्ञा है कि मैं बाहर जाऊँ और दुःखी मानवता के घायल हृदय पर शीतल लेप लगाऊँ। अब सारा संसार मेरा घर है। जगत नियंता के आदेश का उल्लंघन करना मेरे वश की बात नहीं। जो मुझे अपना परिवार छोड़ने की आज्ञा दे रहा है, वही तुम्हारा पालन भी करेगा।

इसके बाद यह क्रांतिकारी महामानव अपनी पहली उदासी यानी उपदेश यात्रा पर निकल पड़ा। इस यात्रा में उत्तरी भारत के पश्चिमी छोर से सुदूर पूर्व तक असम तथा चीन का शंघाई तक का विशाल भू-भाग आ जाता है। साथी मरदाना के साथ मौसम के शीत, ताप, आँधी, बरसात के थपेड़ों को झेलते हुए, ऊबड़-खाबड़, निर्जन, पथरीले मार्ग के कष्टों को सहते हुए नानक निरंतर बारह वर्षों तक इस यात्रा में रहे। इस दौरान उन्होंने अज्ञानान्धकार में फँसी जनता को सत्य मार्ग पर चलने के लिए प्रेरित किया और ढोंगियों का पर्दाफाश कर समाज में नई चेतना का संचार किया। यह कार्य इतना सरल नहीं था। किसी को अपनी बात मनवाने के लिए बाध्य करना या राजी करना एक कठिन काम है। सदियों से एक ग़लत मार्ग पर चलती अज्ञानी जनता को ठीक मार्ग पर चलने की प्रेरणा देना किसी क्रांतिचेतना के ही वश की बात होती है। इसके लिए नानक प्रायः कोई विचित्र युक्ति खोज लेते थे। वे कोई अज़ीब हरकत करके भीड़ इकट्ठी करते और फिर उन्हें सही मार्ग बताते। हर यात्रा के दौरान कोई विचित्र वेशभूषा धारण करना, हरिद्वार में कुंभ के मेले में पूर्व दिशा की ओर अपने पितरों को पानी उलीचती भीड़ के बीच पश्चिम में पानी उलीचना, कुरुक्षेत्र में सूर्यगहण के अवसर पर माँस पकाना और मक्का में काबे की तरफ़ पाँव करके लेट जाना आदि कार्यों द्वारा वे लोगों का ध्यान खींचते और फिर उन्हें रूढ़ियाँ और अंधविश्वास त्याग कर जीवन के सत्य का साक्षात्कार कराते। अवसर के अनुकूल गीत या भजन गाना नानक के लिए लोगों के हृदय परिवर्तन का बड़ा प्रभावी और कारगर तरीक़ा था। उनके काव्य के अनेक पद मुक्तक रूप में ऐसे ही अवसरों पर रचे गए। हृदय से भावधारा उमड़ते ही वे मरदाना को रबाब उठाने को कहते और मधुर संगीत के साथ उनकी दिव्यवाणी गूँजने लगती। सुनने वाली भीड़ मंत्रबद्ध-सी खिंची चली आती। लोगों के दिल और दिमाग के तार झंकृत होते और वे अमिट आनंददायी प्रभाव लेकर लौटते। आज तक भी गुरु नानक के ऐसे संगीतमय पद उनके भक्तों के ऐसे पंख बने हैं, जिनके सहारे उड़कर वे प्रभु के अगम लोक में पहुँचने में समर्थ होते हैं। ये रचनाएँ उनमें अद्भुत आनंद, बल, पौरुष, भक्ति, ज्ञान, कर्मठता और सात्विकता का संचार करती हैं।

आज की भाँति नानक का समकालीन समाज भी धन, धर्म, जाति के आधार पर ऊँच-नीच के भेदभाव के रोग से ग्रस्त था। वे इस रोग के निदान के लिए अपनी पूरी शक्ति और युक्ति के साथ निकले थे। लोगों को उपदेश की बजाय आचरण द्वारा समझाना उनका एक कारगर तरीक़ा था। मार्ग में सैयदपुर में ऊँची जाति के धनी मालिक भागों के निमंत्रण को ठुकराने और गरीब बढ़ई लालो के घर रूखी-सूखी रोटी प्रेम से खाने जैसी घटनाओं और फिर लालो की रोटी एक मुट्ठी में और भागो के पकवान दूसरी मुट्ठी में लेकर पहली से दूध की धार और दूसरी से खून की बूँदें टपकाने जैसे चमत्कारों का एक ही उद्देश्य था कि पापों से डरने वाले परिश्रम से रोटी कमाने वाले दरिद्र की कुटिया उन बड़े आदमियों के महलों से बड़ी है, जिनके हाथ गरीबों के खून से सने हैं। पापियों के अहंकार को और पाखंडियों के ढोंग को तार-तार करने निकले नानक को धर्मांध और मदांध लोगों का आक्रोश और अपमान भी झेलना पड़ा, लेकिन यह निर्भीक क्रांतिकारी ज्ञान की मशाल हाथ में लेकर दृढ़ निश्चय के साथ अनवरत अग्नि-पथ पर चलता रहा। अराजक और बाधक तत्त्वों के सामने न झुका, न रुका, न डरा, न थका।

गुरुदेव का दूसरा प्रचार अभियान सन् 1510 से 1516 ई. तक चला। अबकी बार यह यात्रा भारत के उत्तर-पश्चिम से शुरु होकर दक्षिण भारत को पार कर कन्याकुमारी, लंका, सिंगापुर और जकार्ता तक पहुँची। इस यात्रा के दौरान उन्होंने जैनियों, बौद्धों और वैष्णव साधुओं के मठों एवं धर्मस्थलों पर जाकर सिखाया कि 'सत्य का जीवन कैसे जीना है।' नानक के आविर्भाव से हज़ारों वर्ष पहले कभी महात्मा बुद्ध, भगवान महावीर और कालांतर में शंकराचार्य ने लोगों को अपने-आप ढंग से जीवन का सत्य समझाया था, लेकिन आगे चलकर उनके अनुयायी अपनी-अपनी सीमाओं, वेशभूषाओं, बाह्याचारों, रूढ़ियों और पूजा-पाठ के बाह्य-विधानों में आबद्ध हो गए और तब यह समय की माँग थी कि कोई क्रांतिदूत बनकर आए, जीवन-सत्य पर जमीं धूल को झाड़े; अज्ञान की बेड़ियों को खोले; जड़-परंपराओं और रूढ़ियों को तोड़े। इतिहास साक्षी है कि उस कठिन समय में नानक ने इस उत्तरदायित्व को पूरा किया। लोगों को धार्मिक संकीर्णताओं से बाहर निकालना बहुत कठिन काम था। किसी के भी धार्मिक विश्वास पर आघात करना ख़तरे से खाली नहीं था। ऐसे अवसर पर लोग जान लेने पर उतारू हो जाते थे। लेकिन ईश्वर के निर्भीक पुत्र नानक ने सभी ढोंगों और पाखंडों को बेनकाब किया। मूर्ति पूजा और बलिप्रथा पर चोट करते हुए वे कहते हैं–

जड़पाहन के मानै पीव॥
तिस के आगै मारै जीव॥
जानत नहीं साकत अंधे॥

(जन्म साखी)

माउंट आबू और गुजरात में गुरुदेव ने जैनी साधुओं से भी वार्तालाप किया। 24 तीर्थंकरों को मानने वाली अवतारवाद की धारणा का खंडन करते हुए एक ही प्रभु के अस्तित्व की महिमा का गान करते हुए वे कहते हैं—

एकम एककार निराला। अमर अजोनी जाति न जाला॥
अगम अगोचर रूप न रेखिआ। खोजत-खोजत घटि-खटि देखिआ॥
जो देखि दिखावै तिसकउबलि जाई। गुर परसादि परम पदु पाई॥

(राग बिलावलु, पृ. 838)

अजमेर में दरगाह की जयारत करते मुसलमान श्रद्धालुओं से भी नानक देव ने विस्तार से वार्तालाप किया। वहाँ शरिअत के मुताबिक़ पाँचों कर्म—कलमा, नमाज़, रोजा, ज़कात और हज—करने का दम्भ भरने वाले अपने को सच्चा मुसलमान सिद्ध करने पर लगे रहे तो गुरु जी ने उनके इन कर्मों को निष्फल सिद्ध किया, क्योंकि ये कर्म मन से नहीं, सिर्फ शरीर से किए जा रहे थे। सच्चे मुसलमान का मार्ग समझाते हुए नानक जी ने कहा—

मिहर मसीति सिदकु मुसला हकु हलालु कुराणु॥
सरम सुनति सीलु रोजा होहु मुसलमानु॥
करणी काबा सचु, पीरु कलमा करम निवाज॥
तसबी सा तिसु भावसी नानक रखै लाज॥

(रागमाझ, पृ. 140)

इसी प्रकार नाथद्वारा के पंडों को, भुज में वाममार्गियों को पोरबंदर में मूर्ति-विसर्जन करने वालों को समझाते हुए, पालघाट (कर्नाटक) में पशुबलि की कुप्रथा पर चोट करते हुए केरल के स्वांगी साधुओं को फटकारते हुए और लोगों को धर्म का असली अर्थ समझाते हुए नानक कन्या कुमारी से होकर कोलम्बो पहुँचे। वहाँ के राजा शिवनाथ थे, जो कि प्रभु-भक्ति-मार्ग के पथिक थे। उन्हें हठयोग के बजाय सुरति-शब्द के मार्ग पर चलने की प्रेरणा और मार्ग दर्शन भी गुरुदेव की इस यात्रा की महत्त्वपूर्ण उपलब्धि है। वहाँ से इंडोनेशिया, सिंगापुर, मलेशिया आदि देशों की यात्रा करते हुए तमिलनाडु पांडिचेरी, आंधप्रदेश, मध्यप्रदेश, महाराष्ट्र, राजस्थान, हरियाणा, पंजाब के मार्ग से जन-जीवन को आलोकित करते हुए सन् 1516 में वे तलवंडी लौटे। हम आज से पाँच शताब्दी पूर्व की दुनिया की कल्पना करें—जब आवागमन और संचार के साधन नहीं के बराबर थे। ऐसे समय में इन कष्ट साध्य और लंबी यात्राओं में गुरुदेव को प्रायः असुविधाओं में रहना पड़ा होगा, अनेक कष्टों को झेलना पड़ा होगा। लेकिन प्रभु का यह अमर प्रकाश पुत्र अंधेरों में भटकते मानव समाज को ज्ञान का प्रकाश बाँटने निकला था, मानव-प्रेम की मिठास बाँटने निकला

था—उसे भला कौन रोक सकता था? काम कठिन था, लेकिन इसे पूरा करने के लिए नानक के पास धैर्य था, विवेक था, विनम्रता थी, सहनशीलता थी, दृढ़ निश्चय था, अथाह जीवट था और इन सबसे बढ़कर थी–प्रभु भक्ति की शक्ति! मानव जाति को यही अमर संदेश देना उनके जीवन का लक्ष्य था।

जीवन के इस महान लक्ष्य को पूरा करने में अभी बहुत काम बाकी था। शरीर वृद्धावस्था की ओर बढ़ रहा था। तन में शक्ति शेष रहते—नानक जीवन के पल-पल को सार्थक कर लेना चाहते थे, इसलिए परिवार में कुछ गिने-चुने दिन बिताकर वे अपनी तीसरी यात्रा पर निकल पड़े। यह यात्रा उत्तर भारत के पर्वतीय क्षेत्रों में सन् 1516 से 1518 ई. तक जारी रही। दुर्गम घाटियों, पहाड़ी-पथरीले मार्गों और बीहड़ जंगलों से गुज़रते हुए नानक स्थान-स्थान पर रुकते हुए प्रभु-भक्ति और मानव-प्रेम का अमर संदेश बाँटते हुए आगे बढ़ते रहे। इस यात्रा के दौरान चंबा नरेश द्वारा गुरुदेव से दीक्षा प्राप्त करना एक महत्त्वपूर्ण घटना है। अंधविश्वासों में जी रहे लोगों के ज्ञान चक्षु खोलना और अनेक देवी-देवताओं के पूजा-पाठ के बाह्याचारों को ही धर्म समझने वाले पर्वतीय निवासियों को एकमात्र निराकार ज्योति स्वरूप प्रभु के सिमरन के लिए प्रेरित करना नानक के प्रचार-अभियान का मुख्य लक्ष्य था। कारगिल में जटाधारी योगियों के समूह में पहुँच, गुरुदेव ने उन्हें प्रभुभक्ति के सही मार्ग का ज्ञान दिया कि संसार त्याग कर जटाएँ बढ़ा कर, लंगोट पहनकर, भस्म रमाकर, मृगछाला पर बैठ कर मंत्र जपने से प्रभु नहीं मिलता। प्रभु की प्राप्ति तो गृहस्थ जीवन के कर्त्तव्यों का पालन करते हुए मन के संन्यास से होती है; जल में कमल की भाँति मोह-माया से निर्लिप्त व्यक्ति ही प्रभु तक पहुँचने में समर्थ होते हैं—

अंजन माहि निरंजन रहीए, जोग जुगति इव पाईए।

इसी यात्रा में गुरुदेव ने सूफी फ़कीर वली कंधारी को मानव प्रेम का संदेश देकर, प्रभु-प्रेम का सही मार्ग दिखाकर उसका हृदय-परिवर्तन किया। वली कंधारी क्रोधी, संकीर्ण और धर्मांध व्यक्ति था। उसने प्यासे मरदाना को दो घूँट पानी पिलाने से इसलिए मना कर दिया कि वह मुसलमान होकर भी एक हिंदू (नानक) का शिष्य था। गुरुदेव ने उसे फटकारते हुए कहा—"करते हो इबादत परंतु उस खालक की ख़लकत को दो घूँट पानी नहीं पिला सकते? फ़कीरी क्या और नफ़रत क्या? फ़कीर होकर दिल में इतना द्वेष? यह मोमिन है, वह काफ़िर है? हर एक इंसान में उस खुदा का नूर तुम्हें दिखाई नहीं देता तो इबादत कैसे परवान चढ़ेगी?" वली ने क्रोध में आकर एक चट्टान नीचे लुढ़का दी। गुरु नानक ने अपनी हथेली के स्पर्श मात्र से उसे रोक लिया। उस चट्टान पर उनके पंजे का निशान आज भी मौजूद है और वह स्थान श्रद्धालुओं के लिए 'पंजा साहिब' के नाम से जाना जाता है। गुरुदेव ने वहीं एक अन्य छोटी-सी चट्टान हटाई और मधुर शीतल जल का चश्मा फूट पड़ा। अपनी प्यास बुझाकर गुरु-शिष्य प्रभु कीर्तन में लीन हो गए।

गुरुदेव की यह यात्रा संक्षिप्त रही, लेकिन वे हिमाचल और कश्मीर के दुर्गम पर्वतीय क्षेत्रों में लेह, लद्दाख और तिब्बत तक के लोगों के बीच भी गए। वहाँ के लामाओं को अपने ज्ञान से लाभान्वित किया। अमरनाथ में नाथपंथियों से गोष्ठी करते हुए, पहलगाम में योगियों को आध्यात्मिक उन्नति का मार्ग समझाते हुए वे मटन नगर पहुँचे। वहाँ वेद-शास्त्रों के ज्ञाता पं. ब्रह्मदास के ग्रंथों के ज्ञान के अभिमान को तोड़ते हुए उन्हें मानव जाति के कल्याण के लिए प्रेरित किया। उस समय सच्चे ब्रह्मवेता गुरुदेव का यह पद उपस्थित विद्वानों की आँखें खोलने वाला था—

पड़ि-पड़ि गड़ी लाद आह, पड़ि-पड़ि भरीअहि साथ।
पड़ि-पड़ि बेडी पाईऐ, पड़ि-पड़ि गडीअहि खात।
पड़ीअहि जेते बरस बरस पड़ीअहि जेते मास।
पड़ीऐ जेती आरजा पड़ीअहि जेते सास।
नानक लेखे इक गल होरु हउमै झखणा झाख॥

(राग आसा, पृ. 467)

इस तरह स्थान और अवसर के अनुकूल नानक की दिव्य वाणी गूँजती रही। लोगों ने सुन-सुन कर पाखंड, अंधविश्वास, ईर्ष्या-द्वेष और वैरभाव का त्याग कर सत्वगुणी जीवन जीना आरंभ किया। नानक नाम की यह क्रांति की लहर जहाँ से भी गुज़रती मानव-जीवन के कल्मष को धोती चली गई और प्रेम के उज्ज्वल मोती बिखेरती चली गई।

कश्मीर की वादियों से गुरुदेव सन् 1518 में लौटे तो उसी वर्ष अपने एक महत्त्वपूर्ण प्रचार अभिमान पर अरब देशों की ओर निकल पड़े। इस बार उन्होंने मक्का के तीर्थयात्रियों की भाँति नीला वस्त्र धारण किया, हाथ में फकीरों की तरह सोटा लिया और एक टोंटीदार लोटा लिया। अपने पदों का संग्रह बगल में दबाया और मुसलमानों की तरह प्रार्थना के लिए एक 'मुसल्ला' भी बैठने के लिए लिया। इस तरह किसी विशेष उद्देश्य के लिए एक हाजी की वेशभूषा में नानक चल दिए। इस लंबी यात्रा में स्थान-स्थान पर रुकते हुए वे एक कल्याणकारी बादल की तरह लोगों की शुष्क हृदयभूमि में प्रभु-प्रेम और भ्रातृभाव की जीवनदाई वर्षा करते हुए मक्का पहुँचे। वहाँ के मुसलामनों की धर्मांधता और कट्टरता से वे भली-भाँति परिचित थे। लेकिन अज्ञानी लोगों के ज्ञान-चक्षु खोलने का उनका 'विचित्र आचरण' का अपना ही तरीक़ा था। वे अपनी सोची-समझी योजना के अनुसार 'काबा' की ओर पाँव करके लेट गए। वे जानते थे कि उन्हें इस परंपरा विरुद्ध 'अशिष्ट आचरण' से कोई भी धर्मांध मुसलमान उनके प्राण ले सकता है और सचमुच हो-हल्ला मच गया। एक ने आक्रोश में भरकर कटु वचनों के साथ ही नानक को एक लात भी जमा दी। इस आतंकित कर देने वाली स्थिति में भी नानक निर्भीक किंतु विनम्र और शांत

बने रहे। बोले—'मेरे भाई, मैं बहुत थका हुआ हूँ। आप मेरे पैर उस दिशा में घुमा सकते हैं, जिधर खुदा न हो।' क्रोधी मुसलमान ने नानक के पैर घसीट कर 'क़ाबा' से विपरीत दिशा में कर दिए। नज़र उठाई तो उसे 'क़ाबा' उधर भी दिखाई दिया। वह जिस भी दिशा में नानक के पैर घसीटता—'क़ाबा' उसी दिशा में दिखाई देता। प्रभु के प्यारे पुत्र नानक जैसे अपराजित व्यक्ति को भला कौन पराजित कर सकता था? यह घटना उस निर्भीक क्रांतिचेता के अदम्य साहस का ही ज्वलंत प्रमाण हैं, जिसने कट्टर और असहिष्णु मुसलमानों के बीच उनके गढ़ में जाकर भी सच्चे नाम की पताका फहराई और सिद्ध किया कि परमात्मा किसी स्थान विशेष या दिशा विशेष में नहीं; सृष्टि के कण-कण में है, ज़र्रे-ज़र्रे में है। काश। आज भी कोई नानक बनकर के पढ़े-लिखे मूर्ख लोगों को समझाए कि न खुदा को रहने को 'बाबरी मस्जिद' चाहिए, न राम का निवास 'राममंदिर' तक सीमित हो सकता है। वह प्रभु तो घट-घट वासी है। प्रत्येक मानव शरीर उसका जीता-जागता मंदिर है। आज विज्ञान के युग में अज्ञानता का इससे बड़ा अभिप्राय और क्या होगा कि मनुष्य अपने बनाए ईंट-पत्थर के मंदिर-मस्जिद के लिए प्रभु के अपने बनाए मंदिर रूपी मानव का खून बहाते हैं। प्रगति-पथ पर सरपट दौड़ते आज के मनुष्य की प्रगतिशीलता खोखली है। विज्ञान के पंखों पर उड़ान भरते आधुनिक मनुष्य का वैज्ञानिक दृष्टिकोण थोथा साबित हो रहा है। 'जेहाद' के नाम पर अधर्मी खूनी खेल, खेल रहे हैं। धर्म की ध्वजा उठाए धर्मांध लोग खूनी दंगों को अंजाम देते हैं। मानव-मूल्यों का ऐसा पतन आज के तथाकथित धार्मिकों को घोर अधर्मी सिद्ध कर रहा है। जो समझते हैं वे मौन हैं। जान कर भी अनजान हैं। पतित, भ्रमित मानव को सही राह दिखाने और धर्मांध व मदांध शक्तियों से मानवता की रक्षा-हेतु एक संपूर्ण क्रांति की ज़रूरत है। प्रभु-भक्ति व मानव कल्याण जैसे सर्वोच्च लक्ष्य हेतु अपने जीवन को अर्पित करने वाला नानक जैसा कोई निर्भीक क्रांतिवीर आज के युग की ज़रूरत है। प्रेम का खेल कुर्बानी माँगता है। नानक के उत्तराधिकारी भाई लहणा (गुरु अंगददेव) ने जब इस महान लक्ष्य के लिए तन, मन, धन से निज समर्पण की बात कही तो नानक ने उसे यही कहा था—

जउ तउ प्रेम खेलण का चाउ॥
सिरु धरि तली गली मेरी आउ॥
इतु मारगि पैरु धरीजै॥
सिरु दीजै काणि न कीजै॥ (राग प्रभाती, पृ. 1412)

यह एक क्रांतिकारी संत का आह्वान था। कल भी था, आज भी है।

सम्पर्क : प्रवक्ता,
हिंदू गर्ल्ज़ कॉलेज,
सोनीपत (हरियाणा)

समाज प्रणेता संत दादू दयाल

निर्मल बूरा

मध्यकालीन युग एक संक्रमण युग रहा है। इस समय सारे संसार में पाखंडवाद का बोलबाला रहा। भारत भी इससे अछूता नहीं रहा। इस समय भारतीय इतिहास में अनेक महान विभूतियाँ रहीं इनमें लाल्दय, रूप भवानी मिर्जकाक, नामदेव, कबीर, गुरु नानक, दादूदयाल, मीरा, सुंदरदास, मलूकदास एवं पलटूदास प्रमुख रहे। इन सभी संतों ने तत्कालीन परिस्थितियों का वर्णन समयानुकूल अध्यात्म को सामने रख कर किया और जनमानस को प्रभावित किया। ऐसी विचारधारा विश्व के साहित्य में नहीं मिलती। इस कारण इन्हें महान दार्शनिक, प्रगतिशील समाज सुधारक और मानववादी कहा जाता है।

इन संतों ने भारतीयों में एक नवचेतना भरते हुए मानवतावादी संदेश दिया। इस पर डॉ. राधाकृष्णन कहते हैं कि "कुछ ऐसे भी संत हैं, जिन्होंने किसी शिक्षक से तो शिक्षा ग्रहण नहीं की जैसे—कबीर, रैदास, नामदेव। उन्होंने गुरु की जगह ब्रह्म को माना है और उन्होंने इसी के द्वारा भारतीय संस्कृति को उजागर किया।"

मेरा यहाँ विषय रैदास वाणी में समाजसुधार की विचारधारा है। जब हम संतों की वाणी को देखते हैं तो हमें प्राचीन भारतीय संस्कृति के नए रूप को पाते हैं। और उसमें एक क्रांतिकारी विचारधारा भी दिखाई पड़ती है। संतों की वाणी में अनासक्त समाज सेवा का भाव छिपा हुआ है जिसके द्वारा समाज सुधारक सदैव तत्पर रहते हैं।

क्रांतिकारी केवल राजनीति में ही नहीं होते। वास्तविक क्रांतिकारी तो वे हैं जो सामाजिक और सांस्कृतिक मूल्यों में परिवर्तन लाते हैं और समाज में छाई हुई निराशा को तोड़कर जीवन मूल्यों की स्थापना करते हैं। ऐसे ही महान संत दादू दयाल हैं।

संत दादू दयाल की वाणी में जो समाज दर्शन दिखाई पड़ता है। वह अपने आप में अद्वितीय है उन्होंने अपनी वाणी में बाहरी आडंबरों का विरोध करते हुए हिंदू और मुसलमानों को फटकारा है, लेकिन न तो हिंदू ने राम को और न ही मुसलमान ने अल्लाह को पहचाना है।

कोई स्वामी कोई सेख कहे, इस दुनिया का मर्म न कोई लहै।
कोई राम कोई अल्ला सुनावै, मुनि अल्ला राम का भेद न पावै।।

संत दादू दयाल जी आगे कहते हैं कि हिंदू और मुसलमानों को बताया कि अल्ला और ईश्वर दो नहीं बल्कि एक ही है।

साांई सविनि का सोई है रे, और न दूजा देखो कोई।

इसी को आधार रखते हुए कहते हैं कि समाज में सभी व्यक्ति एक समान हैं। जाति-पांति तो हमने बनाई हैं। मध्य काल में मूर्ति पूजा का बोलबाला हो गया था। इसे ही सर्वोपरि माना जाने लगा। संत दादू दयाल ने मूर्ति पूजा का खंडन किया और कहा कि जिन लोगों ने कंकर, पत्थर को जोड़ करके मंदिरों और मूर्तियों का निर्माण किया है, उन्होंने अपने मूल को नष्ट किया है क्योंकि परब्रह्म तो हमारे अंदर ही है।

दादू *जिन कांकर पत्थर से किया सो अपना मूल गंवाई,*
अलख देव अंतरि बसै, क्या दूजी जगह जाई।

इसी के साथ यह भी बताते हैं कि तीर्थ-व्रत सभी करते हैं लेकिन वे इनका अर्थ नहीं जानते क्योंकि ये सभी उसी के मन में हैं। वास्तविक पंडित, ज्ञानी, काजी, मुल्ला मोमिन और मुसलमान वही है जो केवल ईश्वर के प्रेम में लगे रहता है। हिंदू और मुसलमानों में कोई भेद नहीं है क्योंकि सभी की आत्मा एक जैसी है। और ब्रह्म सभी का मालिक है। जो लोग शील-संतोष का पालन करते हैं। वे इस संसार में सुखी हैं।

इस प्रकार के व्यक्ति स्वार्थ को न देखते हुए हमेशा परिधि की पालना करते हुए परोपकारी होते हैं और संसार के लोगों का भला करते हैं। उपरोक्त को देखते हुए यह स्पष्ट होता है कि संत दादू जी ने जाति-पाति, छुआछूत, मूर्तिपूजा, तीर्थ आदि का खंडन करते हुए समाज को एक नई दिशा दी है।

संत दादू जी ने उन लोगों की बड़ी भर्त्सना की है जो स्वःकर्म से भागते हैं। कहते हैं कि व्यक्ति को कभी भी अपने स्वः धर्म को नहीं छोड़ना चाहिए। इस प्रकार इनका काव्य धर्म और नीति का एक अद्वितीय ग्रंथ है।

यहाँ पर कुछ विद्वान यह भी सोचेंगे कि संत दादू ने तात्विक (दर्शन) पर विचार तो किया, क्या इसके द्वारा समाज में फैली बुराईयों को दूर किया जा सकता है।

इस पर मैं कहना चाहूँगी कि संत दादू जी ने तत्व रूप (ब्रह्म) को मानते हुए भारतीय संस्कृति को उजागर किया है, जिससे हमारा बौद्धिक और आत्मिक विकास होता है।

इस आधार पर हम कह सकते हैं कि संत दादू एक महान दार्शनिक होने

के साथ-साथ क्रांतिकारी महापुरुष भी हैं क्योंकि उन्होंने समाज में गिरती हुई नैतिक मर्यादाओं को स्थापित किया। इस कारण उन्हें समाजसुधारक कहने में अतिशयोक्ति नहीं होगी। उन्होंने अपनी वाणी के द्वारा तत्कालीन समस्याओं का निराकरण करते हुए एक व्यवस्था दी है। इसलिए हम इनकी वाणी को जनकल्याण वाणी भी कह सकते हैं।

जब हम उनमे सामाजिक कार्यों पर दृष्टि डालते हैं तो एक सामाजिक क्रांति दिखाई पड़ती है और जनता में निडरता का भाव आता है। इस कारण हम उन्हें क्रांतिकारी और कर्मयोगी कह सकते हैं।

सम्पर्क : प्रवक्ता,
फिरोज गांधी मैमोरियल राजकीय कॉलेज,
आदमपुर (हिसार) हरियाणा

हर युग में प्रासंगिक हैं कबीर

शारदा बिशनोई

किसी महान संत की प्रासंगिकता इस बात से निर्धारित होती है कि उनके उपदेश सिद्धांत और मान्यताएँ वर्तमान युग में कितनी सार्वजनिक और सर्वव्यापक हैं। उनका संदेश शताब्दियों के अंतराल के बावजूद अपनी कितनी सार्थकता बनाए रख सकता है। इस दृष्टि से संत कबीरदास की मान्यताएँ वर्तमान युग में अत्यंत सार्थकता एवं सामयिकता रखती हैं। आज के युग परिप्रेक्ष्य में कबीरदास के अनेक आयामों को स्थापित करके नए युग को नई दृष्टि से देखने का प्रयास आवश्यक है।

यहाँ ये मान्यतायें या सिद्धांत इसलिए ही मान्य नहीं हैं कि वे कितनी पुरानी और सदियों के बाद भी एक परंपरा द्वारा पोषित हैं। उनका प्रभाव लोक भावना पर कितना है और कैसा है। वर्तमान युग का वैज्ञानिक दृष्टिकोण सभी तथ्यों को ज्ञान की कसौटी पर परखना सिखाता है। कबीरदास ने अपनी वाणी और संदेशों में सत्य विद्याओं, पवित्र संस्कारों और शाश्वत अवधारणाओं को जीवन व्यवहार में उतारने, उस पर चलने की प्रेरणा दी है। उन्होंने अपनी वाणी में मानव मूल्यों से युक्त विश्व की मूल मान्यताओं का समावेश किया है। उन्होंने मानवता, पवित्रता, सदाचार, आत्मानुशासन, परोपकार, आत्मकल्याण, लोकमंगल, सच्चाई, ईमानदारी, न्यायशीलता, आत्मशुद्धि और आत्मसंयम की भावना का प्रसार किया है।

उनकी सहज साधना में नैतिक नियमों का पालन सबसे जरूरी है। मन, वचन कर्म से शुद्धि और ईश्वरीय नियमों की अनुपालना–

मन न रंगाये, रंगाये जोगी कपरा।
रे आसन मारि मन्दिर में बैठे ब्रह्म छाड़ि पूजन लागे पथरा।

उन्होंने गुरु आज्ञा को बहुत ही महत्त्वपूर्ण माना है। जैसे–

गुरु गोबिन्द दोऊ खड़े काके लागूं पांय।
बलिहारी गुरु आपने, जिन गोबिन्द दियो बताय।।

क्षमा, दया की भावना उनके सिद्धांतों में कूट-कूट कर भरी हुई है। अपरिग्रह का पालन, ब्रह्मचर्य का पालन, सादगीपूर्ण जीवन के साथ ही मानवीय गुणों का पालन करने का संदेश दिया है।

कबीरा संगत साध की हरै और की ब्याधि।
संगत बुरी असाध की आठों पहर उपाधि॥

उन्होंने अपनी सहज साधना में निर्गुण ब्रह्म के जप की अजपा जप विधि का अमर संदेश दिया है।

निर्गुण ब्रह्म जपो रे भाई, जा सुमिरत सुधि, बुद्धि मति पाई।

उन्होंने लोकमंगल की भावना के साथ-साथ मानवीय मूल्यों को अपनाने तथा अमानवीय, बुरी आदतों, पाखंडों, बाहरी आडंबरों व अनैतिक कार्यों से दूर रहने और कुप्रवृत्तियों का विरोध किया, जिसमें मुख्य रूप से चोरी, निंदा, असत्य, मद्य, माँस, कुतर्क, असत्य वचन तथा तामसिक कार्यों से दूर रहने का संदेश दिया है। कबीर ने मानव एकता को सबसे महत्त्वपूर्ण माना है। प्रत्येक जाति, संप्रदाय, धर्ममत, व्यवसाय, स्त्री, पुरुष, गरीब, अमीर को आत्म-उत्थान का मार्ग बतलाया है–

जाति न पूछो साध की, पूछ लीजिए ज्ञान।
मोल करो तलवार का, पड़ा रहन दो म्यान॥

उन्होंने पथभ्रष्ट और दिग्भ्रांत मानव को एक सुदृढ़ नैतिक धरातल प्रदान किया है। जैसे कि उनकी वाणी में आया है–

कबीर सोई है दिन भला, जा दिन संत मिलहिं।
अंक भरे भेंटिया, पाप सरीरो जांहि॥

उन्होंने अपनी प्रखर वाणी के द्वारा मानवीय एकता, स्वतंत्रता, समानता और बंधुता का ज़ोरदार समर्थन किया है।

हिंदू कहत है राम हमारा, मुसलमान रहमाना।
आपस में दोऊ लड़े मरतु हैं मरम कोई नहीं जाना।

उन्होंने समय की पहचान करके भूत, भविष्य और वर्तमान को अच्छी तरह से पहचान लिया था। इसलिए वे प्रत्येक दृष्टि से मानव समाज को लोकमंगल व लोक संग्रह की भावना पर आधारित करना चाहते थे।

कबीरदास ने स्वार्थ परायणता, संकीर्णता, धार्मिक कट्टरता, कुलोभ इत्यादि कुप्रवृत्तियों का इसलिए विरोध किया है कि ऐसी कुप्रवृत्तियाँ राष्ट्र व समाज में बिखराव

उत्पन्न करती हैं। यदि मानव समाज अपना आचरण परमार्थ भावना की दृष्टि या परोपकार की वृत्ति से करे तो सभी समस्याओं का समाधान निकाला जा सकता है।

शीलयुक्त सहज स्वभाव के कारण मानव बलवान हो जाता है जिससे परमार्थ की भावना बढ़ती है। ऐसे आचरण से मानव समाज, सुख संपन्न और तनावमुक्त हो जाता है। तनावमुक्त होने से शांति का एहसास होता है। शांतियुक्त मानव स्थिति प्रज्ञ हो जाता है। इस प्रकार की भावना से समाज और देश की प्रगति होती है।

आज मानव समाज राजनैतिक, सामाजिक, भौगोलिक, आर्थिक, असमानता के साथ-साथ धर्मसंप्रदाय और वर्ण के आधर पर विभाजित है। अनेक प्रकार के धार्मिक संगठन अपने नीच स्वार्थ के लिए धर्म का उपयोग करते हैं। समाज में इस प्रकार की स्वार्थ मूलक भावना को भड़काकर मानव मानव में भेदभाव की दीवार खड़ी कर रहे हैं। 'धार्मिक आतंकवाद' संपूर्ण मानव समाज के लिए खतरा उत्पन्न कर रहा है।

हमारी संस्कृति युगों पुरानी है। प्राचीन काल से भारत शांतिप्रिय और अहिंसा परमोधर्म की भावना पर चलने वाला देश रहा है। जिसकी धार्मिक मान्यताओं में समन्वय और सहयोग की भावना रही है। कबीर इस भावना से प्रबल पक्षधर थे। कबीर की वाणी और सिद्धांतों में सर्वधर्म संबंध की भावना हैं यदि मानव समाज कबीर की विचारधारा की अच्छी प्रकार से समझ लें और जीवन व्यवहार में उसे उतार लें तो विश्व के समक्ष खड़ी ज्वलंत समस्याओं का समाधान सहजता से किया जा सकता है।

निष्कर्षतः संत कबीरदास आम आदमी के कवि हैं। उनके काव्य में सहज साधना द्वारा उन्हीं बातों को उठाया गया है, जिससे मानवता में प्रेम, अहिंसा, शांति, सद्भावना, साम्प्रदायिक एकता आदि का पोषण हुआ है। एक स्वस्थ और समृद्ध समाज के लिए ऐसी पवित्र शिक्षाओं की वर्तमान समय में अत्यंत उपयोगिता एवं सार्थकता है।

सम्पर्क : प्रवक्ता,
फिरोज गांधी मैमोरियल राजकीय कॉलेज,
आदमपुर (हिसार)

पानी बिच मीन प्यासी

डॉ. सुमेर सिंह यादव

कालचक्र का पहिया सतत चलता रहता है और इस कालचक्र की परिधि में समाज में बदलाव होना भी सहज बात है। मनुष्य समाज में रहता है और सामाजिक परिवर्तन का प्रभाव उस पर पड़ता रहता है। परिवर्तन के अनुरूप ही उसकी जीवन शैली बदलती रहती है लेकिन सत्य का स्वरूप सदा एक जैसा रहता है। कालचक्र का प्रभाव सत्य के स्वरूप को नहीं बदल सकता। उसी सत्य को संतों ने साहित्य के माध्यम से अभिव्यक्त किया है और इसकी सार्थकता समाज के लिए सदैव बनी रहेगी। मानव यदि सत्य को व्यवहारिक रूप में उतार लेता है तो उसका जीवन सार्थक हो जाता है। जब तक व्यक्ति सत्य को अपने आचरण में नहीं उतारता तब तक उस सत्य की कोई सार्थकता नहीं होती। संत कबीर ने ज्ञान की गहराई में उतरकर उसी सत्य को समाज के सामने अपनी वाणी द्वारा अभिव्यक्त किया है जो समाज के लिए प्रेरणा का मार्ग प्रशस्त करती है। संत कबीर सिर से पैर तक मस्त–मौला, स्वभाव से फक्कड़, आदत से अक्खड़, भक्त के सामने निरीह, वेशधारी के आगे प्रचंड, दिल के साफ, दिमाग के दुरूस्त, भीतर से कोमल, बाहर से कठोर, जन्म से अस्पृश्य, कर्म से वंदनीय। वे जो कुछ कहते थे अनुभव के आधार पर कहते थे। इसीलिए उनकी उक्तियाँ वेंधने वाली और व्यंग्य चोट करने वाली होती थी क्योंकि सत्य हमेशा कड़वा होता है। उनके पूर्ववर्ती बाह्याचार–विरोधियों ने स्वयं अपने लिए बाह्याचार का आडम्बर बना रखा था, इसलिए उनमें वह मस्ती–भरी लापरवाही नहीं थी, जो कबीर को इतना आकर्षक बनाए हुए हैं। फिर उनके पूर्ववर्ती सहजयानी बौद्ध और योगी लोग जितनी भी पोथी की निंदा क्यों न करें, पोथी उनकी पढ़ी होती थी और भीतर-ही-भीतर वे पोथी की महिमा से अभिभूत होते थे। कबीर के समान निर्भीक आत्मविश्वास के साथ वे कभी नहीं कह सके कि–

तेरा मेरा मनुआ कैसे इक होइ रे!
मैं कहता हौं आँखिन देखी,

तू कहता है कागद की लेखी।
मैं कहता सुरझावनहारी,
तू राख्यौ अरूझाइ रे।

अखंड आत्मविश्वास और भक्ति के बिना इतनी सफाई से कोई नहीं कह सकता कि तू राख्यो अरूझाई रे!

संत कबीर आज के संदर्भ में यह उपदेश देना चाहते हैं कि व्यक्ति में भय झूठ व अज्ञानता की वजह से ही होता है यदि व्यक्ति बाहर–भीतर से समान हो तो किसी प्रकार का भय नहीं होता। अतः आचरण में कथनी और करनी में किसी प्रकार का अंतर नहीं होना चाहिए तभी समाज उन्नति कर सकता है। आज के परिवेश में मनुष्य ने केवल भौतिक क्षेत्र में ही विकास किया है, उसका आध्यात्मिक पक्ष पीछे रह गया है। बिना अध्यात्म के जीवन में संतुलन बनाने की कला आ ही नहीं सकती है। यही कारण है कि मनुष्य के पास साधन होते हुए भी वह सुख से दूर है क्योंकि संत कबीर की वाणी को उन्होंने अपने हृदय में नहीं उतारा है। वे अपनी वाणी में स्पष्ट शब्दों में कहते हैं कि मूल को भूल कर कभी सुख नहीं मिल सकता है और मनुष्य संसार में मूल से विमुख है और संसार के सम्मुख है। संसार का सुख भी तभी मिल सकता है जब कबीर जी के भाव को मनुष्य अपने जीवन में अपनाए। संसार में रहना सीखे, बसना दुखदाई है, रहना सुखदाई है। आज अधिकांश मनुष्य बस रहे हैं, चाहे वह बसने का रूप मोह–माया हो, चाहे वह रूप अज्ञानता का हो, इसी कारण मनुष्य को सुख की प्राप्ति नहीं हो रही है। कबीर ने स्पष्ट शब्दों में कहा है कि सुख मनुष्य के अंतर में है बाहर नहीं है जैसे–हिरण की नाभि में कस्तूरी होती है। लेकिन वह वन में ढूँढता है और ढूंढते–ढूंढते मर जाता है लेकिन उसे प्राप्त नहीं कर पाता। इसी तरह मनुष्य भी अपराशक्ति के कारण संसार में सुख का जीवन नहीं जी पाता। अतः कबीर की विचारधारा वर्तमान संदर्भ में नितांत आवश्यक है।

कबीर ज्ञान के हाथी पर चढ़े थे, पर 'सहज का दुलीचा' डाले बिना नहीं, भक्ति के मंदिर में प्रविष्ट हुए थे, 'पर खाला का घर' समझकर नहीं, बाह्याचार का खंडन किया था, पर निरुद्देश्य आक्रमण की मंशा से नहीं, भगवद्विरह की आँच में तपे थे, पर आँखों में आँसू भरकर नहीं, राम को आग्रहपूर्वक पुकारा था, पर बालकोचित मचलन के साथ नहीं–सर्वत्र उन्होंने एक समता रखी थी। केवल कुछ थोड़े-से विषयों में वे समता खो गए थे। अकारण सामाजिक ऊँच-नीच-मर्यादा के समर्थकों को वे कभी क्षमा नहीं कर सके, भगवान के नाम पर पाखंड रखने वालों को उन्होंने कभी छूट नहीं दी, दूसरों को गुमराह बनाने वालों को उन्होंने कभी तरह देना उचित नहीं समझा। ऐसे अवसरों पर उग्र थे, कठोर थे और आक्रामक थे। पर गुमराह लोगों

की ग़लती दिखाने में उन्हें एक तरह का रस मिलता था। व्यंग्य करने में उन्हें जैसे तृप्ति मिलती थी। निम्नलिखित पद में गंगा नहाने वालों की कैसी कसकर खबर ली गई है–

चली है कुलबोरनी गंगा नहाय।
सतुवा कराइन कहुरी भुँजाइन, घूँघट ओटे भसकत जाय।
गहरी बाँधिन मोटरी वाँधिन, खसम के मूँड़े दिहिन धराय।
बिछुवा पहिरिन औंठा पहिरिन, लात खसम के मारिन धाय।
गंगा न्हाईन जमुना न्हाइन, नौ मन मैल लिहिन चढ़ाय।
पाँच-पचीस कै धक्का खइन, घरहुँ की पूँजी आई गँवाय।
कहत कबीर हेत कर गुरू सो, नहि तोर मुकुती जाइ नसाइ॥

–(क.वच.च.पृ.144)

भक्ति के अतिरेक में उन्होंने कभी अपने को पतित नहीं समझा क्योंकि उनके दैन्य में भी उनका आत्मविश्वास साथ नहीं छोड़ देता था। उनका मन जिस प्रेमरूपी मदिरा से मतवाला बना हुआ था। वह ज्ञान के गुण से तैयार की गई थी, इसीलिए अन्धश्रद्धा, भावुकता और हिस्टीरिक प्रेमोन्माद का उसमें एकांत अभय था। युगावतार की शक्ति और विश्वास लेकर वे पैदा हुए थे और युगप्रवर्तक की दृढ़ता उनमें विद्यमान थी, इसीलिए वह युग–परिवर्तन कर सके थे। आज के संदर्भ में भी उनकी महती आवश्यकता है। एक वाक्य में उनके व्यक्तित्व को कहा जा सकता है : वे सिर से पैर तक मस्तमौला थे–बेपरवाह, दृढ़ उग्र, कुसुममादपि कोमल, वज्रादपि कठोर।

रहस्यवाद के उन्माद में जीव इंद्रिय–जगत से बहुत उपर उठकर विचार–शक्ति और भावनाओं का एकीकरण कर अनंत और अंतिम प्रेम के आधार में मिल जाना चाहता है यही उसकी साधना है, यही उसकी उद्देश्य है। उसमें जीव अपनी सत्ता को खो देता है। मैं, मेरा और मुझे का विनाश रहस्यवाद का एक आवश्यक अंग है। यह भी आज के समाज में परम आवश्यक है कि मनुष्य अपने अहंकार को मिटाकर परम सत्ता के सामने समर्पण करे तभी उसका कल्याण हो सकता है अन्यथा नहीं। अतः हमें ऐसी स्थिति का पता लगाना है, जहाँ आत्मा भौतिक बंधनों का बहिष्कार कर संसार के नियमों का प्रतिकार कर ऊपर उठती है और उस अनंत जीवन में प्रवेश करती है, जहाँ अराधक और आराध्य एक हो जाते हैं, जहाँ आत्मा और अनंत शक्ति का एकीकरण हो जाता है।

अंत में हम कह सकते हैं कि संत कबीर हिंदी साहित्य के लिए अमूल्य धरोहर हैं। जिस युग में इन्होंने काव्य रचना की, वह भारत के लिए अज्ञान, अशिक्षा और अनैतिकता का घोर अंधकारमय युग था और वे उस युग की जनता के निम्नतम स्तर से संबंध रखते थे, फिर भी इन्होंने ज्ञान की जो ज्योति जलाई वह अद्‌भुत है,

अपूर्व है! सुसंस्कृत युग और सुशिक्षित समाज के सुपठित कवियों द्वारा उच्चकोटि की रचनाओं का प्रणीत होना विशेष महत्त्व की बात नहीं, अपने पतन की चरम अवस्था में भी पतित, दलित एवं जर्जरित भारत का ऐसा महान प्रतिभाशाली, गंभीर चिंतन एवं स्पष्टवक्ता कवि का जन्म ऐसा आश्चर्य है, जिसका दूसरा उदाहरण विश्व–इतिहास में शायद ही कहीं मिले। मुगल-कालीन भारत में जब कि उच्च-वर्ग की जनता अपने शासकों का अनुकरण करती हुई विलासिता के रंग में डूबी हुई थी मंदिर, तीर्थ और धर्म–स्थान व्यभिचार के केंद्र बन रहे थे और विभिन्न सामाजिक पर्वों पर मनोरंजन के पवित्र एवं शुभ कृत्यों के आयोजन के स्थान पर सुरा और सुंदरी से सत्कार का प्रबंध होता था, ऐसी स्थिति में निम्न वर्ग के अशिक्षित जन समुदाय का अनैतिकता, अनाचार और अधः पतन की चरम सीमा तक पहुँचकर मटियामेट हो जाना स्वाभाविक था, किंतु संत–मत के विभिन्न उन्नायकों ने उन्हें एक नेतृत्व प्रदान किया, जिससे राष्ट्र का यह बहुसंख्यक वर्ग विनाश से बच सका।

साहित्यिक दृष्टि से भी संत कबीर का कम महत्त्व नहीं है। अपनी अनुभूतियों को सहज–स्वाभाविक भाषा में अभिव्यक्त करके उन्होंने काव्य के सच्चे स्वरूप का उद्घाटन किया। आधुनिक कवियों एवम् लेखकों की भाँति उन्होंने अपने साहित्य के अपरिपक्व विचारों, अस्पष्ट जीवन–दर्शन और अधकचरे मनोविज्ञान का मिश्रण नहीं किया, अपितु मस्तिष्क के शुष्क विचारों को हृदय की अनुभूति से अवगाहित करके व्यक्त किया। सच्चे कवि की वाणी में अभिव्यक्ति के साधन स्वतः ही प्रस्फुटित हो जाते हैं, इस बात का प्रत्यक्ष प्रमाण कबीर का साहित्य है। 'भाषा कैसी ही हो, भाव चाहिए मित्त' की उक्ति संत कबीर पर पूर्णतः चरितार्थ होती है।

सम्पर्क : प्रवक्ता,
राजकीय महाविद्यालय,
अटेली (हरियाणा)

क्रान्ति स्तम्भ दादू

आशा खत्री

यूरोपीय इतिहास में 15-16वीं शताब्दी में पुनर्जागरण व धर्म सुधार आंदोलन तथा निरंतर विकास प्रक्रिया के दौरान पूँजीवाद के प्रादुर्भाव से निजात पाने के लिए नए सामाजिक स्तर को स्थिरता देने के लिए लेनिन व साथियों द्वारा मार्क्सवाद के आधार पर जिस व्यवस्था की स्थापना की गई, कालांतर में उसमें भी कुछ खामियाँ उत्पन्न होना कोई आश्चर्यजनक बात नहीं है। हर आंदोलन के साथ यही होता है। भटकाव तो मानवता की नियति लगती है।

भक्ति, परोपकार दया, सत्संगति, अहिंसा, सत्य, विश्वास, संतोष विकारहीनता, आडंबरहीनता, मानवीय एकता आदि का संदेश प्रदान करती है। इसके साथ ही भक्ति समाज का प्रत्येक सदस्य यदि उपर्युक्त विचारों एवं मानवीय मूल्यों को आत्मसात कर लेगा तो निश्चित रूप से समाज में चेतना पैदा होगी। अतः भक्ति सामाजिक चेतना का अमूल्य तत्त्व है।

मध्ययुगीन भारत के जिस भक्ति आंदोलन का विश्लेषण हमें करना है, उसकी प्रकृति थोड़ी भिन्न है। भक्ति आंदोलन का मूल तत्त्व है—भक्ति अर्थात मोक्ष प्राप्ति। हिन्दू धर्म का परम लक्ष्य है। भक्ति आंदोलन का वास्तविक अर्थों में विकास 700ई. से 1200 ई. के मध्य दक्षिण भारत में हुआ और भक्ति आंदोलन में क्रमिक रूप से इन दार्शनिक विचारधाराओं का विकास तथा उसकी लोकप्रियता बढ़ती चली गई। अद्वैतवाद-द्वैतवाद, सगुण-निर्गुण आदि इसी के विभिन्न रूप हुए हैं।

1. दादू दयाल गुजरात के प्रमुख भक्त-संत थे। इनका जन्म 1544ई. में अहमदाबाद के एक ब्राह्मण परिवार में हुआ था व इनकी मृत्यु 1603 ई. में हुई। दादू, कबीर के समर्थक एवं अनुयायी थे इनके जन्म स्थान के बारे में कहा गया है।

पश्चिम दिसा अहमदाबादबादू
ती ठाँ साथ परगटै दादू।

(दादू की भाषा—डॉ. रामसजन पाण्डेय)

उन्होंने सभी धर्मों के लोगों में एकता और भाई-चारा स्थापित करने का प्रयास किया। लोगों को उन्होंने प्रेम एवं बंधुत्व का संदेश दिया। उनके उपदेश अत्यंत उदार एवं सरल थे। दादू ने धार्मिक ग्रंथों को महत्त्व नहीं दिया। उनके अनुसार आत्म-ज्ञान अधिक महत्त्वपूर्ण है। दादू के अनुसार मनुष्य का जन्म अच्छे कार्यों के लिए हुआ है तथा उसे जीवन भर ईश्वर की उपासना में प्रयासरत रहना चाहिए। उन्होंने लोगों से अपील की कि वे अपना पूरा जीवन ईश्वर को समर्पित कर दें। उन्होंने सभी लोगों को एक ही ईश्वर की संतान बताया। उसके अनुसार कोई भी ऊँचा या नीचा, छोटा या बड़ा नहीं है तथा सभी एक समान हैं क्योंकि सभी को एक ही ईश्वर ने जन्म दिया है। इस प्रकार दादू ने भी अन्य भक्त संतों की भांति समानता की बात कही। उन्होंने मानव-सेवा और विश्व-सेवा का आग्रह किया और कहा ईश्वर की प्राप्ति के लिए आराधना या भक्ति की अपेक्षा विश्व-सेवा-मार्ग का अनुसरण किया जाए तो ज्यादा उपयुक्त होगा।

दादू ने सभी लोगों में एकता, प्रेम एवं सद्भावना का संचार करने हेतु परब्रह्म-संप्रदाय की स्थापना की। इसके माध्यम से दादू ने समाज के लोगों से पापों, दुष्कर्मों एवं ग़लत भावनाओं को त्यागने का आह्वान किया तथा ईश्वरोपासना में संलग्न रहने का सुझाव दिया। दादू ने ईश्वर की उपासना के लिए ब्रह्मचर्य जीवन पर बल नहीं दिया तथा कहा कि मनुष्य गृहस्थ जीवन में रहकर भी विभिन्न धार्मिक कार्य कर सकता है।

दादू के अनेक शिष्य थे, जिनमें रज्जब का नाम सबसे महत्त्वपूर्ण है। दादू पंथ में रज्जब के नाम की एक शाखा का निर्माण किया गया, जिसे ''रज्जब शाखा'' के नाम से जाना जाता है। दादू के समान रज्जब ने भी सभी को प्रेम एवं भाईचारे का सन्देश दिया तथा ईश्वर की भक्ति एवं उपासना में संलग्न रहने की सलाह दी।

इनके पिता का नाम लोधराम नागर था, जो जाति से ब्राह्मण थे तथा माता का नाम बसीबाई था जो इस दोहे से स्पष्ट पता चलता है–

इहि विधि स्वामी जन्म जु लिया
लोधी राम पुत्र यो कीया।

दादू की बानी अधिकतर कबीर की साखी से मिलते-जुलते दोहो में है और कहीं गेय पद भी हैं। काशी नागरी प्रचारिणी सभा ने इनकी रचनाओं का एक संग्रह प्रकाशित किया है, जिसमें 2623 साखियाँ व 445 पद हैं। (राजनाथ शर्मा, हिंदी साहित्य का विवेचनात्मक इतिहास पृ. 168) दादू के शिष्यों ने इनकी बाणी संग्रह ''हरडेबाणी'' तथा अंगवधू'' नाम से प्रकाशित करवाए थे। अजमेर, काशी, जयपुर, प्रयाग से दादू की वाणियों के संग्रह प्रकाशित हुए हैं। दादू के पद पश्चिमी हिंदी के साथ-साथ

राजस्थानी और पंजाबी में भी मिलते हैं। अरबी, फारसी के शब्द भी इनकी वाणी में प्रयुक्त हैं।

दादू और कबीर, दोनों सन्तमार्गी कवि हैं। दोनों ने ईश्वर की व्यापकता, गुरु की महिमा, जाति-पांति का विरोध, हिन्दू-मुस्लिम ऐक्य, जगत की असारता एवं आत्म-तत्त्व की महत्ता का वर्णन अपने काव्य में किया है तथा गुरु के बारे में कहा है–

झूठे अंधे गुरु धणे, भरम दिढोव आई।
दादू सांचा गुरु मिलै, जीव ब्रह्म है जाई।।
(संत दादू दयाल की वाणी–श्री चन्द्रिका प्रसाद त्रिपाठी-परचा को अंग)

दोनों के वर्ण्य-विषय में संतकाल की प्रमुख प्रवृत्तियों का समावेश हुआ है। दादू में खण्डनात्मक का स्तर उतना तीव्र नहीं जितना कबीर में है। दादू में सरलता और गंभीरता अधिक है तथा प्रेमतत्व की व्यंजना भी दादू में अधिक है। सम्भवतः सरल और निरीह होने के कारण ज्यादा पुरअसर बना सके हैं। इसका दादू की वाणी में उदाहरण मिलता है–

जब मन लागे राम सों, तन अनत काहे को जाई।
दादू पाणी लूण ज्यों, ऐसे रहे समाई।।

भारतीय समाज में आंशिक रूप से जो परिवर्तन आया, उसका मुख्य कारण सामाजिक परिस्थितियों में अनेक विषमताएँ आ गई थीं। इससे भारतीय बहुसंख्यक ग्रामीण जनता अप्रभावित रही है। समय-समय पर कितनी ही जातियाँ आती रहीं हैं, जिनमें अपने-अपने धर्म विश्वासों, रीति-रस्मों और आचार-विचार पद्धतियों के संस्कार तथा अभ्यास थे। परंतु भारतीय आध्यात्मिक रूप से तो अप्रभावित ही रहे हैं जैसे–

ऐसा तत्त अनुपम भाई, मरै न जीवै कालन खाई।
पाबकि जरै न मारयो भरई, काटयो कटै न सरयौ टरई"
(दादू दयाल ग्रंथावली पृ. 404)

दादू दयाल ने भारतीय जन मानस में निर्गुण काव्यधारा-रस से भी क्रांति-चेतना भर दी, जिसके कारण भारत में फैली छुआ-छात तथा जाति-पाति को हटाने में सहायता मिली। उन्होंने मानव के हृदय की तरल अनुभूतियों तक पहुँचकर सामाजिक बुराइयों के प्रति लड़ने की ताकत उनमें भरी। उनकी वाणी में–

तन भी तेरा मन भी तेरा, तेरा पिण्ड परान।
सब कुछ तेरा तू है मेरा, यह दादू का ज्ञान।।
(दादूदयाल ग्रंथावली पृ. 113)

मध्यकाल भारतीय इतिहास में उथल-पुथल, उत्थान पतन, पारस्परिक संघर्षों, युद्धों, राजमहलों का सामन्ती वातावरण, सामाजिक राजनैतिक तथा धार्मिक विकृतियों का युग था। समाज में समानता, अराजकता, अशांति, धर्म-परिवर्तन, सामाजिक-मूल्यों में गिरावट आदि का बोलबाला था। जाति और वर्णव्यवस्था की दृष्टि से अत्यंत प्रतिक्रियावादी तो था ही परंतु धीरे-धीरे यह बंधन और कठोर होता गया। ब्राह्मणों और पुरोहितों के वर्ग का वर्चस्व और निर्दयतापूर्ण व्यवहार शूद्रों और कुछ हद तक वैश्यों के प्रति भी क्रूर होता गया। भेदभाव व कुरीतियों को संतों की वाणी में नहीं स्वीकारा गया और दादू के अनुसार भक्ति काया पलट देने वाली शक्ति है–

तिल तिल का अपराधी तेरा, रत्ती-रत्ती का चोर।
पल-पल का मैं गुनही तेरा, बकसहु औगुण मोर।

(स्वामी दादूदयाल की वाणी-संजीवन को अंग पद 32)

दादू इस मिथ्या संसार के विषय में अपने विचार इस प्रकार प्रकट करते हैं कि दुःख में भगवान ही साथी है, अन्य कोई नहीं–

सुख का साथी जगत् सब दुःख का नाही कोय।
दुःख का साथी साईयाँ दादू सत गुरु होय।।

(दादू वाणी, सुमिरन को अंग पद 29)

पतिव्रता नारी के सेवाभाव में दादू ने अनन्यता का समावेश किया है। पतिव्रता का रूपक दादू ने इस प्रकार दिया है–

नारी सेवक तब लगै जब लग सांई पास।
दादू परसै आन कों ताकी कैसी आस।।

(दादू वाणी, निहकर्मी पतिव्रता को अंग, पद 35)

दादू के अनुसार माया से मुक्त होकर ही भक्त बना जा सकता है–

तौ तूँ पावे पीव कों मैं मेरा सब खोय।
मैं मेरा सहजैं गया तब निर्मल दर्सन होय।।

(दादू वाणी, जीवन मृतक को अंग पद 17)

दादू जी की क्रांति विभिन्न रूपों में प्रदर्शित हुई। जगत में चेतना लाने के विशेष आग्रह के कारण ही उन्होंने मन के अंग में चित्त की पाँचों दशाओं की ओर संकेत किया है। मन की दृढ़ दशा की ओर संकेत करते हुए वे मनुष्य को सावधान करते हुए कहते हैं–

दादू जिनि विष पीवै बावरे, दिन-दिन बाढ रोग।
देषत ही मरि जाएगा, तजि विषि या रस भोग।।
(दादू वाणी, मन का अंग, पद 3)

निस्संदेह सांसारिक मनुष्य चित की क्षिप्त दिशा में भ्रमता रहता है। मन की इस चंचल क्षिप्त अवस्था में मनुष्य अनेक सांसारिक भोगों में लिप्त रहता है। अनुचित उचित का भेद जानकर मनुष्य अपने मन को स्थिर करने का प्रयत्न, संतों की संगति में रहकर हरि भजन करते हुए कर सकता है–

मन चंचल मेरो कहयौ न मोने, दसौं दिसा दौरावै रे।
आवत जात बार नहिं लागे, बहुत भांति बौरावै रे।

कोटिक जतन करत या मनकौं निहचल निमख न होई रे।
चंचल चपल चहूं दिसि भरमे, कहा कर जन कोई रे।
सदा सोच रहत घट भीतरि मन थिर कैसे कीजै
सहजैं सहज साध की संगति, दादू हरि भजित लीजै रे।
(दादू वाणी, मन के अंग, पद 12)

दादूकालीन सामजिक परिवेश हिंदू-मुस्लिम वैमनस्य का था। मुसलमानों की हिंसावादी वृत्ति से संत चिंतित थे। दादू, कबीर आदि संतों ने हिंदू व मुस्लिम दोनों समाजों में जो भी विकृतियाँ देखीं, उन्हीं पर कठोर प्रहार किया। दादू की क्रांति चेतना द्रष्टव्य है–

दादू गल काटै कलमा भरैं आया विचारा दीन।
पाँचों बखत निमाज गुजारै स्यावति नहीं अकीन।।
(दादूवाणी, सांच को अंग, पद 14)

प्रत्येक काल में ढोंगी व्यक्तियों के प्रपंच का बोलबाला रहा है। मात्र दिखावे के साधु-संतों का वेष धारण करने वालों के जीवन की विडम्बना ध्यातव्य है–

जोगी जंगम सेवड़े बोध सन्यासी सेष।
पद दर्शन दादू राम बिन सनै कपट के भेष।।
(दादू दयाल, पं परशुराम चतुर्वेदी द्वारा संपादित, पद 31)

दादू के अनुसार परमात्मा से अनन्यता होने पर मस्जिद और देवालय व्यर्थ हो जाते हैं। अपने भीतर भी परमेश्वर का साक्षात्कार हो जाता है।

दादू यह मसीति यहु देहुरा सत गुरि दीया दिखाई।
भीतरि सेवा बंदगी वा हरि काहे जाइ।।
(दादूदयाल/पं परशुराम द्वारा संपादित, पद 51)

संसार में सभी वृत्तियों के मनुष्य विद्यमान हैं। मानवीय जीवन, जीवन का महत्त्वपूर्ण दर्शन है—सार-तत्त्व का ग्रहण करना और निस्सार का त्याग करना। अनित्य लोगों के द्वारा नित्य तत्त्व का प्राप्ति नहीं हो सकती। इस प्रकार का भाव दादू की निम्न पंक्तियों से ध्वनित होता है—

दादू हंस मोती चुगैं, मान सरोवर जाइ।
वगुला छीलरि बापुड़ा चुणि-चुणि मछली खाई।।

(परशुराम चतुर्वेदी द्वारा संपादित, सारग्राही को अंग, पद 7)

परम सिद्धि की प्राप्ति निरभिमानी व्यक्ति ही कर सकता है—

झूठा गर्व गुमान तजि तजि आया अभिमान।
दादू हीन गरीब होइ पाया पद नृबांन।

(दादूदयाल। पं. परशुराम चतुर्वेदी द्वारा संपादित पद 6)

निष्कर्ष रूप में कहा जा सकता है कि हिंदी साहित्य का मध्यकाल सामाजिक, धार्मिक व सांस्कृतिक क्रांति का युग माना जा सकता है। कबीर आदि संतों का यह काव्यांदोलन संपूर्ण जनमानस को प्रभावित करता दिखाई पड़ता है और दादू का काक क्रान्ति का विशाल स्तम्भ है।

सम्पर्क : प्रवक्ता
कन्या महाविद्यालय,
खरखौदा (सोनीपत) हरियाणा

क्रांति पथ पर अग्रसर रैदास

डॉ. सुरेश बूरा

हिंदी साहित्य में मध्यकाल में अनेक महान व विलक्षण प्रतिभासंपन्न साहित्यकारों, मनीषियों, महापुरुषों का आविर्भाव हुआ था जिनके नाम भारतीय साहित्य के आकाश में देदीप्यमान नक्षत्रों की भाँति सदैव छाए रहेंगे। जब कभी भारतीय समाज में निम्न मान्यताएँ या अनाचार की प्रवृत्तियाँ व्याप्त होने लगीं तभी महान तपस्वियों, साधकों व संतों ने जन्म लेकर समाज में व्याप्त रूढ़िवादी विचारधाराओं, आडम्बरों, जाति-पांति के भेदभाव, सदाचरण के ह्रास से आहत होकर, समाज में इन व्याधियों को उखाड़ फेंकने का बीड़ा उठाया। समाज से सारी विकृतियाँ समाप्त करने व प्रजा के लिए, सद्मार्ग प्रशस्त करने के लिए इन संतों ने अपना सर्वस्व मानव जाति के लिए समर्पित कर दिया। इन महान आत्माओं में संत रविदास का नाम विशेष उल्लेखनीय है।

रैदास : नाम संबंधी विभिन्न मत

संत रैदास के नाम संबंधी अनेक मत प्रचलित हैं। उपलब्ध ग्रंथों में इनके विभिन्न नाम आए हैं, जिनमें रैदास, रूईदास, रामदास, रेहीदास, रामदास, रहदास आदि पर्याप्त प्रचलित हैं। ये सभी नाम रविदास के ही नामांतर हैं। क्षेत्रीय ध्वनियों व भाषाओं के प्रभाव से रविदास के ये पर्याय मानने चाहिएँ।[1] संत रविदास ने बंगाल, बिहार, गुजरात, राजस्थान, महाराष्ट्र, मध्यप्रदेश, दिल्ली व पंजाब में समाज-सुधार के लिए यात्राएँ कीं। क्षेत्रीय प्रभाव के कारण, उनका नाम विभिन्न प्रकार से पुकारा गया। उदाहरण के लिए रविदास का बंगला उच्चारण रूईदास, मराठी में रोहीदास व राजस्थानी में रैदास नाम से पुकारा गया है।[2]

जन्म-तिथि—संत रविदास की जन्म-तिथि के संबंध में विद्वानों में मतैक्य नहीं है। डॉ. योगेन्द्र सिंह का कहना है कि संत रविदास का जन्म संवत् 1500 के आस-पास माना जा सकता है। अनेक स्थानों पर संत रैदास को मीरा के गुरु रूप में माना गया है। मीराबाई का काल संवत् 1560 से संवत् 1603 तक माना जाता है। इस

स्थिति में रैदास का जन्म लगभग संवत् 1500 मान सकते हैं।[3] एक मत है–

चौदह में तैतीस की, माघ सुदी पंद्रास।
दुखियों के कल्याण हित, प्रगटे श्री रविदास।। [4]

रविदासी संप्रदाय में ऊपरलिखित दोहा शताब्दियों से प्रचलित है। वैसे भी डॉ. योगेन्द्र व आचार्य पृथ्वीसिंह आज़ाद के मन्तव्य में अधिक अन्तर नहीं है। बिना किसी प्रामाणिकता के कुछ निश्चित तो नहीं कहा जा सकता, लेकिन दोनों विद्वानों के विचारों में संत रविदास के जन्म-तिथि को दस वर्षों का अंतर विशेष अप्रासंगिक बात नहीं है। आचार्य पृथ्वी सिंह आजाद द्वारा दिए गए दोहे अनुसार संवत् 1433 को संत रविदास का जन्म समय माना जाना उचित प्रतीत होता है। आचार्य पृथ्वी सिंह आजाद के अनुसार रविदास का महाप्रस्थान संवत् 1584 चैत्र कृष्ण चतुर्दशी (6 मार्च, 1528) को 151 वर्ष की आयु में गंभीरा नदी की तट पर हुआ। रविदास अंतिम समय चित्तौड़ आ गए थे। चित्तौड़ के किले में कुम्भनदास के मंदिर में रैदास के चरण चिह्न बने हुए हैं।

जन्म-स्थान–जन्मकाल की अनिश्चितता की ही भाँति जन्म-स्थान के विषय में भी विभिन्न विद्वानों के विभिन्न मत हैं। एक मत के अनुसार इनका जन्म स्थान पश्चिमी उत्तर प्रदेश है तो दूसरे मत के अनुसार गुजरात का नाम लिया जाता है। कुछ विद्वानों के मतानुसार संत रविदास का जन्म-स्थान राजस्थान में मेवाड़ के आस-पास माना जाता है। रैदास रामायण में इनका जन्म-स्थान राजस्थान में माण्डवगढ़ के आस-पास माना जाता है। रैदास रामायण की पंक्तियाँ द्रष्टव्य हैं–

काशी ढिंग माडुर स्थाना, शुद्र वरण करत गुजराना।
मांडुर नगर नील अवतारा, रविदास शुभ नाम हमारा। [5]

रविदास वाणी में संग्रहीत कुछ पंक्तियों में जहाँ रविदास अपने परिवार के विषय में वर्णन करते हैं वहाँ भी बनारस के आसपास ही इनका जन्म होने का संकेत मिलता है–

मेरी जाति कुटबांढला ढोर ढोवंता।
नितहि बानारसी आसा पासा।। [6]

इस प्रकार इन अन्तःसाक्ष्यों के आधार पर रविदास का जन्म-स्थान बनारस के आसपास ही सिद्ध होता है।

जाति–संत रविदास की जाति अन्त-साक्ष्यों के आधार पर चमार सिद्ध होती है लेकिन कुछ विद्वानों ने उन्हें ब्राह्मण जाति से जोड़ने का प्रयास किया है। जब कि संत रविदास ने अपनी जाति के संबंध में अनेक स्थलों पर स्पष्ट संकेत किया है–

कहे रविदास खलास चमारा।
जो हम सहरी सु मीत हमारा।।[7]

आदि गुरु ग्रन्थ साहित्य में ही दूसरे स्थान पर वे लिखते हैं–

मेरी जाति कमीनी पांति कमीनी ओच्छा जनमु हमारा।
तुम सरनागति राजा राम चन्द कहि रविदास चमारा।।[8]

उपर्युक्त अन्तःसाक्ष्यों के आधार पर संत रविदास निस्संदेह शूद्र समझी जाने वाली चमार जाति से संबंधित थे। न जाने क्यों कुछ विद्वान इन्हें पूर्व जन्म का ब्राह्मण, और कुछ इन्हें इस जन्म में भी ब्राह्मण सिद्ध करना चाहते हैं। अपनी निम्न जाति को स्वयं स्वीकार करके संत रविदास ने अपने उच्च चरित्र का परिचय दिया है।

गुरु–अन्तःसाक्ष्यों के अनुसार संत रविदास जी ने अपने किसी गुरु का उल्लेख नहीं किया है। लेकिन बाह्य साक्ष्यों में चाहे भक्तिकाल में लिखा गया नाभादास कृत भक्तमाल हो या आधुनिक काल के विद्वानों की बात की जाए, सभी ने रामानंद को इनका गुरु स्वीकार किया है। भक्तमाल में इस प्रकार वर्णित है–

श्री रामानंद रघुनाथ ज्यों दुतिय सेतु जगतरन कियो
अनन्तान्द, कबीर, सुखा, सुरसुरा पदमावती नरहरि
पीपा भावानन्द रैदास धना सेन सुरसुरा की नरहरि।[9]

उपर्युक्त पद के आधार पर डॉ. रामकुमार वर्मा ने अपने हिंदी साहित्य के आलोचनात्मक इतिहास में रामानन्द को संत रविदास का गुरु स्वीकार है।

डॉ. हज़ारी प्रसाद द्विवेदी ने रामानन्द के शिष्यों की जातियों की चर्चा करते हुए कहा है कि रैदास (चमार), कबीर (जुलाहा), धन्ना (जाट), सेना (नाई), पीपा (राजपूत)... ।[10]

शिक्षा व दीक्षा–कहा जाता है कि रविदास बचपन से ही प्रभु भक्ति में लीन रहने लगे थे। इनका परिवार भी पशु पालने और जूते आदि बनाने का चर्मकारों का काम करता था। समयानुसार ये अपने पैतृक कार्य में हाथ बँटाते और अवसरानुसार संत महात्माओं की संगति में समय व्यतीत करते। विधिवत् शिक्षा इनकी नहीं हुई थी। वह अन्तःसाक्ष्यों से ही प्रतीत होता है–

पंडित गुनी कोउ ढिंग न बिठाए, वेद शास्त्र किन्हु न पढ़ाए।
...कागज कलम मसि कछु नहीं जाना।।[11]

भले ही संत रविदास ने पाठशाला आदि के द्वारा अक्षर ज्ञान प्राप्त नहीं किया,

लेकिन धर्म-ग्रन्थों का इन्हें ज्ञान था। जिस ज्ञान में इन्होंने संतों की संगति, आध्यात्मिक ज्ञान आदि से और अधिक वृद्धि की।

परिवार–संत रविदास के जन्म, जाति, गुरु आदि की ही तरह इनके माता-पिता के संबंध में भी अनेक मत हैं। कुछ विद्वानों के अनुसार इनकी माता का नाम कौसा देवी तथा पिता का नाम संतोख सिंह बताया गया है। अनित्य पुराण में पिता का नाम मानदास बताया गया है। "मानदासस्य तनयो रैदास इति विश्रुत।"[12]

इनके भक्तों ने इनकी माता का नाम करमा देवी माना है। रविदासी महासभा तथा विभिन्न रैदासी संप्रदायों से जानकारी लेने पर इनके पिता का नाम रग्घू व माता का नाम धुखेनिया बताया गया है। 'रैदास वाणी' के संपादक ने भी इनके पिता का नाम रग्घू ही बताया है। प्रामाणिक सामग्री के अभाव में यही माना जा सकता है। विभिन्न संप्रदायों में इनकी पत्नी का नाम 'लोना' मान्य है। चमार जाति में लोग 'लोना' को अन्न देवी के रूप में स्वीकार करते हैं। इनका एक पुत्र होने का भी प्रसंग यत्र-तत्र मिलता है।

सामाजिक, राजनीतिक परिवेश : भारत विदेशी आक्रमणकारियों की भ्रमण भूमि रहा है। जब मध्यकाल में मुसलमान शासक आए तो उनमें हिंदुओं के प्रति धार्मिक कट्टरता थी। हिंदू-मुस्लिम वैमनस्य बढ़ता ही गया। संतों ने अंत-साधना पर बल दिया। राजनीतिक परिवेश का प्रभाव समाज पर भी पड़ा रहा था। जीवन मूल्यों का ह्रास हो रहा था। जातपात के बंधन कड़े थे। बाल-विवाह, पर्दा-प्रथा, बहु-विवाह जैसी कुरीतियों ने इसी समय जन्म लिया था। संत रामानुजाचार्य, संत रामानन्द जैसे समाज-सुधारक इन कुरीतियों को दूर करने के प्रयत्न में लगे हुए थे। मुस्लिम समाज शासक होने के कारण लूटे हुए अपार धन से विलासिता में डूबा हुआ था।

धार्मिक परिवेश भी विसंगतिपूर्ण था। आचार्य शुक्ल ने ठीक ही कहा है–"देश में मुसलमानों का राज्य स्थापित होने के कारण हिंदू जनता के हृदय में गौरव, उत्साह और अभियान के लिए वह अवकाश नहीं रह गया था। उनके सामने ही इनके मंदिर गिराए जाते थे...अपने पौरुष से हताश जनता के लिए भगवान की भक्ति और करुणा में ध्यान लाने के अतिरिक्त कोई दूसरा मार्ग ही क्या था।"[13] हिन्दू व मुसमान दोनों ही एक-दूसरे के कट्टर विरोधी थे। एक एकेश्ववादी था, तो दूसरा विभिन्न देवी-देवताओं का मूर्तिपूजक। एक वर्णाश्रम में विश्वास रखता था तो दूसरा 'विरादराने इस्लाम' का नारा लगाता था। संतों ने इन सबका जमकर विरोध किया। ऐसे घोर विरोधी समाज में ऐसे संत-महात्मा उत्पन्न हुए, जिन्होंने दोनों में समन्वय करके मध्य मार्ग का अनुसरण किया।

चेतना चेतन मानस की प्रमुख विशेषता है। यह कह सकते हैं कि चेतना प्राणी के अन्दर स्थित ऐसा तत्त्व है, जो उन्हें निर्जीव, जड़ पदार्थों से भिन्न बनाता है। डॉ. रामप्रसाद त्रिपाठी के अनुसार–"चेतना स्वयं को और आस-पास के वातावरण

को समझने तथा उनकी बातों का मूल्यांकन करने की शक्ति का नाम है।''[14]

मुसलमान, हिंदू दोनों के अलग-अलग धार्मिक संस्कार थे। अपने धर्म और जाति के लिए वे कुछ भी बलिदान कर सकते थे। दोनों को अपने-अपने धर्म से मोह तथा एक दूसरे से कड़ा द्रोह था। संतों ने सभी को पारस्परिक सौहार्द्र का संदेश देना चाहा। इसके लिए सभी संतों ने खण्डन व मण्डन की प्रवृत्ति को अपनाया। मूर्ति-पूजा व बहुदेववाद का खण्डन करते हुए रविदास जी के विचार द्रष्टव्य हैं–

शिव सनकादिक अन्त न पाया, ब्रह्मा खोजत जनम गंवाया।
तोड़ूँ न पाती, पूजूं न देवा, सहज समाधि करूँ हरि सेवा।। [15]

मूर्ति-पूजा का जबरदस्त खण्डन करते हुए रविदास जी ने कहा है–

पाती तोड़ै पूजि रचावै, तारन तरन कहै रे।
मूरत माँहि बसै परमेसर तौ जल में क्यों न तिरै रे।। [16]

रविदास जी ने जगत का निरूपण दो प्रकार से किया है। उनके अनुसार सैद्धांतिक तौर पर यह जगत मिथ्या है। इस नश्वर संसार की उपमा कुसुम्भा के फूल से दी गई है–

जैसा रंगु कसुंभ का तैसा इहु संसार।
मेरे रमईए रंग मजीठु का कहु रविदास चमार।। [17]

रविदास जी हिंदू धर्म की रूढ़ियों व बाह्याडम्बरों का विरोध करके धर्म के सहज रूप को स्थापित करने के पक्षधर थे। मंदिरों, पंडितों और भोग विलासियों पर कड़ा प्रहार करते हुए रविदास जी कहते हैं–

थोथा पण्डित थोथी बानी, थोथी हरि बिन सबै कहानी।
थोथा मंदिर भोग विलासा, थोथी आन देव की आसा।
सांचा सुमिरन नावं बिसास, मन वच-कर्म कहै रैदास।।'' [18]

सभी संत साधकों ने जाति-पांति के भेदभाव का खण्डन किया है। सभी को बनाने वाला एक परमेश्वर है। उस परमेश्वर के अनुसार सब समान हैं। रविदास जी का कथन है–

जन्म जात मत पूछिए, का जात अरु पात।
रविदास पूत सभ प्रभु के, कोउ नहिं जात कुजात।। [19]

रविदास जी ने पराधीनता को पाप माना कहा। तत्कालीन परिवेश ने पराधीनता

से अभिप्राय विदेशी शासकों की पराधीनता भी हो सकती है और इन्द्रियों की पराधीनता भी–

पराधीनता पाप है, जान लेहु रे मीत।
रविदास दास प्राधीन सों, कौन करै है पीत।।[20]

रविदास जी ने माया को झूठा माना है। माया से और इस मायावी संसार से प्रभु-भक्ति द्वारा ही बचा जा सकता है–

झूठी माया जग ठहकाया, तौ तीन ताप दहे रहे।
कह रैदास राम राम जप रसना, माया कैसे संग रहै रे।[21]

रविदास जी की क्रांति-चेतना पग-पग पर मनुष्य में समाज में व्याप्त बुराइयों पर व्यंग्य करती दिखाई पड़ती है। मनुष्य अपने अंदर झाँककर तो देखता नहीं और दूसरे के दोषों को देखकर हँसता है–

दोष पराए देखि कर चला हंसत-हंसत।
अपने चित्त में न आवई, जिसको आदि न अंत।।

रविदास आदि संतों ने हिन्दू व मुस्लिम दोनों धर्मों में जो भी विसंगतियाँ देखीं, उन्हीं पर प्रहार किया। संत रविदास की मुखर क्रांति द्रष्टव्य है–

रविदास' मूंडह काटि करि, मूरख कहत हलाल।
गला कटावहु आपना, तउ का होइहिं हाल।।[22]

जीव-हत्या की निंदा करने वाले संत रविदास ने ठीक ही कहा है–जो जीवों को गला काटने को हलाल करते हैं, वे जरा अपना गला काट कर तो देखें।

संत रविदास जहाँ बहुदेववाद, जातिवाद, माया से ग्रस्त जगत्, बाह्याडम्बरों आदि का खण्डन करते हैं तो साथ ही साथ संतों की मण्डन की प्रवृत्ति भी स्पष्ट दिखाई पड़ती है। रविदास ने निर्गुण ब्रह्म को अनन्त शक्तिशाली, अनन्त विस्तृत और सर्वव्यापक मानते हुए कहा है–

अविगत नाथ निरंजन देवा, मैं क्या जानूँ तुम्हारी सेवा।
बाँधू न बंधन, छैऊँ न छाया, तम्हें सेऊँ निरंजन राया।।[23]

निर्गुण ब्रह्म के स्वरूप उसकी सर्वव्यापकता का वर्णन रविदास इन पंक्तियों में करते हैं–

थावर जंगम कीट पतंगा पूरि रह्यो हरि राई।
सर्वेश्वर, सर्वांगी, सब गति, कर्त्ता हरता सोई।।[24]

हिंदू मुस्लिम एकता स्थापित करने का प्रयास संत रविदास ने अपने काव्य के माध्यम से किया—

मंदिर मस्जिद एक है, इन मंह अंतर नाहिं।
रविदास राम, रहमान झगड़ा कोई नाहिं।।
रविदास हमारा राम जोई सोई है रहमान।
कबा कासी जानी महि दोऊ एक समान।। [25]

संत रविदास ने जाति-पांति व छुआछूत की तीखी निंदा की है—

जात जात में जात है, ज्यों केलन के पात।
रविदास न मानुष जुड़ सकें, ज्यों जो जात न जात।। [26]

इसी प्रकार जाति-पांति व छुआछूत के प्रति तीव्र आक्रोश निम्न पंक्तियों में दिखाई पड़ता है—

एकै माटी के सभ भांडे, सभी का एकौ सिरजनहारा।
रविदास व्यापै एकौ घट भीतर, सभकौ एकै घड़ै कुम्हार।। [27]

सब व्यक्ति परमात्मा की नज़र में एक समान हैं। एक ही ईश्वर सब में समाया हुआ है—

ब्राह्मन अरु चंडाल मंहि, रविदास नंह अंतर जान।
सभ मंहि एक ही जोति है, सभ घट एक भगवान।। [28]

सत्संगति की महिमा व कुसंगति के प्रभाव को रविदास जी ने इस प्रकार प्रतिपादित किया है—

स्वाति बूँद बरसै फनि ऊपर, सीस विषै होई जाई।
ओही बूँद के मोती निपजै, संगति की अधकाई।। [29]

संत रविदास की वाणी में क्रांति का भाव सर्वत्र दिखाई पड़ता है। हिन्दी साहित्य के मध्यकाल में क्रांति व चेतना की आवश्यकता ही जैसे अनुभव होने लगी थी। इसलिए संतों ने पहले तो प्रचलित रूढ़ियों के प्रति क्रांति का भाव दिखलाया तदुपरांत अपनी चेतना से समाज में शांतिपूर्ण वातावरण का निर्माण करने का प्रयास किया।

इस प्रकार इनकी क्रांति चेतना में वसुधैव-कुटुम्बकम् का भाव दिखाई देता है जिसके आधार पर स्पष्ट रूप से कह सकते हैं कि रविदास हिंदी साहित्य के क्रांतिकारी और मानवतावादी महान समाज सुधारक कवि थे।

संक्षेप में कह सके हैं कि संत रविदास ने खण्डनात्मक प्रवृत्ति से मण्डनात्मक

प्रवृत्ति की ओर झुककर रामराज्य स्थापित करना चाहा।

ऐसा चाहौं राज मैं, जहाँ मिलै सबन को अन्न।
छोटा बड़ो सभ सम बसैं, 'रविदास' रहे प्रसन्न।।"[30]

सन्दर्भ-सूत्र

1. डॉ. महीप सिंह, गुरु नानक और उनका काव्य, संस्करण 1971
2. डॉ. धर्मवीर, गुरु रविदास, संस्करण 1992
3. सम्पा. योगेन्द्र सिंह, संत रैदास, संस्करण, 1972
4. आचार्य पृथ्वी सिंह आज़ाद रविदास दर्शन, पृ. 3, संस्करण, 1973
5. डॉ. पदमगुरुचरण सिंह, संत रविदास : विचारक और कवि, पृ. 22 सं. 1977
6. आदि गुरु ग्रन्थ साहिब, रागु मलाई, पृ. 1293
7. आदि गुरु ग्रन्थ साहिब, रागु गउड़ी गुआरे री, पृ. 345
8. वही, राग सोरठी, पृ. 659
9. रामकुमार वर्मा, हिन्दी साहित्य का आलोचनात्मक इतिहास, पृ. 320, द्वि.सं. 1948
10. आचार्य हजारी प्रसाद द्विवेदी हिंदी साहित्य की भूमिका, पृ. 41, सं. 1969
11. आचार्य पृथ्वी सिंह आजाद, रविदास दर्शन, पृ. 17, संस्करण, 1973
12. सम्पा. योगेन्द्र सिंह, संत रैदास, पृ. 23
13. आचार्य रामचन्द्र शुक्ल, हिंदी साहित्य का इतिहास, पृ. 60
14. डॉ. रामप्रसाद त्रिपाठी, हिंदी विश्वकोष, भाग-चार, पृ. 182
15. सम्पा. योगेन्द्र सिंह, संत रैदास, पृ. 144
16. सम्पा. योगेन्द्र सिंह, संत रैदास, पृ. 145
17. आदि गुरु ग्रन्थ साहिब, गउड़ी वैरागणि रविदास जी, पृ. 346
18. सम्पा. योगेन्द्र सिंह, संत रैदास, पृ. 167
19. आचार्य पृथ्वी सिंह आज़ाद, रविदास दर्शन, पृ. 124
20. आचार्य पृथ्वी सिंह आज़ाद, रविदास दर्शन, पृ. 190
21. डॉ. पदम गुरचरन सिंह, संत रविदास, पृ. 187
22. आचार्य पृथ्वी सिंह आज़ाद रविदास दर्शन, पृ. 183
23. सम्पा. योगेन्द्र सिंह, संत रैदास, पृ. 145
24. सम्पा. योगेन्द्र सिंह, संत रैदास, पृ. 198
25. रैदास की साखी
26. आचार्य पृथ्वी सिंह आज़ाद, रविदास दर्शन, पृ. 130
27. आचार्य पृथ्वी सिंह आज़ाद, रविदास दर्शन, पृ. 49
28. आचार्य पृथ्वी सिंह आज़ाद, रविदास दर्शन, पृ. 56
29. रैदास की वाणी, पद 87
30. आचार्य पृथ्वी सिंह आज़ाद, रविदास दर्शन, पृ. 192

सम्पर्क : प्रवक्ता

कन्या महाविद्यालय,

खरखौदा (सोनीपत) हरियाणा

संतों की गर्जना

पं. बांके बिहारी

डॉ. ग्रियर्सन ने कहा था कि बिजली की चमक के समान अचानक इन समस्त धार्मिक मतों के अंधकार के ऊपर एक नई बात दिखाई दी। यह भक्ति का आंदोलन है।'' इसने एक साथ भक्ति के दो रूपों को प्रकाशित किया। पौराणिक अवतारों को केंद्रीयभूत करके सगुण ब्रह्म की पूजा-अर्चना के रूप में और निर्गुण परमब्रह्म, जो सिद्धों एवम् योगियों के ध्यान का विषय था, उसे लक्ष्य करके निर्गुण उपासना के रूप में एक श्रद्धा को आधार माना, दूसरे के ज्ञान को, एक ने सगुण ब्रह्म को अपनाया, दूसरे ने निर्गुण ब्रह्म को स्वीकार किया। एक ने मंडन का आश्रय लिया, दूसरे ने खंडन का। दोनों का आधार प्रेम ही था। सहज प्रेम एवम् आत्मसमर्पण अपने इष्ट के प्रति दोनों को अभीष्ट था, दोनों को धर्म में व्याप्त बाह्याचार पसंद नहीं था। हिंदी साहित्य में भक्ति आंदोलन का आरंभ लगभग 1300 ई. से माना जाता है। कुछ विद्वान इस आंदोलन को ईसाइयत की देन बताते हैं। कुछ इसका संबंध इस्लाम एवम् सूफी संतों के आगमन से जोड़ते हैं। आचार्य हज़ारी प्रसाद द्विवेदी एक सहज-स्वाभाविक प्रतिक्रिया मानते हैं। वास्तव में भक्ति आंदोलन किसी बाह्य प्रभाव का परिणाम नहीं अपितु भारतीय धर्म साधना की परंपरा का सहज विकास है तो कि तत्कालीन धार्मिक विसंगतियों के अनुरूप था, इसलिए बाल गंगाधर तिलक जैसे उच्च कोटि के दार्शनिक इसे औपनिषदक चिंतन परंपरा से जोड़ते हैं। जिस समय उत्तर भारत में नाथों और सिद्धों से अंतर्साधना का प्रसार हो चुका था, उसी समय दक्षिण भारत के अंदर वैष्णव धर्म की स्थापना करने वाले भक्ति के चार आचार्य हुए—रामानुज, मध्वाचार्य, विष्णुस्वामी, निंबार्कस्वामी। इनके अथक प्रयासों से आगे चलकर भक्ति की धारा दक्षिण से उत्तर की बहने लगी। इसी परंपरा में रामानंद, बल्लभाचार्य और चैतन्य महाप्रभु ने अथक प्रयासों से भक्ति के धरातल को और भी अधिक सुदृढ़ किया। विशेष रूप से रामानंद जी की धार्मिक उदारता ने समाज के समस्त वर्ग को संगठित किया। रामानुजाचार्य के समय में मुसलमानों व अंत्यजों को धर्म में प्रवेश नहीं था। परंतु इन्होंने शूद्रों व मुसलमानों तक को संतो की श्रेणी में दाखिल कर लिया जिसका

परिणाम यह हुआ कि 86% जनता में हिंदुत्व की रक्षा हो गई है। निस्संदेह रामानंद जी ने भक्ति आंदोलन में महत्वपूर्ण भूमिका का निर्वाह कर उसे पूर्णता प्रदान की। नाभा दास जी ने भी इनके विषय में बहुत सुंदर कहा है–

अनंतानंद कबीर सुखा पद्मावति नरहरि।
पीपा भावानंद रैदास घना सेन सुरसुर की धरहरि।।

इसी भक्ति मार्ग का समर्थन महाराष्ट्र के संत नाम देव ने किया था। जिसके परिणाम स्वरूप हिंदू व मुसलमान दोनों ने अपना सहज व सरल मार्ग ढूँढ निकाला आगे चलकर कबीर इत्यादि संतों ने भी रामानंद तथा नामदेव संयुक्त प्रभाव ग्रहण कर अपने धार्मिक प्रयासों से भक्ति के क्षेत्र को और भी अधिक व्यापकता प्रदान की। इन सभी संतों का एक ही लक्ष्य था कि धर्म के ऊपर से बाह्यचारों व आडंबरों को निर्मूल कर उसके सहज स्वरूप की प्रतिष्ठा करना। धर्म का संबंध आचार से होता है न कि विचार से। यदि किसी व्यक्ति के विचार कितने ही उच्च हो, चाहे वह कितना ही ज्ञानी क्यों न यदि वह घातक, लंपट, कपटी, स्वार्थी है तो उसको संत नहीं कहा जा सकता। भजन, पूजा, तीर्थ, व्रत, जप, यज्ञ, तप इत्यादि स्वयं पुण्य कर्म नहीं है, विविध क्रिया कलाप हैं, परंतु परहित भावना पुण्य है और उसकी भावना 'आत्मा सर्वभत्तु' में निहित है। इसलिए यज्ञ तप, ज्ञान, भक्ति, व्रत इत्यादि से परहित की भावना (सत्यम. शिवम् सुंदरम्) का उदय हो जाए तो वह धर्म मार्ग है। इसी चिंतनधारा को लेकर भक्तिकालीन संतों ने जीवन के सभी क्षेत्र में क्रांति का बिगुल बजाया। भक्तिकालीन संतों की विचारधारा का उदय हिंदू और मुस्लिम धर्म का पाखंडपूर्ण रवैये की प्रतिक्रिया के रूप में हुआ। कालांतर में जिसे विधि-विधान प्रधान हिंदू व इस्लाम धर्म के विरुद्ध सहज धर्म कहा गया। जिसको आज हम मानव, धर्म, निज, धर्म या सर्वसम्भाव-धर्म के नाम से पुकारते हैं कबीर दादू आदि संतों के इस सहज-धर्म के स्वरूप को स्पष्ट करते हुए आचार्य क्षिति मोहनसेन का कहना है–"कबीर, दादू आदि के मत से सहज साधना होनी चाहिए। प्रतिदिन जीवन के साथ चरम साधना का कोई विरोध नहीं होना चाहिए। आज की वैज्ञानिक भाषा में तो इस प्रकार कह सकते हैं, पृथ्वी जिस प्रकार अपने केंद्र के चारों ओर घूमती है, अपनी दैनिक गति संपन्न करती और यह गति उसे सूर्य के चारों ओर बृहत्तर वार्षिक गति के मार्ग में अग्रसर कर देती है। उसी प्रकार साधना भी जीवन को सहज ही अग्रसर करती है।" इन संतों को भी यही इष्ट था कि मानव के प्रतिदिन के आवश्यक क्रिया-कलापों एवं धार्मिक साधना के बीच में विरोधाभास नहीं आना चाहिए क्योंकि इनका अन्योन्याश्रित संबंध है। नारद पुराण में कहा गया है–"वर्णाश्रमाचरवता पुरुषेण परः पुमान्। विष्णुराराते पंथा नान्यस्तोषकारकः" (3/2/3 विष्णुपुराण) जो वर्णाश्रमधर्म का पालन करने वाला है, वही मनुष्य परम पुरुष विष्णु की आराधना कर सकता

है। उसको संतुष्ट करने का कोई मार्ग नहीं है। इन सभी संतों की विचारधारा सार्वभौमिक सत्य की लकीर पर चली है। हाँ यह आवश्यक है कि इन संतों ने धार्मिक विचारधारा को जन-भाषा में रूपांतरित जरूर कर दिया जो कि तत्कालीन परिस्थितियों के अनुरूप था। इन संतो ने सहज धर्म की प्रतिष्ठा करने का पुरजोर प्रयास किया। इनका विश्वास है कि व्यक्ति अपने जाति, धर्म व वर्णाश्रम धर्म का सम्यक् प्रकार से पालन करते हुए अपने सहज रूप में प्रतिष्ठित होकर अपने प्रियतम को प्राप्त कर सकता है।

सहज सहज सब कोई कहे, सहज न चीन्हे कोई।
जिन सहजै विषया तजी, सहज कही जै सोई।।
सहजै सहजै सब गए, सुत वित कामनि काम।
एकम एक है मिलि रहा, दास कबीरा रामौ।।

(क. ग्र. 41/42 पृ.)

कबीर ने मूल रूप से लौकिक एवं पारलौकिक कर्म में समन्वय बिठाने का प्रयास किया है। ताकि धर्म-पथ एवं सांसारिक-पथ इन दोनों की सहज प्रकृति को जन साधारण सही रूप से समझ कर अपने जीवन का सम्यक् प्रकार से निर्वहन करते हुए परमश्रेयस् को प्राप्त कर सके क्योंकि सांसारिक कर्मों का निर्वहन करते हुए प्राणी जगत को प्राप्त करता है तथा धार्मिक अनुष्ठान करते हुए एवं ईश्वर की उपासना करते हुए मोक्ष को प्राप्त करता है।

विद्यां चाविद्यांच यस्तद्वेदोभयं सह
अविद्यया मृत्युं तीर्त्वा विद्याऽमृतमश्नुते

(ईशोपनिषद्-11)

सभी संत कवियों का एक ही ध्येय था–मानव-मानव के बीच भेद उत्पन्न करने वाले सभी बाह्याडंबरों, रूढ़ियों, अंधविश्वासों, धार्मिक विसंगतियों को नेस्तनाबूद करना ताकि पुनः मानव धर्म (सहज धर्म) की प्रतिष्ठा हो सके। इसके लिए जरूरी था कि मानव शक्ति में सहज सात्त्विक विचारों को संचार हो सके। इन संतों ने व्यापक रूप से क्रांति की जिसमें वे सफल भी हुए। अधिकांशतः संतों का संबंध निम्न जाति वर्ग से था, इसलिए संत कवि जाति-व्यवस्था के कट्टर शत्रु थे। इनका विश्वास था कि जाति, भेद, छुआ-छूत इत्यादि संक्रामक रोगों को दूर करके समग्र मानव शक्ति को कोई सूत्र में बाँधने वाला 'प्रेम' ही महामंत्र के रूप में कारगर सिद्ध हो सकता है। संत दादू ने कहा था कि सभी जीवों के अंदर एक ही परम ज्योति का प्रकाश है तो फिर हिंदू-मुसलमान का प्रश्न ही क्या उठता है।

सब हम देखा सोधि कर,
दूजा नहीं आना सब घट एकै आत्मा
क्या हिंदू क्या मुसलमान

नानक ने एक ही ज्योति की सर्वव्यापकता पर प्रकाश डाला है–"सभ महि जोति जाति है सोई"। एक ही परम ज्योति से समस्त ब्रह्मांड व्याप्त है। यदि इस तथ्य को कोई नहीं मानता है तो कबीर बेबाक प्रश्न करते हैं–

एक बूँद एकै मल मूत्तर, एक चाम एक गूदा।
एक जौति से सब उतपना, कौन ब्राह्मण को सूदा"

सन्त कवियों का डिम-डिम घोष था कि मानव मात्र में इस सुंदर भावना का उदय हो जाए–'हम सब एक, हम सब हैं इंसान, मानवता की ये पहचान, सबको समझे एक समान' इस सबके मूल में यह बात दिखाई देती है कि संत लोग सत्य के पोषक थे। इनको धर्म की सही पहचान थी। ये जानते थे कि सहज को सहजता से ही जाना जा सकता है। जब तक मानव अपने आप को सहजता से नहीं जानेगा तब तक वह सत्य स्वरूप ब्रह्म को नहीं प्राप्त होगा।

जब लग मनहि विकार तक लगि नहिं छूटै संसारा

जब मन निर्मल करि जाना, तब निर्मल मंहि समाना" इस तथ्य की पुष्टि रामचरितमानस में तुलसीदास ने बहुत सुंदर ढंग से की। निर्मल मन जन सोई मोहि भावा, मोहि कपट छल छिद्र न भावा'। संतों का मत है जब तक मानव की कथनी-करनी एक नहीं होगी अथवा उसके स्वभाव में एकरूपता नहीं आएगी तब तक उसमें अनेकानेक विकार पनपते रहेंगें, विकारों के रहते हुए परमात्मा के प्रति सहज प्रेम पैदा नहीं होगा। इसी कारण दादू प्रेम को सर्वस्व मानते हैं–

प्रेम प्रीति इस नेह बिन, सब झूठे श्रृंगार।
दादू आतम रत नहीं, क्यों मानै भरतार।।

समाज की स्थिति को सुदृढ़ एवम् स्थिर बनाए रखने वाला "तत्व धम' है। शास्त्रों में धर्म के स्वरूप को भिन्न-भिन्न रूपों में परिभाषित किया।

1. आचार प्रभवो धर्मः
2. चोदना लक्षणो धर्मः
3. धारणाद्धर्म मित्याहुः
4. यतोऽभ्युदयनिश्रेयस् सिद्धिः सः धर्मः

इन सभी परिभाषाओं का निष्कर्ष है कि धर्म लौकिक एवं परलौकिक समृद्धि एवं शांति प्राप्त होती है। परंतु जब-जब धर्म के ठेकेदार धर्म के विशेष रूप प्रति दुराग्रही

होते गए तब-तब धर्म का वास्तविक स्वरूप बदलता चला गया। ये धर्म के ठेकेदार निजी स्वार्थों के कारण धर्म के ब्राह्यस्वरूप को लेकर अनर्थ करने के लिए चले गए। इसी वजह के कारण भक्तिलीन संत कवियों ने विचार-क्रांति आंदोलन का सूत्रपात किया। संतों ने मानव एकता के बाधक धार्मिक, सामाजिक, विसंगतियों को अच्छी तरह से जान लिया था। संत कवि समझ चुके थे जब तक समाज में व्याप्त इन विसंगतियों को दूर नहीं किया जाएगा। तब तक समाज एकता के सूत्र में नहीं बंध पाएगा। कवि ने मूर्तिपूजा का डटकर विरोध किया भले ही उनको वैष्णव अत्यधिक प्रिय थे। संतों का मत था कि जब तक उपासक के अंदर उपास्य के गुण नहीं आते तो उसका मूर्तिपूजन पत्थर पूजने के समान है। जब तक राम को पूजने पर उपासक में रामत्व नहीं आया, शिव के पूजने पर शिवत्व नहीं आया तो उसकी पूजा अर्चना जंगल में रोने की भांति है। इन संतों का मूल लक्ष्य था कि समाज में येन-केन प्रकारेण परोपकार, दया की भावना का प्रचार-प्रसार हो। दादू ने तो दया को ही धर्म का मूल माना है।

काल झाल थे काढ़ि करि, आत्म अंग लगाई।
जीव दया यहु पालिये दादू अमृत खाई।।

समस्त विश्व में प्रेम की सत्ता निर्विवाद है। यह समस्त ब्रह्मांड में प्रेम की धुरी पर बना हुआ है। इसी तथ्य को जानते हुए संतो ने ईश्वरीय साधना में प्रेम पर विशेष बल दिया है। हालाँकि संतों को ज्ञानमार्गी कहा जाता है परंतु उनका ज्ञान प्रेमपरक ही है। इन्होंने साधना क्षेत्र में ज्ञान एवं प्रेम के समन्वय को अति आवश्यक माना है।

कबीर घोड़ा प्रेम का, जे चेतनी चढ़ि असवार।
ग्यान खड़ग गहि काल सिरि भलि मचाई रार।।

संतों ने प्रेम को ही ईश्वर-मिलन का मूल माना है इनका मानना है कि वेद शास्त्रों को पढ़ने से कोई ज्ञानी, शास्त्री, पंडित नहीं होता हैं। जब तक उसमें जीवन-भर प्रेम का संचार न हो जाए। वेद शास्त्रों का मूल धर्म है—मानव-मानव के प्रति सहज प्रेम पैदा करना। यदि उनका सांगोपांग अध्ययन करने के बाद भी प्रेम उत्पन्न नहीं होता तो उसका ज्ञान तोते की स्मृति की भाँति है।

ढाई आखर प्रेम के पढ़े सो पंडित होई।

दादू ने भी प्रेम की सत्ता को सर्वोपरि माना है—

दादू पाति प्रेम की विरला बाचै कोई,
वेद पुराण पुस्तक पढ़े प्रेम बिना कया होई

दादू ने प्रेम के स्वरूप का विस्तार करते हुए यहाँ तक कह दिया।

इसक अलह की जाति, इसक अलह का अंग।
इसक अलग औजूद है, इसक अलह का रंग।।

दादू की तरह रैदास भी प्रेम को सर्वस्व मानते हैं। वे अपने मन को प्रेम की पाटी पर ध्यान की कलम से राम-नाम लिखने को प्रेरित करते हैं—

प्रेम पाटी सुरति लेखिन करहिं,
ररा मामा लिखि अंक दिखाऊ।

संतों का मानना है कि प्रेम वह गोंद है जो मानव को मानव से, जीव को ब्रह्म से जोड़ने में सहायक होता है। प्रेम ही साधक के लिए सर्वस्व, प्रेम ही ईश्वर का यथार्थ, प्रेम सहज है, प्रेम ही धर्म है। इसके बिना साधक की साधना पूर्ण नहीं होती। इन संतों को तीर्थ, जप, मूर्तिपूजा, मंदिर, मस्ज़िद, काबा, यज्ञ, इत्यादि धर्म के ब्रह्म विधान से कोई विरोध नहीं था। परंतु इन संतों ने ब्रह्म विधानों का विरोध जब किया, जब निजी स्वार्थ के वशीभूत मज़हब के ठेकेदारों ने इसका आश्रय लेकर धर्म के मूल रूप को विकृत कर दिया। आज के युग में भी धर्म की यही स्थिति बनी हुई है। मानव मात्र के समक्ष 3600 धर्म के मत, संप्रदाय-वर्ग खड़े हो गए। मति भ्रष्ट लोग धर्म के बाह्य उपचारों को ही धर्म का मूल मान बैठे हैं। संतों में इन्हीं कमियों को जानकर इनको निर्मूल करने का पूर्ण ज़ोर प्रयास किया है। मलूक दास जी का मानना है कि "कपट रहित होकर मनसा वाचा, कर्मणा एक बार भी अपने प्रियतम का नाम लेने पर जीव मोक्ष को प्राप्त कर सकता है।"

पाप न राखे देह में, जब सुमिरन करिए।
एक अच्छर के कहत ही, भोसागर तरिए।।

आचार्य शंकर ने भी विचारों की शुद्धि एवं आचरण की पवित्रता को मोक्ष प्राप्ति का मूल माना है। संतों का मानना था कि सत्संग के आश्रय से मानव धर्म, अर्थ, काम, मोक्ष सभी को प्राप्त कर सकता है। अतः उन्होंने ने सत्संग को धर्म का मूल माना है। यदि मानव मनसा, वाचा, कर्मणा, आप्त वाक्यों को अपने जीवन उतार लेगा तो निश्चित ही वह बातें धर्म बन जाएगी। और धर्म ही परम श्रेयस की प्राप्ति करने में सहायक होगा। जीव को अज्ञान से ज्ञान, अविद्या से विधा, जड़ से चेतना, मृत्यु से अमरत्व एवं जीव से ब्रह्म की ओर उन्मुख करने वाले संतों ने तो यहाँ

तक कह दिया कि बिना सत्संग के प्राणी कितने भी बड़े तीर्थ कर ले उसको लाभ प्राप्त नहीं होगा।

मथुरा जावे द्वारिका भावे जावे जगतनाथ।
साधु संगति हरि भक्ति बिना कछु न आवे हाथ।।

इनका मानना है कि त्रिविध तापों के शमन के लिए समस्त विघ्नों को दूर करने के लिए भगवद् भक्ति एवं साधु संगति का आश्रय ही परमावश्यक है।

भक्त-भक्ति भगवंत गुरु, चतुर नाम वपु एक।
इनके पद वंदन किए, नाशै विघ्न अनैकै

संतो को विश्वास है कि जब भक्ति रूपी पौधों को विचार रूपी बाढ़ लगाकर सत्संग रूपी जल से सीचा जाता है तो प्राणिमात्र विशाल भक्ति-वृक्ष की छाया में आकर परम शांति को प्राप्त करता है।

भक्ति तरु पोधा ताहि विघ्न डर झेरी हू कौ।
वारि दे विचार, बारि सीच्यों सत्संगसौ।।
लगायौई बढ़न गोदा चहुँ दिशी कढ़न सो।
चढ़न आकाश जस फैल्यों बहुरंग सौ।।
संत उर आलबाल शोभित विशाल छायां।
जिये जीव जात, ताप गये यों प्रसंग सौ।।
देखौ बढ़ बारी जाहि अजाहू की शंका हुती।
ताहि पड़े बांधे फूलै हाथी जीते जग सौ।।

दादू इत्यादि संतों को तो साधु सत्संगति से प्रेम रस की प्राप्ति होती है। संगति के प्रभाव से वह प्रियतम को भी प्राप्त करते हैं–

दादू पाया प्रेम रस, साधु संगति माहि।
फिर-फिर देखे लोक, सब सह रस कतहु नाहि।
साहिब सौ सनमुख राहै, सत्संगति में आइ।
दादू साधु सब कहै, सो निरफल क्यूँ जाइ।।

अस्तु साधु का संग सुखद एवं अनंत आनंदायक होता है। इनका सानिध्य कामधेनु की भांति होता है जिसके सेवन से अध्यात्म-प्रधान समस्त पदार्थों को प्राप्त किया जा सकता है।

जिस समय धार्मिक आंदोलन का प्रादुर्भाव हो रहा था, उस समय संपूर्ण विश्व-धर्म की मूल स्थिति अस्त-व्यस्त हो गई थी। धर्म के प्रति लोगों में अपनी-अपनी

ढपली, अपना-अपना राग था। एक ओर नाथ व सिद्ध अपनी अटपटी और रहस्यपरक वाणी में अलख जगा रहे थे दूसरी ओर वैष्णव अपने कर्मकांड और बाह्याचार को ही जीवन का सर्वोपरि मर्म समझ बैठे। संप्रदायवादियों के हाथ में भारत की धर्मप्राण जनता कठपुतली बन कर रह गई थी। संत कवियों ने युगीन परिस्थितियों का अध्ययन किया और धर्म या ब्राहृय आडंबरों एवं अंधविश्वासों को दूर करने के लिए राष्ट्र की प्रसुप्त मानव शक्ति को चेताने में जुट गए। इन्होंने धर्म के रास्ते में आने वाले मंदिर-मस्जिद, उपासना संबंधी जड़ताओं को दूर करना होगा। नानक ने माना परम ज्योति के दर्शन भेद-भाव से ऊपर उठाकर किए जा सकते हैं–

जाणहु जोति, न पूछहु जाति ना है

मानव शक्ति को एक सूत्र में बाँधने हेतु संत दादू कहते हैं राम-रहिम सब एक ही हैं। यह तो भिन्न-भिन्न रूप धारण करने के कारण अज्ञानता व मोहबस अलग-अलग प्रतिभाषित होता है। सब घटि एकै आत्मा जाणे सो नीका, आपा पर में चीन्हि ले, दरसन हे पीका'' आये एकाकार सब, साई दिए पठाई, दादू न्यारे नाँव धरि, भिन्न-भिन्न जाई (दादू की वाणी भाग-एक 29/11, 24) इनका मत है एक दर्पण में भिन्न-भिन्न प्रकार के चटक आने पर एक ही अक्ष विभिन्न रूपों में दिखाई देने लगता है। इसी प्रकार माया के कारण जगत के लोगों को परमात्मा भी भिन्न रूपों में दिखाई देता है। उपनिषद् में एक ही ब्रह्म की सर्वव्यापकता को स्वीकार किया गया है। ''ईशावास्यमिदम् सर्वं यत् किं च जगत्याम् (ईशोपनिषद/1) कबीर जी ने भी एक ही ईश्वर की सत्ता को स्वीकार किया हैं–''एक ही खाक घड़े सब भाड़े, एक ही सिरजनहारा''। इन्होंने मानव एकता में बाधक तत्त्वों को खूट फटकारा है। उनसे प्रश्न किया जब समस्त विश्व ही पंच तत्त्व से बना है, पंच तत्त्वों में प्राण डालने वाला भी एक तो फिर क्या राम क्या रहमान? क्या हिंदू क्या मुसलमान ? प्राणी जन्म से ही पहले भी आत्मा होता है तथा मरने के बाद भी आत्मा स्वरूप होता है। यह सब भेद-भाव का झगड़ा तो मानवीकृत है। संत ईश्वर एवं गुरु कृपा से धर्म व ईश्वर के वास्तविक स्वरूप को जानते थे।

संत दादू को तो सृष्टि के कण-कण में अपने दयाल ही दिखाई देते हैं। इसलिए स्वयं ही दयालमय हो गए हैं।

दादू देखो दयाल को बाहरी भीतरी सोई
सब दिसि देखो पीव को दूसरा नाहि कोई।।

दादू एके आत्मा साहिब है, सब माहि।
साहिब के नाते मिले भेष पंथ के नाहि।।

संतों की इस बात को हम ऐसे ही कह सकते हैं जैसे दिल्ली में, सोनीपत में, बंबई फरीदाबाद में सूरज निकले हों हम ऐसा तो नहीं कह सकते कि यह बंबई का सूरज है यह फलाँ जगह का सूरज है। हाँ यह जरूरी है कि उसके भिन्न-भिन्न स्थानों के उदय होने पर समय में अंतर आ जाता है। इसी प्रकार ब्रह्म तो एक ही लेकिन भक्तों की भावनाओं के अनुरूप एवं विश्व कल्याण के निमित भिन्न-भिन्न रूपों में अवतरित होता है। परंतु मूढ़ लोग माया एवं अज्ञान वश उसके वास्तविक स्वरूप को पहचान नहीं पाते हैं। संत लोग आदर्श एवं सहजता की सुरम्य भूमिका पर ऐसे राष्ट्र की कल्पना करना चाहते थे जो ऊँच-नीच, सुख-दुख अपने पराए के द्वंद्व से परे हो। इनका मानना था कि हिंदू-मुस्लिम धार्मिक व सामाजिक, रूढ़िवादी परंपराएँ विकास के मार्ग में बाधक है। संतों का चिंतन पूर्ण आलौकिक था उनके चिंतन में लौकिकता का कोई स्थान नहीं था। परंतु जब उनके साहित्य का अनुशीलन करते हैं तो उनकी रचनाओं में लौकिक उपदेश देखने को मिलते हैं। कबीर ने तो आर्थिक व सामाजिक व्यवस्था के संबंध में बहुत सुंदर कहा जिसके सामने बड़े-बड़े अर्थशास्त्रियों की परिभाषा भी हल्की पड़ जाती है।

साई इतना दीजिए जामें कुटम्ब समाए।
मैं भी भूखा न रहूँ, साधू न भूखा जाए।।

इस कथ्य से ज्ञात होता है कि संत लोग धन के संग्रह को हेय मानते थे।उनका मानना था मानवमात्र यदि सांसारिक पदार्थों का सेवन त्याग-भाव से करेगा तो राष्ट्र में धन का समान वितरण हो जाएगा। धन के समान वितरण से राष्ट्र की प्रतिव्यक्ति आय में वृद्धि होगी जिससे बाजार में मुद्रा का प्रवाह होगा। मुद्रा के प्रवाह के कारण राष्ट्र की कुल आय में वृद्धि होगी। संतों ने धन के अतिशय संग्रह को अवरुद्ध जल की भाँति माना है। अवरुद्ध जल एक दिन का ही हो तो उसमें मक्खी, मच्छर पैदा हो जाते हैं। जो जनसामान्य के लिए ग्राह्या नहीं होता परंतु प्रवहमान जल लाखों वर्षों तक पवित्र एवं सेवन के योग्य होता है। अर्थशास्त्र के अनुसार यदि धन अवरुद्ध हो जाता है। निष्क्रिय बचत कहलाता है। एवं जो बाजार में प्रवाहमान होता है वह सक्रिय बचत कहलाता है। निष्क्रिय बचत का संबंध आर्थिक पतन से होता है। इसके कारण धन का असमान वितरण होता है। जिससे अमीर और अधिक अमीर, गरीब और अधिक गरीब हो जाता है। सक्रिय बचत का संबंध देश के विकास से होता है। क्योंकि इससे धन के समान वितरण की संभावना बनी विकास रहती है। कबीर ने तो अतिशय संग्रह एवं त्याग-भावना पर विशेष बल दिया।

कबीर सो धन सिंचिएँ जो आगे कूँ होई।
सीस चढ़ाए पोटली, ले जात देखया न कोई।।

नानक ने भी त्याग का उपदेश देते हुए कहा है यदि प्राणी ईमानदारी से व्यापार करेगा तो भविष्य में कभी घाटा नहीं खाएगा।

नानक पूरा तोलू हे कबहूँ न होवै घाटि

उपर्युक्त परिभाषा से ज्ञात होता है कि उनके लौकिक संदेश में भी आध्यात्मिक व अलौकिक भाव छुपे हुए हैं जिनके माध्यम से वे एक सुदृढ़ एवं विकसित राष्ट्र का निर्माण करना चाहते थे। अस्तु संतों की लौकिक विचारधारा का मूल प्रयोजन भी अलौकिक है। उपर्युक्त विवेचना से ज्ञात होता है कि संत-समाज ने समाज में व्याप्त धार्मिक, सामाजिक, एवं जीवन क्षेत्र से संबंधित सभी विसंगतियों को दूर कर सहज धर्म—मानव धर्म की प्रतिष्ठा करने का प्रयास किया। इन्होंने जन साधारण को प्रेरणा दी कि जप, तप, व्रत, रोजा, यज्ञ, तीर्थ इत्यादि स्वयं पुण्य धर्म नही है, ये तो पुण्य के साधन मात्र हैं, साध्य तो परहित भावना है। यदि मानव में यज्ञ, व्रत, रोजा, तीर्थ, इत्यादि को करके परहित भावना, उदय हो जाए तो धर्म है, अन्यथा नहीं। नर में नारायण की भावना रखने के कारण इनकी दृष्टि सर्वव्यापक हो गई। वस्तुतः संत आर्य संस्कृति के साक्षात अवतार थे।

सम्पर्क : प्रवक्ता
अग्रवाल कॉलेज,
बल्लभगढ़, फरीदाबाद
(हरियाणा)

पायो जी मैंने रामरतन धन पायो

डॉ. प्रतिभा शुक्ला

सर्वप्रथम यहाँ 'क्रांति-चेतना' शब्द अनिवार्यतः विचारणीय है। 'क्रांति'[1] शब्द क्रम धातु एवं क्तिन् प्रत्यय से निष्पन्न है जिसका अर्थ है—गति, प्रगमन, कदम, पग, आगे बढ़ने वाला, अभिभूत करने वाला इत्यादि। इसी प्रकार 'चित्' धातु से निर्मित चेतना[2] शब्द के अर्थ संस्कृत हिंदी कोश में दिए गए हैं—ज्ञान, संज्ञा, प्रतिबोध, समझ, प्रज्ञा, बुद्धिमत्ता, विचार-विमर्श इत्यादि। अतः ज्ञानमय पदार्पण चाहे वह लोक के प्रति हो अथवा मानव-व्यक्तित्व के अव्यक्त स्तर की ओर हो, उसे क्रांति-चेतना कहा जा सकता है।

विश्व-इतिहास में मीरा का उदय क्रांति-चेतना के जाज्वल्यमान धरातल पर परिलक्षित होता है। संत मीराबाई भक्ति का पर्याय बनकर लोकप्रियता के चरम-बिन्दु पर आरूढ़ हैं। अपने समय से लेकर मीरा आज तक नृत्य, सङ्गीत, भक्ति, धर्म, अभिनय, प्रेम, शोधपरक-लेखन इत्यादि सभी क्षेत्रों में सुपरिचय की पराकाष्ठा पर विराजित हैं।

बाल्यकाल से ही मीराबाई एक दृढ़ प्रतिज्ञ व्यक्तित्व के रूप में सामने आती हैं। बालिका मीरा 'म्हारो तो गिरधर गोपाल, दूसरो न कोई' का संकल्प स्वीकार कर लेती हैं और समय के साथ उनका यह संकल्प यौवन एवं प्रौढ़ता के उच्च शिखर पर जयघोष करता है। मीरा अपने प्रेम का परिचय 'बालापन की मिताई'[3] के रूप में अभिव्यक्त करती हैं। इस अमर प्रीति के निर्वाह हेतु उन्हें 'लोक लाज' की भी चिन्ता नहीं रहती—'साध्यां ढिंग बैठ-बैठ लोक-लाज खोई।'

मीरा का प्रेमास्पद अलौकिक है अतः उनका प्रेम समाज को अमरता का संदेश देता है।[4] मीरा का आत्म-समर्पण आत्म-चेतना के उच्चतम बिन्दु पर क्रांत हुआ है—

जल बल भई भस्म की ढेरी अपने अंग लगा जा।
मीरा कहे प्रभु गिरधर नागर जोत में जोत मिला जा।।

रामेश्वर प्रसाद शुक्ल लिखते हैं—'सर्वस्व-समर्पण जो प्रेम का प्राण है, उनके

गीत-गीत में मन के संपूर्ण आवेग के साथ उच्छ्वसित हुआ है। भारतीय नारीत्व अपने सारे भावात्मक ऐश्वर्य और रोम-प्रतिरोम में कसकती प्यास को लेकर खण्डित आत्मा के एकनिष्ठ तन्मय जीवन-निवेदन को लेकर इस प्रेम-पुजारिन की प्रीति-कड़ियों में मुखरित हुआ है।'

मीरा का संपूर्ण अस्तित्व आराध्य श्रीकृष्ण के प्रति समर्पित था। उन्हें पार्थिव सुखों से कोई सरोकार नहीं था। उनका जीवन तो अन्तदर्शन पर आधारित था। भौतिक जीवन से ऊपर आरोहण करती हुई प्रेम-रस में निमग्न मीरा चेतना के अनंत ज्योतिराकाश में आजीवन विहरती रहीं। उनका यह आरोहण परमतत्त्व के लिए था। मीरा ने इस तत्त्व को 'साँवरा' कहा हो अथवा 'साँवरिया', इतना तो सत्य है कि इस श्याम रंग में 'रांची' मीरा पर संसार का कोई भी रंग नहीं चढ़ सका। लोकपावनी मीरा इस रंग में अवगाहन कर इतनी चमकीं कि वे उस अलौकिक तत्त्व के सख्य भाव को प्राप्त हुईं। ऋग्वेद[5] के एक मंत्र में कहा है कि 'जो जाग गया उसे ज्ञान शक्तियाँ चाहने लगती हैं, समताएँ उसे प्राप्त हो जाती है, ऐसे जागे हुए व्यक्ति से ब्रह्मानंद स्वयं आकर कहता है कि मैं तुम्हारी सख्यता में नियुक्त हूँ।' वास्तव में मीरा के जीवन पर यह मंत्र पूर्णरूपेण चरितार्थ होता है। मीरा अपने अविनाशी प्रियतम का साहचर्य प्राप्त करने के लिए उनकी "चाकरी"[6] करना परम सौभाग्य मानती हैं।

'ढाई आखर प्रेम का, पढ़ै सो पण्डित होय[7]' इस उक्ति के अनुसार मीरा का प्रेम-पाण्डित्य पग-पग पर दृष्टिगत होता है। वे भली-भाँति जानती हैं कि प्रेम एक महान् उपलब्धि है, जिसमें संसार बाधक होता है। वे कहती हैं—

तेरे कारन स्याम सुंदर सकल लोगां हँसी।
कोई कहै मीरा भई बाबरी कोई कहै कुलनसी।।'

प्रेम-रस का पान कर मीरा इतनी सशक्त हो उठती हैं कि वे यश एवं अपयश से बहुत ऊपर उठ जाती हैं—

अब तो बात फैल पड़ी जाणैं सब कोई।
मीरा राम लगण लागीं होनी होय सो होई।।

लोग कुछ भी कहें, मीरा तो स्वयं को गिरधर की क्रीतदासी ही समझती हैं—

कैसे प्रान पिया बिन राखो जीवन मूल जड़ी।
मीरां गिरधर हाथ बिकानी, लोग कहैं बिगड़ी।।

प्रेम-प्लावित मीरा का हृदय साध्य के प्रति इतना लीन है कि जगत् की कोई बाधा उन्हें उससे पृथक् करने का सामर्थ्य नहीं रखती। राणा द्वारा दी गई प्रताड़नाओं से उन्हें भय नहीं लगता—'विषरो प्यालो राणा भेज्या पीवां मीरां हांसी रे।'

गोविन्द के अतिरिक्त किसी अन्य के रूठने से उन्हें कोई सरोकार नहीं—

सीसोद्यो रूठ्यो तो म्हारो का कर लेसी माई।
म्हें तो गुण गोविन्द का गास्यां, हो माई।
हरि रुठ्यां कुम्लास्यां हो माई।

साध्य की प्राप्ति में बाधक बने राजमहल के सुख त्याग कर मीरा ने लोक-जागरण का उद्‌घोष किया। उन्होंने धार्मिक चेतना को उद्‌बुद्ध करते हुए नारी-जाति में जागरूकता को प्रेरणा प्रदान की। परिणामतः सहजोबाई, छत्रकुंवरि आदि अन्य भक्त-महिलाओं ने धर्म और संस्कृति का प्रचार किया। सामाजिक सन्दर्भ में यदि विचार करें तो कहा जा सकता है कि मीराबाई की क्रांति-चेतना इतनी प्रखर थी कि उन्होंने राजकुल से संबद्ध होते हुए भी तत्कालीन 'सतीप्रथा' का डटकर विरोध किया।[8] परिजनों से प्राप्त कष्ट उन्हें स्वीकार है परन्तु अपनी 'पुरातनी प्रीति'[9] छोड़ना उनके लिए सम्भव नहीं है।

तत्कालीन समाज में संतों द्वारा उद्‌बुद्ध भक्ति आंदोलन में मीराबाई का अमूल्य योगदान रहा है। उनका जीवन कंटीले संघर्षों से सदैव आपूरित रहा तथापि एक वीरांगना के समान वे सामाजिक रूढ़िगत दोषों के प्रति सदैव विरोध करती रहीं। उन्होंने जाति-पांति के भेद-भाव को कदापि नहीं स्वीकारा। संत रैदास को अपना गुरु मानकर क्रांतदर्शिता का अपूर्व उदाहरण प्रस्तुत किया। 'कोई निंदो कोई बिन्दो, मैं चलूँगी चाल अपूठी'[10] कहने वाली मीरा ने अपने साधन-पथ को आत्मशक्ति द्वारा प्रशस्त किया।

मीराबाई जैसे तेजोमय व्यक्तित्व ने जनमानस में अत्यंत गहरा स्थान पाया है। भारतीय संस्कृति में निर्दिष्ट धर्म के दस लक्षणों में सर्वप्रमुख 'सत्य' उनके जीवन में चरम बिंदु पर सुशोभित है। भारतीय-संस्कृति के पुनर्जागरण हेतु आधार-भूमि का निर्माण करने वाली मीरा ने हिंदी साहित्य को भक्तिरस से लबालब भर दिया। मीराबाई की पदावली से संबंधित अनेक संकलन प्रकाशित हुए हैं। मीरा मंदाकिनी[11] मीरा सुधा लहरी[12], मीरा सुधा सिंधु[13], मीरा बृहत् पद संग्रह[14], मीराबाई की पदावली[15], मीरा ग्रन्थावली[16] आदि उनमें से कुछ हैं।

अमरीकी विद्वान् डॉ. नेन्सी एम मार्टिन[17] का विचार है कि 'मीराबाई के दृढ़ प्रेम, उनके पूर्ण समर्पण और कष्टों पर उनकी विजय ने सदियों से जन-मानस को प्रेरित किया है। उनकी जीवन-कथा मात्र संतों से संबंधित हिस्सा नहीं है अपितु उसने संपूर्ण देश को प्रभावित किया है। उनके बारे में पंद्रह से भी अधिक फिल्में बन चुकी हैं। उनके जीवन पर अनेक उपन्यास, चित्रकथा आदि लिखे जा चुके हैं। उनकी छवि लोकप्रिय धार्मिक पोस्टरों पर छपती, धातुपत्रों पर उत्कीर्ण होती है और उनकी मूर्तियों व चित्रों से सार्वजनिक स्थल, मंदिर एवं घर शोभायमान होते हैं।'

ऋग्वेद[18] के एक मंत्र में वर्णन है कि जो मनुष्य शरीर के गृह में अग्नि की सेवा करता है उसको आध्यात्मिक धन प्राप्त होता है। मीरा ने अपने जीवन को

तपाकर 'राम रतन धन'[19] पाया। दिव्य आत्माग्नि की परिचर्या कर उन्होंने इस दिव्य धन की प्राप्ति की। परन्तु इस उपलब्धि का श्रेय अपने गुरु संत रैदास को प्रदान किया। विनम्रता का ऐसा विलक्षण भाव मीरा में ही हो सकता है। यद्यपि संत की कोई जाति नहीं होती तथापि मैं यह कहने का लोभ संवरण नहीं कर पा रही हूँ कि संत मीरा ने अपनी वाणी और सदाचरण द्वारा विश्वभर की नारी-जाति का शीश उन्नत किया है।

आराध्य श्रीकृष्ण के प्रति मीराबाई के अनन्य प्रेम का दर्शन कर हृदय कृत-कृत्य हो जाता है। अवर्णनीय, अनुपमेय और अलौकिक सौन्दर्य का रसास्वादन करने हेतु प्रथम सोपान है—क्रांतिचेतना से जगमगाती हुई वैश्विक संत मीराबाई के प्रति श्रद्धामय नमन।

सन्दर्भ

1. वामन शिवराम आप्टे कृत संस्कृत-हिंदी कोश, पृ. 311
2. वही, पृ. 386
3. बालापन में मीरा कीन्हीं गिरधर लाल मिताई।
   सो तो अब छूटत हूँ नहि लगन लगी बरिआई।।
   मीराबाई की पदावली, संपा. डॉ. राजनागपाल पृ. 23
4. म्हारो सांवरो ब्रजवासी।
   जग-सुहाग मिथ्या री सजनी होगां ही मिट ज्यासी।
   वरण करयाँ अविनासी म्हारो काल-व्याल न खासी।।
   मीराबाई की पदावली पृ. 24
5. यो जागार तमृचः कामयन्ते यो जागार तमु सामानि यंति।
   यो जागार तमयं सोम आह तवाहमस्मि सख्ये न्योकाः।।
   ऋग्वेद 5, 44, 14; सामवेद 18, 26
6. म्हाणे चाकर राखो जी।
   गिरधारी लाला चाकर राखो जी।।
   मीराबाई की पदावली पृ. 26
7. संत कबीरदास
8. गिरधर गास्यां सती न होस्यां,
   मनमोहयो धन नामी।
   मीराबाई की पदावली पृ. 12
9. सास लड़े मेरी ननद खिजावै राणा रह्या रिसाय
   पहरो भी राख्यो चौकी बिठारयो, ताला दियो जड़ाय।
   पूर्व जनम की प्रीत पुराणी सो क्यूं छोड़ी जाय।
   मीराबाई की पदावली पृ. 33
10. मीराबाई की पदावली पृ. 110, संपा. आचार्य परशुराम चतुर्वेदी।
11. संकलनकर्त्ता—संपादक श्री नरोत्तमदास स्वामी, आगरा।
12. संपा. श्री आनंद स्वरूप, भीलवाड़ा।

13. वही।
14. पद्मावती शबनम, बनारस।
15. परशुराम चतुर्वेदी, प्रयाग।
16. प्रो. कल्याण सिंह शेखावत, दिल्ली।
17. पाथेय कण, नवंबर (संयुक्तांक) 2004
18. यो अग्निं तन्वो दमे देवं मर्तः सपर्यति।
    तस्मा इद् दीदयद् वसु।।

    ऋ. 8, 44, 15
19. पायो जी म्हैं राम-रतन धन पायो।
    वस्तु अमोलक दी मेरे सतगुरु किरपा करि अपनायो।।

    मीराबाई की पदावली।

सम्पर्क : प्रवक्ता
हिन्दू गर्ल्ज़ कॉलेज,
सोनीपत (हरियाणा)

पाँच सुरों की एक वाणी

डॉ. ब्रह्मलता

भारतवर्ष का संत साहित्य एक ऐसा ज्ञान सरोवर है जिसके ज्ञानामृत से असंख्य लोगों की आध्यात्मिक पिपासा शांत होती रहती है। संतों की वाणियाँ ऐसी दिव्यशक्ति एवं अलौकिक प्रेरणा से अभिभूत हैं जो कलुषित हृदयों को भी पावन कर देने की क्षमता रखती हैं। संतों ने अपने समय में व्याप्त कुरीतियों, पाखंडों एवं विषमताओं पर कटु व्यंग्य किए हैं और उनके उन्मूलनार्थ ज्ञान की धारा प्रवाहित की है। कबीर, दादू, रैदास, मीरा आदि संतों के दिव्य संदेश किसी जाति या देश विशेष तक सीमित नहीं बल्कि संपूर्ण मानवता के लिए सार्वभौमिक व सार्वकालिक हैं। मनुष्य के लौकिक एवं पारलौकिक जीवन को सुखी बनाने के लिए संतों ने जो मानवमूल्य निर्धारित किए हैं वे शाश्वत एवं चिरंतन हैं।

कबीर, दादू, रैदास आदि संत होने के साथ-साथ महान समाज-सुधारक एवं युग नेता भी थे। समाज का सही मार्गदर्शन करने के लिए उन्होंने सामाजिक कुरीतियों, अंधविश्वासों और रुढ़ियों का खुलकर विरोध किया है। कबीर ने अपने समय में व्याप्त मत-मतांतरों के झगड़ों को दूर कर जाति-पाँति और ऊँच-नीच के भेदभाव को मिटाकर सबको एक राह पर लाने का प्रयत्न किया। ये संत कवि सफल युग-द्रष्टा, उग्र क्रांतिकारी और उस नवयुग के विशेष रूप से समाज के दलित, शोषित और उपेक्षित वर्ग के एकछत्र पथ-प्रदर्शक थे। उन्होंने समाज में प्रचलित विभिन्न मतमतांतरों, हिंदू-मुस्लिम विद्वेष को और सामाजिक, धार्मिक मतभेदों को दूर एक ऐसी उपासना पद्धति को जन्म दिया जिसे समाज के प्रत्येक व्यक्ति बिना भेदभाव के सहज रूप से अपना सके। उस समय धर्म ही युगचेतना का माध्यम था इसीलिए इनकी वाणी में धार्मिक उपदेशों के माध्यम से समाज में क्रांति लाने की चेतना सर्वत्र विद्यमान है। कबीर, दादू में मानवतावादी स्वर है। मानव को ऊँचा उठाने की भावना है जो उस समय में ही नहीं आज भी लोक में सुख, शांति और आनंद प्राप्ति के लिए अनिवार्य है। समाज में व्याप्त अज्ञानता, अंधविश्वास संत-कवियों के हृदयों में गहरी टीस उत्पन्न करता था। अतः उन्होंने हिंदू, मुसलमान, अवधूत, ज्ञानी, जोगी

जिसमें भी जो दोष देखा सभी को समान रूप से फटकारा और अपने सहज संदेशों से संपूर्ण राष्ट्र को आप्लावित किया। कबीर ने एक ओर मंदिरों तथा तीर्थस्थलों पर जाने को भटकना कहा है तो दूसरी ओर मस्ज़िद और हज नमाज़ की निरर्थकता सिद्ध करते हुए दोनों की निंदा की है।

अरे इन दोउन की राह न पाई।
हिंदुन की हिंदुआई देखी, तुरकन की तुरकाई।

रैदास, मीरा आदि की साधना स्वयं की मुक्ति साधना नहीं है अपितु पूरे समाज को भवसागर से पार उतारने की साधना है। संसार जिसे सुख कहता है जिसके संग्रह के प्रयत्न में इतनी विषमता और वैर फैलता है, उसे तो संतों ने लोक का अज्ञान कहा है। कबीर के अनुसार मनुष्य खाली हाथ संसार में आता है और खाली हाथ चला जाता है अगर मानव इस कटु सत्य को समझ ले तो रुपये के लिए आपाधापी, मारामारी की प्रवृत्ति ही समाप्त हो जाए और मानव-मानव के बीच अमन, चैन, प्रेम भाईचारा ही दिखाई दे। दादू, रैदास आदि ने सुख के ब्राह्य साधनों का संचय न करके परमात्मा के ध्यान-मनन का उपदेश दिया है। उनके मतानुसार परमतत्त्व की अनुभूति द्वारा ही मनुष्य अपने-पराए का भेद भूलकर सब जीवों से प्रेम और समता का व्यवहार कर सकता है।

डॉ. हज़ारी प्रसाद द्विवेदी के शब्दों में कबीर ऐसे ही मिलन बिंदु पर खड़े थे जहाँ से एक ओर हिंदुत्व निकल जाता है और दूसरी ओर मुसलमान, जहाँ से एक ओर ज्ञान निकल जाता है तो दूसरी ओर अशिक्षा, जहां एक ओर भक्ति-मार्ग निकल जाता है और दूसरी ओर योगमार्ग। जहाँ से एक ओर निर्गुण भावना निकल जाती है और दूसरी ओर सगुण साधना। उसी प्रशस्त चौराहे पर वे खड़े थे। वे दोनों ओर देख सकते थे और परस्पर विरुद्ध दिशा में गए हुए मार्गों के दोष-गुण उन्हें स्पष्ट दिखाई दे रहे थे। इसीलिए जहाँ एक ओर कबीर ने ब्रह्म जिज्ञासामूलक स्वानुभूति की भावविह्वलता को रहस्यवादी साधक की भांति अभिव्यक्त किया है तो दूसरी ओर तत्कालीन समाज को अज्ञानता के भंवर से निकालने का प्रयास किया है।

इस संसार में सब कुछ नश्वर है। मानव जीवन तो पानी के बुलबुले की तरह है। संतों ने मनुष्य को परोपकारी बनने और ब्रह्म की भक्ति करने का संदेश देकर समय रहते अपने को सुधारने की चेतावनी दी है। उन्होंने आदर्श समाज के आधारभूत तत्त्व नैतिकता और सदाचार पर बल दिया है।

संतों ने मानव प्रेम की वह सुदृढ़ आधारशिला रखी थी जिस पर आज की धर्मनिरपेक्ष राजनीति का प्रसाद खड़ा है। उन्होंने प्रेम का संबंध ईश्वर से जोड़कर मनुष्यमात्र को इसमें मिला दिया था। कबीर ने 'कहे कबीर, एक राम जपहु रे भाई, हिंदु तुरक में भेद न कोई, कहकर दोनों के अभेद को स्पष्ट किया और हिंदू-मुसलमानों

के बीच के संघर्ष को शांत करने का अनूठा कार्य किया। जनता का बुरी तरह से शोषण करने वाले पीर, पैगंबर और पंडों को उन्होंने बुरी तरह दुत्कारा और परमतत्त्व की प्राप्ति का सहज मार्ग समाज के समक्ष रखा। इनके अनुसार वेषभूषा से ब्रह्म की प्राप्ति नहीं हो सकती–

फाड़ि पुटोला धजि करौ, काम लड़ी पहराऊँ।
जेहि-जेहि भेषां हरि मिलै, सोइ-सोइ भेष धराऊँ।।

युगचेता होने के कारण संतों ने अपनी धार्मिक उपदेशों के द्वारा मानव में ही ईश्वर के रूप की कल्पना की है।

मीराबाई ने संसार और जीवन की नश्वरता की भावाभिव्यक्ति करते हुए जीव को इस नश्वर शरीर पर गर्व न करके कृष्ण की भक्ति करने का महान संदेश दिया है–

यो देही रो गरब न करणा, माटी मां मिल जासी।
यो संसार चहर रो बाजी, साँझ पड़या उठ जासी।

मीराबाई ने राजपूत समाज की संकीर्ण मनोवृत्ति के प्रतीक पर्दा-प्रथा जैसी बुराइयों का विरोध करके संतों की संगति में कृष्ण की भक्ति की। संतों ने साधारण जनता के व्यवहार योग्य सिद्धांतों का प्रतिपादन किया और मानवमात्र को एकता का पाठ पढ़ाया। संकीर्ण मान्यताओं में जकड़े समाज को अपने स्वानुभूत ज्ञान की शिक्षा देकर रैदास जैसे संत ने मानव मात्र को समान मानने की आवाज उठाई थी। उस समय धर्म के ठेकेदारी को कायम रखने के लिए अनेक परंपराओं की दुहाई देकर समाज को दिग्भ्रमित कर दिया था। कबीर, दादू जैसे संतों ने सच्चा, सरल, निराडंबर भक्ति-मार्ग जनसमाज के सामने रखा था।

वर्तमान संदर्भ में भी संतों की वाणी बहुत उपयोगी है। आज समाज में व्याप्त टूटन, बिखराव, संत्रास, कुंठा, ईर्ष्या-द्वेष, निराशा, धार्मिक कट्टरता से संतप्त ज्वाला के मध्य कबीर, दादू, रैदास, मीरा आदि की वाणी अमृतवर्षा की शीतल सुखद बौछार है। ये वाणियाँ समानता, विश्वबंधुत्व, दया, परोपकार, सहनशीलता की भावना का संचार करती हैं। सात्त्विक और पवित्र जीवन व्यतीत करने की दृष्टि से आज भी संतों की वाणी अमृत-तुल्य है जो भटके हुए समाज का सही पथ-प्रदर्शन करने की क्षमता रखती है।

सम्पर्क : प्रवक्ता
सी. आर. ए. कॉलेज,
सोनीपत (हरियाणा)

कबीर : क्रान्ति के कर्णधार

डॉ. अर्चना शर्मा

कबीर ने जैसा समाज देखा उसे उनकी भाषा में वैसा ही कहा। यानी कि समाज में देखना, कहना और क्रांति चेतना जगाने का प्रयास तीनों कार्य एक साथ किए।

कबीर के आविर्भाव के समय भारत धर्म की दृष्टि से जर्जर था। हिंदू स्वयं को श्रेष्ठ समझते थे और मुसलमान अपने को। हिंदू मुसलमान का परस्पर मतभेद अपनी चरम सीमा पर था।

कबीर क्रांतिकारी व्यक्तित्व के धनी थे। समाज में फैली धार्मिक संकीर्णताओं को दूर करने में सक्षम थे तथा धर्म के क्षेत्र में संप्रदाय और जातिवाद से कोसों दूर थे। संतों की वाणी में प्रखर क्रांति चेतना थी। कबीर का कबीर...से इति तक क्रांतिकारी थे। क्रांति की प्रतिमूर्ति। क्रांति स्वतंत्रता का दूसरा नाम है। वे विचारों से स्वतंत्र थे। परंपरा का उनके लिए कोई महत्त्व नहीं था।

महत्त्व था तो 'सत्य' का। वे सच्चे अर्थों में सत्यान्वेषी थे। सत्य के अनुसंधान कर्ता के रूप में उन्होंने धर्म और समाज के मूल सिद्धांतों की आत्मा का साक्षात्कार किया। उन्होंने स्वीकार्य स्थापनाओं को अपनी अनुभूति की कसौटी पर परख कर ही अपनाया। वे उस समाज विरोधी क्रांति के कर्णधार थे जो आज विभिन्न रूपों में समाज के आमूल परिवर्तन में प्रयत्नरत हैं। हृदय से निकलने वाली कविता सीधे हृदय पर चोट करती है। हृदय की सच्चाई और आत्मा के बल के कारण ही इनकी वाणी में इतनी शक्ति आई। कबीर के क्रांतिकारी व्यक्तित्व में भक्त, प्रेमी और शुद्ध मानव की त्रिवेणी दिखाई देती है। उनमें सर्वत्र प्रखरता, निश्छलता और स्पष्टता है। वे बेधड़क, फक्कड़ और अक्खड़ थे। वे स्पष्ट शब्दों में कहते हैं–'तू कहता कागद की लेखी, मैं कहता आँखिन की देखी।' आचार्य हज़ारी प्रसाद द्विवेदी ने कबीर के व्यक्तित्व के बारे में लिखा है–'ऐसे थे कबीर। सिर से पैर तक मस्तमौला, स्वभाव से फक्कड़, आदत से अक्खड़, भक्त के सामने निरीह, भेषधारी के आगे प्रचंड, दिल के साफ, दिमाग के दुरुस्त, भीतर से कोमल, बाहर से कठोर, जन्म से अस्पृश्य, कर्म से वन्दनीय। वे जो कुछ कहते थे अनुभव के आधार पर कहते थे।' इसलिए

उनकी उक्तियाँ बेंधने वाली और व्यंग्य चोट करने वाली होती थीं।''

वे ऐसे योद्धा थे जिनकी लड़ाई असत्य, विषमता, आडंबर, पाखंड, अनीति और अंधविश्वास के विरुद्ध थी।

'पुरिजा पुरिजा है पड़े, तऊ न छाड़े खेत' कहते हुए सच्चे सूरमा की कसौटी पर खरे उतरे। उनके जीवन में नेतृत्व सच्चे अर्थों में था। समाज, धर्म, दर्शन आदि जीवन के सभी क्षेत्र उनकी क्रांति से अछूते नहीं रहे। उन्होंने बाह्याचारों कर्मकांडों और कुपरंपराओं पर कुठाराघात किया। कबीर की क्रांति चेतना उनके साहित्य में विविध आयामों में परिलक्षित होती है।

कबीर ने ईश्वरोपासना के संबंध में बाह्याचारों की भर्त्सना की। ईश्वर को पाने के लिए बाह्य आडंबर कबीर की दृष्टि में कोई मायने नहीं रखते। इस संबंध में उन्होंने हिंदू और मुसलमान दोनों को फटकारा है एक ओर वे मुसलमानों से कहते हैं–

कांकर पत्थर जोरि कै मसजिद लई चुनाय
ता चढ़ि मुल्ला बांग दै, क्या बहरा हुआ खुदाय

दूसरी ओर हिंदुओं की कड़ी आलोचना करते हैं। मूर्ति पूजा का खण्डन करते हुए साफ शब्दों में कहा है–

पाथर पूजे हरि मिले, तो मैं पूंज़ पहाड़।
याते तो चक्की भली, पीस खाये संसार।

बाह्याडंबरों से अलग हटकर कर्म करने की अतुलित प्रेरणा समाज को दी।

इन सब से हटकर कबीर ने प्रभु को प्राप्त करने का मार्ग सहज बताया है–

सहज सहज सब कोई कहै, सहज न चीन्हे कोई
जिन सहजै विषया तजी, सहज कही जै सोई।

वास्तव में प्रभु को प्राप्त करने का यही सर्वसुलभ मार्ग है। उनकी दृष्टि में प्रभु को प्राप्त करने के मार्ग में जातिगत-भेदभाव का कोई स्थान नहीं है।

कबीर ने सब धर्मों से ऊपर उठ कर मानव धर्म का अनुकरण करने का संदेश दिया है। महाभारतकार वेदव्यास जी ने कहा–''मानुषात् श्रेष्ठतरं न किंचित्'' अर्थात् मनुष्य से श्रेष्ठ कुछ भी नहीं है। ठीक यही बात तो कबीर के साहित्य में दिखाई देती है। कबीर भी तो हिन्दु मुसलमान का एक ही उत्स मानते हैं–

जाति पाति पूछे नहीं कोई
हरि को भजै सो हरि को होई।

उनके इस प्रकार के विचारों ने जातिवाद के तुच्छ भेदभाव को दूर करने की क्रांति चेतना पैदा की है। उन्होंने लोक में प्रचलित ऊँच-नीच के भेद भाव को समूल उखाड़ने का भरसक प्रयास किया है।

कबीर समाज में सत्यं, शिवम् और सुन्दरम् की उज्ज्वल स्थापना करना चाहते थे। सामाजिक शोषण, अनाचार और अन्याय के विरुद्ध संघर्ष में आज भी कबीर का काव्य एक तीखा अस्त्र है। कबीर से हम रूढ़िगत, सामंती दुराचार और अन्यायी सामाजिक व्यवस्था के विरुद्ध डट कर लड़ना सीखते हैं। विभिन्न प्रकार की विषमताओं को समाप्त कर समाज में हर दृष्टि से एकता की स्थापना करना उनका लक्ष्य था। तत्कालीन अमीरों, राजाओं और भोग-विलास में डूबे सामंतों की उन्होंने खूब निंदा की। उन्होंने ऐसे लोगों के लिए स्पष्ट घोषणा की है। महल, मंदिर जो संगीत से भरे पड़े हैं वे एक दिन खाली होंगे–

सातो सबद जु बाजते घरि घरि होते राग।
ते मंदिर खाली पड़े, बैसण लागे काग।।

भोग-विलासों को छोड़ कर अपने कर्तव्यों को भली प्रकार से निबाहने की क्रांति चेतना कबीर ने दी है। उन्होंने उच्च वर्ग को संबोधित करने के साथ-साथ सामान्य वर्ग को भी उद्‌बोधन दिया।

निर्धन आदर कोई न देई। लाख जतन करै आहु चित्त न करेई
जो निर्धन सरधन कै जाई। आगे बैठा पीठ फिराई।

उन्होंने सामान्य वर्ग की दयनीय आर्थिक व्यवस्था का चित्र भी खींचा है। उन्होंने धनोपार्जन के साथ-साथ अधिक धन आने पर दोनों हाथों से दान करने के लिए प्रेरित किया है–

पानी बाढ़ै नाव में, घर में बाढै दाम
दोनों हाथ उलीचिए, यह सज्जन को काम

आर्थिक विषमता के संदर्भ में कबीर का मत है–धन को आवश्यकता से अधिक संचित करना उचित नहीं अपितु पाप है। उन्होंने 'मांगन मरन समान' कहकर अकर्मण्य होकर धनोपार्जन को अनुचित ठहराया है। उन्होंने सच्चे धन को संचित करने का आग्रह किया है–

कबीर सो धन संचियै, जो आगे कू होई
सी चढ़ाए पोटली, ले जात न देखा कोई।

सच्चा धन प्रभु भजन रूपी धन है जिसे अंहकार को त्याग कर प्रेम से पाया जा

सकता है इस प्रेम के मार्ग पर चलने के लिए कबीर ने अंहकारजन्य काम-क्रोध को त्यागना परमावश्यक बताया है–

हरि गुण गाई बंग मैं दीन्हा, काम क्रोध दोऊ बिसमल कीन्हा
कहै कबीर यह मुलना झूठा, राम रहीम सबनि मैं दीठा

उनका प्रेम साधारण नहीं है वे तो अनन्य प्रेम करने वाले प्रेमी हैं। प्रेम की इस अनन्य अनुभूति का साक्षात्कार उनके साहित्य में क्रांति के स्तर तक दिखाई देता है। वे प्रेम में इतने अधिक विनम्र हो जाते हैं कि स्वयं को परमात्मा का कुत्ता कहने में जरा भी संकोच नहीं करते–

मैं हूँ कूता राम का, मुतिया मेरा नाऊं
जिते राम की जेबड़ी, तित तित ही मैं धाऊं

वे अपने प्रेमास्पद राम के वियोग में जीवन धारण करने में स्वयं को अक्षम पाते हैं। उनका यही उन्माद शारीरिक व्याधि का रूप ले लेता है–

आंखड़िया झांई पड़ी, पंथ निहारि निहारि
जीभड़िया छाला पड़या। राम पुकारि पुकारि

क्रांति के अग्रदूत कबीर प्रेम की स्थिति में पूर्ण आत्मसमर्पण की बात करते हैं परमात्मा के प्रति प्रेम में वृद्धि होने पर अहम् का नाश हो जाता है–

जब मैं था, तब हरि नहीं, अब हरि हैं मैं नांहि।
प्रेमगली अति सांकरी, या में दो न समांहि।

कबीर के प्रेमास्पद राम कण कण में व्यापक अनन्त ब्रह्म है जिसे प्राप्त करने के लिए बड़े-2 यति, मुनि, योगी कष्ट सहन कर यम, नियम, संयम, तितिक्षा और ईश्वर प्रणिधान द्वारा उसे प्राप्त करने का प्रयास करते हैं। कबीर ने मानवता की सेवा करते हुए अपने जीवन में क्रांति चेतना उद्‌बुद्ध करके सहिष्णुता, आडंबरविहीनता, सहज भक्ति और अनन्य प्रेम के द्वारा उसे प्राप्त किया। कबीर ने अपने जीवन में दूसरों के लिए कष्ट को स्वीकार किया था–"उनका जीवन जनता के उद्‌बोधन में ही व्यतीत हुआ। वह अपने लिए नहीं, संसार के लिए रोते और विलाप करते रहे। उन्होंने साईं के सब जीवों के लिए अपना अस्तित्व समर्पित कर दिया। संसार के लिए उन्होंने अपने आप को मिटा दिया"

कबीर–(संपादक डॉ. विजयेन्द्र स्नातक) पृ. 232

ईश्वर-प्रेम से उत्पन्न होती है वह क्रांति चेतना जो कबीर को समाज के प्रति परोपकार से भर देती है। जीवन के वास्तविक लक्ष्य तक पहुँचने की इच्छा को वे

केवल स्वयं तक सीमित नहीं रहने देते बल्कि आत्मविश्वास से उन सबको साथ लेकर चेतना जगाते हुए कह उठते हैं–

कबीरा खड़ा बाजार में लिए लुकाठी हाथ।
जो घर फूंके आपना चले हमारे साथ।।

कबीर की इस जाज्वल्यमान अनुभूति में उपनिषद् की 'तमसो मा ज्योतिर्गमय' की भावना स्पष्ट दिखाई देती है। कबीर के साहित्य का अंतिम लक्ष्य सभी प्रकार के भेदभावों से ऊपर उठ कर प्रभु को पाना है। इसके लिए उनके द्वारा प्रतिपादित सिद्धांत को अद्वैत सिद्धांत की कोटि में रखा गया। वेद, उपनिषद् आदि हमारे ग्रंथों का भी यही लक्ष्य है कि पारस्परिक मतभेदों से ऊपर उठ कर जीवन में सद्भावों की स्थापना हो। कबीर ने अपने साहित्य के माध्यम से यह कर दिखाया है। प्रति-पग पर उनकी क्रांति चेतना का स्वर मुखरित हुआ है।

सम्पर्क : प्रवक्ता
हिन्दू गर्ल्ज़ कॉलेज,
सोनीपत (हरियाणा)

दादू पाती प्रेम की विरला बांचै कोई

डॉ. मधुबाला

'सन्त' शब्द के मूल में 'सत्' शब्द है जिसका अर्थ है--'नित्य सत्तावान्' अर्थात् जिसकी सत्ता तीनों कालों में हो। इस अर्थ में सन्त शब्द ईश्वर व ब्रह्म का पर्याय है। 'एक सद्विप्रा बहुधा वदन्ति'--यह वेद वाक्य भी इसका प्रमाण है। सन्त सुन्दरदास ने तो ब्रह्म, सन्त और गुरु को एकरूप माना है।

'उहै ब्रह्म गुरु सन्त उह वस्तु विराजत येक।'

एक ही ब्रह्म के दो रूप हैं--निर्गुण एवं सगुण। निर्गुण रूप तो 'ब्रह्मस्वरूप' ही है और सगुण रूप है--'ब्रह्म का सन्त रूप में अवतार'। श्रीमद्भगवद्गीता में कहा है--

यदा यदा हि धर्मस्य ग्लानिर्भवति भारत।
अभ्युत्थानमधर्मस्य तदात्मानं सृजाम्यहम्।।

जब-जब धर्म की हानि होती है तब तब धर्म की स्थापना के लिए ईश्वर (मनुष्य रूप में) अवतरित होते हैं। कबीर, नानक दादू, रैदास, मलूकदास, सुन्दरदास आदि सन्तों का अवतरण अथवा कहें कि आविर्भाव भी इसी रूप में हुआ।

मध्यकालीन युग भले ही धर्म साधना का रहा हो किन्तु वैष्णव, शैव, शाक्त, जैन, बौद्ध आदि के धार्मिक संप्रदायों के विभिन्न मत-मतान्तरों के कारण समाज में विद्वेष का स्वर उठने लगा। समाज, धर्म, दर्शन, सभ्यता, संस्कृतिगत समस्त जीवन मूल्य एवं आदर्श निर्मूल हो गए थे। जातिप्रथा, बहुदेववाद, धार्मिक अंधविश्वास, रूढ़ियाँ, बाह्यडंबर सदृश अनेक निंदनीय प्रवृत्तियाँ दावानल सदृश फैलने लगीं। ऐसे समय में ही संतों ने वैचारिक क्रांति का बिगुल बजाकर समाज में नए जीवन मूल्यों एवं आदर्शों की पुनर्स्थापना की। इसी संत परंपरा में कबीर के बाद बेपढ़े किन्तु बहुश्रुत एवं दयाल 'दादू' संत हुए जिन्होंने समाज कल्याण का मार्ग प्रशस्त किया।

सन्त 'गुरु' हैं। अज्ञान रूपी अन्धकार को दूर कर ज्ञान का प्रकाश करते हैं। परहित करना ही उनका उद्देश्य होता है। भर्तृहरि द्वारा निर्दिष्ट सन्त का यही व्यावहारिक लक्षण है--

'सन्तः परहिते विहिताभियोगाः' अर्थात् सन्त परहित में लगे रहते हैं। दादू के जीवन का लक्ष्य था–'परहितरतत्व'। दादू उनकी स्वानुभूति थी कि यदि समाज में जाति, धर्म एवं संप्रदायगत भेदभाव मिट जाएँ तो विद्वेष, विरोध, विद्रोह की भावनाएँ शनैः शनैः समाप्त हो जाती हैं। सुख का साम्राज्य तभी संभव है जब सब जीवों को समदृष्टि से देखा जाए। उन्हें यह ज्ञात हो गया था कि जीव और ब्रह्म–दोनों को एकाकार समझने में ही व्यक्ति का कल्याण हो सकता है।

'जीवो ब्रह्मैव नापरः'–इस औपनिषदिक मत का अनुसरण करते हुए उन्होंने कहा–'जीव ब्रह्म द्वै नाहिं।' तथा 'परआतम सों आतमा, ज्यों पानी में लूण।'

वस्तुतः दादू ने एकत्व का दर्शन किया था। इसी कारण उन्हें 'यत्पिण्डे तत्ब्रह्माण्डे' और 'यत्ब्रह्माण्डे तत्पिण्डे'–प्रत्येक पिण्ड में ब्रह्माण्ड एवं ब्रह्माण्ड में पिण्ड दिखाई पड़ता है।

परमात्मा निराकार है निर्गुण है। उसकी व्यापकता पर प्रकाश डालते हुए उन्होंने कहा कि जैसे तिलों में तेल, फूलों में सुगंधि तथा दूध में मक्खन व्याप्त है वैसे ही परमात्मा सब में व्याप्त है–

जीये तेल तिलंनि में, जीये गंध फुलन्न।
जीये माखण षीर में, ईयं रबु रुहंनि।।

परमात्मा तो हमारे अंतर्मन में ही है, आत्मा में ही है, इस लौ लगाकर देखा जा सकता है। इसके लिए मंदिर, मस्जिद जाने तथा तीर्थाटन, जप, व्रत करने की आवश्यकता नहीं है–

दादू केई दौड़े द्वारिका केई काशी जाँहि।
केई मथुरा को चलै, साहिब घट ही माँहि।।

परमात्मा की प्राप्ति में यदि कोई बाधा है तो वह है 'माया'। माया के बंधन से भी व्यक्ति गुरु की शरण लेने से मुक्त हो सकता है। गुरु की अनुकंपा को वे ब्रह्मप्राप्ति का दृढ़ साधन मानते हैं। इनकी दृष्टि में गुरु साक्षात् भगवान् ही हैं गुरु और गोविन्द में परमार्थतः कोई भेद नहीं है। गुरुकृपा से ही भक्ति रूपी मुक्ति-भंडार की प्राप्ति तथा ईश्वर से साक्षात्कार संभव है। संत की वाणी है–

सत्गुरु मिलै तो पाइये भगति मुकतिभण्डार।
दादू सहजै देखिये साहिब का दीदार।।

दादू ने भक्ति मार्ग में जप, तप, तंत्र-मंत्र जैसे बाह्य साधनों एवं अन्धविश्वासों के विरोध में अपनी आवाज बुलंद की क्योंकि वे जान चुके थे कि ये वैष्णवधर्म को संकीर्णता की ओर ले जा रहे हैं तथा मानव को मानव से अलग कर रहे हैं। ईश्वर प्रेममय है। प्रेम के माध्यम से ही परमात्मा की प्राप्ति संभव है। उन्होंने अपनी वाणी में कहा कि 'इसक' (इश्क) अर्थात् प्रेम ईश्वर की जात है, ईश्वर का अंग (शरीर) है, ईश्वर का वजूद (अस्तित्व) है और ईश्वर का रंग है–

इसक अलह की जाति है, इसक अलह का अंग।
इसक अलह औजूद है, इसक अलह का रंग।।

प्रेम-तत्त्व दुर्बोध है। इसे कोई विरला व्यक्ति ही समझ सकता है–

दादू पाती प्रेम की विरला बाँचे कोई।
वेद पुराण पुस्तक पढ़े प्रेम बिना क्या होई।।

मानव का मानव के प्रति प्रेम उपजे–यही उनका संदेश था। वे जानते थे कि मानव-मानव में एकता एवं सद्भाव उत्पन्न करने में प्रेम-तत्त्व सबसे बड़ी भूमिका निभा सकता है। इसीलिए उन्होंने ईश्वर को प्रेममय कहकर जीव को उसी का ही रूप माना। प्रेम जागृति करने वाले संत विरले ही होते हैं।

उनकी दृष्टि में हिन्दू-मुस्लिम, ब्राह्मण-शूद्र, नर-देव, राजा-रंक, धनी-निर्धन–सभी मनुष्य समान हैं। उनकी सोच धार्मिक समन्वय की थी। अतः सभी धर्मों में एकता स्थापन कर उन्होंने संप्रदायवाद पर कुठाराघात किया। उनका मत है कि जब सभी में एक ही आत्मा है तो परस्पर भेद कैसा? इसी भेद-भावना को निर्मूल करने के लिए उन्होंने कहा–

सब हम देख्या सोधि करि, दूजा नाँहीं आन।
सब घट एकै आतमा, क्या हिंदू मुसलमान।।

उनके इस मत पर औपनिषदिक प्रभाव स्पष्ट है–
बृहदारण्योपनिषद् (2.4.6) में कहा है कि यह ब्राह्मण जाति, क्षत्रिय जाति, ये लोक, ये देवगण, ये भूतगण और यह सब जो कुछ भी है, सब आत्मा ही है।

इदं ब्रह्मेदं क्षत्रमिमे लोका इमे देवा।
इमानि भूतानीदं सर्वं यदयमात्मा।।

तत्कालीन समाज में व्याप्त, बाह्याडंबरों एवं मिथ्याचारों के वे विरोधी थे। उनके मत में सिर मुंडाने से कोई योगी नहीं हो जाता–

माया कारण मूंड मुंडाया यहु तौ जोग न होई।

जादू, टोना एवं अन्य वशीकरण मंत्र व्यक्ति को दिग्भ्रमित करते हैं अतः इनके विरुद्ध उनकी वाणी है–

टामन टूमन हे सखी, भूलि करो मत कोई।

चमत्कार दिखलाकर अबोध एवं मुग्ध जनता को ठगने वालों के प्रति समाज को जागरूक करते हुए उन्होंने कहा कि ऐसे ढोंगी लोग समाज में कलंक रूप हैं–

करामात कलंक है जागै हिरदै एक।

दादू कर्मयोगी संत थे, भाग्यवादी नहीं। उन्होंने तत्कालीन समाज में पौरुषहीन एवं भाग्यवादी लोगों को गीता प्रतिपादित कर्मयोग के समान ही कर्म करने की प्रेरणा दी। उद्यम की प्रशंसा में उन्होंने कहा है–

दादू उद्यम औगुन को नहीं जे करि जानै कोई।
उद्यम में आनंद है जे साँई सेती होई।।

संत दादू ने मनुष्य को सार्थक जीवन जीने की कला की भी सीख दी। यदि जीवन जीने का आनंद लेना है तो यह है कि मनुष्य अहं का त्यागकर हरि को भजे एवं मन के दुर्विकारों को त्यागकर जीवों से निर्वैरता रखे–

आपा मेटे हरि भजै तन मन तजै विकार।
निर्वैरी सब जीव सूँ दादू यहु मत सार।।

संत यह जानते थे कि अहंकार को त्यागकर व्यक्ति कई बंधनों से मुक्त हो जाता है और निर्वाण को भी पा लेता है–

झूठा गर्व गुमान तजि तजि आपा अभिमान।
दादू दीन गरीब है पाया पद निर्वाण।।

दादू ने सेवा-भावना एवं परोपकार में ही जीवन को सफल माना है। उनका मत है कि यदि मनुष्य सेवाधर्म को अपना ले तो समाज का कल्याण निश्चित है।

सेवक विसरै आपको, सेवा विसरि न जाय।
दादू पूछै राम को, सो तत कहि समझाइ।।

परोपकार के विषय में दादू का कहना है कि मृत्यु के बाद यदि मृत देह किसी के काम आता है तो वह सबसे बड़ा उपकार है।

हरि भज साफल जीवणा पर उपकार समाय।
दादू मरणा तहाँ भला, जहां पशु पक्षी खाय।।

इस प्रकार दादू ने अध्यात्म-योग, भक्ति-योग, प्रेमयोग, कर्मयोग के माध्यम से तत्कालीन रुग्ण समाज को स्नेहिल वाणी से स्वस्थ करने का प्रयास किया है। उनकी वाङ्माधुरी आज के भटके हुए मानव के मार्ग को प्रशस्त करने में सहायक है तथा अज्ञानान्धकार में मग्न जगत् के लिए ज्ञान-ज्योति है।

सम्पर्क : प्रवक्ता
हिन्दू गर्ल्ज़ कॉलेज,
सोनीपत (हरियाणा)

घृत कारण दधि मथै सयाने

शमीम शर्मा

हिन्दी साहित्य सन्तों से भरा पड़ा है। उनमें से हमने सिर्फ पांच को चुना है। पांचों विरले नक्षत्र हैं- नानक, दादू, कबीर, रैदास और मीरा। एक तरह से सहयात्री। सन्त और भक्त के रूप पर प्रायः विवादसनी चर्चा होती रहती है। मुझे सन्त और भक्त में एक ही विभाजक रेखा नज़र आती है कि जो सम्प्रदाय से नहीं बंधा वह सन्त है। जो कतार से बाहर आकर खड़ा हो गया, वह सन्त है। जिसने रूढ़ियों को ठोकर मारी, वह सन्त है। इसीलिए मैंने मीरा की गिनती भी सन्तों में की है। यूं तो कहने को ये अलग-अलग पांच सन्त हैं पर सबका उद्घोष एक ही है। अलग-अलग होते हुए भी इनकी एक ही मशाल है, एक ही रस, एक सी अनुभूति, एक ही आत्मबोध, एक ही आस्था, एक ही संस्कार, एक ही पुकार, एक ही नाद, एक ही मान्यता और एक ही उपलब्धि। पांचों ही एक से एक अनूठे हैं। इनकी शंकाएं और सवाल भी एक से हैं। इन सबकी एक ही तलाश है। अपनी-अपनी व्याख्या और विश्लेषण से ये सब आत्मावलोकन के उच्चतम शिखर पर आसीन हुए। इन सबने अपनी आंखों से अन्तर्यात्रा की, भीतर झांका और अपनी चेतना के सूरज से औरों को जगमग किया। एक धार्मिक-सामाजिक क्रान्ति का बिगुल बजाया। पाखंडों और बाह्य उपचारों में अटके समाज को झकझोरा। इन सन्तों के भक्ति-भाव में घंटियों के स्थान पर इनके मन की टंकार सुनाई पड़ती है। रटी-रटाई आरतियों के स्थान पर इनके काव्य में मन से उत्पन्न भावनाओं की प्रतिध्वनि है। आरती की थाली में सुलगते दीये के स्थान पर इनकी आराधना में मन का दीप प्रज्वलित है जो सैंकड़ों सूर्य के समान रोशन है।

नानक, दादू, रैदास, कबीर व मीरा की भक्ति में ईश्वर से मांग की भूख नहीं है। इनकी अर्चनाओं में किसी लौकिक फल की अभीप्सा नहीं है, स्वर्ग या किसी परम पद की आकांक्षा नहीं है। मोक्ष की बजाय ये तो ईश मिलन की अभिलाषा से ओतप्रोत हैं। ये पांचों सन्त समर्पण के पर्याय हैं। उनकी अवधारणा है कि परमात्मा समर्पण से मिलता है। दुनिया प्रार्थना तब करती है जब अन्तर में कोई मांग हो या व्यक्ति विपदा में हो। आजकल प्रार्थना शब्द मांग का पर्याय ही हो गया है। मांग

करनेवाले को प्रार्थी भी कहा जाता है। अगर हमारे पास कोई चन्दा मांगने आए तो उसे देखते ही हम दूर भागने का उपक्रम करने लगते हैं। तो भला मांगने वाले के साथ परमात्मा का सामीप्य कैसे संभव है? इन सन्तों ने स्वयं को प्रभु भक्ति में लीन कर दिया। गा-गा कर, नाच-नाच कर उसकी झलक ली।

इनकी जाति और धर्म के बारे में किसी भी खोज या प्रमाण की आवश्कता नहीं है। बस इतना सा मानना काफी है कि अपने ज्ञान के बल पर इन्होंने ब्राह्मणत्व को उपलब्ध किया। वह ब्राह्मणत्व जिसे जन्म के बल पर हासिल कर लेना मिथ्या है। शूद्र तो जन्म से भी हुआ जा सकता है पर ब्राह्मण होना जन्मजात घटना नहीं है। प्रखर आन्तरिक अनुभूति और आत्मिक ज्ञान के बल पर इसे पा लेने की संभावना होती है। इस दृष्टि से ये पांचों सन्त ब्राह्मण हैं।

रैदास

चमार घराने में पैदा होने के उपरान्त भी रैदास को काशी के पंडितों ने स्वीकारा। उनके ज्ञान और उपलब्धियों का लोहा माना। राज-परिवार से संबंध रखने वाली मीरा ने भी रैदास को अपना गुरु माना। रैदास कबीर के गुरुभाई भी माने जाते हैं क्योंकि ये दोनो ही रामानंद के अनुयायी थे। रैदास ब्रह्म चर्चा और जूतों की मुरम्मत एक साथ करते। जूते गांठने और बेचने का काम करने वाले रैदास ने आत्यंतिक मन से ऐसे गीत गाए कि जूता बनाते-बनाते वे ईश्वरत्व को उपलब्ध हुए। उनके अनेक शिष्य उनसे शिकायती सुर में कहते कि आपको जूते गांठते देख हमें लाज आती है पर रैदास का एक ही जवाब होता—ऐसे खूबसूरत जूते कोई नहीं गांठता। मैं कैसे बंद कर दूं? यदि जन्म-जन्मान्तरों तक भी वह मुझ से जूते गांठने का कार्य करवाएगा तो भी मेरी मनाही नहीं होगी। ईश्वर की मर्जी के सामने मेरी क्या बिसात? और वह राम-राम गुनगुनाते हुए जूते सीने का काम करते-करते सृष्टि के अनिवर्चनीय रहस्य को जान गए और प्रेम की पगडंडियों पर गीत गाते-गाते अपनी चेतना का फूल परमात्मा के कदमों पर अर्पित कर दिया। जीसस का कथन है कि जो तुम बांट दोगे वह बच गया और जो तुमने नहीं बांटा वह खो जाएगा। रैदास ने अपनी भक्ति में अपना सब कुछ बांट दिया और यहां तक कि स्वयं को भी लुटा ही दिया। स्वयं को जानकर उन्होंने समाज को जगाया। मीठी-मीठी शैली में सोए हुओं को चेताया। पूजा को स्वर्ग तक पहुंचने की सीढ़ी मानने या मुक्ति का माध्यम मानने वालों को होश दिलाया कि भक्ति के उच्चतम शिखर पर जाकर ईश्वर से कोई मांग शेष नहीं रह जाती अपितु स्वयं को चढ़ा देना होता है जैसे कि फल लगने पर फूल स्वयं को झाड़ देता है—

फल कारण फूली बनराइ। फलु लागा तब फूल बिलाइ।

रैदास नहीं मानते कि पूजा-प्रार्थना के कोई बंधे बंधाए सूत्र हैं। मुक्ति के किसी मंत्र में भी उनकी आस्था नहीं है। वे तो गृहस्थ जीवन का धर्म निभाते हुए अपने हजारों शिष्यों के साथ समाज में अलख जगाने का काम करते रहे और कुरीतियों और सतही पूजा से समाज को सचेत करते रहे -

थोथी काया थोथी माया। थोथा हरि बिन जनम गंवाया।
थोथा पंडित थोथी बाणी। थोथी हरि बिन सबै कहानी।।
थोथा मंदिर भोग विलासा। थोथी आन देव की आसा।
सांचा सुमिरन नाम विसासा। मन बच कर्म कहै रैदासा।।

रैदास के पास तो पूजा की एक ही विधि है कि सम्प्रदाय, छुआछूत, कुरीति-रिवाजों व अहंकार की सीमाओं में रह कर असीम को पाना कठिन ही नहीं असंभव भी है। उसे सिर्फ खुद को मिटा कर हासिल किया जा सकता है। सचमुच रैदास ने जूते गांठते-गांठते ही परमात्मा से ऐसा गठबंधन कर लिया कि जो आज तक शिथिल नहीं पड़ सका है।

नानक

नानक शब्द शायद 'ना अणख' से बना होगा। अर्थात् जिसमें कोई अहंकार शेष नहीं रहा--वह नानक। नानक को पढ़ने के लिए सिक्ख होना कदापि जरूरी नहीं है। जो भी नानक को पढ़ता है, स्वतः सिक्ख हो जाता है। सिर के बाल बढ़ा कर पगड़ी बांधने से, दाढ़ी-मूंछ रखने से, गुरुद्वारे जाने से, सबद-कीर्तन करने से, कंघी-कटार धारण कर लेने से 'सिक्ख' नहीं हुआ जा सकता। वह एक जाति विशेष की पहचान हो सकती है पर इस बात का प्रमाण नहीं कि उसने अवश्य ही कुछ 'सिक्ख' लिया है। नानक के अंतः-अनुभव की यात्रा 'इक ओंकार सतिनाम' पर समाप्त होती है जहां पहुंच कर चेतना का सोया हुआ बीज अंगड़ाई लेने लगता है। नानक जब आधी रात तक भी गाने में मग्न थे तो उनकी मां ने उन्हें सो जाने के लिए कहा। तभी एक पपीहे की आवाज आई तो नानक बोले-अभी तो पपीहा भी पुकार रहा है तो मैं क्यों न पुकारूं 'उसे'।

एक बार रात के समय नानक मरदाना के साथ नदी किनारे बैठे थे कि अचानक वस्त्र निकाल कर नदी में डुबकी लगा दी। मरदाना आवाज मारता ही रह गया। नानक का कुछ अता-पता नहीं चला। सारे गांव में चिंता व्याप्त हो गई। आश्चर्य तो तब हुआ जब नानक तीन दिन बाद नदी से प्रकट हो गए। ईश्वर की राह पर जो खो जाता है, वह जरूर खोज लाता है। नानक की खोज पर किसी को भी शंका नहीं है। जपुजी में उन्होंने कहा है-

इक ओंकार सतिनाम
करता पुरखु निभउ निरवैर,
अकाल मूरति अजूनी सैभं गुरू प्रसादि।

अर्थात वह एक है, ओंकार रूप है, सत्य है, कर्ता है, भय एवं वैर से रहित है, समय से परे है, अयोनि है, स्वयंभू है और गुरू के प्रसाद से उपलब्ध होता है। नानक ने ईश्वर को निराकार माना और गायन-भजन को उसकी प्राप्ति का माध्यम जाना। उन्होंने ऐलान कर दिया कि गुरु के बिना उपलब्धि संभव नहीं है। गुरु के महत्त्व को अंतःप्राणों से स्वीकारा और तत्कालीन समाज में व्याप्त कुपरम्पराओं पर अपने शब्दों के बाण चलाए। पाखंडों को उघाड़ा और बेबुनियाद बताया। ढकोसलों की पोल खोली। सूरज को पानी देने वालों के सामने उन्होंने एक लौटा पानी लिया और सूरज से विपरीत दिशा में जल देना शुरू कर दिया। इस उलटे उपक्रम का आधार पूछा तो बोले- यदि तुम्हारे अर्घ देने से लाखों मील दूर सूरज तक पानी पहुंच सकता है तो मेरे खेत तो इतनी दूर हैं भी नहीं। वहां तक तो पानी पहुंच ही जाएगा। उनकी वाणी की गूंज ताजा हवा का एक झोंका है जिससे प्राणों में एक सरसराहट होती है। नानक ने गृहस्थ और संन्यासी में विभाजक रेखा नहीं खींची और न ही एक दूसरे को विरोधी ठहराया। नानक आजीवन गृहस्थ में रह कर संन्यासी बने रहे। न तो उन्होंने विवाह करने से मना किया और न ही गृहस्थ के किसी धर्म को निभाने से। इंकार किया सिर्फ कुरीतियों और निराधार रिवाजों को मानने से। उनकी यह प्रबल अवधारणा है कि जीवन से पलायन नहीं करना है। पलायन करना तो सरल है पर गृहस्थ में बसर करते हुए संन्यासी-सी पवित्रता और सरलता धारण किए जीना कठिनतम कार्य है। इसलिए हर यात्रा के बाद नानक घर लौट आते थे। घर में रहते हुए भी वे भजन-कीर्तन और साधुओं की संगति में ही तल्लीन रहे।

एक बार नानक सुलतानपुर के नवाब के मोदीखाने में बैठे अनाज तौल रहे थे। तराजू में तौलते-तौलते बोलते एक, दो, पांच, आठ, दस, ग्यारा, बारा, तेरा... और तेरा पर अटक जाते। और तेरा से आगे कभी नहीं बढ़े। देखने वालों को अचरज होता। और फिर एक दिन नानक ने पूरे प्राण पण से उद्घोषणा ही कर दी कि सब तेरा है। नानक की आस्था है कि 'मैं' से शुरुआत हो सकती है पर अंतिम बिन्दु 'तू' ही है। इसी तरह एक बार उनके पिता ने उन्हें पड़ोस के गांव से सामान खरीदने के लिए भेजा तो नसीहत दी कि फायदे का सौदा करना पर नानक को रास्ते में साधुओं की टोली मिल गई और उन्होंने पिता के दिए रुपयों से उन साधुओं की टोली को भोजन बांट दिया। पिता की डांट तो पड़ी पर नानक यही कहते रहे कि उन्होंने सच्चा और सही सौदा किया है।

नानक किसी नवाब के घर अतिथि रूप में गए तो नवाब ने नानक को ललकारते

हुए कहा कि तुम हिन्दू-मुसलमानों में कोई फर्क नहीं समझते तो आज हमारे साथ तुम भी नमाज़ पढ़ो। नानक तत्काल सहमत हो गए पर साथ ही एक शर्त रख दी कि यदि आप नमाज़ पढ़ेंगे तो मैं भी जरूर पढूंगा। नानक नवाब के साथ मस्ज़िद तो गए पर एक भी अक्षर नहीं पढ़ा। चुपचाप खड़े रहे। सारा गांव तमाशा देखने को जमा था कि नानक मुसलमान बनेंगे। नानक को नवाब ने लताड़ा कि तुमने नमाज़ क्यों नहीं पढ़ी? नानक ने साफ-साफ कहा कि आप लोगों ने कौन-सी पढ़ी है क्योंकि आपका मन तो खुदा में था नहीं, आप तो मुझे निहार रहे थे, मेरा इम्तहान ले रहे थे। ध्यान आपका कहीं था और दिखावा नमाज़ पढ़ने का कर रहे थे। नानक के जवाब ने नवाब को निरुत्तर कर दिया।

आजकल के सन्तों की तरह नानक अपनी यात्राओं के दौरान कभी किसी रईस के यहां नहीं रुकते थे। वे अत्यन्त साधारण ढंग से रहने वाले व्यक्ति थे। एक बार वे गरीब बढ़ई लालो के घर रुके पर गांव के मुखिया ने जबरदस्ती उन्हें अपने घर खाने पर बुलाया। मुखिया स्वयं बुलाने आया तो नानक ने उसका निमंत्रण स्वीकारा पर शर्त लगाई कि वे थोड़ा भोजन लालो का भी ग्रहण करेंगे ताकि उसे बुरा न लगे। इस पर मुखिया ने नानक को समझाया कि इस गरीब की रोटी में आपको क्या स्वाद आएगा। यह सुनकर नानक ने एक हाथ से लालो की रोटी और दूसरे हाथ से मुखिया की रोटी को निचोड़ा तो लालो की रोटी से दूध बहने लगा और मुखिया की रोटी से खून की बूंदें टपकीं। नानक ने शोषकों और बेईमान लोगों को अपने काव्य में खूब लताड़ा है। जीवन में हमेशा उनसे दूरी बना कर रखी, जिससे उनका मानवतावादी व समाजवादी दृष्टिकोण उजागर होता है।

नानक जब मक्का जाकर काबा की तरफ़ पांव करके बैठे तो उन्हें फटकारा गया कि काबे की ओर पैर मत करो। नानक ने पलट कर सवाल किया—तुम मुझे वह स्थान बता दो कि जहां ईश्वर न हो। नानक के इस वचन में ईश्वर के सर्वव्यापी रूप का अति सरलता से आभास होता है कि कण-कण में परमात्मा है। अब गुरुद्वारों में सिर ढकने का नियम अटल कर दिया गया है। एक तरह से यह नानक की खिल्ली है। नानक आज गुरुद्वारे जाते तो वहां के 'भाई' से यही पूछते कि क्या बिना सिर ढके परमात्मा नहीं मिलेगा और उन बेचारों का क्या होगा जिनके पास सिर ढकने के लिए कुछ है ही नहीं। दूसरे का ओढ़ा हुआ रूमाल या दुपट्टा स्वच्छता की दृष्टि से ओढ़ना कहां तक उचित है?

नानक को एक बार सूफियों के गांव की सीमा पर रात गुजारनी पड़ी। सूफी सन्तों को ज्ञात हुआ तो वे अचंभित हुए और उन्होंने प्रातःकाल दूध से भरा एक गिलास नानक के लिए भेजा। लबालब भरा हुआ गिलास जिसमें एक भी बूंद और नहीं समा सकती थी। नानक भी पूरे ज्ञानी थे। संकेत समझ गए थे और उन्होंने पास के किसी पौधे से फूल की सिर्फ एक पत्ती तोड़ी और गिलास पर तैरा दी।

गिलास लौटा दिया। उनके शिष्य मरदाना ने इस कर्म का रहस्य पूछा तो नानक मुस्कराते हुए बोले–गांव वालों ने खबर भेजी थी गांव में मुझे ठहराने की जगह नहीं है। मैंने खबर भेजी है कि जैसे भरे गिलास में एक पत्ती समा गई वैसे मैं भी तुम्हारे गांव में समा सकता हूं, मुझे भार मानने की जरूरत नहीं है।

नानक के बारे में एक पुरानी कहावत है-

बाबा नानक शाह फकीर, हिंदू का गुरु मुसलमान का पीर।

निःसन्देह नानक जैसी विभूति मिलना कठिन है जिनके दो परम आत्मीय शिष्य थे–मर्दाना और बाला। एक था मुसलमान और दूसरा हिन्दू। पर निराली बात यह है कि न तो हिन्दुओं ने उन्हें मंदिर में बिठाया और न ही मुसलमानों ने उन्हें मस्जिद में स्थान दिया। पर नानक की आभा इससे धूमिल नहीं हुई। वस्तुतः यही नानक की उपलब्धि है कि उनके 'सिक्ख' न तो हिन्दू हैं और न ही मुसलमान। वे तो बस 'सिक्ख' हैं।

दादू

दादू को जानने के लिए एक ही सूत्र पर्याप्त है कि प्रेम में मिटा दो स्वयं को। यानी अहंकार को तिरोहित कर दो। प्रेम में जो मिटने की कला में परिपक्वता हासिल कर लेगा, परमात्मा उसके सबसे निकट हो जाएगा। दादू का कथन है-

आसिक मासूक हुई गया, इसक कहावै सोई।
दादू उस मासूक का, अल्लहि आसिक होई।।

यानी जब प्रेमी प्रेयसी बन जाता है तो ईश्वर स्वयं उस प्रेयसी का प्रेमी बन जाता है। स्त्री होना यानी कि प्रतीक्षारत होना। जो भगवद् मिलन की प्रतीक्षा करेगा, वह पा ही लेगा। खुदा को हड़बड़ी में या भागते-भागते नहीं पाया जा सकता। सब कुछ छोड़ कर जब मन आराम से स्वयं में ध्यानस्थ होगा, बाहरी उपक्रम की बजाय एक स्त्री की भांति एक आन्तरिक पुकार होगी तो ईश्वर उपलब्ध हो जाएगा। ईश्वर की जात के बारे में आज तक किसी शास्त्र ने कोई खोज खबर नहीं दी पर दादू ने घोषणा की–

इसक अल्लह की जाति है, इसक अल्लह का अंग।
इसक अल्लह औजूद है, इसक अल्लह का रंग।।

अर्थात् इश्क ही भगवान की जाति है। इश्क ही परमात्मा का अंग है यानी देह है। इश्क ही भगवान का अस्तित्व है, इश्क ही भगवान का रंग है। हिन्दू, मुस्लिम व सिक्ख आदि की संज्ञाएं मनुष्यों को दी जा सकती हैं परमात्मा को नहीं। उसकी

तो एक ही जाति है—प्रेम। और प्रेम कभी जातियों में नहीं बंटता। जब किसी से प्रेम होता है तो जाति पूछ कर नहीं होता। प्रेम को ही दादू ने ईश्वर की देह स्वीकारा है, प्रेम को ही ईश्वर का औजूद अर्थात् अस्तित्व कहा है और प्रेम ही ईश्वर का रंग है। दादू का सम्पूर्ण काव्य ईश्वर के प्रेम की कविता है। प्रेम को उन्होंने सर्वशक्तिशाली स्वीकारा और अवर्णनीय भगवान को जानने और पाने का एकमात्र माध्यम माना। प्रेम में सारी बाधाएं और सीमाएं स्वतः चूर हो जाती हैं। उन्होंने माना कि प्रेम व्यक्ति को झुकना सिखाता है, प्रेम व्यक्ति को अहंकार रहित बनाता है, निर्भार करता है। प्रेम के बिना सर्वव्यापी को पाने की दूसरी राह नहीं है। दादू ने माना कि यद्यपि प्रेम ही ईश्वर को पाने की राह है पर प्रेम करना सरल नहीं है। अहंकार और आक्रामकता से भरे व्यक्ति द्वारा खुद को गंवाना आसान नहीं है। उन्होंने स्पष्ट कहा—

दादू पाती प्रेम की, बिरला बांचै कोई।
बेद पुराण पुस्तक पढ़ै, प्रेम बिना क्या होई।।

प्रेम के ग्रन्थों को खरीद कर पढ़ना आसान है पर प्रेम तो अनूठे लोग ही कर पाते हैं क्योंकि प्रेम की कीमत शीश है। अर्थात् सिर झुका कर, अहं को छोड़ कर ही प्रेम संभव है और यह अति कठिन प्रक्रिया है। मुसलमान मंदिरों में सिर नहीं झुका सकते और हिन्दू मस्ज़िदों में। औरों के सामने झुकना सबसे कठोर है। पर दादू तो झुके और झुक कर ही परमात्मा को पा लिया। वे सिर से लेकर पांव तक झुके। उनका रोम-रोम झुका। ईश्वर के अस्तित्व पर उन्होंने सवाल नहीं उठाए बल्कि आत्यंतिक मन से पूरी सृष्टि में ईश्वर के दर्शन किए। दादू ने मंदिरों में जाकर घंटियां नहीं बजाईं, घिसी-पिटी आरतियों का गायन नहीं किया, फूल-प्रसाद अर्पित नहीं किए। नदियों में गोते नहीं लगाए, मंदिरों की परिक्रमा नहीं की, हाथ में माला नहीं पकड़ी। न ही मूंड मुंडाया और न ही तिलक लगाया। उन्होंने तो बस अन्तर्मन से प्रेम किया और स्वयं को परमात्मा के चरणों पर धर दिया। सम्पूर्ण समर्पण। दादू मानते हैं कि दर्शक की तरह प्रेम को दूर से नहीं निहारा जा सकता। जैसे दूध में चीनी घुल जाती है, उसी तरह एकरूप होना होता है। स्वयं भीगे बिना बारिश की बौछारों की ठंडक का वर्णन नहीं किया जा सकता। उसी प्रकार प्रेम की पगडंडियों पर स्वयं चल कर ही जाना जा सकता है। दादू प्रेम के गहनतम अनुभव में उतरे। उन्होंने प्रेम से ही संसार को और सृष्टि के रचयिता को जाना। उनका प्रेम ही योग-साधना हो गया, आरती हो गया, फूल हो गया और प्रसाद भी। उनकी प्रेमपूर्ण पुकार ने सारे अस्तित्व को झंकृत कर दिया और आखिर में उन्होंने अपनी उपलब्धि को कहा-

जे पहुंचे ते कहि गए, तिनकी एकै बात।
सबै सयाने एक मत, उनकी एकै जात।।

कबीर

कबीर चुनौतियों के सम्राट हैं। वे जागरण का शंखनाद करते हैं। समाजद्रष्टा अनूठे ऋषि हैं। विस्मयकारी सम्मोहक बुद्ध पुरुष हैं जिसने मसि कागद को कभी छूआ तक नहीं। तर्कों का जाल उनके काव्य में नहीं है पर वे अपनी फटकार और प्यार के सूत्रों से हमें समाधि तक ले जा सकते हैं। उन जैसे फक्कड़ सन्त गिने-चुने हैं। प्रेम का राग और क्रान्ति की आग उनके काव्य में भरी पड़ी है। उनके ढाई अक्षरों के सामने बड़े-बड़े शास्त्र फीके लगने लगते हैं। उन्होंने समाज के चौराहे पर असंख्य चेतावनियों का चिमटा गाड़ दिया था जिसे आज तक कोई नहीं उखाड़ सका। पाखण्डों व कुरीतियों को उखाड़ने की उनकी आकांक्षा इतनी प्रबल है कि बिना कोई परवाह किए वे सीधे-सीधे स्वरों में चुटकी-सी काट देते हैं। तिलमिलाने के सिवा और कुछ शेष नहीं बचता। कबीर का एक-एक शब्द कीमती है। वे बे-पढ़े-लिखे जरूर हैं पर समाज और धर्माचार्यों को झकझोरने में वे सिद्धहस्त हैं। उनका हरेक कथन किसी मंत्र से कम नहीं है जो जादुई सामाजिक उथल-पुथल करने में कारगर है। वे समाज को आत्मदर्शन और आत्ममंथन करने को बाध्य करते हैं। ऐसा साहस और ऐसा बगावती स्वर जो कबीर को क्रांति की प्रतिमा बना देता है।

गुरु-महिमा का गान करने वाले कबीर ने पूरी ताकत से यह स्थापित करने का प्रयास किया कि गुरु की महत्ता ईश्वर से भी ज्यादा है। गुरु और ईश्वर को एक साथ खड़ा देखकर 'काके लागूं पाय' में उनका मत पूर्णतः उजागर हो जाता है। भक्ति हो या गुरु-भक्ति कबीर ने झुकने पर बल दिया। अकड़ से किसी को नहीं पाया जा सकता। जल से भरी नदी से एक अंजुली पानी लेने के लिए भी झुकना लाजमी है। वरना प्यास बुझ नहीं सकती। प्यास लौकिक हो या आध्यात्मिक, झुकना ही मंत्र है। भयानक तूफानों के आने पर जो पेड़ तने रह जाते हैं वे कई बार गिर भी जाते हैं पर घास के छोटे -छोटे पौधे झुक कर हमेशा तूफानों से टक्कर ले लेते हैं।

कबीर ने माना कि प्रेम से ऊपर कुछ भी नहीं है। सारी प्रार्थना, ध्यान, अर्चना, तप, योग प्रेम में समाविष्ट है। प्रेम के बिना कोरी दिखावटी पूजा से उसे पाया नहीं जा सकता। और प्रेम करना 'खाला का घर' नाहीं। उन्होंने घोषणा की कि प्रेम दुकानों पर नहीं बिकता, न ही खेतों में उगता है। शीश अर्पित कर कोई भी प्रेम के मैदान में उतर सकता है। उनका कथन है—'जब लगि मरनै से डरै, तब लगि प्रेमी नाहिं।' जब तक मैं रहेगा तब तक 'हरि नाहिं'। और जब वह प्रकट होगा तब 'मैं नाहिं'। आश्चर्य की बात यह है कि अहंकार के साथ आंख भी खो जाती है। अंग्रेजी में नयन और मैं के लिए एक ही शब्द है- आई। शब्द के अक्षर यद्यपि अलग हैं पर उच्चारण एक है। आश्चर्य की बात यह है कि अहंकार के साथ दूसरों के दोष देखने वाली आंख भी खो जाती है। स्वयं को खोकर उसे पाया जा सकता है। प्रेम में निमग्न

व्यक्ति प्रेयसी के अवगुण देख ही नहीं सकता। इसीलिए गूंगे, अंधे, लंगड़े, गरीब, अमीर आदि किसी से भी हो सकता है। प्रेम संबंधी कबीर की मान्यताएं अतुलनीय हैं।

वर्ण-व्यवस्था और ऊंच-नीच की भावनाओं से युक्त समाज में कबीर जुलाहा परिवार में पले, बढ़े और ज्ञान की प्राप्ति की। अपने विरुद्ध असंख्य लोगों के उपरान्त भी कबीर डटे रहे। घबराए नहीं। औरों के पसीने छुटा दिये। उन्होंने 'आंखिन देखा' ही कहा। कर्म से वे जुलाहे थे। चादर बुनते थे व बेचते थे। उन्होंने अपने जीवन की चादर को भी इतने जतन से बुना और ओढ़ा कि जीवन-चदरिया पर उन्होंने एक भी दाग नहीं लगने दिया।

दास कबीर जतन से ओढ़ी, ज्यों की त्यों धर दीनी चदरिया।

वेदों-उपनिषदों तक में परमात्मा की कण-कण में परिकल्पना की गई है। पर हमारे देश में आचरण बिल्कुल उलट हुआ। आज भी कुछ मंदिरों में शूद्र का प्रवेश निषेध हैं। यदि सभी ब्रह्म के गर्भ से उपजे हैं तो कुछ लोगों व उनकी छाया तक को अछूत और शूद्र क्यों माना गया। कण-कण में ईश्वर की दुहाई देने वालों को कबीर ने खूब लताड़ा है। यही लताड़ और फटकार कबीर की देन है। इसीलिए उन्हें क्रान्तिचेता सन्त माना गया है। शब्दों से उन्होंने बदलाव का बिगुल बजाया। उन्होंने पूरी दुनिया को ठोक बजाकर देख लिया था कि हरि के सिवा इस दुनिया में उनका कोई नहीं है। कबीर अनूठे हैं। आचार्य हज़ारी प्रसाद द्विवेदी का मत है- 'कबीर बहुत कुछ को अस्वीकार करने का अपार साहस लेकर अवतीर्ण हुए थे। उन्होंने तत्काल प्रचलित नाना साधन-मार्गों पर उग्र आक्रमण किए। कबीर ने अपने समय में व्याप्त बाह्याचारों का जम कर खंडन किया। वेदपाठ, तीर्थस्थान, व्रत-उद्यापन, छुआछूत, मूर्तिपूजा, अवतार-उपासना, कर्मकांडों आदि के विरुद्ध कबीर ने मोर्चा लगा लिया था।' जो लोग परमात्मा को दर-दर ढूंढते फिरते हैं उनको कबीर ने आड़े हाथों लिया–

मोको कहां ढूंढै बन्दे, मैं तो तेरे पास में।
ना मैं देवल, ना मैं मस्जिद, ना काबे कैलास में।

कुछ दिनों पहले एक तथाकथित बापू के प्रवचन सुनने का अवसर मिला था तो उन्हें देखकर चक्कर आने को हो गया। बापू जी एक लग्ज़री कार से उतरे तो उनसे पहले उनका स्टेनगनधारी बॉडी गार्ड उतरा। कबीर के युग में भी एकाध सम्प्रदाय में तोप-बंदूकें चला करतीं। उन्होंने ऐसे सन्तों-महन्तों को फटकारते हुए कहा था-

ऐसा लोग न देखा भाई। भूला फिरै लिये गफलाई।
महादेव को पंथ चलावै। ऐसो बड़ो महन्त कहावै।।
नारद कब बंदूक चलाया। ब्यासदेव कब बंब बजाया।
करहि लराई मतिकै मन्दा। ई अतीत की तरकस बन्दा।।

बाहरी आचारों के गह्वरों को कबीर ने खोल कर समाज के सामने रखने का स्तुत्य कार्य किया है। बिना लाग लपेट के वे करारे ढंग से धर्म में घुसे ढोंग पर धारदार व्यंग्य करते हैं–

ना जानै तेरा साहब कैसा है?
मस्जिद भीतर मुल्ला पुकारै, क्या साहिब तेरा बहिरा है?
चींटी के पग नेवर बाजै, सो भी साहब सुनता है।
पंडित होय कै आसन मारै, लंबी माला जपता है।।
अन्दर तेरे कपट-कतरनी सो भी साहब लखता है।
हीरा पाय परख नहीं जानै, कोड़ी परखन करता है।।

कबीर के शब्द लट्ठ की तरह खोपड़ी पर पड़ते हैं। पूरी चेतना डगमगाने लगती है और हम भीतर झांकने व स्वयं को तौलने को बाध्य हो जाते हैं। पोथी पढ़-पढ़ जग मुआ, प्रेम न हाट बिकाय, प्रेम गली अति सांकरी, क्या मथुरा क्या कासी, आदि इनके वे लोक प्रचलित दोहे हैं जो जन-जन को स्मरण तो हैं पर जिन्हें जीवन में कोई नहीं ढालता। कबीर के प्रकाण्ड विद्वान भी आचरण में कबीर से पूरी तरह विपरीत हो सकते हैं। फिर कबीर को पढ़ना-पढ़ाना तो सतही हो गया। कबीर जैसे सन्तों को रोएं-रोएं में उतारने की जरूरत है। तभी धर्म में बढ़ते व्यवसाय, राजनीति और अपराधीकरण को रोका जा सकता है।

कबीर के जीवन की चरम उपलब्धि यह थी कि जीवनभर परमात्मा को पुकारने वाले कबीर को अन्त में परमात्मा ने ही पुकारना प्रारम्भ कर दिया।

मन ऐसा निरमल भया, जैसे गंगा नीर।
पीछे पीछे हरि फिरै, कहत कबीर कबीर।।

ईश्वर की पहचान का उन्होंने एक ऐसा संकेत दिया जो बहुमूल्य है। इस अकेले संकेत के सहारे ईश्वर को तुरंत 'पल भर की तलाश में' पाया जा सकता है। यह संकेत है-

कस्तूरी कुंडली बसै।

मीरा

मीरा प्रेम का पर्याय है। प्रेम के सागर का नाम है मीरा जिसका एक भी शब्द प्रेम के घेरे के बाहर नहीं है। मीरा का साहित्य प्रेम का दरिया है जिसमें प्रेम-उर्मियों के सिवाय कुछ है ही नहीं। मीरा प्रेम का बादल है जिसकी एक एक बूंद प्रेम से लबालब है। दृष्टि से लेकर आत्मा तक मीरा प्रेम ही प्रेम है। उनके समीप आते ही प्रेम के घुंघरुओं की खनक कानों में रस घोलने लगती है। मीरा के बारे में दो राय हो सकती हैं कि वह सन्त है या भक्त? संत वह है जो नेत्रों से नहीं आत्मा से भी जाग गया है। जो जाति, संप्रदाय, प्रपंचों से ऊपर उठ गया, वह निःसंदेह संत है। भक्त वह है जो किसी संप्रदाय से बंधा है। और जो कोई भी बंधन न माने वह संत है। इस दृष्टि से मीरा के संत होने में जरा भी संदेह नहीं किया जा सकता। अन्य संत तो घर-गृहस्थी में रमे रह कर राम तक पहुंचे, पर मीरा ने घर-बार त्याग कर राम रतन धन पाया। दूसरों ने तो सिर्फ समर्पित होकर प्रेम नगाड़ा बजाया पर मीरा ने अपनी प्रेम-बेल को अश्रुओं से सींचा। लोकलाज और संसार से पूरी तरह विमुख होकर वे कन्हैया के सम्मुख होती चली गईं। कोई वर्जना उन्हें रोक नहीं सकी। कोई भी ज़हर और सांपों की पिटारी उन्हें विचलित नहीं कर सकी। उन्होंने कृष्ण के निराकार रूप की परिकल्पना करते हुए उसके सर्वघटव्यापी होने की घोषणा की थी। कृष्ण को उन्होंने अपने रोम-रोम से लेकर सृष्टि के कण-कण में निहारा था। कृष्ण के अतिरिक्त उन्होंने किसी को पुरुष ही नहीं माना। अपने जिस प्रणय-भाव को एक आम आदमी आजीवन छिपाने में तल्लीन रहता है, उसी प्रेम को मीरा ने चौराहे पर खड़े होकर गा-गा कर स्वीकारा कि मेरे तो गिरधर गोपाल, दूसरो न कोय। मीरा की भाव-दशा को समझने के लिए मीरा-सी भाव-दशा चाहिए।

एक क्रान्ति वह होती है जिसका असर बाहर दिखाई देता है और एक आन्तरिक क्रान्ति होती है जिसका फैलाव भीतर ही भीतर घनीभूत होकर बाहर उमड़ता है। विरोध से शुरू होकर विद्रोह बन जाता है। मीरा किसी सामाजिक क्रान्ति की सूत्रधार भले ही न हो पर प्रेम जगत् में जो क्रान्ति मीरा ने की वह दुर्लभ है। जैसे वीणा में ही उसका संगीत निहित है, जैसे बीज में ही पूरे वृक्ष और उसके फल-फूलों को निहारा जा सकता है उसी तरह मीरा के अंतःमन में कृष्ण की उपस्थिति और प्रेम का उफान देखा जा सकता है। अपने एकांत में मीरा कृष्ण से बतियाती है। अदृश्य के साथ संबंधों की इतनी प्रगाढ़ता मीरा के सिवाय और कोई अभिव्यक्त नहीं कर सका है। मीरा की प्रेम धारा बाहर भी बही और वह अंतर्धारा भी बनी। स्थिर अवस्था में भी उनके भीतर एक नर्तन और कृष्ण के लिए पुकार अनवरत होती रहती थी। स्वयं को खो कर मीरा ने कृष्ण को आत्मसात् कर लिया। मीरा की पुकार प्राणों की पुकार थी। मीरा अपनी सारी मर्जी हटा कर एक ही बात कहती है-

जो पहिराव सोई पहरूं, जो दे सोई खाऊं।

रैदास की शिष्या मीरा प्रेम के रास्ते पर चलते-चलते वहां जा पहुंची जहां उसे अपने होने का भी आभास नहीं रहा। मानो कोई निर्विकल्प समाधि में लीन हो गई हो। 'हे री मैं तो दरद दीवानी मेरा दरद न जाने कोय' कहने वाली मीरा का दर्द सचमुच ही कोई नहीं जानता। हम सिर्फ उस दर्द को पहचानते हैं जो रुलाता है। किन्तु 'मीरा का 'दरद' सिर्फ रुलाता नहीं है, गीत भी गाता है, गांव गली में नाचते हुए महोत्सव करता है, मंदिरों में खड़ताल भी बजाता है। आंसुओं से संगीत तक का जितना भी सफर है, वह सब मीरा के पदों की काव्य यात्रा है।' मीरा भक्त से उठकर क्रान्तिचेता संत इसलिए कही जाती हैं क्योंकि वह एक-एक कदम करके प्रेम की गलियों में नहीं बढ़ी बल्कि एक लंबी छलांग लगा कर हृदय के उस अंतःपुर में झांकी जहां तक जाना उसके लिए वर्जित था। मीरा पर कुछ नहीं कहा जा सकता, मीरा सिर्फ गायी जा सकती हैं, सिर्फ नाची जा सकती हैं। मीरा को पढ़ते-पढ़ते हमारी प्रणय अनुभूतियों का परिष्कार संभव है।

बड़े-बड़े धर्मगुरु, पंडित-पैगम्बर क्रान्तिकारियों के हमेशा खिलाफ रहे हैं। मीरा के विरोध में तो उनका पूरा समाज और परिवार भी था। पर मीरा प्रेम की राह पर चलते-चलते न तो हांफी और न ही हारी। उनके काव्य में सामाजिक कुरीतियों के विरोध में कोई स्वर भले ही न उठा हो पर प्रेमलोक में अड़चन डालने वालों को उन्होंने खूब ठेंगा दिखाया। परमात्मा की प्रत्येक आज्ञा को उन्होंने शिरोधार्य करते हुए यहां तक कह दिया–

मीरा के प्रभु गिरधर नागर, बेचै तो बिक जाऊं।

बाहरी दुनिया में चाहे उन्होंने कोई दीया नहीं जलाया पर अपने अंतर्मन को कृष्ण के प्रेम-दीप से पूरी तरह आलोकित कर रखा था जिसका प्रकाश बाहर तक आच्छादित हो गया था जो युग-युगान्तरों तक रहेगा।

सम्पर्क : प्रिंसीपल
हिन्दू गर्ल्ज़ कॉलेज,
सोनीपत (हरियाणा)